刑事訴訟法の思考プロセス

Thinking Process of
Criminal Procedure Law

斎藤 司
Tsukasa Saito
[著]

日本評論社

はしがき——本書の利用ガイドもかねて

　本書は、法学セミナー735号（2016年）〜758号（2018年）に連載した「刑事訴訟法の思考プロセス」をベースとして、大幅な加筆・修正をしたものです。

　刑事訴訟法を学び、そして活用するためには、いくつかの「難しい」部分が存在します。まず、刑事手続がいくつもの手続段階に分かれているだけでなく、多くの制度が存在していることです。また、これらの制度が実際に動いている場面がなかなかイメージしにくいことも挙げられるでしょう。さらに、刑訴法の条文を解釈する際に、刑訴法の条文だけでなく、憲法の要請やいわゆる「原理・原則」を踏まえなければならないこと、刑訴法の条文が「要件・効果」だけでなく、「手続」に関する規定、刑事手続への関与者やその権限・権利などに関する規定などさまざまな性格の規定が存在すること、そして、刑事手続の流れと刑訴法の条文の順序が一致していないことなども理由として挙げられるかもしれません。これらに加えて、刑事手続について議論する場合には、「事案の真相解明」、「人権の保障」、「公平性」や「公正性」、そして「コスト」といったさまざまな要素が絡み合うことも、刑訴法を学ぶ際の「難しさ」をもたらしているのかもしれません。

　これらの「難しさ」は、刑訴法の学びの面白さや魅力でもあります。本書は、刑訴法の「難しさ」を克服すると同時に、刑訴法の学びの面白さや魅力に気づき、そして、さまざまな要素や視点を踏まえながら性格の異なるルールを駆使し多角的に思考できるよう、いくつかの工夫をしています[1]。

　第1に、法律学や刑訴法学で暗黙の前提とされていること（暗黙知）を、刑訴法のスムーズな学びに必要な範囲について可能な限り言語化しようとしたということです。もちろん、この暗黙知の言語化は容易な作業ではありませんし、不十分な点も多々あるかと思いますが、本書を読む刑訴法を学ぶ側

---

1) この工夫を考える際には、大島義則『憲法の地図——条文と判例から学ぶ』（法律文化社、2016年）、横田明美『カフェパウゼで法学を——対話で見つける〈学び方〉』（弘文堂、2018年）などが非常に参考になりました。

の立場に立って意識した部分です。

　第2に、各章の内容を「共通編」と「展開編」に分けていることです。これは、必要となる前提知識の多さや記述内容の難解さなどに着目した区分ではありません。研究者や実務家は、やみくもに独自性や新奇性を強調して自身の見解を述べるわけでありません。研究者や実務家は、判例を含む現在の議論状況、すなわち「現在の知の共有財産」をしっかりと確認し、その構造や問題状況などを検討するといった作業を前提として（知の巨人の肩に乗って）、現在共有されている構造をさらに拡大・延長する、あえて別の構造を打ち立てるなどの作業、そして新しい問題や未知の問題に取り組むという作業を行っています。本書は、このことを前提に、「共通編」として「現在の知の共有財産」、特に基本概念や通説・判例を説明しています。そして、「展開編」では、これらの見解をさらに拡大・延長する見解や別の構造を打ち立てる見解などを説明しています。この工夫は、学習者の理解を阻害しているのが、さまざまな学説や判例を並べて一気に説明する方法にもあるのではないかという私自身の問題意識にも基づいています。「まずは、通説・判例から学びたい」という方は、「共通編」だけ読むといいと思います。また、このようなコンセプトを採用したことと関連して、本書は重要な関連文献を多く脚注で引用しています。学びの展開だけでなく、ゼミの報告や卒業論文でも活用できると思います。

　第3に、特に「共通編」で記述している通説・判例の思考プロセスを明示した点です。上述したように、現在展開されているさまざまな見解は、「現在の知の共有財産」を前提とするものです。このことは、現在の見解は、思考のルートと分岐点、つまり思考プロセスを共有していることを意味します。この思考プロセスを身につけることは、みなさんの頭脳に刑訴法の地図とその歩き方をインストールすることを意味します。単なる情報の丸写しではない刑訴法の思考プロセスの学びをみなさんに味わってほしいと思います。

　第4に、判例を説明する際、可能な限り当該判例の原文を引用したことです。「判例の論理」や「判例法理」を理解するためには、判例の原文をスタートラインとすることが重要です。そのため、具体的にどの判示部分からどのような理由でどのような理解が示されているか可視化しました。

　そして、第5に、具体的な制度を説明する際、その内容や構造だけでなく、可能な限りその作動過程を示した点です。刑訴法を学ぶ際には、刑事手続の

さまざまな制度について理解することが重要ですが、どうしても抽象的内容になってしまいます。本書では、その制度が具体的にどのように動き、これを利用する関係者がなにを意識しているのかをできるだけ言語化しました。

　本書と連載を執筆する際には、学生時代からの恩師である大出良知先生（九州大学名誉教授）や上田國廣先生（弁護士）のもとでの学びはもちろんのこと、刑訴法に関する数多くの名著、そしてさまざまな学会や研究会を通じて学んだことをできるだけ活かそうと意識しました。両先生をはじめとする諸先生方には、心より御礼申し上げます。本書が、この巨人の肩に少しでも乗ることに成功していることを祈るばかりです。

　本書の基礎となった連載については、理論面について石田倫識教授（愛知学院大学）、京明教授（関西学院大学）、成瀬剛准教授（東京大学）、緑大輔教授（一橋大学）、そして実務面について、野田隼人弁護士やRonnor先生（twitterID:@ahowota）をはじめとする多くの方から貴重なアドバイスやご教示をいただきました。また、読み手である学生視点や誤字・脱字などについて、清水拓磨さん、石野貴志さん、黒田峻大さん、稲葉梓さんたちにも、チェックしていただきました。本当にありがとうございました。そして、私のような非力非才の研究者に連載の話を持ち掛けてくださったにもかかわらず、何度も休載を企て、常習的に字数オーバーなどの「罪」を犯す私を常に励ましてくださった法学セミナー編集部のみなさま、特に柴田英輔さんにも、心よりお礼を申し上げます。

　なお、本書の質問などはtwitterでもお応えします（@tsukassaito）。

　では、次の言葉とともに刑訴法の学びを始めましょう。ようこそ、刑訴法（学）の世界へ。

「理論の世界には疑ふことの許されない権威はない。私は特に若い学徒の――この問題に限らず――思惟における徹底的な態度を希望する。」（佐伯千仭「原因において自由な行為」日本刑法学会『刑事法講座第2巻』〔有斐閣、1952年〕309頁）

2019年7月20日　41回目の誕生日を迎えた京都の地にて

斎藤　司

目次

第1章 刑事訴訟法の目的とその基本思想 1
1 | 刑事訴訟法の基本的な内容 共通1 1
2 | 刑訴法の存在理由とその目的 共通2 2
3 | 刑訴法の「事実」観──「真実」と「事実」 共通3 5
4 | 刑事訴訟法の具体的規律1──公判手続 共通4 7
5 | 刑事訴訟法の具体的規律2──捜査手続 共通5 10
6 | 立法論としての刑事訴訟法学 共通6 11

第2章 捜査法の基本的な思考プロセス 15
1 | 捜査と捜査法の基本枠組み 共通1 15
2 | 捜査活動に対する法的規律の使い分け 共通2 18
3 | 捜査法を活用する基本的な思考プロセス 共通3 20
4 | 強制処分該当性判断──判例・通説の論理 共通4 22
5 |「重要な権利・利益」の内容と強制処分法定主義 共通5 24
6 | 強制処分性とプライバシー侵害の「危険性」 展開1 28
7 | 通説に対する批判や対案 展開2 29
8 | 捜査法の思考プロセスとその活用 共通6 32

第3章 行政警察活動に対する法的規律とその思考プロセス 35
1 | 捜査法の基本的な思考プロセスとの関係 共通1 35
2 |「司法警察活動」と「行政警察活動」の区分とその基準 共通2 36
3 | 行政警察活動に対する規律の思考プロセス
　　──歴史的経緯にも着目して 共通3 38
4 | 職務質問に伴う所持品検査の思考プロセス 共通4 41
5 | 判例の論理を活用する 共通5 44

6 | 判例の問題点とあるべき警職法の解釈 展開1 48

第4章 任意処分に対する法的規律とその思考プロセス 50
1 | 捜査法の基本構造と任意処分 共通1 50
2 | 任意処分に対する法的規律の基本構造 共通2 51
3 | 写真撮影・ビデオ撮影の適法性判断 共通3 55
4 | 捜査手法としての撮影に対する規律方法 展開1 58
5 | 任意同行や任意取調べの適法性判断その1
　　――強制処分該当性判断 共通4 60
6 | 実質的逮捕と強制処分該当性判断 展開2 64
7 | 任意同行や任意取調べの適法性判断その2
　　――比例原則に基づく判断 共通5 66
8 | 任意同行や任意取調べに対する法的規律の構造 展開3 67
9 | 本章のまとめ 共通6 68

第5章 憲法35条から導かれる捜索・差押えの基本的な思考プロセス 70
1 | 強制処分に対する法的規律とその意味 共通1 70
2 | 令状主義の規律対象 共通2 72
3 | 憲法35条から導かれる思考プロセス 共通3 75
4 | 憲法35条1項から導かれる「特定性の要請」 共通4 79
5 | 令状主義の趣旨と要請をめぐる議論 展開1 81
6 | 令状主義の趣旨と要請から導かれる視点 共通5 83

第6章 令状主義から導かれる視点を活用する 84
1 | 令状主義の要請とその具体的趣旨 共通1 84
2 | 憲法35条の「正当な理由」から導かれる視点 共通2 85
3 | 憲法35条の「特定性の要請」から導かれる「特定」の程度と捜索・差押え範囲 共通3 87
4 | 捜索場所の特定 共通4 91

- 5 │ 差押え目的物の特定 共通5 93
- 6 │ 捜査機関による捜索範囲とその適法性判断 共通6 96
- 7 │ 捜査機関による差押えの範囲と適法性判断 共通7 101

第7章 令状主義から導かれる逮捕に伴う無令状捜索・差押えに対する法的規律 106
- 1 │ 憲法35条と逮捕に伴う無令状捜索・差押え 共通1 106
- 2 │ 刑訴法220条の構造 共通2 107
- 3 │ 事前の令状審査の必要がない捜索・差押え等──相当説 共通3 108
- 4 │ 相当説と判例・実務の論理は同じ見解か？ 共通4 110
- 5 │ 緊急事態に対処するための特別な捜索・差押え──緊急処分説 共通5 114
- 6 │ 緊急処分説の展開 展開1 116
- 7 │ 被逮捕者の身体・所持品と無令状捜索・差押え等 共通6 119
- 8 │ 無令状捜索・差押え等の思考プロセスの再確認 共通7 121

第8章 強制処分を統制する規律としての強制処分法定主義、そして令状主義 123
- 1 │ 証拠の収集・保全に関する思考プロセス 共通1 123
- 2 │ 当該強制処分の許容性 共通2 124
- 3 │ 憲法的視点からの強制処分の許容性判断 展開1 127
- 4 │ 強制処分と根拠規定・令状の形式の判断 共通3 128
- 5 │ 強制処分の根拠規定の区分と判例の論理 共通4 132
- 6 │ 強制採尿に対する法的規律のあり方 展開2 135
- 7 │ 「新しい強制処分」とその法的規律 共通5 136

第9章 被疑者の身体拘束制度とその諸問題 139
- 1 │ 被疑者の身体拘束処分と人身・行動の自由 共通1 139
- 2 │ 被疑者の身体拘束制度の概要 共通2 139
- 3 │ 逮捕の要件と手続──通常逮捕を例として 共通3 141

4｜勾留の要件と手続 共通4 144
　　　5｜逮捕・勾留の意味と両者の関係 展開1 148

第10章　憲法33条の令状主義と逮捕に対する法的規律 151
　　　1｜憲法33条の令状主義と逮捕の諸類型 共通1 151
　　　2｜被疑者の身柄拘束処分と憲法の要請 共通2 152
　　　3｜現行犯逮捕と憲法33条の令状主義の趣旨 共通3 153
　　　4｜憲法33条の令状主義と緊急逮捕 共通4 158
　　　5｜違法な逮捕と勾留の関係 共通5 161

第11章　逮捕・勾留に関する原則を活用する 165
　　　1｜逮捕・勾留に対する法的規律と適法性判断の観点 共通1 165
　　　2｜「事件単位の原則」とその意義 共通2 166
　　　3｜「一罪一逮捕一勾留の原則」とその意義 共通3 167
　　　4｜重複逮捕・勾留の禁止と再逮捕・再勾留の禁止 共通4 169
　　　5｜逮捕・勾留の不当な蒸し返し防止という根拠 展開1 174
　　　6｜別件逮捕・勾留という適法性判断の観点 共通5 175
　　　7｜別件基準説と本件基準説 共通6 176
　　　8｜「新しい本件基準説」とその論理 共通7 178
　　　9｜別件逮捕・勾留と被疑者取調べの問題 共通8 181

第12章　被疑者取調べの現状と課題 183
　　　1｜刑事手続における被疑者取調べの重要性と課題 共通1 183
　　　2｜被疑者取調べに関する法的規律 共通2 186
　　　3｜在宅被疑者の取調べ 共通3 188
　　　4｜逮捕・勾留されている被疑者の取調べ 共通4 189
　　　5｜被疑者取調べ録音・録画制度 共通5 192
　　　6｜被疑者取調べの改革と刑事手続改革 展開1 195

第13章 被疑者の防御権の内容とその制限の適法性判断 198
1 │ 被疑者の防御権とその意義 共通1 198
2 │ 被疑者の弁護人依頼権と捜査弁護の意義 共通2 199
3 │ 被疑者の弁護人依頼権の実効化に関する動向 共通3 200
4 │ 逮捕・勾留された被疑者の弁護人依頼権 共通4 202
5 │ 接見交通権とその制限 共通5 203
6 │ 接見交通権と接見指定に関する判例の論理 共通6 204
7 │ 判例の論理の問題性 展開1 209
8 │ 接見交通権をめぐる近年の状況 共通7 211

第14章 公訴の提起・追行とその抑制 212
1 │ 公訴提起・追行を検討する意味とその視点 共通1 212
2 │ 公訴提起手続の概要 共通2 213
3 │ 公訴提起に関する諸原則 共通3 214
4 │ 不起訴処分を抑制する制度 共通4 216
5 │ 不当な公訴提起に対する抑制の論理 共通5 218
6 │ 訴追裁量逸脱と公訴提起の適法性 共通6 219
7 │ 公訴提起に対する抑制の論理 展開1 222
8 │ 一罪の一部起訴や再度の公訴提起 共通7 223
9 │ 公訴権論の現状と課題 共通8 225

第15章 協議・合意制度の構造と手続 227
1 │ 「司法取引」と検察官の訴追裁量 共通1 227
2 │ 協議・合意制度の構造 共通2 228
3 │ 協議・合意手続の流れ 共通3 231
4 │ 協議・合意手続と適法性判断 共通4 235
5 │ 協議・合意制度の問題点 共通5 237

第16章 訴因論の思考プロセス1——訴因の特定 241
1 │ 起訴状記載事実の内容とその意味 共通1 241

2 │「公訴事実」や「訴因」の記載 共通2 242
3 │ 刑事裁判における「訴因」の機能 共通3 245
4 │ 訴因に関する適法性判断の思考プロセス 共通4 246
5 │ 訴因の特定に関する判例法理1 共通5 247
6 │ 訴因の特定に関する判例法理2
　　── 「罪となるべき事実」の特定 共通6 250
7 │ 訴因の特定に関する判例法理3
　　── 「罪となるべき事実」意外の事実の記載 共通7 254
8 │ 訴因の特定に関する判例法理のまとめ 共通8 255
9 │ 訴因の特定に関する学説の思考プロセス 展開1 257

第17章 訴因論の思考プロセス2──訴因変更の要否 262

1 │「訴因の拘束力」と訴因の変更 共通1 262
2 │ 訴因変更の要否と「事実のズレ」 共通2 263
3 │ 訴因変更の要否に関する判例法理 共通3 264
4 │ 判例法理とその活用 共通4 269
5 │ 訴因変更の要否に関する学説の論理 展開1 276
6 │ 訴因変更に関する諸問題 共通5 280

第18章 公判前整理手続と証拠開示 282

1 │ 公判審理の内容と公判準備 共通1 282
2 │ 公判準備の重要性と内容 共通2 283
3 │ 公判前整理手続の目的と内容 共通3 284
4 │ 公判前整理手続と証拠開示 共通4 286
5 │ 公判前整理手続の諸問題 共通5 294
6 │ 公判前整理手続と証拠開示の今後 展開1 298

第19章 証拠法の思考プロセス1──証拠法の基本的視点 300

1 │ 証拠法の意義と内容 共通1 300
2 │「証明される事実」と証拠法を学ぶ視点 共通2 301

3 ｜ 立証構造と証拠法 共通3 303
4 ｜ 証明される事実と証拠の分類 共通4 306
5 ｜「厳格な証明」と「自由な証明」 共通5 307
6 ｜ 証拠能力に関する規律・総論 共通6 308
7 ｜「関連性」概念の再検討 展開1 311
8 ｜ 証拠能力の検討と「証拠調べの必要性」 展開2 312
9 ｜ 証拠法の基本的思考プロセス 共通7 315

第20章 証拠法の思考プロセス２
──「関連性」と証拠能力判断 317

1 ｜ 関連性と証拠能力判断 共通1 317
2 ｜ 同種前科等による犯人性立証とその危険性 共通2 319
3 ｜ 同種前科等による犯人性立証と判例法理 共通3 320
4 ｜「推認過程」に関する判断プロセス 共通4 323
5 ｜ 同種前科等のみによる犯人性立証と証拠能力判断 共通5 325
6 ｜ 他の間接証拠・間接事実との総合評価による犯人性立証と証拠能力判断 共通6 327
7 ｜ 短期間・連続の同種の犯罪事実と犯人性立証 展開1 328
8 ｜ 同種前科による犯罪の主観的要素の立証 共通7 330
9 ｜ 要証事実と推認過程を踏まえた証拠能力判断 共通8 331

第21章 証拠法の思考プロセス３
──伝聞証拠と非伝聞証拠の区分 333

1 ｜ 刑訴法320条１項から導かれる法的規律 共通1 333
2 ｜ 刑訴法320条１項の趣旨とその内容 共通2 334
3 ｜ 刑訴法320条１項と証人審問権・直接主義 展開1 337
4 ｜ 刑訴法320条１項の趣旨と伝聞証拠の定義 共通3 339
5 ｜ 要証事実を把握する 共通4 341
6 ｜ 伝聞証拠と非伝聞証拠を区分する思考プロセス 共通5 343
7 ｜ 伝聞証拠と非伝聞証拠を区分する 共通6 344

8 | 現在の精神状態の供述は非伝聞証拠か？ 共通7 345
9 | 犯行計画メモは非伝聞証拠か？ 共通8 348
10 | 犯行計画メモは「現在の精神状態の供述」か？ 展開2 350

第22章 証拠法の思考プロセス4──伝聞例外規定の活用 352

1 | 刑訴法320条1項と刑訴法321条以下の関係 共通1 352
2 | 伝聞例外規定を活用する思考プロセス 共通2 353
3 | 伝聞例外の諸類型と伝聞例外規定の趣旨 共通3 354
4 | 刑訴法321条以下の伝聞例外規定を活用する 共通4 357
5 | 伝聞例外規定を応用する 共通5 362
6 | 公判中心主義と調書の利用 共通6 368

第23章 証拠法の思考プロセス5
──違法収集証拠排除法則の活用 370

1 | 「証拠禁止」という観点 共通1 370
2 | 学説における排除法則の根拠と排除基準 共通2 371
3 | 判例法理としての排除法則の根拠論 共通3 374
4 | 判例法理としての排除法則の排除基準 共通4 376
5 | 判例法理としての排除法則の具体的あてはめ 共通5 379
6 | 違法手続と証拠との「因果関係」 共通6 381
7 | 「違法な手続」による証拠獲得へのこだわり？ 展開1 388
8 | 排除法則の諸問題 共通7 390

第24章 証拠法の思考プロセス6──自白法則と自白排除 391

1 | 自白の証拠能力を検討する視点 共通1 391
2 | 自白法則の根拠規定と「自白」の意味 共通2 392
3 | 自白法則の趣旨に関する複数の理解 共通3 394
4 | 自白法則の趣旨と自白排除 共通4 396
5 | 不当・違法な自白獲得の抑止と自白法則 展開1 399
6 | 判例法理としての自白法則1──強制・拷問・脅迫など 共通5 401

7｜判例法理としての自白法則2——約束による自白　共通6　402
8｜判例法理としての自白法則3——偽計による自白　共通7　404
9｜判例法理における手続の違法と自白排除　共通8　406
10｜派生証拠の証拠能力　共通9　408
11｜自白排除に関する規律とその課題　共通10　410

事項索引 413
判例索引 419

凡例

[法令]
＊単に条文のみのものは、刑事訴訟法（ただし、複数の条文を掲げる場合、混同しないように「刑訴法○条」としている場合がある）。
＊法令の略称は、以下のとおりとする。

規則　　　　　　刑事訴訟規則
被収容者処遇法　　刑事収容施設及び被収容者等の処遇に関する法律

[判例・裁判例]
＊日本の判例については、学習者の便宜を考えて元号表記にしたほか、一般の例にならい以下のように略記した。
例：最決平23・9・14刑集65巻6号949頁
＊裁判所名、掲載判例集は、以下のように略記した。

最判(決)　　　最高裁判所判決(決定)
高判(決)　　　高等裁判所判決(決定)
地判(決)　　　地方裁判所判決(決定)
刑集　　　　　最高裁判所刑事判例集
民集　　　　　最高裁判所民事判例集
高刑集　　　　高等裁判所刑事判例集
東高刑時報　　東京高等裁判所判決時報（刑事）
高刑判特　　　高等裁判所刑事判決特報
高検速報　　　高等裁判所刑事裁判速報集
下刑集　　　　下級裁判所刑事裁判判例集
刑月　　　　　刑事裁判月報
裁時　　　　　裁判所時報

[教科書・演習書など]

井上・強制捜査　　井上正仁『強制捜査と任意捜査（新版）』（有斐閣、2014年）
井上・通信傍受　　井上正仁『捜査手段としての通信・会話の傍受』（有斐閣、1997年）
宇藤ほか　　　　　宇藤崇＝堀江慎司＝松田岳士『刑事訴訟法（第2版）』（有斐閣、2018年）
学説と実務　　　　守屋克彦編『刑事訴訟法における学説と実務――初学者のために』（日本評論社、2018年）
上口　　　　　　　上口裕『刑事訴訟法（第4版）』（成文堂、2015年）
川出・捜査　　　　川出敏裕『判例講座・刑事訴訟法［捜査・証拠篇］』（立花書房、2016年）
川出・公訴　　　　川出敏裕『判例講座・刑事訴訟法［公訴提起・公判・裁判篇］』（立花書房、2018

	年)
川出・論点	川出敏裕『刑事手続法の論点』(立花書房、2019 年)
探究	川崎英明=白取祐司編著『刑事訴訟法理論の探究』(日本評論社、2015 年)
後藤・捜査	後藤昭『捜査法の論理』(岩波書店、2001 年)
後藤・伝聞	後藤昭『伝聞法則に強くなる』(日本評論社、2019 年)
酒巻	酒巻匡『刑事訴訟法』(有斐閣、2015 年)
白取	白取祐司『刑事訴訟法(第 9 版)』(日本評論社、2017 年)
新展開上下	三井誠=渡邉一弘=岡慎一=植村立郎『刑事手続の新展開(上)(下)』(成文堂、2017 年)
高田	高田昭正『基礎から学ぶ刑事訴訟法演習』(現代人文社、2015 年)
田口	田口守一『刑事訴訟法(第 7 版)』(弘文堂、2017 年)
田宮	田宮裕『刑事訴訟法(新版)』(有斐閣、1996 年)
田宮編	田宮裕編『刑事訴訟法 I 』(有斐閣、1975 年)
團藤	團藤重光『新刑事訴訟法綱要(7 訂版)』(創文社、1976 年)
平野	平野龍一『刑事訴訟法』(有斐閣、1958 年)
古江	古江頼隆『事例演習刑事訴訟法(第 2 版)』(有斐閣、2015 年)
中川	中川孝博『刑事訴訟法の基本』(法律文化社、2018 年)
松尾上下	松尾浩也『刑事訴訟法上(補正第 4 版)』、『刑事訴訟法下(新版補正第 2 版)』(弘文堂、1996 年、1999 年)
松尾編	松尾浩也編『刑事訴訟法 II 』(有斐閣、1992 年)
三井 I II III	三井誠『刑事手続法(1)〔新版〕』(有斐閣、1997 年)、『刑事手続法 II 、III 』(有斐閣、2003 年、2004 年)
光藤 I II 下	光藤景皎『刑事訴訟法 I 、II 』(成文堂、2007 年、2013 年)、『口述刑事訴訟法下』(成文堂、2005 年)
緑	緑大輔『刑事訴訟法入門(第 2 版)』(日本評論社、2018 年)
リーディングス	川崎英明=葛野尋之編『リーディングス刑事訴訟法』(法律文化社、2016 年)

[判例教材、コンメンタールなど]

百選(○版)	刑事訴訟法判例百選(初版~第 10 版)
争点(○版)、新争点	『刑事訴訟法の争点(初版~第 3 版)』、『刑事訴訟法の争点』(2013 年)
判例学習	葛野尋之=中川孝博=渕野貴生編『判例学習・刑事訴訟法(第 2 版)』(法律文化社、2015 年)
解説○年度(刑)	『昭和・平成○年度最高裁判所判例解説刑事篇』(法曹会)
重判○年度	ジュリスト臨時増刊『昭和・平成○年度重要判例解説』(有斐閣、毎年度)
大コメ○巻	河上和雄ほか編『大コンメンタール刑事訴訟法(第 2 版)第 1 巻~第 10 巻』(青林書院、2011~2013 年)
実例 I II III	松尾浩也=岩瀬徹編『実例刑事訴訟法 I II III 』(青林書院、2012 年)
条解	松尾浩也監修『条解刑事訴訟法(第 4 版補正版)』(弘文堂、2016 年)
逐条	伊丹俊彦=合田悦三編集代表『逐条 実務刑事訴訟法』(立花書房、2018 年)
令状 I II	髙麗邦彦=芦澤政治編『令状に関する理論と実務 I 』別冊判例タイムズ 35 号(2012 年)、『令状に関する理論と実務 II 』別冊判例タイムズ 35 号(2012 年)
令状基本問題上下	新関雅夫ほか『増補・令状基本問題(上)(下)』(判例時報社、1996 年)

［雑誌］

刑ジャ	刑事法ジャーナル
刑雑	刑法雑誌
刑弁	季刊刑事弁護
ジュリ	ジュリスト
法教	法学教室
法セミ	法学セミナー
曹時	法曹時報
法時	法律時報
判時	判例時報
判タ	判例タイムズ
論ジュリ	論究ジュリスト

第 1 章

刑事訴訟法の目的とその基本思想

第 1 章の目標
①刑事訴訟法が存在する根拠を理解したうえで、刑事訴訟法を学ぶにあたって重要な特徴を把握する。
②刑事手続を概観したうえで、それぞれの手続段階における具体的規律の特徴を把握する。

1 ｜ 刑事訴訟法の基本的な内容 　共通 1

　特定の法律を学ぶうえで重要となるのが、その法律がなぜ存在しているかを理解することです。他方で、その内容は非常に抽象的で、学ぶうえでの最初のハードルとなることもあります。本章は、今後の学びにつながるように注意しながら、刑事訴訟法（以下、「刑訴法」とします）が存在する理由を説明し、その全体を概観するものです[1]。

　一般的に刑訴法は、特定の犯罪の発生から、当該犯罪に関する捜査とこれに基づく公訴提起（起訴）、当該犯罪に関する刑事裁判（公判手続）、そして刑の執行という一連のプロセス（刑事手続）を規律する法律と説明されます。この「一連のプロセスを規律する」というフレーズには、いくつかの意味が込められています。

---

[1] 刑訴法を学ぶに当たって読むべき文献として、笹倉宏紀「刑事訴訟法」南野森編『法学の世界』（日本評論社、2013 年）113 頁以下、緑大輔「刑事訴訟法」南野森編『法学の世界〔新版〕』（日本評論社、2019 年）113 頁以下とその引用文献。

第1に、刑事手続の順序・流れを定めているという意味です。あとで説明しますが、この順序自体に「より正確な事案の真相の解明を確保すること」や「公平性・公正性の担保」という観点から重要な意味が込められています。
　第2に、刑事手続の関与者について、権限や権利、そして義務などを定めているという意味です。たとえば、捜査手続では、警察官や検察官には捜査（証拠収集）する権限（189条以下）が、公訴提起の場面では検察官に公訴権（247条以下）が、公判手続においては裁判所に事件について審理し判決を下す権限（371条以下など）が、そして被疑者・被告人には黙秘権や弁護人選任権（30条以下や198条など）などが認められています。
　第3に、国家機関の権限について、その要件や手続といった一定の法的規律を設けているという意味です。たとえば、捜査の際に警察官が強制処分を行う場合、刑訴法上の要件を満たし、裁判官の令状を得るなどの手続に従わなければならないという「強制処分法定主義」（憲法31条、刑訴法197条1項但書）や「令状主義」（憲法35条や刑訴法218条など）、公判手続においては、裁判官や裁判員は、証拠を検討した結果として「被告人は犯人である」との結論に「合理的な疑い」が残る場合には無罪判決を下すべきとの「合理的疑いを超えた証明」という基準や「疑わしきは被告人の利益に」原則などが挙げられます。これらの「原理」や「原則」に代表される法的規律に反する国家機関の活動は「違法」と評価されます。
　刑訴法は、国家機関による刑事手続の進行を規律し、さらに国家機関による諸活動をコントロールすることを主な内容とするものといえます。なぜ、憲法や刑訴法はここまで国家機関による活動を規律しようとするのでしょうか。その理由をしっかり理解しておくことは、刑訴法の学びをよりスムーズにし、より深くすることにつながります。

2 ｜ 刑訴法の存在理由とその目的　共通2

　「人が殺されたり物が盗まれたりしたら、国家にすべて任せて、証拠を集めて裁判をすればいいではないか」、「なぜ、憲法や刑訴法はいろいろなルールや、被疑者・被告人の権利を保障するなど、国家機関の邪魔・妨害をするのか」といった疑問を持つ人は少なくないと思います。このような法的規律が設けられている理由については、これまでの歴史なども背景として、①刑

事手続が犯罪者としての宣告や刑罰という重大かつ過酷な結果をもたらしうること、そして、②刑事手続自体が人権侵害性を有する制度であることが前提とされていることを理解する必要があります。

　①について考えてみましょう。刑事裁判の結果、有罪であると判断され、これが確定すると犯罪者であるとされ、刑罰（場合によっては死刑）が科されます。このプロセスが公正かつ正確に実現するのであれば、なんら問題はありません。もっとも、刑事手続というプロセスには、国家が恣意的な処罰を国民の統制手段として用いる危険があること、誤判が生じる危険を常に伴うことは、歴史的にも否定できないところです。死刑をはじめとする重大かつ過酷な結果をもたらしうる手続は、国家により恣意的あるいは誤って用いられないように厳格に規律される必要があることを否定することは困難でしょう。そして、その規律の観点としては、（刑罰の活用に関する）「権限濫用の防止」や「公平性」、さらには「公正性」の確保を挙げることができます。具体的には、かつては捜査（証拠収集）から判決までの手続をすべて1つの国家機関（裁判所）に任せていた刑事手続は、権限濫用の危険が高く、その判断を誤るという反省から、現在のように捜査（証拠収集）、公訴の提起、そして公判手続と手続段階が明確に区分され、担当する国家機関も分離されているのです。刑訴法は、国家機関の刑事手続に関する役割や権限を分立・分配し、手続段階を区分することによって、たとえば、裁判所を有罪・無罪や量刑に関する「判断者」という役割に純化させ、その「権限濫用の防止」と「公平性」を担保しようとしているといえます。そして、このような刑訴法の法的規律は、より正確に事案の真相を解明すること（誤判、特にえん罪を防ぐこと）を目的として、いくつもの法的規律を設けているのです。また、より正確に事案の真相を解明するためには、国家機関に対する法的規律だけでなく、刑事手続の対象となる被疑者・被告人の主張や反論などを実効的に反映させることも必要となります。この意味での「公正性」を保障するという観点からも刑訴法はさまざまな権利やこれに対する国家機関の義務を認めているといえます。

　なお、より正確に事案の真相を解明するために、国家の権限を制限することには疑問を感じる人もいるでしょう。しかし、国家の権限をまったく制限しないことが、より正確な事案の真相の解明に直結するわけではありません。国家の権限が、事案の真相の解明以外の目的（政治的意図、担当する職員の個

人的意図、出世欲、組織の論理など）のために用いられる可能性を完全に否定することは困難ですし、国家機関とはいえ、人の判断には常に誤りの危険が伴うからです。憲法や刑訴法は、国家の強い権限が逆に事案の真相の解明を妨げる危険性も考慮しているのです。

次に、②について考えます。事案の真相を解明し有罪・無罪の判断を行い、さらに有罪の場合には刑罰を科すという刑事手続の目的自体は正当なものです。そして、この目的を達成するためには、個別事件に関する証拠を収集し、その犯人と疑われる被疑者を確保すること、公判手続への出頭を被告人に義務づけることなども許容されるべきでしょう。もっとも、これらの刑事手続における国家機関の諸活動は、国民の権利や利益を害する可能性を常に有しています。つまり、正当な目的のためとはいえ、刑事手続自体が権利侵害装置（人身の自由に対する侵害、財産権に対する侵害、プライバシー侵害など）であることは否定できないのです。この権利侵害は、憲法上の重要な権利に及ぶ可能性も有しているため、上記の目的にとって必要な程度を超えて権限が濫用されないよう規律すべきことになるのです。

以上のように、刑訴法の規律は、刑事手続の有する弊害や危険性などを根拠とする複雑な価値（公平性、公正性、権限濫用防止など）の複合体であることが分かります。これらを整理すると、刑訴法の目的は以下の3つといえます。第1に「事案の真相の解明」、第2に「公平・公正な手続の確保」、そして、第3に「刑事手続における権利侵害の適正な抑制」という目的です。

さらに、これら3つの目的は、「**適正手続（デュー・プロセス）の保障**」としてまとめることができます。憲法31条は、「何人も、法律の定める手続によらなければ、その生命若しくは自由を奪われ、又はその他の刑罰を科せられない。」としています。この規定が、刑事手続は法律によって定められなければならないだけでなく、適正かつ公正に定められていなければならないことを要求していることについては意見の一致があります。これを受けて、1条は、「刑事事件につき、公共の福祉の維持と個人の基本的人権の保障とを全うしつつ、事案の真相を明らかにし、刑罰法令を適正且つ迅速に適用実現すること」を、刑訴法の目的とします。同条は、「適正手続の要請」として、公平・公正かつ事案の真相の解明と個人の基本的人権の保障を目的として設定しているのです[2]。最高裁判例も、1条を挙げつつ、「事案の真相の究明も、個人の基本的人権を全うしつつ、適正な手続のもとでされなければな

らないもの」として、(違法に収集してもその価値には変化はない) 証拠物を収集する手続に「令状主義の精神を没却するような重大な違法」がある場合には、その証拠物を刑事裁判における事実認定に利用できないことがあるとします (最判昭53・9・7刑集32巻6号1672頁)。

　講義やゼミなどでは、「真実の発見(犯人の処罰)」という目的と「人権の保障」という目的を、それぞれまったく独立・対立するものとしてとらえ、どちらかを優先して刑訴法を理解・解釈すべきという主張・答案に出会います。「真実発見と人権保障の調和の観点から」、「真実を発見するため(犯人を処罰するため)○○と解すべき」、そして「被疑者・被告人の人権を保障するため○○と解すべき」という意見や記述などがそれです。しかし、上述したように刑訴法自体が、両者の目的を「調和」して、各手続段階の性質や特徴を踏まえて、さまざまな規定を設けられたものです。上述の意見や記述は、刑訴法自身が行っている調和(各制度の趣旨など)を軽視して、自身の裸の価値観を根拠として主張をしているにすぎないのです。

　刑訴法は、各手続や想定される場面の性格や特徴などを踏まえ、適正手続の内容をなす2つの目的を調和したうえで、具体的な規定を設けています。そのため、刑訴法の具体的問題について論じる際には、それらの個別に関連する具体的な条文とその解釈を前提として論じることが必要なのです。その具体的内容については、各章で学んでいきましょう。

3 ｜ 刑訴法の「事実」観──「真実」と「事実」 共通3

　刑事が「犯人」を追い詰め、ついに「犯人」である「容疑者」が、自分が犯人であることと事件の真相を取調べ室で語るとか、「被告」から自分はえん罪だと依頼を受けた弁護人が、必死の調査の結果、別の真犯人を発見し、法廷でそれを明らかにするといったストーリーは、日本のドラマなどでよく見られます。日本では、取調べ室や法廷において、誰が真犯人か、そして事件の真相はどうだったかといった「真実」の発見が一般的に期待されている

---

2) この問題については、田宮3頁以下、松尾・上12頁以下を読むことを薦めます。また、適正手続の保障が、事案の真相の解明や基本的人権の保障のみで根拠づけられるかについては、さらに検討が必要でしょう(長谷部恭男「憲法と刑事手続」新争点14頁以下など)。

ようにも思われます。もっとも、このような「真実」観は刑訴法の学びを阻害しているように思います。

　この「真実」観については、主に2つの特徴を指摘できます。第1に、「真実」の範囲についての限界が想定されていないということです。しかし、どこまでの「真実」を明らかにするか不明確では、それに必要な処分や手続を想定し、その適法性を判断することは困難でしょう。第2に、「真実」を発見する手段や方法について限定がないということです。真実が発見されるのであれば、どのような証拠に基づいていようが、その場はどこであろうが、特に問題はないということにもなりかねません。しかし、上述のように、刑訴法は事案の真相解明の手段や方法に厳格な規律を設けています（捜査活動や事実認定の根拠なる証拠の資格、証拠調べの方法、証明基準など）。

　このように「真実」観を前提とすることは、個別の刑事事件や刑事手続における具体的目的や手続段階の区分、そして証拠の取扱いに関する様々な要件・手続など、刑訴法の具体的な法的規律の意味を十分理解できないという事態をもたらします。

　1条は、刑訴法の目的の1つを「事案の真相を明らかにし、刑罰法令を適正かつ迅速に適用実現すること」とします。つまり、刑訴法が前提としているのは、なんら限定のない「真実」ではなく、「刑罰法令」という枠内での「事実」、より詳しくいえば「犯罪の成否に関する事実」（刑法をはじめとする刑罰法令が定める犯罪構成要件を満たす事実）と「刑罰の軽重に関する事実」とされているのです[3]。このように、捜査・公訴提起・公判の各手続は、この刑罰法令の定める個別の犯罪類型を前提とした「事実」の解明を目的として行われることが重要です。この刑訴法（学）を支える「事実」観を前提とすることは、刑訴法の個別具体的な規律の意味、そして刑事手続上の問題点についての適切な学びや理解を提供します[4]。では、以上の内容を踏まえて、刑訴法による具体的規律の内容と意味について概観しましょう。

---

[3] 犯罪の態様や結果、故意や過失の有無といった犯罪構成要件に該当する事実、さらにはその犯罪の犯人が被告人である（犯人性）とする事実などです。

[4] 詳しくは、酒巻6頁以下。さらに、法制審議会・新時代の刑事司法特別部会の第8回会議議事録10頁以下の議論も重要です。これに加えて、豊崎七絵『刑事訴訟における事実観』（日本評論社、2006年）も参照。

4｜刑事訴訟法の具体的規律 1──公判手続　共通 4

　刑事裁判で対象とされる事実とは、①個別の刑罰法規によって規定されている「犯罪の成否に関する事実」と②「刑罰の軽重に関する事実」、そして③「当該犯罪を行ったのは罪を問われている被告人か」などの事実です。①②③の事実（256条3項や335条1項にいう「罪となるべき事実」）をコアとする「訴因」は、証拠によって証明されなければなりません（317条）。そして、刑罰という重大かつ過酷な処分を帰結しうることから、この証拠から事実が証明されるプロセスには、複数の厳格な規律が設けられています。

　第1に、訴因とされた事実の直接・間接の証明への参加資格（「証拠能力」・「証拠の許容性」）が求められます（317条）[5]。この資格の有無を判断するため、刑訴法は複数の観点を設けています。まず、訴因とされた事実の証明におよそつながらない資料は参加資格を有しません。次に、訴因とされた事実を証明しうる資料であっても、正確な事実認定にとって危険・弊害のあるもの（予断や偏見をもたらす資料など）は参加資格を有しません。たとえば、「被告人Xは、令和元年7月20日、龍谷大学斎藤司研究室において、斎藤司を刺殺した」という訴因とされた事実について、「被告人Xはファーストガンダムのファンである」という情報は、なんら意味を有しません。もっとも、「殺害された斎藤司は、殺害直前に被告人Xに対しファーストガンダムの批判をずっと続けていた」という事実が証明されている場合は、Xには斎藤の殺害動機があったとして、上記情報は意味を有し得ます。どのような事実が刑事裁判で問題となっているかによって、当該資料や情報が証拠能力を有するのかは変化するわけです。このような「正確な事実認定の確保」（事案の真相の解明の一内容）を目的とする規律に加え、重大な違法の手続によって得られた証拠を不公正な手続であるとか権利侵害が今後起こらないようにするためなどの理由から、参加資格を否定すべきともされます。

　第2に、参加資格が認められた証拠が、訴因とされた事実との関係で、具体的にどの事実をどの程度証明しているのかが厳格に判断されなければなりません（318条）。たとえば、上記の訴因とされた事実について、「Xは斎藤

---

[5] 317条は、訴因に記載された「事実の認定」は、「証拠による」（証拠能力のない資料は除外される）とします。

司殺害の前日に斎藤司と喧嘩した直後、『ブッ殺すと心の中で思った！今！』と叫んでいた」という証言は、「Xには斎藤司殺害の動機があった」という事実を証明しうるとしても、訴因とされた事実を直ちに証明するものではありません。このような事実の推認過程に対する規律も厳格でなければ、不確かな事実や推認に基づく処罰がなされることになります。証拠の価値や力（証明力）を厳格に見極めるためにも、「正確な事実認定の確保」を目的とする規律が必要とされているのです。

　第3に、証拠能力のある証拠による証明が終了した際、事実認定者（裁判官や裁判員）は、有罪か否かの判断（①③の事実がすべて証明されているかなどの判断）を求められます。明らかに有罪・無罪の判断が可能な場合はともかく、どちらの判断もありうるという場合には、その判断基準が必要となります。「**合理的疑いを超えた証明**」という証明基準や「**疑わしきは被告人の利益に**」原則は、①③の事実の証明について、「合理的疑いが残る」と裁判官や裁判員が判断した場合は、無罪判決を下すべきことを要求しています[6]。検察官が有罪判決を得るためには、この証明基準を超えて訴因とされた事実を証明する責任を負っているのです（**挙証責任**）。これも、「正確な事実認定の確保」のための規律といえます。

　以上の3点に加えて、刑訴法は、「公平・公正」かつ「正確な事実認定」のための規律も設けています。刑事裁判の進め方や構造については、「正確な事実認定」や「公平・公正な手続」を確保・保障することを目的として、世界各国でさまざまな手続や制度が採用されています[7]。日本は、第二次世

---

6) この基準の具体的内容については、さまざまな意見があります。この点、最決平19・10・16刑集61巻7号677頁、最判平21・4・14刑集63巻4号331頁における那須弘平裁判官の補足意見、後藤昭「自由心証主義・直接主義と刑事控訴——平田元氏の論文を契機として」千葉大学法学論集2巻2号（1988年）30頁以下、村井敏邦『刑事訴訟法』（日本評論社、1996年）290頁以下、中川孝博『合理的疑いを超えた証明』（現代人文社、2003年）279頁以下など。さらに、木谷明『刑事裁判の心——事実認定の適正化の方策』（法律文化社、2004年）とこれに対する石井一正元判事の書評（石井一正「ブック・レビュー・木谷明『刑事裁判の心——事実認定適正化の方策』」判タ1144号（2004年）42頁以下）とこれに対する再反論（木谷明「事実認定の適正化——続・刑事裁判の心」（法律文化社、2005年）3頁以下も重要な意味を有します。

7) 主なものとしては、アメリカ・イギリスなどの英米法諸国で採用されている「当事者主義」とドイツやフランスなどの大陸法諸国で採用されている「職権主義」が挙げられます。

界大戦前は「職権主義」を採用していましたが、同大戦後は、「正確な事実認定の確保」や「刑事裁判の公平性・公正性」をよりよく保障することなどを目的として、「**当事者主義**」を採用しました[8]。当事者主義とは、裁判所ではなく、被告人・弁護人と検察官という「当事者」が審理・判決の対象の設定やどの証拠を調べるかなどについて主導権を持って刑事裁判を進める制度です（これに対し、裁判所が主導権を持つ構造を**職権主義**といいます）。この当事者主義においては、当事者である検察官が、刑事裁判において証明の対象となる訴因とされた事実を設定し、その立証を行うのに対し、被告人側はこの立証の問題点を指摘するとか、積極的に自身に有利な事実を立証するなどの活動を行うことになります。

　この当事者主義から、いくつかの規律が導かれます。たとえば、検察官の設定した訴因とされていない事実を裁判所が独自に認定することは、当事者である検察官の訴因の設定権限を侵害することになり許容されませんし、同じく当事者である被告人に対する不意打ち（防御活動対象となっていた訴因を変更し、防御の機会を奪っている）になり許容されません。また、両当事者の主張や立証を正確かつ公平に判断するという純粋な判断者の立場に裁判官を置くため、公判手続の前に、裁判官は事件に関する証拠に触れてはならないという規律（256条6項にいう「**予断排除原則**」など）も導かれます。

　このように公判手続における規律は、「正確な事実認定の確保」のための規律に加え、公平性・公正性を保障するための規律などに分類することが可能です。もっとも、これらの具体的規律を活用するためには、これらの目的を踏まえて、各制度や手続の趣旨を理解し、具体的な条文を解釈することが重要となります。第一審判決に対する不服申立てである上訴（控訴や上告）、そして有罪の確定判決に対しその事実認定の誤りから救済する再審なども、

---

[8] この当事者主義の採用には大きな期待・希望が込められていました（平野龍一『刑事訴訟法概説』〔東京大学出版会、1968年〕7頁以下、松尾浩也『刑事訴訟の原理』〔東京大学出版会、1974年〕330頁以下、田宮裕『日本の刑事訴追』〔有斐閣、1998年〕56頁以下、318頁以下など）。その期待や希望も、刑訴法に関する議論に影響しているように思われます。この点、後藤昭「平野刑訴理論の今日的意義」ジュリ1281号（2004年）58頁以下、斎藤司「井戸田刑事訴訟法理論と『当事者主義』」犯罪と刑罰28号（2019年）109頁以下、緑大輔「刑事訴訟法学と実務——刑事訴訟法学の『守備範囲』をめぐって」法時91巻9号（2019年）50頁以下なども参照。

「正確な事実認定」だけでなく、公平・公正性の保障を含めた観点から規律されています[9]。

5 | 刑事訴訟法の具体的規律2──捜査手続　共通5

　訴因とされた事実を証明する証拠は、自然に収集され刑事裁判に提出されることはありません。刑事裁判における事実を構成する証拠は、国家機関である警察官や検察官などにより収集・確保、そして選別されるものです。さらに、公判手続の当事者である被告人も、同様に警察官や検察官によって発見・確保され、公判手続に出席する（させられる）ことになります。このような証拠や被告人となりうる被疑者の確保を目指した捜査手続においては、警察官や検察官が、「真実」を追い求める姿勢がいきすぎる危険、刑事手続の目的以外の不当な目的のために、国民の権利を不当に侵害する恣意的な捜査や濫用的な捜査を行う危険が常に伴います。このような捜査権限の恣意的利用・濫用の危険性は、公判手続とは異なる、捜査手続に固有のものといえます。

　この捜査権限の恣意的利用・濫用は、不当な権利侵害だけでなく、「事案の真相の解明」をゆがめる危険性を有しています。たとえば、いきすぎた被疑者取調べにより虚偽自白がなされる場合、被疑者の黙秘権が侵害されると同時に、「正確な事案の真相の解明」も危険にさらされます。

　以上を踏まえて、憲法や刑訴法は、捜査手続について重層的な規律を設けています。第1に、捜査権限の恣意的利用・濫用の危険性に応じて、複数の法的規律が用意されています。まず、（重要な）権利を侵害する捜査活動（強制処分）は、その権利侵害の重大性だけでなく恣意的利用・権限濫用がもた

---

[9] 公判審理における規律について分かりやすく、かつ奥深く説明する文献として、後藤昭「『疑わしきは被告人の利益に』ということ」一橋論叢117巻4号（1997年）573頁以下。さらに、いわゆる大崎事件の再審（裁判のやり直し）に関する最決令元・6・25裁判所ウェブサイトとこれに対する新聞記事やコメント（五十嵐二葉・ウェブ論座2019年7月5日、江川紹子・Business Journal2019年7月9日、門野博「大崎事件最高裁決定について──このような認定が許されてよいのか」法セミ776号（2019年）1頁以下など）、日本弁護士連合会や各弁護士会の会長声明などを読んでいただければ、正確な事案の真相の解明や公平性・公正性の関係の重要性を実感することができると思います。

らす危険性と弊害が大きいことから、その要件と手続を明文で定めた規定の存在（**強制処分法定主義**）、さらには裁判官による審査が必要とされます（**令状主義**）。これらの規律は、強制処分（逮捕・勾留、捜索・差押えなど）について、捜査機関による現場での判断を禁じ、国民の代表である立法府の定めた要件や手続による規律を受け、さらには司法府によるコントロールを受ける「事前規制型ルール」といえます（憲法33条、35条、刑訴法197条1項但書、218条以下など）。次に、強制処分ほどの侵害の重大性や危険性・弊害が大きくない捜査活動（任意処分）については、まずは捜査機関の裁量に委ね、裁判を通じて事後的に当該捜査の当否を判断する事後的規制型の規律が課せられます（197条1項本文）。

　第2に、恣意的利用・権限濫用がもたらす危険性や弊害だけでなく「事案の真相の解明」との関係でも問題の多い被疑者取調べについては、黙秘権の保障をはじめとするさまざまな規律が設けられています（憲法38条、刑訴法198条など）。

　第3に、捜査手続では警察官や検察官による捜査活動だけでなく、被疑者の防御活動（黙秘権の行使だけでなく、弁護人を選任し相談する権利、自身に有利な証拠を保全する権利など）も予定されています。警察官や検察官による活動は、これらの権利を侵害・制約する危険もあるため、憲法や刑訴法はこれに対する規律も設けているのです（憲法34条や38条、刑訴法39条、198条など）。

6 ｜ 立法論としての刑事訴訟法学 ｜共通6｜

　刑事手続の全体像を描く際には、捜査手続から公訴手続、公判手続、その後の上訴手続や再審手続と、時系列に沿って概観していくのが通常です。本章は、刑訴法（学）を支える思考を確認するために、捜査手続と公判手続に限定し、さらに公判手続を概観したうえで捜査手続を概観しました。「事案の真相の解明」や「公平・公正な手続」、そして「刑事手続における権利侵害の適正な抑制」といった目的に資するよう、刑事手続は区分され、手続段階ごとに、上記の目的のもと、原理・原則や具体的制度、そして手続関与者の権限や権利が保障されていることを実感していただきたかったからです。そして、刑訴法の具体的条文を解釈し活用する場合は、原理・原則や具体的

制度の趣旨を踏まえる必要があります。

　とはいえ、刑訴法を学ぶ際に捜査手続と公判手続を完全に独立したものとして理解することは適切とはいえません。捜査手続と公判手続は有機的に連関しているからです。捜査手続は、より正確な事案の真相の解明と人権保障という観点から、多くの危険を伴う手続です。捜査手続を主導する警察や検察と被疑者との力の差は圧倒的に大きく、第三者の目も届きにくいという捜査手続の本質的構造は、場合によっては捜査機関による恣意的な捜査や捜査権限の濫用をも可能とします（被疑者の言い分を聞かず、捜査機関自身の見込みを押し付け、虚偽の自白を得るような取調べなどはその典型です）。それゆえ、捜査手続において「発見された真実」（調書など）を無批判に公判手続で受け入れ有罪判決を下すことは、正確な事実認定の確保の点だけでなく、恣意的な捜査や捜査権限の濫用を助長してしまうことになる点でも問題です。さらに、捜査手続の結果が重視されるあまり、有罪・無罪の判断を行うべき場とされる公判手続が軽視されることになるという問題も生じることになります。刑訴法を学ぶうえでは、このような刑事手続の全体的な構造やバランスを考慮することも重要です。この問題との関連で、日本の刑事手続の現状としては以下のような指摘があるのが重要です。

> 現行法の手続の流れと予定された諸原則をまとめると、「①真実の発見と人権（またはデュー・プロセス）の調和を目的とし（これは自明のことといえるが）、②そのためにふさわしい手続きのあり方としては、ⅰ当事者主義を加味した方法で捜査を遂げて公判の準備をし、ⅱ公判は、検察官がまとめた『事件像の主張』をめぐって、公平な裁判所の面前で当事者が攻防を展開し、そこで白黒を決する、ということをねらいとしたといえよう。ところが、今日の運用の実態は、ⅰ捜査はほぼ捜査機関が主宰者であるかのようなペースで、いわば職権主義的に事案が解明され、ⅱ検察官の慎重な起訴判断を媒介とするので、公判はいきおい捜査で作成された書面を多用するとびとびの審理となり、ほぼ100パーセントに近い有罪で決着がつく。したがって、公判は『訴追（有罪）を確認するところ』のような外観を呈することになった。」田宮裕『刑事訴訟法〔新版〕』（有斐閣、1996年）12頁

「捜査は徹底して行われ、拘禁中の被疑者の取調べも、手続の適正と正面から抵触しない限度では最大限に実行される……。警察だけでなく検察官も捜査に深い関心を持ち、公訴の提起は、十分な証拠固めをした上で、確信をもってなされるのが常態である。公判では、相手方の同意によって、または証人の記憶喪失や供述の矛盾を理由に、捜査の過程で作成された供述調書が、きわめて頻繁に証拠とされる。多くの事件では、『口頭弁論』のかなりの部分が、証拠書類の朗読（ないし要旨の告知）に費やされている。この書証依存の傾向は、裁判所が一般に多数の事件を並行的に審理していることと密接に関係する。2回以上の開廷を要する事件では、その開廷間隔は長く、通常、週の単位、場合によっては月の単位ではかられる。

　このような特色をひとことで表現するとすれば、『精密司法』と呼ぶのが適当であろう。わが国の刑事手続は、良くも悪くも精密司法である。年々の有罪率99パーセント強という結果は、外国人研究者を驚歎させる数字であるが、それは一面において、確かに司法の精度の高さを示す。そして、その基礎には、すべての関係者の真実追求への熱意があることを認めてよいであろう。被告人でさえも、しばしば精密司法への選好を隠そうとはしないのである……。」松尾浩也『刑事訴訟法　上』（弘文堂、1999年）15頁以下

　これらの指摘では、日本の刑事手続において、被疑者取調べとその結果作成された調書が公判手続の帰すうを左右していることが指摘されています[10]。この分析が正しいのであれば、この日本の現状をどのように評価するのか、問題があると評価するとすれば、どの部分をどのように改善すべきなのか、その改善は法解釈や運用の変更で対応可能なのか、それを超えて法改正も必要なのかが問題となります[11]。

---

10) さらに、井上正仁「刑事裁判に対する提言」司法研修所論集85号（1991年）93頁以下、三井誠「刑事手続法の行方――刑事司法の改革とその課題」法教280号（2004年）26頁以下、法制審議会・新時代の刑事司法制度特別部会「時代に即した新たな刑事司法制度の基本構想」（2013年）2頁以下など（本書第12章に一部掲載）。精密司法論についての検討として、白取祐司『刑事訴訟法の理論と実務』（日本評論社、2012年）22頁以下、後藤昭「精密司法と疑似当事者主義」刑ジャ56号（2018年）28頁以下など。

法律の本来の趣旨が、現実の中で、さまざまな方向に変容することは珍しいことではありません。そして、その変容が法律の目的や理念との関係で問題だと評価される場合には、その理由も探りながら、法律の解釈だけでなく、立法による対応を探っていくことになります（現在の法律では対処できない問題が出現した場合も同様です）[12]。みなさんは上記の認識を前提として、どのような対策を考えるでしょうか。たとえば、2016年刑訴法改正で成立した取調の録音・録画制度（301条の2）の導入で問題はすべて解決されるでしょうか、解決されないとしてどのような問題が残るでしょうか。

　近年、日本の刑事手続は、裁判員裁判制度の創設と刑訴法の大改正、被害者の刑事手続への参加制度、そして、被疑者取調べの録音・録画制度や協議・合意制度などを内容とする2016年刑訴法改正など、複数の大改正がなされるなど、激動の時代にあります。この立法をめぐる議論は、あるべき刑事手続をどのように考えるかについて解釈論も含めて、重要な視点を数多くもたらしています。そして、実務の動向や法解釈なども、大きく動いています（たとえば、GPS監視捜査に関する最大判平29・2・15刑集71巻3号13頁）。

　本書は、解釈論・立法論上の刑訴法の重要な問題点について、刑訴法上の基本的な知識を活用しながら、実務家や研究者はどのように考えているのか、考えようとしているのかについて、その共有財産である「思考プロセス」を前提としながら、さらに対立のある「思考プロセス」を可能な限り言語化しようとするものです。本書を読むことで、刑訴法をめぐる専門家の「暗黙知」を含めた思考プロセスの内容と展開、その知的刺激をみなさんに少しでもお伝えできればと思います。

---

11) 批判的な検討として、浅田和茂＝川崎英明＝高田昭正「戦後刑事司法の軌跡──その担い手たちの活動」ジュリ930号（1989年）129頁以下、小田中聰樹『現代司法と刑事訴訟の改革課題』（日本評論社、1995年）167頁以下、白取祐司「戦後刑事訴訟法学の歩みと現状」探究1頁以下など。実務家による近年の検討として、渡邉一弘＝岡慎一＝植村立郎「刑事手続の新展開」新展開上3頁以下など。

12) ほぼ同様の現状認識を踏まえながら、参審制度または陪審制度の採用を提案する著名な論文として、平野龍一「現行刑事訴訟の診断」『団藤重光博士古稀祝賀論文集第4巻』（有斐閣、1985年）407頁以下。

第2章

捜査法の基本的な思考プロセス

第2章の目標
①捜査手続における法的規律の目的を理解する。
②捜査手続における法的規律に関する思考プロセスの基本的枠組みを身につける。
③この思考プロセスにおいて重要な位置を占める任意処分・強制処分の区分について理解し活用する。

1 │ 捜査と捜査法の基本枠組み 共通1

　捜査については関連条文が多く、その法的規律が複雑で理解しにくいとか、捜査に関する具体的イメージがつかめないといったことが、その学びを阻害しているように思われます[1]。これらを克服するためには、捜査の目的や内容、そしてこれを規律する**捜査法**（捜査に関する法的規律）の目的とこれを用いる基本的な思考枠組みを理解することが重要です。本章では、この捜査と捜査法に関する基本的な思考プロセスについて学びましょう。これにより、捜査法を活用し、さまざまな諸問題や事例を検討する能力・視点を身につけましょう。捜査と捜査法の基本枠組みは、189条2項と191条1項で示されています。

---

1) 条文の多さだけでなく、勾留や捜索・押収などに関する規定が60条以下と199条以下に「重ねて」置かれているように見えること、209条や222条のように多くの参照条文を挙げる規定の存在なども、その理由として挙げられるでしょう。

> 189条2項「①司法警察職員は、②犯罪があると思料するときは、③犯人及び証拠を捜査するものとする。」
> 191条1項「①検察官は、②必要と認めるときは、自ら犯罪を捜査することができる。」

　これらの規定（特に189条2項）からは、以下の基本枠組みを読み取ることができます。
　第1に、捜査権限を有する主体は「捜査機関」に限られることです（①部分）。刑訴法は、捜査権限を司法警察職員や検察官のみに捜査権限を与えています（189条、190条、191条）。その結果、被疑者やその弁護人が捜査段階で証拠を収集・保全する活動（アリバイ証人を探し確保することなど）は、「捜査」ではなく、防御活動の一環としてとらえられることになります[2]。
　第2に、捜査活動の開始要件（捜査権限の発生要件）が、捜査機関が「犯罪があると思料するとき」（「必要と認めるとき」）とされていることです。この要件は、刑訴法による規律対象や適法性判断の対象を定めたものでもあります。警察官などが行った処分について、「刑訴法を用いて」規律・適法性判断がなされるのか否かを区分する枠組みが示されているのです。捜査機関が「犯罪があると思料するとき」とは、決して捜査機関による「恣意的な判断」を許容するものではなく、「特定の犯罪が行われたこと」を疑わせる客観的な事情が存在する場合（刑法199条に当たる斎藤司の殺害や刑法130条に当たる龍谷大学斎藤司研究室への無断の侵入といった「特定の犯罪」の「嫌疑」が存在する場合）[3]とされます。
　このことを踏まえると、「隣人の声がうるさい」、「斎藤司が泥酔して道路で寝ている」といった犯罪構成要件に該当するといえない事実を根拠に警察官が活動する場合、さらに抽象的に「なんらかの犯罪が行われたかもしれない」と警察官や検察官が考えて活動する場合では、刑訴法の規律は及ばないことになります（この場合の警察官の活動は、警察官職務執行法などで規律されます）。もっとも、189条2項にいう「犯罪」が、捜査活動開始前の「過去

　2）　アニメや漫画などで登場する「探偵」も捜査権限を有しません。
　3）　条解358頁、逐条328頁［加藤俊治］など。

の犯罪」だけでなく、行われる蓋然性のある「将来の犯罪」も含んでいるかについては争いがあります（詳細は第3章）。

　第3に、捜査活動の目的と内容が「犯人及び証拠を捜査する」とされていることです（③部分）。捜査活動は、「特定の犯罪」（②部分）について、犯人と疑われる「被疑者」を発見・確保すること（任意同行、逮捕・勾留など）、そして「特定の犯罪」（②部分）に関する証拠を収集・保全すること（捜索・差押えなど）を内容とします。そして、これらの諸活動の目的は、「特定の犯罪」について公訴提起や公判手続を追行することにあります。たとえば、斎藤司が自宅でナイフが突き刺さった状態で死亡しているのが発見された場合、殺人（刑法199条）や過失致死（刑法210条）など「特定の犯罪」について訴追・公判審理を行うこと（どの構成要件で訴追するかの判断も含む）を目的として、当該「特定の犯罪」について、証拠が収集・保全され（ナイフに付着している指紋、犯行現場に残されている証拠の収集、犯行現場やその付近における聞き込みなど）、さらにこの証拠などをもとに被疑者を絞り、その身体を確保するといったことが行われます。

　刑訴法に基づく捜査活動については、特定の犯罪に関する被疑事実との関連で、その目的や内容が限定されていることには、常に留意すべきです。このような目的や内容を伴わない警察官や検察官の活動については、刑訴法の規律が及ばないため、刑訴法上の権限は付与されません。

　以上のように189条2項（さらには、191条1項）は、主体、時間的範囲、そして、その目的・内容という捜査と捜査法の基本的枠組みを示すものです。捜査法の目的は、上記の捜査活動について捜査権限を付与すると同時に捜査機関による捜査活動を規律することにあります。この目的設定は、捜査機関による捜査活動の対象となりうる（被疑者を含む）国民の権利・利益が不当に侵害されないために捜査活動を規律することを意味します[4]。捜査活動の規律とこれを通じた市民の権利・利益の保護という捜査法の目的を踏まえると、捜査法に関する諸問題は、(a) 特定の捜査活動についての権限を認めるべきかという問題（たとえば、GPS監視捜査や室内の盗聴などを許容すべきかなどの問題）、(b) 当該捜査活動は適法かという問題（既存の捜査法の規律を遵守したものか）、(c) 被疑者・被告人に保障される権利は不当に侵害されていないかという問題を主な内容とします。本章は、主に (b) に焦点を当てて検討を進めます。

2 | 捜査活動に対する法的規律の使い分け 共通2

　捜査法の規律対象である捜査活動について適法性を判断するためには、上記の捜査法の目的を意識して、捜査法の諸規定を用いることが必要となります。しかし、捜査法の諸規定は多数存在します。これらの規定をどのように用いるべきなのでしょうか。捜査法に関する多数の規定を使い分ける思考プロセスの出発点は、197条1項により示されています。

> 197条1項　捜査については、②その目的を達するため必要な取調をすることができる。但し、①強制の処分は、この法律に特別の定めのある場合でなければ、これをすることができない。

　では、197条1項が示す捜査法の諸規定の使い分けを読み解きましょう。
　第1に、捜査機関によって行われた処分（捜査活動）が、「強制の処分」（以下、「**強制処分**」）に該当するかどうかが重要であるとされています。①部分（197条1項但書）は、強制処分については、刑訴法に特別の根拠規定がなければ行うことはできないとしています。つまり、強制処分については、具体的にどのような処分を行うことができるか（内容）、その強制処分をどのような場合に行うことが許されるか（要件）、そしてどのような手続で行うべきか（手続）が、刑訴法において定められていなければならないのです。これを、**強制処分法定主義**といいます（197条1項但書だけでなく、憲法31条の要請でもあります）。

---

4) 捜査機関の統制を通じて、国民の権利・法益を保護するという観点から解釈すべきという前提を批判的にとらえ、「捜査機関が刑事司法の適正な実現に寄与することによって国民全体の法益を増進するため……に与えられた権限と資源とを、不当な目的ないし誤った判断に基づいて濫用・費消することなく……、真に国民の期待に沿う形で最大限に活用してもらうために捜査機関統制構造をシステムとして具現化すること」（捜査活動の最適化）を捜査法の目的とする見解として、稲谷龍彦『刑事手続におけるプライバシー保護──熟議による適正手続の実現を目指して』（弘文堂、2017年）36頁以下。この点について詳細な検討をするものとして、笹倉宏紀「強制・任意・プライヴァシー──『主観法モデル』でどこまで行けるか」『井上正仁先生古稀祝賀論文集』（有斐閣、2019年）253頁以下。

197条1項但書により、捜査機関によって行われた処分が強制処分であると評価されると、まずその処分の根拠規定が存在するかどうかが問われます。そして、根拠規定がない場合は、憲法31条と197条1項但書により違憲・違法の処分となるのです。他方で、根拠規定が存在する場合は、刑訴法の強制処分の要件・手続に関する諸規定による規律が及び、当該処分の適法性判断もこれらの諸規定に基づいてなされるということになるわけです。このように、強制処分であるとの評価が、捜査法の具体的な規定に基づく規律と適法性判断の視点をもたらすことが、ここでは重要です。

　第2に、強制処分に該当しない処分（**任意処分**）については、197条1項本文（②部分）による規律や適法性判断が及びます。つまり、任意処分は、その「目的を達するため必要な」捜査と認められる限度で（(a) 捜査の目的を達成するために必要で、(b) 必要であるとして、その目的の達成のためにとられた手段の権利制約の大きさがその目的達成の必要性と均衡がとれている限度で）、実行可能とされています（「比例原則」による規律です。第3章で扱います）。

　強制処分と任意処分の違いは、法的規律や適法性判断の根拠規定の違いだけにとどまりません。その最も重要な違いは、当該処分が捜査機関による現場の判断や裁量のみにゆだねられているかどうかです。強制処分については、強制処分法定主義の要請により、具体的な要件・手続を定めた根拠規定を遵守することが捜査機関には求められます。さらに、法定された要件・手続の中核として、裁判官による事前の審査を経て発付された令状を得ること、この令状の内容（対象者や場所など）に従い強制処分を行うことも捜査機関には求められます（このような要請を「**令状主義**」といいます）。たとえば、逮捕については憲法33条や199条以下、捜索・差押えについては憲法35条や218条以下が令状主義を踏まえた要件・手続を定めています。このように強制処分の実施については、強制処分法定主義や令状主義といった憲法や刑訴法により事前に定められた規律が及んでおり、捜査機関による現場の判断や裁量は封じられています。後述のように強制処分は「重要な権利・利益」を侵害する危険性が高い「危険な処分」であることを理由に、捜査機関による濫用や恣意的な運用がなされないための規律が必要とされているのです。

　これに対し、任意処分については、捜査機関による現場の判断や裁量（「必要性」や「権利侵害の程度」の両者が均衡しているという判断）にゆだねられます。刑訴法の具体的根拠規定や令状主義など事前に定められた規律は及

びません。もっとも、捜査機関による現場の判断や裁量にゆだねられているからといって、任意処分が常に適法となるわけではありません。当該任意処分が行われたのちに、公判審理などで当該任意処分の違法性が被疑者・被告人やその弁護人によって問題とされた場合には、裁判所による適法性判断の対象となり得ます。事前に定められた規律が及ぶ強制処分に対し、任意処分に対しては事後的な規律が及んでいるといえます。

3 捜査法を活用する基本的な思考プロセス 共通3

　ここまでの内容をまとめます。捜査法の規律を理解したうえで、これを活用し意見表明を行う場合、まず重要となるのが捜査法の規律が及ぶ範囲を把握することです。これが、189条2項により示される捜査の基本枠組みです。これと並行して、捜査機関による捜査活動の規律と捜査活動の対象となる国民の権利・利益の保護という捜査法の目的も理解しておくべきです。

　次に、捜査法に関するさまざまな規定を使いこなすためには、現行刑訴法が、捜査機関による処分を強制処分と任意処分に区分して、それぞれに応じた法的規律を用意していることを理解する必要があります（197条1項但書）。強制処分については、刑訴法上に要件や手続を定めた具体的な根拠規定が必要とされ、その事前に定められた規律に捜査機関は従うべきことになります（捜査機関による現場の判断や裁量によりなされることは禁止されます）。それゆえ、その処分の適法性判断は、憲法や刑訴法上の具体的な根拠規定に基づき行われることになるのです。

　これに対し、任意処分は、197条1項本文の必要性や権利侵害の程度、そしてその衡量は捜査機関による現場の判断や裁量にゆだねられ、問題とされた場合にのみ裁判所の審査という事後的規律が及ぶことになります。そして、その適法性判断も、事後的に具体的事情を踏まえて行われます。

　以上が捜査法の規律と適法性判断の基本構造です。もっとも、注意すべきなのは、捜査法の問題について、常に「刑訴法の対象となるか」、「強制処分か否か」を検討（論述）する必要はないということです。刑訴法の対象となることが前提となる場合もあるでしょうし、強制処分であることが前提となることもあるでしょう。たとえば、「本件の捜索の適法性について論じなさい」という問題が示された場合、「捜索」は刑訴法上の捜査活動であり、強

制処分ですので、具体的な根拠規定（218条など）を前提とした検討を行えば、基本的には足りるのです。

　重要なのは、常に上述の思考プロセス（どの段階から検討をスタートするか）を意識することなのです。警察官が被疑者の車両にGPS装置を取り付けて、その位置情報を取得する捜査（GPS監視捜査）やドローンに高感度カメラを装着しタワーマンション40階の被疑者宅内を監視する捜査など、現行刑訴法が明確に予定していない（未知の）捜査の適法性については強制処分と任意処分の区分からスタートする思考プロセスの活用が求められます。その際には、すでにアメリカではGPS監視捜査に令状が必要とされているなどの海外の情報、日本の学説でも議論され論文が出されているなどの事前に獲得している情報や知識も活用されることになるでしょう[5]。これらの情報も、上記の思考プロセスを前提としてこそ意味のあるものとなるのです。

　学説や判例も、多くの場合、この共有財産というべき「思考プロセス」を踏まえ、さまざまな主張をぶつけ合って、自身の判断・見解が妥当だと述べているのです。みなさんにとって未知の問題である、ゼミのテーマや試験の問題についても、この思考プロセスに沿って考えることが1つの方法となります。もちろん、時代の進展や議論の蓄積、そして法改正によって、思考プ

---

[5] GPS監視捜査については、笹倉宏紀ほか「強制・任意・プライヴァシー――『監視捜査』をめぐる憲法学と刑訴法学の対話」法時87巻5号（2015年）60頁以下、小木曽綾ほか「監視型捜査とその規律」刑雑55巻3号（2016年）1頁以下、緑大輔ほか「GPS捜査の問題点と刑事弁護の課題」刑弁85号（2016年）83頁以下、笹倉宏紀ほか「強制・任意・プライヴァシー［続］――GPS捜査大法廷判決を読む、そしてその先へ」法時91巻1号（2018年）54頁以下、指宿信編著『GPS捜査とプライバシー保護』（現代人文社、2018年）、川出・論点1頁以下など。この指宿信編著240頁以下には、上記の文献を含めたGPS関連文献が紹介されています。なお、アメリカでは、2012年に、車両にGPS装置を装着しその位置情報を取得する捜査について令状が必要とされた後（United States v. Jones, 132 S.Ct. 945（2012））、2018年に、携帯電話会社基地局に蓄積された被疑者の位置情報履歴を取得する捜査についても令状が必要とされています（Carpenter v. United States, 138 S.Ct. 2206（2018））。後者の判決を紹介するものとして、緑大輔「携帯電話会社基地局に蓄積された被疑者の位置情報履歴を捜査機関が無令状で取得した行為が違憲と判断された事例」判時2379号（2018年）128頁以下、田中開「『ビッグデータ時代』における位置情報の収集と連邦憲法修正4条」『井上正仁先生古稀祝賀論文集』（有斐閣、2019年）433頁以下など。

ロセス自体を見直さなければならないときもあります（その契機や対案を示すことも学説の1つの役割です）。

　いずれにせよ、本章の主目的は、捜査法の基本的な思考プロセスを理解し、これを活用できるようにすることにあります。その際の重要なポイントは、強制処分に該当するか否かの判断（強制処分該当性判断）を理解することです。

4 ｜ 強制処分該当性判断――判例・通説の論理 共通4

　強制処分該当性の判断との関係では、判例の論理をどのように理解・評価するかで一定の対立があります。リーディング・ケースとされる最決昭51・3・16刑集30巻2号187頁[6]は、物損事故を起こし、酒に酔っていることが疑われるXを警察署に任意同行し、呼気検査に応じるよう説得していたところ、急にXがイスから立ち上がり出入り口のほうへ小走りで行きかけたので、警察官がXの左斜め前に近寄り、その手首をつかんだ事例について、以下のような判断を示しました（下線・丸数字は引用者）。

> 　捜査において強制手段を用いることは、法律の根拠規定がある場合に限り許容されるものである。しかしながら、ここにいう強制手段とは、有形力の行使を伴う手段を意味するものではなく、①<u>個人の意思を制圧し、身体、住居、財産等に制約を加えて強制的に捜査目的を実現する行為など、特別の根拠規定がなければ許容することが相当でない手段</u>を意味するものであつて、右の程度に至らない有形力の行使は、任意捜査においても許容される場合があるといわなければならない。ただ、②<u>強制手段にあたらない有形力の行使であつても、何らかの法益を侵害し又は侵害するおそれがあるのであるから、状況のいかんを問わず常に許容されるものと解するのは相当でなく、必要性、緊急性なども考慮したうえ、具体的状況のもとで相当と認められる限度において許容される</u>。

---

6) 昭和51年決定については、香城敏麿「判解」解説昭和51年度（刑）64頁以下、大澤裕「判批」百選（10版）4頁以下、葛野尋之「判批」判例学習3頁以下、川出・捜査5頁以下など。

この昭和51年決定の第1の重要ポイントは、上述の捜査法の基本的な思考プロセスを明確に示した点にあります。具体的には、強制処分該当性判断の基準（①部分）と強制処分に該当しない場合の適法性判断の基準（②部分）、そしてその判断の順序が示されています。

　第2の重要ポイントは、強制処分該当性の判断基準を示した点です。昭和51年決定は、「有形力行使の有無」というかつての通説の基準[7]を採用せず、①部分の判断基準を示しました。さまざまな要素が示されていますが、このうち、(a)「個人の意思を制圧し」、(b)「身体、住居、財産等に制約を加えること」が重要とされています。

　この判示自体は多くの学説によって支持されていますが、(a)(b)の関係の理解には争いがあります[8]。通説は、昭和51年決定の(a)(b)部分を、「すべての捜査活動」に応用可能な基準として理解します。この見解は、**(a)を「対象者の明示又は黙示の意思に反すること」**と、**(b)を「法定の厳格な要件・手続によって保護する必要があるほど重要な権利・利益に対する実質的な侵害ないし制約」**（以下、「重要な権利・利益の侵害」）と理解します[9]。具体的事例においては、まず(b)が存在するかどうかを判断し、これが存在する場合(a)が存在するかどうかを判断すべきことになります（有形力の行使など対象者に直接向けてなされる処分については明示の意思に反しているか、通信傍受やGPS監視捜査など対象者が認識していない状態で行われる処分については合理的に推認される意思に反しているかが判断されます）。

　これに対し、(a)の部分を重視し、判例は、（有形力の行使など直接相手方に向けてなされる処分について）強制処分の定義を「個人の意思の制圧」としているとの理解も存在します[10]。

　このように判例の理解が対立するなか、最大判平29・3・15刑集71巻3号13頁[11]は、いわゆるGPS監視捜査の適法性を判断する際に、GPS監視捜査は、「個人の意思を制圧して憲法の保障する重要な法的利益を侵害するも

---

7)　かつての通説としては、平野82頁以下など。
8)　その議論状況を検討したものとして、注6）の文献に加え、井上・強制捜査2頁以下、古江12頁以下、緑44頁以下、大澤裕「強制捜査と任意捜査」法教439号（2017年）60頁以下など。
9)　井上・強制捜査7頁以下、酒巻21頁以下など。

のとして、刑訴法上、特別の根拠規定がなければ許容されない強制の処分に当たる」としました。この判示は、対象者が認識していない処分についても「個人の意思の制圧」というフレーズを用いています。他方で、「個人の意思の制圧」のあてはめとして「合理的に推認される個人の意思に反して」としていると読める判示からは、「個人の意思の制圧」は「個人の意思に反する」と同じ意味として理解されているといえます。そうすると、判例は通説の立場を採用していると理解することが可能です。少なくとも、判例が「個人の意思の制圧」を、すべての事例に適用可能な一元的な基準としていると理解することは困難でしょう（そもそも、対象者が認識し得ない処分がある以上、すべての捜査活動について「個人の意思の制圧」は想定できません）[12]。

5 ｜「重要な権利・利益」の内容と強制処分法定主義　共通5

　通説の強制処分該当性判断の基準を活用する場合、重要となるのが（b）の「重要な権利・利益の侵害」に関する理解です。強制処分該当性が問われるケースでは、「重要な権利・利益」の有無とその「侵害」の有無を検討する必要があります。その際、特に「重要な権利・利益」の内容に関する理解が

---

10) 佐々木正輝＝猪俣尚人『捜査法演習〔第2版〕』（立花書房、2018年）44頁は、この「意思の制圧」の内実について、「単に『意思に反する』ことをいうものではなく、対象者の意思を封じ込める、無理やりにでも抑え込む、有無を言わせない、といった『抵抗不可能な状態下に置く』こと」としています。また、昭和51年決定にいう「意思の制圧」（「意思に反する」では足りない）を、昭和51年決定の事例のような相手方に対する有形力の行使などの「直接相手方に向けてなされる」捜査上の処分には少なくとも妥当する基準を示したとする理解も存在します（川出・捜査2頁以下など）。この理解は、それ以外の通信傍受のような「対象者が認識していない状態で行われる処分」（最決平11・12・16刑集53巻9号1327頁など）については、通説の基準が適用されることになるとします。

11) 平成29年判決については、伊藤雅人＝石田寿一「時の判例」ジュリ1507号（2017年）106頁以下、井上正仁「判批」百選（10版）64頁以下、松田岳士「判批」刑弁91号（2017年）99頁以下、堀江慎司「判批」論ジュリ22号（2017年）138頁以下、斎藤司「GPS捜査大法廷判決の論理とその影響」自由と正義68巻10号（2017年）15頁以下、稲谷龍彦「判批」重判平成29年度179頁以下、川出・論点17頁以下など。さらに、亀石倫子＝新田匡央『刑事弁護人』（講談社、2019年）も参照。

12) 斎藤・前掲注11) 16頁以下、緑52頁など。

24　第2章　捜査法の基本的な思考プロセス

前提となります。

　通説は、「重要な権利・利益」の内容について、「法定の厳格な要件・手続によって保護する必要のあるほど」の「重要な権利・利益」とします。その理由を支えるのが、強制処分法定主義の趣旨です。強制処分法定主義の趣旨は、憲法31条に示されるように、個人の生命や自由など「重要な権利・利益を奪う処分」について、その要件・手続を事前に明示することで、その濫用を防止し国民の自由を可能な限り保障すること（**自由主義的側面**）と、上記のような「重要な権利・利益を奪う処分」について、当該処分を用いることを許容するかどうか自体、国民自身が国会を通じて意識的かつ明示的な決断をすべきこと（**民主主義的側面**。「重要な権利・利益」が侵害されうる処分が問題となるからこそ、国会を通じて正面から慎重かつ十分に議論し、法律というかたちで明確に示すべきこと）とされます[13]。

　これを踏まえて、すでに「法定」されている現行刑訴法における強制処分の一連の根拠規定を見ると、厳格な要件や手続が法定されている「重要な権利・利益を侵害する処分」であること、さらに原則として憲法の令状主義（33条や35条）の統制を受けていることという共通点があるとされます。このことから、197条1項但書が「強制の処分」として想定しているのは、令状主義を含む「**法定の厳格な要件・手続によって保護する必要のあるほどの重要な権利・利益に対する実質的な侵害ないし制約**」とされるのです。

　以上のように、通説は、強制処分法定主義の趣旨を前提とした現行刑訴法の法定する強制処分の根拠規定との対比や、現行の法定の厳格な要件・手続の1つとして憲法33条や35条が妥当することを理由として、「対象者の明示又は黙示の意思に反する、法定の厳格な要件・手続によって保護する必要があるほど重要な権利・利益に対する実質的な侵害ないし制約」という強制処分概念を導きます。ここでは、197条1項但書にいう「強制の処分」の解釈（強制処分法定主義の規律の対象）が問題とされているのであって、令状主義の規律対象は直接の問題とされていないことに注意が必要です[14]。

　繰り返しになりますが、強制処分該当性判断は「一般的・類型的」判断であって、個別事案の具体的な状況や必要性・緊急性などの要素とは無関係です。強制処分については、強制処分法定主義に基づき、立法府が事前かつ一

---

13)　井上・強制捜査26頁以下、酒巻23頁以下など。

般的・類型的に法定した要件・手続を遵守することが求められていることの当然の帰結だからです。それゆえ、「法定の厳格な要件・手続によって保護する必要のあるほどの重要な権利・利益に対する実質的な侵害ないし制約」が存在するか否かは、一般的・類型的に判断されなければなりません。

　もっとも、「一般的・類型的に判断するといわれても難しい」という反応も予想されるところですので、少し詳細に説明しましょう。強制処分該当性判断が問われることが多いものとして、いわゆるプライバシーが関連するケースが挙げられます。通説は、重要な権利・利益としてのプライバシーを、憲法13条に由来する単なるプライバシー（「みだりに容ぼう・姿態を撮影されない自由」）ではなく、「憲法35条により保護する必要性のあるほどのプライバシー」であると理解します。「法定の厳格な要件・手続によって保護する必要のあるほどの重要な権利・利益」という定義は、プライバシーとの関係では、「憲法35条の令状主義により保護する必要性のあるほどのプライバシー」という「重要な権利・利益」概念を導くことになるわけです。平成29年判決も、憲法35条の保障対象には、「『住居、書類及び所持品』に限らず、これに準ずる私的領域に『侵入』されることのない権利が含まれるものと解するのが相当」とします（もっとも、この「**私的領域**」の具体的内容については判示されていません）。

　この理解からすれば、公園などの公的空間にいる者をカメラなどにより撮影する捜査は、一般的・類型的に見て、憲法13条に由来する「みだりに容ぼう・姿態を撮影されない自由」を侵害する可能性はあるものの、憲法35条により保護されている「私的領域」（通常は侵入が許容されない場所・空間とか他者による観察や聴取などが行われないことが合理的に期待可能な場所・空間）への侵入・侵害の危険性はないとされ、強制処分性は否定されます。これに対し、望遠レンズ付きカメラなどを用いて、私的領域における対象者の容ぼうや室内の様子などを撮影した場合は強制処分と評価されます。

14）　通説が批判・克服の対象とした「新しい強制処分」説（田宮71頁以下）が、現行刑訴法制定時に予定されていなかった「新しい強制処分」の規制について、197条1項但書の趣旨に照らして「実質的な令状主義の精神」が妥当するとしている（強制処分概念の根拠を令状主義としている）ことは重要というべきです。この点については、井上・強制捜査25頁以下。

具体例とともに判例の論理を確認しましょう。最決平20・4・15刑集62巻5号1398頁[15]は、公道を歩いている被告人の容ぼうなどのビデオ撮影、不特定多数の客が集まるパチンコ店内における被告人の容ぼうなどのビデオ撮影について、「通常、人が他人から容ぼう等を観察されること自体は受忍せざるを得ない場所におけるもの」であることを理由に、強制処分性を否定しています。同決定は、憲法13条に由来する「みだりに容ぼう・姿態を撮影されない自由」（最大判昭44・12・24刑集23巻12号1625頁）が存在することを前提に、公道やパチンコ店内といった「通常他者から容ぼう等の観察自体を受忍せざるを得ない場所」では、「みだりに容ぼう・姿態を撮影されない自由」は認められるものの、法定の厳格な要件や手続により保護されるべきプライバシー（憲法35条により保護されるべきプライバシー）は存在しないと判断したものといえます[16]。

さらに、最決平21・9・28刑集63巻7号868頁は、荷送り人の依頼に基づく宅配便業者の運送中の荷物に対して、その外部からX線を照射して内容物を観察した事例について、「その射影によって荷物の内容物の形状や材質をうかがい知ることができる上、内容物によっては品目等を相当程度具体的に特定することも可能」であることを理由に、「荷送人や荷受人の内容物に対するプライバシー等を大きく侵害する」として強制処分性を認めています[17]。この判断は、同じ「観察」に関する平成20年決定とは異なり、本件の荷物のような梱包物について憲法35条により保護されるべきプライバシー（私的領域性）を認め、強制処分性を肯定したものといえます。これらの判例の論理が示すように、プライバシー侵害について強制処分該当性判断は、憲法35条により保護されるプライバシーか否か（他者による観察や聴取などが行われないことが合理的に期待可能な場所・空間におけるプライバシーか否か）の評価がポイントとなります。その他、警察官が行った有形力の行使

---

15) 平成20年決定については、鹿野伸二「判解」解説平成20年度（刑）289頁以下、酒巻匡「判批」百選（9版）20頁、川出・捜査13頁以下、州見光男「判批」百選（10版）18頁以下など。さらに、葛野尋之「判批」判例学習9頁以下も参照。

16) 酒巻30頁以下など。

17) 平成21年決定については、増田啓祐「判解」解説平成21年度（刑）371頁以下、笹倉宏紀「判批」重判平成21年度208頁以下、井上正仁「判批」百選（9版）70頁以下、石田倫識「判批」判例学習53頁以下など。

などが強制処分（実質的逮捕）に該当するかなども問題となり得ます（詳細は第4章）。

6 ｜ 強制処分性とプライバシー侵害の「危険性」 展開1

　プライバシー侵害の強制処分該当性判断についての判例の論理との関係で、もう1つ重要なことは、憲法35条により保護されるべきプライバシーを結果的には侵害しなかった場合の判断です。判例が、「具体的に対象者の権利・利益をどの程度侵害したか」という個別具体的な判断ではなく、「一般的・類型的判断」をどこまで徹底しているかという問題ともいえます。平成21年決定は、「その射影によって荷物の内容物の形状や材質をうかがい知ることができる上、内容物によってはその品目等を相当程度具体的に特定することも可能」であることを強制処分性の理由としています。本件で用いられたX線検査の「性質」から、一般的・類型的に私的領域へ侵入しうるか（一般的・類型的な侵害・侵入の「危険性」）があるかを検討しているとも読めます。その後、平成29年判決は、GPS監視捜査について、次のように判示しています（下線・丸数字は引用者）。

　GPS捜査は、対象車両の時々刻々の位置情報を検索し、把握すべく行われるものであるが、①その性質上、公道上のもののみならず、個人のプライバシーが強く保護されるべき場所や空間に関わるものも含めて、対象車両及びその使用者の所在と移動状況を逐一把握することを可能にする。
　このような捜査手法は、②個人の行動を継続的、網羅的に把握することを必然的に伴うから、個人のプライバシーを侵害し得るものであり、また、③そのような侵害を可能とする機器を個人の所持品に秘かに装着することによって行う点において、公道上の所在を肉眼で把握したりカメラで撮影したりするような手法とは異なり、公権力による私的領域への侵入を伴うものというべきである。

　この判示部分では、「個人のプライバシーが強く保護されるべき場所や空間」における位置情報の取得の「危険性」（「私的領域」におけるプライバシー

の侵害・把握の「危険性」）が、GPS監視捜査の強制処分性を根拠づけるとされていると理解できます（①部分）。具体的には、②部分のようなプライバシー侵害を可能とする機器を、個人の所持品に「秘かに装着」した「時点」（現実には私的領域への侵入はまだ認められない時点）で、捜査機関は意のままに対象者の位置情報を取得することが「可能」となる（上記の意味での「私的領域への侵入」への「着手」〔私的領域への侵入の危険〕が認められる）ことを理由に強制処分性を肯定していると理解できるのです。判例の論理は、一般的・類型的に見て、当該捜査が私的領域におけるプライバシーを侵害する「危険性」があれば強制処分性を認めていると理解できます。もっとも、平成29年判例の理解は複数示されていることもあり、最高裁が、上記の論理をあらゆる場面で一貫して採用しているかについては、さらに検討が必要です[18]。

7 │ 通説に対する批判や対案　展開２

　以上の通説の考えに対し、近年では、強制処分概念についてさまざまな見解が示されています。たとえば、通説が強制処分該当性判断の基準とする個人の権利・利益の侵害や制約は、捜査の目的ではなく、あくまで一定の捜査目的達成の過程で生ずる「副作用」にすぎないとして、197条1項但書にいう「強制」とは個人に対する捜査「協力」の「強制」を意味するとする見解（捜査協力強制説）が挙げられます。この見解は、197条1項但書の射程範囲は、一定の捜査目的を実現するに当たり、個人に一定内容の能動的行為を行うことが求められる場合や、（住居、身体、財産のような）対象者の権利・利益が不可避的に侵害・制約されることになるため、当該権利・利益主体によるその「受忍」が求められる場合のような「個人の積極的・消極的な協力が必要とされる場合」に限定します。他方で、個人の協力を必要としない場合には、その「強制」性は問題とならないとされます[19]。

---

[18] 強制処分該当性判断の基準について、「重要で価値の高い法益を侵害・制約する『類型的』行為態様を有する捜査手段」であるか否かとし、被侵害法益とその行為類型を重視する見解として、酒巻30頁以下など。

[19] 松田岳士『刑事手続の基本問題』（成文堂、2010年）227頁以下。

第2に、国民全体の法益を増進するために与えられた権限と資源を不当な目的に濫用・費消することなく、真に国民の期待に沿うかたちで最大限に活用してもらうための捜査機関統制構造を具現化すること（国民の利益にとって「赤字」の捜査活動が発生しないよう統制すること）という捜査法の目的や解釈指針（捜査活動の最適化）のもと、強制処分概念を再構成する見解も注目されています。この見解は、強制処分を「健全な民主主義を維持するために国民から捜査権限・資源を委託され、『法の支配』の実現により国民の利益を最大化する義務を負っている、政府による当該捜査手法の実施が国民との委託信任関係の趣旨に照らして不適切な意図・判断……に基づいていた場合……に健全な民主主義の存立にかえって重大な危険……をもたらす捜査手法であり、かつ、当該捜査手法の実施に関する捜査機関へのモニタリングが、その危険の発生する蓋然性を合理的なレベルまで引き下げるほど十分には機能していないため、重畳的な民主主義熟議に基づく捜査活動の適正化を通時的に実現するという観点からは、その実施を特別の法的統制の下に置き、危険発生の蓋然性を合理的に低下させなければならない捜査手法」とします。この見解の特徴は、捜査法の目的を再構成しつつ、プライバシーといった権利という観点ではなく、当該捜査手法の性質そのものに加え、国民との委託信任関係の趣旨に照らして不適切な意図・判断に基づいていた場合（エージェンシー・スラック）に健全な民主主義の存立にかえって重大な危険をもたらすか否か、かつ、その危険発生の蓋然性を合理的に低下する特別の法的統制が必要な処分か否か（健全な民主主義社会にとって害をなすような重大な赤字となる蓋然性の高い捜査活動であるため、特別の統制によって「黒字」に転換する必要がある処分かどうか）という観点から定義する点にあります。

　さらに、この見解は、司法府には捜査活動の最適化（要件や手続の設定など）について人的資源や制度的基盤が欠けていることなどを理由として、既存の強制処分規定の解釈に当たって、従来に比べ硬直的に解釈することにより、熟議による適正手続の実現を目指すことが望ましいとします。この裁判所による民主主義を促進する謙抑的な法解釈と大量の情報収集・分析を基礎とする民主主義的熟議を経た、国民の利益を最大化するための強制処分についてのルール設定が実現されるべきとされるのです[20]。

　第3に、通説の判断基準に不明確な部分が残るなどの批判を踏まえて、すべての権利・利益の侵害を強制処分とすべきなどの主張もなされています[21]。

私見も基本的に同様の立場から、強制処分法定主義の意義を、立法府が強制処分について「意識的・自覚的な決断」をすべきという自己決定義務を定めたものと解し、強制処分が「立法府がその内容・要件・手続を法定すべき処分（捜査機関の裁量にゆだねるべきでない処分）」とします。具体的には、すべての権利・利益を侵害する処分や権限濫用の危険性のある処分と理解します。このような見解に対しては、すべての処分について法定するのは現実的ではないなどの批判があり得ます。しかし、すべての権利・利益侵害などについて、「厳格な」根拠規定が必要なのかについては再考の余地があるでしょう。令状主義は、すべての強制処分に適用されるわけではありません（たとえば、221条は「領置」に関する具体的な根拠規定ですが令状を必要としていません）。侵害対象となる権利・利益の重要性や濫用の危険性の高さによって、法定の要件や令状の要否なども含む手続の厳格さ（規律密度）を変動させ、重要でない権利・利益の侵害については197条1項本文のような包括的・抽象的な規定で足りると考えることも可能でしょう[22]。

　判例・通説の見解によれば、重要でない権利・利益の侵害を含む任意処分については、裁判所の事後的なケースバイケースの審査が及ぶことになります。このような審査などが有効な規制となりうるかについては批判があるわけですが、上述の見解においても、このような処分については、一定程度包括的・抽象的な規律とそれに基づく審査がなされることになります。そうすると、説明のプロセスは異なるものの、結論は大きく変わらないということ

---

20) 稲谷・前掲書注4）274頁以下など。同見解については、松田岳士「強制処分概念をめぐる最近の議論について」阪大法学67巻6号（2018年）33頁以下、同「『熟議による適正手続』論について（1）（2・完）」阪大法学68巻2号、同4号（2018年）、緑49頁以下、笹倉・前掲注4）253頁以下、後藤昭「捜査の法的規制」法時91巻5号（2019年）135頁以下など。さらに、憲法学による検討として、山田哲史「強制処分法定主義の憲法的意義」公法研究77号（2015年）229頁以下、同「本質性理論再論――法律による捜査活動規制論の準備作業として」行政法研究26号（2018年）107頁以下など。

21) 三井Ⅰ81頁、後藤昭「強制処分法定主義と令状主義」法教245号（2001年）12頁。また、この見解は、捜査のための「権利制約」を規制するという強制処分法定主義の目的のためには、「同意に基づかない権利制約があれば、侵害の程度を問わず強制処分とするという基準の方がより忠実であろう」とします。同趣旨の見解として、緑52頁など。

22) 斎藤司「強制処分概念と任意捜査の限界に関する再検討」探究19頁以下。私見も含めた複数の見解について検討したものとして、松田・前掲注20）33頁以下。

にもなり得ます。少なくとも、強制処分概念を広げると、その事前規制の厳格さの幅も広がることになり、すべての権利侵害に対する厳格な事前規制が直ちに導かれるわけでもないことには注意が必要です。

また、近年では任意処分についても立法が望ましい類型が存在するという見解も示されています。この見解は、任意処分についても、濫用の危険性の高さなどを理由に立法による規制は可能であるとします[23]。このようにさまざまな根拠から、捜査法に関する法的規律が必要であるとするのが現在の議論状況といえます。

8｜捜査法の思考プロセスとその活用　共通6

　本章の内容は、刑訴法（捜査法）という規律を用いて、捜査法に関する諸問題を検討する基本的な思考プロセスを構築するためのものでした。捜査法を用いるためには、まず捜査法の対象となる問題かどうかの判断が必要です。その際には、特定の犯罪に関する具体的嫌疑が存在しているかが重要な基準となります。具体的嫌疑が存在していない場合は刑訴法以外の法的規律（警職法など）が及ぶのです。次に、捜査法を具体的に用いるためには、捜査法の多数の規定を使い分けることが必要です。その出発点となるのが、197条1項但書による強制処分該当性判断です。本章は、この強制処分該当性の判断基準の根拠と内容、そして、その活用に重点を置いて説明しました。

　強制処分性が肯定される場合、強制処分法定主義の要請により、当該捜査処分に関する明文規定が存在するかが問題となります。存在しない場合、明文規定のない強制処分として、その時点で違憲・違法と評価されます。たとえば、平成29年判決はGPS監視捜査について現行刑訴法の規定では不十分であるとし「立法的な措置が講じられることが望ましい」としています。

　これに対し、根拠規定が存在する場合には、当該規定を踏まえた適法性判

---

23) たとえば、笹倉宏紀「捜査法の思考と情報プライヴァシー権――『監視捜査』統御の試み」法時87巻5号（2015年）70頁以下、同「捜査法の体系と情報プライヴァシー」刑雑55巻3号（2016年）423頁以下、池田公博「法的根拠を要する捜査手法――ドイツ法との比較を中心に」刑雑55巻3号（2016年）410頁以下など。なお、GPS監視捜査に関する立法論を検討するものとして、斎藤司「GPS大法廷判決とGPS監視捜査立法――その展望と課題」指宿編著・前掲書注5）50頁以下、川出・論点34頁以下。

図2-1 捜査法の思考プロセス

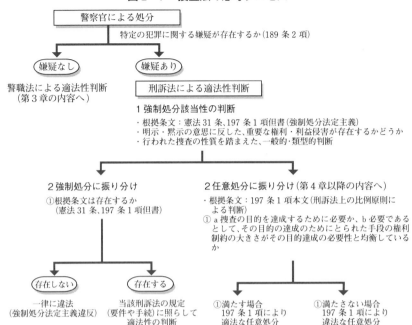

断がなされることになります。たとえば、平成21年決定は、上述のようにX線検査の強制処分性を認め、これが「検証としての性質を有する」とします。また、通信傍受に関する最決平11・12・16刑集53巻9号1327号も、通信傍受について「検証としての性質をも有する」とします。そのうえで、検証に関する規定（218条以下）を前提に、その適法性を判断しています。

抽象的にでも、捜査法を活用する基本的な思考プロセスが分かってきたのであれば、本章の目的は達成です。次章以降では、問題点ごとに具体的に検討することで、この思考プロセスを豊かなものにしましょう。また、強制処分法定主義や令状主義といった重要な諸原則も、単なる暗記の対象ではなく、この思考プロセスの上で用いられる重要なツールであることも意識しておくべきでしょう。この思考プロセスを、図2-1にまとめておきます。

繰り返しになりますが、捜査法の問題について基本的な思考プロセスを最初から常に活用する必要はありません。どのポイントを検討の出発点とすべきか。これを可視化することも思考プロセスを学ぶ意義といえます。次章以

降では、各論的な出発点からスタートして捜査法を学びましょう。第3章では、本章の内容を踏まえて、捜査法の対象となるか否かの判断基準と捜査法の対象とならない場合の思考プロセスを学びます。第4章では、強制処分該当性判断の結果、任意処分とされた場合の適法性判断を学びます。そして、第5章以降では、強制処分の類型ごとに該当する根拠規定を踏まえた適法性判断を学びます。

第 3 章

行政警察活動に対する法的規律とその思考プロセス

第 3 章の目標
① 「司法警察活動」と「行政警察活動」を区分する意味とその基準を理解する。
② 行政警察活動に対する法的規律の思考プロセスの内容と特徴を理解する。
③ 職務質問に伴う所持品検査を例に、②の思考プロセスを活用する。

1 │ 捜査法の基本的な思考プロセスとの関係　共通 1

　第 2 章では、強制処分該当性判断を中心に捜査法の基本的な思考プロセスを学びました。強制処分該当性判断は、問題となる警察官などによる活動が「捜査」（刑訴法による規律・適法性判断の対象）であることを前提とします。では、「捜査」と評価されない場合はどのように考えればよいのでしょうか。さらに、「捜査」に該当するか否かの判断はどのように行うべきなのでしょうか。本章では、この問題を扱います。

　刑訴法（学）の領域で、なぜ刑訴法外の問題を扱うのかという疑問を持つ人もいるでしょう。捜査法（刑訴法）の規律が及ぶことになるきっかけ（**捜査の端緒**）は、さまざまです。その例としては、①告訴（230 条以下）・告発（239 条）といった犯罪被害者や第三者などからの申告、②自首（245 条、刑法 42 条）といった犯人自身による申告などに加え、③それ自体は刑訴法の規律対象外の警察官の活動によって、「特定の犯罪」があると思料する場合（189 条 2 項）が挙げられます。

図 3-1

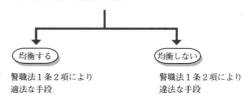

　本章で扱うのは③です。たとえば、警察官が、職務質問を行っていたら、対象者のカバンの内部に血の付いたナイフが入っているところを確認した場合、捜査が開始されることになります。このように、③は他の法律により規律されている場面が、刑訴法によっても規律されることにもなる（刑訴法による規律がスタートする）から、刑訴法（学）の対象であるともされているのです。その思考プロセスは図 3-1のようになりますが、その構造は捜査法と異なる部分もあります。その理由も含めて検討しましょう。

2 │「司法警察活動」と「行政警察活動」の区分とその基準　共通 2

　警察法2条1項は、警察の責務として、①捜査（犯罪の捜査、被疑者の逮捕）に加えて、②犯罪の予防・鎮圧や交通の取締などを挙げています。①は、刑訴法を根拠として行われ、刑訴法の規律が及びます。これを**司法警察活動**といいます。そして、②は、行政法分野のさまざまな法律（警察官職務執行法、道路交通法など）を根拠として行われ、その規律の対象となります。

これを「**行政警察活動**」といいます。①②の区分は、刑訴法による規律が及ぶかどうか（刑訴法により適法性を判断すべきかどうか）の区分を意味するわけです。警察官が、**特定の具体的犯罪の公訴提起と公判遂行を目的**として活動している場合、その活動は司法警察活動[1]と評価されます。これに対し、警察官が、**犯罪の予防や鎮圧を目的**として活動している場合、その活動は行政警察活動と評価されます。

　たとえば、ある人物Dが「ウリィィィ」とか「最高に『ハイ！』ってやつだアア」と公園で叫んでいるのを、警察官が発見した場合はどうでしょうか。この時点では、その警察官は、「Dはなんらかの犯罪にかかわっているかもしれない」とは判断できますが、示されている客観的事情の限りでは「特定の犯罪」を「思料」できず、その結果、当該特定の犯罪に関する公訴提起や公判遂行を目的とすることもできないことになります。そうすると、この時点での活動について想定できる目的は、かかわっているかもしれない犯罪の予防や鎮圧をすることになります。上記のケースだと、違法薬物の所持や使用という犯罪にかかわっている可能性があることから、その「不審事由」（叫んでいる理由、その理由は犯罪を構成するかなど）を解明するため、Dに対し住所や身分、その後の行動などについて職務質問（警職法2条1項）や場合によっては所持品検査などを行うことになるのです。この「不審事由」を解明した結果、Dは声優志望者で練習しているだけであるとか、某人気漫画のファンで酔っぱらっているだけという場合は、「声が大きい」と注意するなどの活動を行うでしょう。この警察官の活動は行政警察活動であるため、刑訴法ではなく警職法の規律対象となります。

　もちろん、この職務質問の結果（不審事由の解明の結果）、Dのバッグから覚醒剤様の粉末が出てきた場合は、薬物関連法規の違反という「特定の犯罪」があると「思料」されるので、その公訴提起・公判遂行を目的とする活動が可能ということになります。このように、行政警察活動と司法警察活動の区分については、客観的な事情に基づき特定の具体的犯罪の公訴提起・公判遂行が目的として想定できるかが重要となります[2]。

---

1) 酒巻39頁。さらに、捜査の目的を「犯罪の訴追」とするものとして、川出敏裕「行政警察活動と捜査」法教259号（2002年）73頁。
2) 川出・前掲注1）73頁なども参照。

このような警察官の「目的」による区別を行う見解によれば、まだ犯罪が発生していなくとも、客観的な事情に基づき「特定の犯罪」が発生する高度の蓋然性が認められる場合には、その犯罪の公訴提起・公判遂行を目的として想定することは可能となります。その場合、当該活動は、司法警察活動と評価されます（たとえば、犯罪組織の内部者からの情報などにより、特定の場所で薬物取引が行われるとの高度の蓋然性が存在すると認められる場合に、現行犯逮捕する態勢で、取引が行われれば、その犯人を確保しその証拠を保全するための準備を行う活動など)[3]。

　この見解に対しては、将来発生しうる犯罪に対する捜査を認めることは、犯罪が発生するかもしれないとの不安定な予測に基づく強制捜査権限の濫用につながるとして、過去に発生した犯罪の捜査のみを司法警察活動とすべきとの見解が存在します[4]。もっとも、いずれの見解においても、「なにかの犯罪に関係しているかも」という程度ではなく、客観的な事情に基づいて特定の具体的犯罪とその公訴提起・公判追行を想定できない限り、司法警察活動として評価すべきではない（刑訴法上の強力な捜査権限を行使すべきではない）という点で共通していることは押さえておくべきです。

3 ｜ 行政警察活動に対する規律の思考プロセス ── 歴史的経緯にも着目して　共通3

　行政警察活動は行政法の規律対象となるわけですが、刑訴法との関連で重

---

3) 井上・強制捜査161頁以下、酒巻匡「おとり捜査」法教260号（2002年）103頁以下など。現行法上の根拠としては、189条2項の「犯罪がある」（圏点引用者）という文言、通信傍受法3条2号と同3号が限定つきながらも将来の犯罪に対する通信傍受を認めている点などが挙げられます。さらに裁判例として、東京高判昭63・4・1東高刑時報39巻1～4号8頁など。もっとも、捜索・差押えなどとの関係で、少なくとも現行法上は将来の犯罪に対する適正な令状審査が可能なのかについてなどの疑問も残ります（佐々木一夫「近い将来に確実に発生することが見込まれる被疑事実についての令状発付の可否」令状Ⅰ12頁以下なども参照）。

4) 白取祐司『刑事訴訟法の理論と実務』（日本評論社、2012年）53頁以下、中川4頁以下など。通信傍受法の制定過程でなされた議論は、捜査の意義や令状主義の理解など多くの示唆を含みます。これらの議論については、小田中聰樹ほか『盗聴立法批判』（日本評論社、1997年）や井上・通信傍受など参照。

要となるのが、警職法による職務質問や任意同行（警職法2条1項および同2項）が行われ、その後、捜査へと移行していくような場合です。警職法による規律の特徴は、行政法上の諸原則（「法律の留保原則」や「比例原則」）が及ぶことに加え、同法2条3項により「身柄の拘束」、「その意に反しての連行」、そして「答弁の強要」の強制手段（刑訴法上の強制「処分」・任意「処分」と混同しないように、ここでは強制「手段」・任意「手段」とします）は禁止されていることが挙げられます（この「強制手段」とは、刑訴法上の強制処分に当たる手段と解されています）[5]。

　警職法を用いた行政警察活動に対する規律と適法性判断の枠組みは上述の警職法の規律の特徴から導かれます。第1に**「法律の留保原則」**から導かれる枠組みです。法律の留保原則が及ぶ範囲については、複数の学説が存在しますが、行政活動（行政警察活動）のうち、国民の権利を侵害するものについては、その権限行使の要件や範囲を定めた根拠規定を必要とする点では一致しています[6]。このことを前提とすれば、（対象者の同意や承諾を得るなどの）国民の権利を侵害しない警察活動については、警職法上の根拠規定は特に必要ではなく、警察の一般的責務である「犯罪の予防、鎮圧……交通取締その他公共の安全と秩序の維持」（警察法2条1項）という目的の範囲内であれば自由に行うことができることになります[7]。このように国民の権利を侵害しない手段（以下、「権利侵害なき任意手段」）については、明文の根拠規定がなくとも許容されるのです。

---

5) 酒巻40頁以下、古江31頁以下、川出・捜査26頁以下、大澤裕「職務質問とその付随措置（1）」法教440号（2017年）116頁以下などを参照。なお、強制処分概念に関する私見（第2章）では、権利・利益を侵害するすべての警察活動について明文の根拠が必要であり、さらに重要な権利・利益を侵害する強制手段は、2条3項によって禁止されていると理解します（2条3項にいう強制手段と刑訴法上の強制処分の意味は完全に一致させる必要はないからです）。そのため、現行法の解釈では所持品検査はできないと考えます。

6) 塩野宏『行政法Ⅰ〔第6版〕』（有斐閣、2015年）80頁以下など。

7) 最決昭55・9・22刑集34巻5号272頁は、「警察法2条1項が『交通の取締』を警察の責務として定めていることに照らすと、交通の安全及び交通秩序の維持などに必要な警察の諸活動は、強制力を伴わない任意手段による限り、一般的に許容されるべきものである」とし、対象者の同意や承諾を得た活動については根拠規定を要しないとしていると評価できます（酒巻48頁以下、大澤・前掲注5）119頁以下など）。この判例の論理に対する批判については、白取111頁以下などを参照。

第2に、上記の法律の留保原則について一致している理解によれば、根拠規定のある任意手段（警職法2条1項および2項にいう「停止」や「質問」、「連行」）は、一定の権利侵害も予定していることになります。この意味での一定の権利侵害も含む任意手段（以下、「任意手段」）であっても、いかなる場合でも許容されるわけではなく、「個人の生命、身体及び財産の保護、犯罪の予防、公安の維持並びに他の法令の執行等」（警職法1条1項）という「目的のため必要な最小の限度において」（警職法1条2項）のみ許容されます。つまり、警職法2条1項や2項に基づく任意手段は、「**警察比例の原則**」や「**比例原則**」（警職法1条1項および同2項）による規律や適法性判断の対象となるのです[8]。

　第3に、警職法においては、根拠規定のある「停止」や「質問」、「連行」（警職法2条1項および2項）について、同2条3項にいう「強制手段」は禁止され、これらの強制手段が行われた場合は具体的状況を問わず違法と評価されることです。警職法2条3項の制定は、第二次世界大戦前に、①治安警察法11条などを根拠とする挙動不審者に対する尋問（答弁の強要）、②行政執行法1条による「公安ヲ害スルノ虞アル者」を広く解釈した（翌日の日没までの）「予防検束」や違警罪即決例1条などによる「一定ノ住居又ハ生業ナクシテ諸方ニ徘徊スル者」を現行犯逮捕したうえでの30日未満の拘留（身柄の拘束や意に反する連行）など、行政警察活動上の強制権限が濫用された歴史的事実を背景とします。この事実を踏まえ、第二次世界大戦後に強制手段は削除・禁止されたわけです[9]。以上の経緯を踏まえ、警職法では権利侵害なき任意手段のみが許容されると解する立場もあり得ますが、後述のように争いがあります。

　以上をまとめると、警職法により想定される行政警察活動は、(a) 根拠規定を要しない権利侵害なき任意手段、(b) 根拠規定を要し、一定の権利侵害の可能性があることを理由に比例原則が及ぶ任意手段、(c) 同法2条3項で禁止される強制手段、と整理できます。そして、これらの活動に対する規律

---

[8] 最決昭55・9・22も、「国民の権利、自由の干渉にわたるおそれのある事項にかかわる場合には、任意手段によるからといって無制限に許されるべきものではないことも」、警察法2条2項および警職法1条などの趣旨に鑑み明らかであるとします。

[9] 松尾浩也『刑事訴訟の原理』（東京大学出版会、1974年）163頁以下などを参照。

と適法性判断の思考プロセスは、次の３段階になるといえます。ある警察官の活動が警職法によると評価された場合、まず、禁止される強制手段に該当するかの判断がなされます（警職法２条３項）。次に、強制手段ではないと判断されると、一定の権利を侵害した任意手段である場合、警職法１条１項および２項の比例原則による適法性判断がなされます。他方で、権利侵害なき任意手段の場合は、警察法２条１項の目的の範囲内にある適法な活動であるかが検討されます。

　この思考プロセスにおける重要なポイントは、「強制手段」該当性判断の基準、そして「任意手段」として、どこまでの活動が許容されるかの判断です。以下では、行政警察活動の法的規律の問題としてよく挙げられる職務質問に伴う所持品検査を例に、このポイントについて、さらに検討しましょう。

4 ｜ 職務質問に伴う所持品検査の思考プロセス　共通４

　警職法２条１項は、警察官が、「異常な挙動その他周囲の事情から合理的に判断して」、①「何らかの犯罪を犯し、若しくは犯そうとしていると疑うに足りる相当な理由のある者」、または、②「既に行われた犯罪について、若しくは犯罪が行われようとしていることについて知っていると認められる者」に対する「職務質問」を認めています。過去の「なんらかの犯罪」の解明や将来行われるであろう犯罪の予防を目的としている点が重要です。

　職務質問に伴う所持品検査について、警職法には明文の規定はありません（銃砲刀剣類の所持が疑われる場合については、銃砲刀剣類所持等取締法24条の２が、その提示または開示のうえでの調査や一時保管を認めています）。それゆえ、「そもそも所持品検査は強制手段だから警職法では許されないのでは？」とか「警職法に『所持品検査』に関する根拠規定がないから許されないのでは？」との疑問を持つ人もいるでしょう。では、その疑問も踏まえながら、この問題に関するリーディングケースとされる最判昭53・６・20刑集32巻４号670頁を検討します。この米子銀行事件の概要は以下のような事例でした。

警察官Pらがパトロールをしていたところ、無線が入り、4名の若者が銀行強盗を行った後、逃走したとの連絡を受けた。その際に、犯人の人相や服装なども伝えられていた。Pらが、逃走経路となる可能性のある道路で緊急配備検問を行っていたところ、無線連絡で伝えられた人相や服装と似た外見の男性XYがボストンバッグや鍵のかかったアタッシュケースを持っているのを確認したため、銀行強盗の犯人ではないかとの疑いを持ち、声をかけ警察署までの同行を求めた。同署などで、Pらは、2時間にわたり氏名や職業、さらに所持品の中身について話すよう求めていたが、Xらは黙秘し開披も拒否していたので、Pらは、Xらの同意を得ずにボストンバッグのチャックを開けたところ、大量の札束が見えた。引き続きアタッシュケースについて鍵の部分にドライバーを差し込んでこじ開けると、被害銀行の帯封のしている札束を含む大量の紙幣が入っていた。そこで、PはXらが銀行強盗を行ったと判断し、緊急逮捕した。

　昭和53年判決は、以下のように、警職法上の手段、さらには職務質問に伴う所持品検査に対する思考プロセスとその適法性判断の基準を示しました（下線・丸数字は引用者）[10]。

①「警職法は、その2条1項において同項所定の者を停止させて質問することができると規定するのみで、所持品の検査については明文の規定を設けていないが、<u>所持品の検査は、口頭による質問と密接に関連し、かつ、職務質問の効果をあげるうえで必要性、有効性の認められる行為であるから、同条項による職務質問に附随してこれを行うことができる場合がある</u>と解するのが、相当である。」
②「所持品検査は、任意手段である職務質問の附随行為として許容されるのであるから、所持人の承諾を得て、その限度においてこれを行うのが原則であることはいうまでもない。しかしながら、職務質問ないし所持品検査は、犯罪の予防、鎮圧等を目的とする行政警察上の作用であって、流動

---

[10] 昭和53年判決については、岡次郎「判解」解説昭和53年度（刑）198頁以下、笹倉宏紀「判批」百選（9版）10頁、緑大輔「判批」判例学習23頁以下、川出・捜査21頁以下など。

する各般の警察事象に対応して迅速適正にこれを処理すべき行政警察の責務にかんがみるときは、所持人の承諾のない限り所持品検査は一切許容されないと解するのは相当でなく、捜索に至らない程度の行為は、強制にわたらない限り、所持品検査においても許容される場合があると解すべきである。」
③「所持品について捜索及び押収を受けることのない権利は憲法35条の保障するところであり、捜索に至らない行為であってもこれを受ける者の権利を害するものであるから、状況のいかんを問わず常にかかる行為が許容されるものと解すべきでないことはもちろんであって、かかる行為は、限定的な場合において、所持品検査の必要性、緊急性、これによって害される個人の法益と保護されるべき公共の利益との権衡などを考慮し、具体的状況のもとで相当と認められる限度においてのみ、許容されるものと解すべきである。」

　第1に、所持品検査の根拠規定として警職法2条1項が挙げられています（①部分）。昭和53年判決は、所持品検査について、職務質問との密接な関連性、職務質問の効果をあげるうえでの必要性および有効性を理由に、警職法2条1項の職務質問の「付随行為」であるとし、同規定を所持品検査の根拠規定としているのです。この判示は、法律の留保原則を前提として、職務質問に伴う所持品検査は、（権利侵害なき任意手段ではなく）任意手段と強制手段に該当しうることを示すものです。
　第2に、警職法2条1項を根拠規定と所持品検査に対する規律と適法性判断が示されています（②③部分）。まず、第1段階の判断（②部分）として、所持品検査は対象者の承諾を得て行うことが原則であるけれども、承諾のない所持品検査も「捜索に至らない程度の行為は、強制にわたらない限り」で許容される場合があるとされています[11]。昭和53年判決は、所持品検査は

---

11) 所持品検査の態様としては、その権利侵害の内容・程度を踏まえて、(a)所持品について質問し、その提示を求める（質問そのもの）、(b)対象者の着衣や携帯品の外部から触れ、所持品を確かめる、(c)携帯品を開披し内部を一瞥する、(d)携帯品や着衣に手を入れその所持品を取り出し確認すると分類され、捜索に当たるかは一般的に(c)や(d)の問題とされています。

直ちに強制手段になるわけではないとしたのです。この判示によれば、「捜索に至る程度の行為」か「強制」に当たる場合、刑訴法の規定によらなければ強制手段（刑訴法上の強制処分）はできないとした警職法2条3項により違法と評価されます。

第2段階の判断（③部分）として、任意手段と評価された場合の適法性の判断基準が示されています。まず、捜索に至らない行為であっても、当該行為により権利（プライバシーなど）が害されることを理由に、その限界が設定されるべきとされています。そして、その限界づけとしては、「所持品検査の必要性、緊急性、これによって害される個人の法益と保護されるべき公共の利益との権衡などを考慮し、具体的状況のもとで相当と認められる限度」とされています。警職法1条2項の比例原則の適用を認めたものといえるでしょう。

以上のように、昭和53年判決は、職務質問に伴う所持品検査について、警職法2条1項を根拠規定（①部分）として、強制手段かどうかを区分し、強制手段と評価される場合は違法（②部分）、任意手段と評価される場合は、比例原則によりその適法性を判断する（③部分）との思考プロセスを示しました（再度、図3-1を参照）。その構造自体は、捜査法の思考プロセスと類似しますが、あくまで警職法の規律から導かれていることには注意が必要です。

5 ｜判例の論理を活用する 共通5

昭和53年判決の論理を活用するため、その論理をもう少し具体的に検討しましょう。まず、②部分の強制手段該当性については、その判断基準の不明確性が指摘されています。特に「捜索」に該当するかどうかの基準のあてはめとして、昭和53年判決はボストンバッグの開披について明確に判断していません。他方で、鍵のかかったアタッシュケースをドライバーでこじ開けた行為については、「逮捕する目的で緊急逮捕手続に先行して逮捕の現場で時間的に接着してされた捜索手続と同一視しうる」として、「捜索」と評価していると読めます。

もっとも、その後の判例は、上衣内ポケットに手を差し入れ、物を取り出す行為について「捜索に類する」とした最判昭53・9・7刑集32巻6号

1672 頁、靴下の内側から物を取り出した行為について「違法な所持品検査」とする最決昭63・9・16刑集42巻7号1051頁、自動車内を丹念に調べた行為について「被告人の承諾がない限り、職務質問に付随して行う所持品検査として許容される限度を超えたもの」とした最決平7・5・30刑集49巻5号703頁などのように、「捜索」と明確に判断したものはありません[12]。判例が、憲法35条によって保護される「私的領域」（**第2章**を参照）と評価可能な上衣内ポケットなどへの侵入さえも「捜索」としないのであれば、その「捜索」概念の狭さだけでなく、捜査としての強制処分概念に関する判例（特に、梱包された荷物の外部からエックス線を照射して荷物の射影を観察した行為を強制処分とした最決平21・9・28刑集63巻7号868頁）との整合性も疑問視されることになります[13]。

他方で、昭和53年判決の判示によれば、「捜索」といえなくとも「強制」に当たる行為（対象者を押さえつけるような強度の有形力の行使など）を行った場合も、所持品検査について禁止される強制手段（警職法2条3項）を用いたと評価されうるでしょう。

第2に、比例原則の適用（③部分）との関係では、「所持品検査の必要性、緊急性、これによって害される個人の法益と保護されるべき公共の利益との権衡などを考慮し、具体的状況のもとで相当と認められる限度においてのみ、許容されるものと解すべき」との判断は、必要性・緊急性、権利侵害の程度を単に横に並べる判断プロセスではない点に注意が必要です（**図3-2**も参照）。比例原則による適法性判断は、警職法1条2項が規定するように、警職法1条1項が定める目的のため必要な「最小の限度」において、所持品検査が行われたかどうかを判断するプロセスといえます。昭和53年判決のあてはめを見ながら、その内容を検討します（下線・丸数字は引用者）。

---

12) 平成7年決定については、「捜索」と評価したとの理解も可能です（川出・捜査38頁、今崎幸彦「判解」解説平成7年度（刑）229頁）。なお、近年、所持品検査について「捜索」に当たる旨を正面から認めた裁判例も存在し、注目されます（東京高判平30・3・2判タ1456号136頁）。

13) この点、笹倉宏紀「判批」平成21年度重判209頁、酒巻45頁以下、大澤裕「職務質問とその付随措置(2)」法教441号（2017年）92頁以下なども参照。

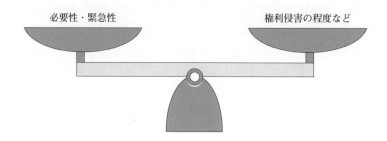

図3-2　比例原則による適法性判断のイメージ
具体的状況のもとで相当＝比例している（警職法1条2項）

> 「①……銀行強盗という重大な犯罪が発生し犯人の検挙が緊急の警察責務とされていた状況の下において、深夜に検問の現場を通りかかつたY及びXの両名が、右犯人としての②濃厚な容疑が存在し、かつ、兇器を所持している疑いもあつたのに、警察官の職務質問に対し③黙秘したうえ再三にわたる所持品の開披要求を拒否するなどの不審な挙動をとり続けたため、右両名の④容疑を確める緊急の必要上なされたものであって、所持品検査の緊急性、必要性が強かった反面、⑤所持品検査の態様は携行中の所持品であるバッグの施錠されていないチャックを開披し内部を一べつしたにすぎないものであるから、これによる法益の侵害はさほど大きいものではなく、上述の経過に照らせば相当と認めうる行為……。」

(a) まず、当該所持品検査について、その具体的目的の確認がなされています。本件では、銀行強盗事件の犯人検挙のためにXYの容疑を確かめるという目的が示されています（①④部分）。問題となる所持品検査の必要性などは、その目的を前提とするものなので、当然の判断といえます。

(b) 次に、本件の所持品検査が、当該目的の達成にとって必要であったかが検討されています。本件では、事件の重大性が認められ、その犯人の検挙が必要である状況のもと（①部分）、その犯人としての容疑が濃厚で、凶器所持の疑いもあった者（②部分）に対して、その所持品を検査することは、上記目的の達成のために必要性があり、その程度が高いことが示されています[14]。このように、すでに事件が発生している状況下では、当該事件と結び

つきうる不審事由が認められる対象者について、その不審事由の根拠でもある所持品の内容を確認する必要があるとされているのです。そして、その当該事件の重大性や性質次第では、その検挙やその後の被害防止の必要性は高まり、不審事由の程度が強い場合や凶器所持という別の不審事由が認められる場合は、その解明の必要性はさらに高くなるのです。これに加え、黙秘や所持品の開被要求の拒否（③部分）は、所持品に上記事件にかかわるものが存在するのではないかという不審事由を強め、所持品の任意提示という方法はとり得ない（より強度の手段によるしかない）という必要性を高めることになると判断されているのでしょう。これに対し、まだ事件が発生していない場合（違法薬物を所持・使用している可能性という不審事由がある場合など）では、周囲の状況や本人の様子などから、犯罪と結びつきうる不審事由の有無や程度を検討することになるでしょう。

　(c) この「必要な所持品検査」の態様としては、さまざまなもの（脚注11）を参照）が想定できるところ、そのうち「最小限度」のものが選択されなければなりません。本件では、必要な所持品検査としては、（任意提出は拒否されているので）バッグを開けて内容を一瞥する態様、バッグの内部に手を入れて内容物を取り出す態様、そしてバッグをひっくり返して内容物をすべて取り出す態様などが想定できます。バッグを開被し内容を一瞥する行為は、目的達成のために必要な手段のなかで最小限度の手段といえるのです。

　このように、判例は、(a) 所持品検査の具体的目的を設定したうえ、(b) 必要性（正当な行政警察活動目的のために当該手段を行う必要性）・緊急性（緊急に当該手段を行う必要性）の有無と程度について具体的事情を評価したうえで、(c) その必要な手段として想定可能な手段のうち最小限度の手段がとられていたかを判断しています[15]。これらが認められた状態が、「具体的状況のもとで相当」、すなわち、当該手段を達成する（緊急性を含む）必要性と当

---

14) この点に着目すると、昭和53年判決は、司法警察活動開始について特定の犯罪と特定の者との結びつきが相当程度濃厚に認められることが必要だと考えているのかもしれません（緑31頁など）。

15) 必要性については事件の重大性や罪質、当該事件に関する嫌疑の程度から、緊急性について被疑者の様子や態度、周囲の状況、確認すべき物の隠滅可能性の高さなどから認定されているといえます（緑大輔「判批」判例学習25頁以下なども参照）。この判断プロセスを身につけるためには、下級審裁判例（令状Ⅰ28頁以下など）の検討も有用です。

該手段による権利制約の大きさが比例している（バランスがとれている）と表現されているのです。具体的な目的も設定せず、事件の重大性や不審事由の程度、緊急性、権利侵害の程度を形式的に並べて判断するものではない点に注意が必要です。

6 │ 判例の問題点とあるべき警職法の解釈　展開1

　以上の判例の思考プロセスの順序自体については、それほど異論は示されていません（本章の**4**を参照）。当該手段が警職法2条3項の禁止する強制手段に該当するか、該当しないとして警職法1条2項にいう比例原則により適法かという思考プロセスは、警職法上の他の手段（任意同行や停止[16]）などについても、同様といえます。

　もっとも、昭和53年判決の論理には強い批判があります。判例のいう所持品検査が「私的領域」（自動車内、上着の内ポケットなど）への侵入も可能なのであれば、法律の留保原則の要請を前提に、所持品検査を明確に認め、その手続や要件を定めた明確な根拠規定が必要というべきですし、その当否については司法府ではなく立法府である国会が判断すべきだからです。また、最大判平29・3・15刑集71巻3号13頁は、「憲法35条は、『住居、書類及び所持品について、侵入、捜索及び押収を受けることのない権利』を規定しているところ、この規定の保障対象には、『住居、書類及び所持品』に限らずこれらに準ずる私的領域に『侵入』されることのない権利が含まれる」としています。この論理を踏まえると、ボーリングバッグの開披やその内容の一瞥、自動車内を調べた行為、上着内ポケットに手をつっこむ行為は、憲法35条の保障する「私的領域」への「侵入」ともいえそうです。そうすると、判例の論理の整合性の点でも疑問の残るところです[17]。この点との関連では、1958年に所持品検査権限を警察官に認める警職法改正案が国会に提出され

16）　警職法上の「停止」に関する判例として、最決昭53・9・22刑集32巻6号1774頁、最決平6・9・16刑集48巻6号420頁など（この問題について詳細に検討するものとして、大澤・前掲注5）114頁以下など）。

17）　判例の論理の問題については、川出・前注1）78頁、酒巻45頁以下、大澤・前掲注13）95頁以下、白取111頁など。

たものの廃案になっている事実も重要です。昭和53年判決の論理は、立法府が緊急捜索を許容する規定を立法しない限り許されない所持品検査について、司法府が認めたという点でも重大な問題を抱えるものというべきです。

では、現行法の解釈としてはどう考えるべきなのでしょうか。その代表的なものとしては、①銃砲刀剣類所持等取締法24条の2の所持品検査の要件が存在する場合、銃砲刀剣類の提出や開示を要求する前提としてその有無を着衣の外部から触れて確認する程度が、警職法2条1項により許される限界とする見解[18]、②警職法2条1項の質問権限を遂行するために職務質問に対する妨害排除措置をとることは、同項の職務質問権限に当然に含まれるとする見解[19]が存在します。両者は、現行の警職法における明文の規定でどこまでの権限が導かれるかを明らかにしようとする点で共通していますが、歴史的経緯などを踏まえて警職法では純粋な任意手段のみが許される（有形力行使なども許されない）と解するのか、法律の留保原則は侵害的な行政作用以外にも及ぶと解するのかといった点で見解が異なります。

警職法による規律については、その特徴について歴史的背景や行政法の原理・原則などを踏まえながら理解すること、比例原則による規律の具体的内容を理解することが重要です。

---

18) 渡辺修『職務質問の研究』（成文堂、1985年）367頁、光藤Ⅰ20頁など。さらに、三島聡「職務質問およびその付随行為における『任意』」法学雑誌64巻4号（2019年）883頁以下は、警職法2条1項の職務質問とその付随行為としては、純粋に任意の処分のみが可能とするのが、制定当時の警職法2条1項の解釈と適合するとします。

19) 川出・前掲注1）78頁以下。ホテル居室内の対象者に対する質問を継続するための措置を、警職法2条1項による職務質問に付随するものとした判例として、最決平15・5・26刑集57巻5号620頁、さらに、大澤裕＝辻裕教「ホテルの客室における職務質問とそれに付随する所持品検査」法教308号（2006年）76頁以下。これに加えて、鈴木茂嗣『刑事訴訟法〔改訂版〕』（青林書院、1990年）71頁も参照。

第 4 章

任意処分に対する法的規律と
その思考プロセス

> 第4章の目標
> ①任意処分に対する法的規律の基本構造を理解する。
> ②写真・ビデオ撮影、任意同行や任意取調べの適法性判断を実践する。
> ③任意処分に対する法的規律の現状と問題点について検討する。

1 │ 捜査法の基本構造と任意処分 　共通1

　第2章では、捜査法を活用する思考プロセスの第1段階として、強制処分該当性判断が重要であると説明しました。そして、強制処分でない**任意処分**と判断される場合、当該処分は 197 条 1 項本文の「**比例原則**」による規律を受けるとも説明しました（図 4 - 1 参照）。

　この比例原則は、事前に法定された具体的要件や手続による規制ではなく、現場の捜査機関の裁量や判断による状況に応じた柔軟な対応を認めるものであるという特徴、そして、当該処分が問題とされた場合に裁判所による事後的な審査を受ける「事後規制型」の規律であるという特徴を有します。

　この事後的な審査による適法性判断の基準は、197 条 1 項本文で示されています。同規定は、捜査につき「その目的を達するため必要な取調」（この「取調」は「捜査」を意味します）を許容しています。同規定により、目的を達成するために必要ではない処分、つまり目的を達成するために必要な程度を越えた過剰な権利・利益などの制約であると事後的に認められる任意処分は違法とされるのです。本章では、この 197 条 1 項本文に基づく比例原則に

図 4-1

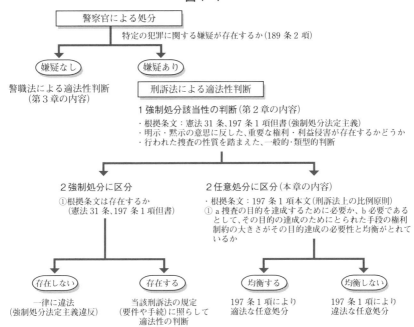

ついて、その基本構造を概観したうえで、いくつかの事例についての適用と思考プロセスを確認し、その問題点を検討しましょう。

2 │ 任意処分に対する法的規律の基本構造　共通2

　任意処分の適法性については、当該事件が起訴された公判審理において、裁判所が判断することになります。最決昭51・3・16刑集30巻2号187頁は、物損事故を起こし、酒に酔っていることが疑われるXを警察署に任意同行し、呼気検査に応じるよう説得していたところ、急にいすから立ち上がり出入り口のほうへ小走りで行きかけたので、警察官がXの左斜め前に近寄り、その手首をつかんだという事例について、その強制処分性を否定し、以下のような思考プロセスを示しました（下線・丸数字は引用者）。

> 強制手段にあたらない有形力の行使であつても、①何らかの法益を侵害し又は侵害するおそれがあるのであるから、状況のいかんを問わず常に許容されるものと解するのは相当でなく、②必要性、緊急性なども考慮したうえ、具体的状況のもとで相当と認められる限度において許容されるものと解すべきである。

　昭和 51 年決定は、本件の処分の強制処分性を否定しつつ、①部分のように判断しています。これは、②部分の適法性判断を行う根拠として、「何らかの法益を侵害し又は侵害するおそれ」の存在を挙げるものです。このことを前提とすれば、「何らかの法益を侵害し又は侵害するおそれ」を想定し得ない処分については、②部分の適法性判断の対象とする必要はないことにもなりそうです（後述の任意取調べやおとり捜査などとの関係で問題となります）。

　①部分のように、任意処分の適法性判断のためには、当該処分によって侵害されるまたは侵害されるおそれのある権利・利益を明確にすることが必要です。本件の被侵害権利は、被疑者の「人身・行動の自由」といえます。

　昭和 51 年決定は、②部分の諸要素を考慮した適法性判断（197 条 1 項本文の比例原則に基づく相当性判断）を行っています。この判断は、「当該捜査の目的達成のために当該処分を行う必要性・緊急性」（正当な目的のために当該処分を行う必要性）と「当該事案において現実に生じた権利・利益に対する侵害の内容と程度」とが均衡しているか（「具体的状況の下で相当と認められる限度において許容されるもの」か）を検討するものです。

　では、②部分の判断プロセスの詳細な内容を説明していきましょう。第 1 段階の判断プロセスは、当該処分に「正当な目的」が認められるかどうかの検討です。197 条 1 項本文からも明らかなように、正当な目的（当該証拠の保全・確保など）が認められない捜査（特定の者に対する嫌がらせや弾圧、さらには当該犯罪について十分な証拠がすでに収集されている場合など）は、この時点で違法となります。昭和 51 年決定では、後述のように「呼気検査に応じるよう説得すること」が、その目的とされています。

　第 2 段階の判断プロセスは、当該目的のために当該処分を行う必要性の有無とその程度を明確にすることを内容とします。昭和 51 年決定は、警察官

の有形力行使について、(a)「酒酔い運転の罪の疑いが濃厚な被告人」について、呼気検査に応じるよう説得を続ける途中で、(b) 被告人が急に退室しようとしたため、さらに説得のためにとられた抑制の措置であったとします。

　本件では、(a) について、当該捜査の対象となっている事件の性質や重大性、その嫌疑の程度が考慮されています。酒酔い運転について、その嫌疑が濃厚な者に対して、呼気検査などにより当該事件に関する証拠の収集・保全が必要であるところ、被告人がこれを拒否しているので、これを受けるよう説得することが必要とされているのです。このような状況のもと、(b) のように本件では被告人が説得中に急に退室しようとしています。この場合、被告人に対する呼気検査のための説得を継続するためには、被告人を停止させ、その場所に引き留める「緊急の」必要性があるとされているのです。この (b) に関する判断は、(a) に加え、処分の時点で当該処分を行う「緊急の必要性」(**緊急性**) が存在すると評価したものといえます。

　以上のように、本件の有形力の行使（被告人の手首を両手でつかむ行為）は、「呼気検査に応じるよう説得すること」という目的を達成するため、(a) の必要性に加え (b) 緊急性が認められる（本件の有形力行使は必要だった）と評価されているのです。このように必要性の評価は、事件の重大性や緊急性などを形式的に並べた判断ではありません。当該処分の具体的目的の達成を前提とした、対象事件の重大性や嫌疑の程度、現場の状況や対象者の態度などの個別具体的な評価なのです。当該処分の具体的目的の把握、そしてこれとの関連性を明らかにしない必要性や緊急性の評価は無意味です。たとえば、事件が重大であればあるほど、そして嫌疑の程度が高ければ高いほど、捜査の対象となる事件の解明されていない事実について、その嫌疑が認められる者に対し捜査を行う必要性は高くなるのです。このような発想で、実際に行われた具体的な捜査手段の必要性の評価は行われる必要があります。上記のほか、「必要性」の要素としては、当該処分により得られる可能性のある情報や証拠の重要性が挙げられます。

　第3段階の判断プロセスは、当該必要性の認められる処分により現実に侵害された権利・利益の内容を事後的・客観的に明らかにするものです。重要な権利・利益の侵害（危険性）についての「事前の類型的判断」を内容とする強制処分該当性判断とは異なる点に注意が必要です。本件では、被告人の「身体・行動の自由」が制限されているわけですが、「その程度もさほど強い

ものではない」と評価されています。なお、この「人身・行動の自由」については、その時間や態様などにより、強制処分たる「逮捕」に当たる侵害・制約の程度もあれば、任意処分に当たる軽度の侵害・制約もあるとされている点には注意が必要です[1]（後述の任意同行・任意取調べで詳しく述べます）。

最後に、第4段階の判断プロセスは、当該目的を達成するための必要性の程度と侵害された権利・利益の内容とその侵害の程度とが、合理的に見て権衡している状況であったかどうか（「具体的状況のもとで相当と認められる限度」かどうか）を検討するものです[2]。「具体的状況のもとで相当」と認められない場合、当該処分は「相当」でなく、197条1項本文に反し違法であると評価されます。そして、その「相当性」を欠く程度（合理的権衡からの逸脱の程度）によって違法性の程度も変化し、その程度が大きい場合には、違法収集証拠排除法則などの適用もあり得ます[3]。

本件では、呼気検査の説得という目的のために、被疑者を停止させ、その場に引き留めるという必要性が認められ、被告人の手首をつかむ行為は権衡しているといえます。これに対し、この必要性を超えた権利侵害が存在する場合には、「相当性」を欠き197条1項本文に反する違法が存在すると評価され、その逸脱の程度により違法性が変化するのです。たとえば、いきなり被告人を殴るとか羽交い締めにするという方法だと、上記の必要性を超えた権利侵害（呼気検査のための説得の方法としては明らかに度を越えている侵害）が存在するため違法と評価され、その程度も大きいことから、これにより得られた証拠の排除もあり得ることになるのです[4]。

以上が、任意処分に対する規律、そして適法性判断の基本的な思考プロセスです。まとめると、①問題となる任意処分がなんらかの権利・利益を侵害するおそれが存在する場合に、②当該処分の具体的目的の達成を前提として、

---

1) 井上・強制捜査20頁。
2) 酒巻34頁以下、古江18頁以下、緑58頁以下など。
3) 違法な任意処分である任意取調べにより獲得された自白について違法収集証拠排除法則の適用を認めたものとして、東京高判平14・9・4判時1808号144頁。さらに、いわゆる「なりすまし捜査」について、「任意捜査として許容される範囲を逸脱しており、国家が犯罪を誘発し、捜査の公正を害するものとして、違法」として、獲得された証拠を排除したものとして、鹿児島地加治木支判平成29・3・24判時2343号107頁。
4) 酒巻35頁以下など。

対象事件の重大性や嫌疑の程度、現場の状況や対象者の態度などを個別具体的に検討しその必要性（や緊急性）を明らかにし、③当該必要性の認められる処分によって現実に侵害された権利・利益の内容を事後的・客観的に明らかにしたうえで、④②③とが合理的に見て権衡している状況であったか（相当であったか）を検討する思考プロセスといえます。次に、これを踏まえて、いくつかの処分を題材として、この思考プロセスを用いた適法性判断を実践してみましょう。その際、任意処分としての適法性判断だけでなく、各処分により侵害される権利・利益の内容も問題となります。それゆえ、その権利・利益の内容次第では、強制処分として評価すべきとか、任意処分であるとしても特別の規律を及ぼすべきとの主張もあり得ます。

3 ｜ 写真撮影・ビデオ撮影の適法性判断 共通3

　捜査活動としての**写真撮影・ビデオ撮影**（以下、「撮影」とします）については、さまざまな目的や内容が考えられます。①実際の犯行状況を撮影し証拠として保全したり、被疑者の行動や犯人との同一性を確認するなどの目的で住居内や店内といった私的領域、さらには公道や公園などの公的領域における様子を撮影する、②捜索・差押えの執行過程の適法性を証明する目的で執行過程を撮影する、そして、③差押え対象物の証拠価値を保全する目的でその発見状況・状態などを撮影する、などです[5]。本章では①を検討します。

　①の撮影により侵害される権利・利益としては、**憲法13条に由来する「みだりに容ぼう・姿態を撮影されない自由」**（最大判昭44・12・24刑集23巻12号1625頁）が挙げられます。この権利・利益との関係で問題となるのが、強制処分性を根拠づける重要な権利・利益と評価できるかです。つまり、①の撮影に関する捜査の適法性判断については、第1段階の強制処分該当性判断、そして第2段階の任意処分の適法性判断の両者が問題となるのです。

　通説は、この「みだりに容ぼう・姿態を撮影されない自由」のみが侵害される処分については、強制処分性を否定しています。なぜなら、通説は、強制処分法定主義の趣旨を前提として、現行刑訴法の法定する強制処分の根拠規定の要件・手続や、原則として令状が必要とされていることを理由として、

---

5) ②③については、後藤・捜査17頁以下、井上・強制捜査436頁以下などを参照。

「対象者の明示又は黙示の意思に反する、法定の厳格な要件・手続によって保護する必要があるほど重要な権利・利益に対する実質的な侵害ないし制約」という強制処分概念を導いているからです（第 2 章）。それゆえ、通説は、「みだりに容ぼう・姿態を撮影されない自由」に加えて、憲法 35 条により保護される他者から観察などがされないことについて合理的期待が認められる領域（私的領域）における行動を「観察」されない権利を侵害し、対象者の黙示の意思に反する処分であれば、強制処分とするのです（218 条 1 項にいう検証や捜索と評価されることになるでしょう）[6]。たとえば、望遠カメラや暗視カメラを用いるなどして住居内の対象者の行動を撮影・観察することは、「みだりに容ぼう・姿態を撮影されない自由」に加えて、憲法 35 条により保障される私的領域内で観察されない権利を侵害する強制処分（検証）と評価され、218 条の要件や手続により適法性判断がなされるのです。

では、憲法 35 条により保護される「私的領域」外の領域（公的領域）における撮影（公道や店内など他者による観察などが通常ありうる場所における撮影）は、どのように評価されるのでしょうか。

昭和 44 年判決は、警察官がその場で同意を得ることなく違法なデモの行進状況を撮影した事例に関して、「みだりに容ぼう姿態を撮影されない自由」に対する侵害の許容される限度について、身体拘束を受けている被疑者の写真撮影（218 条 3 項）の場合のほか、(a)「現に犯罪が行なわれもしくは行なわれたのち間がないと認められる場合であって」、(b)「しかも証拠保全の必要性および緊急性があり」、かつ (c)「その撮影が一般的に許容される限度をこえない相当な方法をもつて行なわれるとき」には、対象者の同意や裁判官の令状がなくとも許されるとしました。

昭和 44 年判決は、捜査目的の写真撮影が「みだりに容ぼう・姿態を撮影されない自由」を侵害することを認めましたが、その強制処分性について明示しませんでした。その後、最決平 20・4・15 刑集 62 巻 5 号 1398 頁は、公道を歩いている被告人の容ぼう等のビデオ撮影、不特定多数の客が集まるパチンコ店内における被告人の容ぼう等のビデオ撮影について、(d)「被告人が犯人である疑いを持つ合理的な理由が存在していたものと認められ」、かつ (e)「各ビデオ撮影は、強盗殺人等事件の捜査に関し、防犯ビデオに

---

6) 井上・強制捜査 14 頁、酒巻 154 頁以下、川出・捜査 13 頁以下など。

写っていた人物の容ぼう、体型等と被告人の容ぼう、体型等との同一性の有無という犯人の特定のための重要な判断に必要な証拠資料を入手するため」、(f) 本件の「ビデオ撮影は、捜査目的を達成するため、必要な範囲において、かつ、相当な方法によって行われたものといえ、捜査活動として適法なものというべきである」としました[7]。

さて、この2つの判例をどのように理解すべきでしょうか。1つの説明としては、「新しい強制処分」説による、197条1項但書の「強制の処分」について、同条成立時の強制処分は刑訴法の規定する方式に則ってのみ許されるとするにとどまるというものがあり得ます。この見解は、刑訴法に規定されていない「新しい」強制処分（「強制による場合や義務を負わせる場合に加え、同意を得ずに個人の法益を侵害する処分」）については、裁判所が「令状主義の精神」に沿って許容条件を設定すべきとします[8]。この見解によれば、2つの判例は、写真撮影が強制処分であることを前提に、「令状主義の精神」に沿って (a)～(f) の条件を設定したことになります。しかし、この見解に対しては、裁判所による規範形成は強制処分法定主義（立法府による規範形成）を軽視しているなどの批判が示されています[9]。

このような批判も踏まえて、判例は、他者による観察などが通常ありうる場所（公的領域）での撮影について、「みだりに容ぼう・姿態を撮影されない自由」を侵害するものの、憲法35条により保障される権利は侵害していないという理由で、任意処分と評価しているとするのが一般的な理解です。そのうえで、すでに説明した相当性判断によりその適法性を判断していると理解されます。

もっとも、これらの判例は事案に即して許容限度を設定していますので、一方の判示を撮影の一般的な適法性判断の基準と理解するのは妥当ではありません。昭和44年判決は、「犯行現場・状況の写真撮影」について、(a) 高い嫌疑の程度が認められる状況で、(b) その現場・状況に関する証拠保全の

---

7) 昭和44年判決と平成20年決定については、酒巻匡「判批」百選（9版）20頁、葛野尋之「判批」判例学習9頁以下、川出・捜査13頁以下、州見光男「判批」百選（10版）18頁など。

8) 田宮120頁以下。

9) 井上・強制捜査25頁以下など。学説の検討については、三井Ⅰ114頁以下、白取119頁以下。

必要性や緊急性が認められる場合に、(c) 相当な方法での写真撮影を認めたものです。これに対し、平成20年決定は、(e) 対象者と犯人との同一性を確認するための写真撮影について、(d) 被告人が犯人である疑いを持つ合理的な理由及び必要な範囲において、かつ、(f) 相当な方法としています。両者の事例は、撮影の目的などが異なる点に注意が必要です（犯行現場や状況の撮影は、当該犯行が継続される限り撮影する必要性は認められるでしょうが、同一性の確認は同一性の確認に必要な限りの撮影が認められることになるでしょう）。判例の論理を使い分けるためには、撮影の目的などを考慮する必要があります。なお、その目的を超える撮影（権利侵害）などについては、相当性を欠く違法な撮影と評価されます（現場や状況に関する証拠保全目的や対象者と犯人との同一性を確認する目的を大幅に超えた長期間の撮影、目的との関係で不必要な範囲の撮影など）。

4 ｜ 捜査手法としての撮影に対する規律方法　展開1

　通説や判例に対して、憲法13条に由来する「みだりに容ぼう・姿態を撮影されない自由」の侵害自体を理由に強制処分とする見解も有力です[10]。この見解によれば、撮影の対象者のいる場所にかかわらず、「みだりに容ぼう・姿態を撮影されない自由」を侵害する以上、強制処分（住居など私的領域の場合は「捜索」または「検証」、公的領域の場合は「検証」）と評価されます（上記の「新しい強制処分」説も参照）。

　私見（第2章）によれば、たとえ公道上であっても、撮影は、「みだりに容ぼう・姿態を撮影されない自由」を侵害する強制処分と評価されます。そして、解釈論としては検証や捜索といった既存の強制処分と評価され、その根拠規定により規律されるべきことになります。無令状の撮影は、213条3項と220条1項2号の場合に限られると理解するのです[11]。もっとも、公的領域における撮影との関係では、侵害される権利の重要性なども踏まえて、

---

[10] 田宮121頁、光藤Ⅰ168頁以下、三井Ⅰ114頁以下など。
[11] 撮影を強制処分の検証としたうえ、220条1項2号に準ずる状況（現行犯的状況）があれば、現実の逮捕はなくとも無令状の撮影が認められるとする見解（光藤Ⅰ169頁）は、強制処分法定主義との関係で疑問があるだけでなく、判例の理解としても問題でしょう。

令状は不要として、判例に近い許容限度を明記した（規律密度の低い）規定の立法も考えられます。ドイツは、このような法的規律を採用しています[12]。

　これに加えて、撮影に対する法的規律やその適法性判断の検討との関係では、その「撮影時」や「取得時」の権利侵害だけでなく、これにより取得された情報の蓄積や分析にも着目すべきことが、近年有力に主張されています[13]。撮影により大量に収集された画像データ（たとえば、顔に関する画像データ）は、蓄積・分析され、その後も、監視カメラや高精度の顔認証ソフトなどにより対象者の行動を長期間監視するという捜査手法や他事件・多目的に利用されることも十分あり得ます。しかも、高度の技術を用いた撮影による捜査手法は、技術的手段を用いない手法に比べ（人材の活用など）低コストであることを考えると、その濫用の危険性も高いといえます。以上のことを踏まえると、撮影行為だけでなく、取得された情報の蓄積期間、利用目的・方法、情報取得に関する事後告知や不服申立てなどについても立法による法的規律を及ぼすことが必要といえます（もっとも、その根拠を強制処分法定主義とするか否かについては議論があります）。他の技術的手段を用いた捜査方法（GPS監視捜査など）についても、取得情報の利用や管理という観点からの検討も必要でしょう[14]。

---

12)　ドイツ刑訴法は、公道などの被疑者の写真撮影（100条h）と一定期間以上の「長期間の監視」（163条f）を分け、「事実の探求又は犯人の所在地の探知が他の方法では見込みが乏しいか、又は困難である場合」との許容条件と、後者につき裁判官の令状を得るなどの手続を規定しています。さらに、前者および技術的手段による後者の処分について、データの管理方法、事後的な通知と不服申立ての保障、刑事訴追などの目的につき必要がなくなったときの取得データ削除などを規定しています（101条）。この点、斎藤司「ドイツのGPS捜査とその法的規制方法」指宿信編『GPS捜査とプライバシー保護』（現代人文社、2018年）128頁以下など。

13)　山本龍彦『プライバシーの権利を考える』（信山社、2017年）67頁以下。さらに、緑大輔「監視型捜査における情報取得時の法的規律」法時87巻5号（2015年）65頁以下、同「監視型捜査」法教446号（2017年）24頁以下、斎藤司「捜査段階における証拠へのアクセス」佐藤博史編『刑事司法を考える第2巻　捜査と弁護』（岩波書店、2017年）282頁以下など。

5 | 任意同行や任意取調べの適法性判断その1
——強制処分該当性判断 共通4

　198条1項は、捜査機関は「犯罪の捜査をするについて必要があるときは」、警察署などへの「被疑者の出頭を求め、これを取り調べることができる」とします。このように、刑訴法は対象者自身の任意出頭を求めることを認めるにとどまりますが、多くの見解は同規定による出頭を求める一方法として任意同行も認めています[15]。その他、採尿など他の目的の任意同行も、197条1項によって認められています[16]。以下では、取調べを目的とする任意同行を検討対象とします。これにつき198条1項但書は、被疑者は「出頭を拒み、又は出頭後、何時でも退去することができる」としています。

　任意同行や同行後の警察署での滞留、その間の取調べ（以下、「任意同行等」とします）についても、第1段階の強制処分該当性判断、そして第2段階の任意処分としての適法性判断がなされます。この第1段階との関係では、憲法33条や34条などにより保護される**「身体・行動の自由」**の一内容である**「出頭拒否・退去の自由」**（198条1項但書はこれを確認するものといえます）を侵害する処分（「**実質的逮捕**」）かどうかが問題となります。

　実質的逮捕は、令状審査を含む逮捕に関する法定の要件や手続（憲法33条、刑訴法199条以下など）を遵守しないという違法性を有します。その違法性の影響は、複数の局面で問題となります[17]。第1に、実質的逮捕後の勾留請求を裁判官が審査する局面です（捜査手続における局面）。刑訴法は、「逮

---

14) 強制処分としてではなく、任意処分として立法による統制を主張するものとして、笹倉宏紀「捜査法の思考と情報プライヴァシー権——『監視捜査』統御の試み」法時87巻5号（2015年）70頁以下、同「捜査法の体系と情報プライヴァシー」刑雑55巻3号（2016年）423頁以下、池田公博「法的根拠を要する捜査手法——ドイツ法との比較を中心に」刑雑55巻3号（2016年）410頁以下など。

15) 刑訴法以外にも、警職法2条2項による不審者の同行も認められていますが、両者の区分には不明確な部分も残ります。この点、三井Ⅰ84頁など。

16) 採尿を目的とする任意同行やその後の留め置きの適法性判断を行った裁判例として、東京高判平21・7・1判タ1314号302頁、東京高判平22・11・8判タ1374号248頁、札幌高判平26・12・18判タ1416号129頁、東京高判平27・4・30高検速報（平27）101頁など。この点について、川出・論点56頁以下など。

17) 酒巻90頁以下など。

捕」について厳格な制限時間を設けています（203条～205条。詳細は第9章）。この制限時間は実質的逮捕の時点から起算して判断されることになるので、勾留請求の時点で逮捕の制限時間を超過していることがありうるのです（実質的逮捕を3時間継続し、その後、正式な逮捕を72時間継続した場合など）。逮捕の制限時間を超過した後の勾留請求について、刑訴法は裁判官に対し勾留請求を却下すべきとしています（206条2項、207条5項）。それゆえ、勾留すべきかどうかを判断する裁判官にとって、実質的逮捕の有無やその時間が重要となるのです。なお、制限時間の超過が認められない場合でも、任意同行等の態様・方法などに重大な違法があるときも、勾留請求は却下すべきとされます（その根拠については、第10章を参照）。

第2に、任意同行後の取調べにより得られた供述調書等の証拠能力（刑事公判において証拠とすることのできる資格）の有無を判断する局面です（公判段階において証拠能力を判断する局面）。実質的逮捕に基づく取調べは違法と評価されます。また、実質的逮捕の影響で取調べにおいて被疑者が任意に供述できないことも十分考えられます。それゆえ、このような取調べによって得られた供述については、自白法則の観点（憲法38条2項、刑訴法319条1項）や違法収集証拠排除法則の観点（1条）から証拠能力を否定すべきことになります（第24章）。この証拠能力判断を左右するのが、実質的逮捕に該当するかどうかやその態様や方法の判断なのです。

実質的逮捕に該当するかどうかは、出頭拒否・退去の自由の侵害の有無が基準となります。この出頭拒否・退去の自由は、対象者の出頭を拒否しようとする「意思」または退去しようとする「意思」が捜査機関によって「制圧」された場合（出頭拒否したくともできない、退去したくともできない場合）に、その侵害が認められます。問題は、出頭拒否や退去に関する意思の制圧という、人の主観に対する権利侵害をどのように認定するかです。

最決昭59・2・29刑集38巻3号479頁以前の裁判例は、客観的事情を評価して、出頭拒否・退去の自由に対する侵害の有無を類型的に判断してきました[18]。その客観的事情としては、（ア）同行を求めた時刻・場所（夜間や深夜、遠距離の同行は強制的性格を強める）、（イ）同行の方法・態様（警察官の人数や態度、監視状況など）、（ウ）同行後の取調べ時間・監視状況（早朝や深夜、

---

18) 小田健司「任意同行と逮捕の始期」令状基本問題上130頁、川出・捜査45頁以下など。

長時間の取調べの有無、さらには取調べの前後・用便や休憩の際の監視状況)、(エ) 逮捕状が発付されていた、あるいは逮捕可能な嫌疑があったにもかかわらず任意同行が行われた場合、その合理的理由があったか（あえて正式な逮捕を遅らせて事実上の身体拘束を意図していたか）、(オ) 被疑者の同行拒否や退去希望の有無・内容、(カ) 被疑者の属性（年齢や性別、職業など）が挙げられます。このうち、(ウ) が最も重要とされるように、従来の裁判例は取調べ時間やその時間帯などを重視して、出頭拒否・退去の自由に対する侵害（意思の制圧）を類型的に推認させる客観的状況の有無を判断していたのです。これらの判断の特徴は、対象者の明確な拒絶意思がない場合でも、出頭拒否・退去の自由の侵害を推認させる類型的な客観的状況があれば実質的逮捕に当たると判断する点にあります（富山地決昭54・7・26判時946号137頁などを参照[19]）。

　このような客観的状況を踏まえて出頭拒否・退去の自由に対する類型的な侵害を推認しようとする手法に対し、昭和59年決定は別の手法を採用したとの理解も可能な判示をしました[20]。この事件は、警察官らが、殺人の嫌疑のあるXに対し朝から深夜11時過ぎまでの任意取調べを、「どこかの旅館に泊めてもらいたい」旨の答申書を提出させたうえで、（常時警察官数名がホテル周辺を張り込むなどしてXの挙動を監視していた）同署近くの宿泊施設などに4泊5日にわたりXを宿泊させて行ったというものでした。これに対する判示は、以下の通りです（下線・丸数字は引用者）。

---

19) 同決定に関する評釈として、斎藤司「判批」百選（10版）12頁以下など。
20) 昭和59年決定については、龍岡資晃「判解」解説昭和59年度（刑）169頁以下、堀江慎司「判批」百選（9版）16頁以下、後藤昭「判批」百選（10版）14頁以下、葛野尋之「判批」判例学習13頁以下、川出・捜査50頁以下など。さらに、大澤裕＝川上拓一「任意同行後の宿泊を伴う取調べと自白の証拠能力」法教312号（2006年）75頁以下も参照。

> ①任意捜査においては、強制手段、すなわち、「個人の意思を抑圧し、身体、住居、財産等に制約を加えて強制的に捜査目的を実現する行為など、特別の根拠規定がなければ許容することが相当でない手段」(昭和51年決定参照)を用いることが許されないということはいうまでもないが、②任意捜査の一環としての被疑者に対する取調べは、右のような強制手段によることができないというだけでなく、さらに、事案の性質、被疑者に対する容疑の程度、被疑者の態度等諸般の事情を勘案して、社会通念上相当と認められる方法ないし様態及び限度において、許容されるものと解すべきである。

　ここでは、①部分だけに注目してください。昭和59年決定は、任意取調べにおいて、強制的な連行や警察署等への強制的な滞留などの実質的逮捕、さらには取調べ中の脅迫や暴行などの「強制手段」を用いることは許されないと判示しています[21]。この判断は、任意同行等との関係で、実質的逮捕だけでなく、取調べ中の脅迫や暴行などの「強制手段」が行われた時点で、当該取調べが違法になることを明示したものです。

　もっとも、昭和59年決定は①部分の規範の具体的あてはめを明示することなく、その強制処分性を否定しており、その具体的な論理は十分明らかではありません。この点、昭和59年決定が採用した実質的逮捕該当性判断は、これまでの裁判例とは異なるのではないかという指摘があります。この指摘は、昭和59年決定は、被疑者が明確に出頭拒否や退去の意思表示(これを示す行動も含む)をしたにもかかわらず、これを制圧したか否かを基準とする論理を採用したと理解します。たとえば、東京高判平14・9・4・判時1808号144頁は、9泊10日の宿泊を伴う取調べにつき、3日目以降の宿泊について自ら望んだものではなく、事実上の身体拘束に近い状況にあったと評価しつつも、強制手段には当たらず「任意捜査として許容される限界を超えた違法なもの」とします[22]。このような論理は、被疑者の明確な出頭拒否や退去の意思表示などがあったかどうかを判断し(被疑者が明確に出頭拒否や退去の意思表示をしていない場合は基本的に実質的逮捕該当性は否定されます)、

---

21) 古江45頁以下、宇藤ほか107頁以下など。

これがあった場合は表示された意思の制圧の有無を判断するものといえます。

　以上をまとめると、判例の論理によれば、第1段階の判断（①部分）は、任意取調べにおいて禁止される「強制手段」に該当するかどうかを内容とします。その判断基準は、実質的逮捕に該当するか否か（明示された被疑者の出頭拒否や退去の意思表示の制圧の有無）、そして、取調べ中の脅迫や暴行などがあったか否かであるといえます。実質的逮捕との関係では、被疑者の明確な出頭拒否や退去の意思表示が捜査記録や関係者の供述などから確認されない場合、原則として実質的逮捕該当性は否定されるのです。

6 | 実質的逮捕と強制処分該当性判断 展開2

　上記のような判例の論理については、昭和59年決定やこれらの裁判例は問題となる取調べ中の自白の証拠能力判断との関係で当該取調べが実質逮捕などの強制手段を用いたものかを判断したものだから、任意同行等が実質的逮捕に当たるかが問題となる局面での判断方法の変化を示すものと即断はできないということも可能です[23]。自白の任意性判断（319条）との関係で、実務は「供述者の心理や認識などの主観面（任意性）への影響の有無」を検討し、虚偽供述の危険や黙秘権侵害の有無を判断するとされています（第24章）。そのため、自白の任意性（被疑者の意思への影響の有無）判断との関係では、自白の任意性を否定するほどの「強制手段」（意思の制圧の意味での実質的逮捕、取調べにおける脅迫や暴行）の有無こそが重要で、客観的事情を基にした類型的な意味での「実質的逮捕」の存在それ自体、それほど重要ではないと考えられている可能性もあるのです[24]。もちろん、このように理解する場合でも、実質的逮捕と判断される場合、その違法性を根拠として、違法収集証拠排除法則の適用により自白の証拠能力を否定することはあり得ます

---

22) さらに、大阪高判昭63・2・17高刑集41巻1号62頁、大阪高判平3・9・11判時1408号128頁、東京高判平5・2・26東高刑時報44巻1〜12号6頁なども参照。川出・捜査55頁は、これらの裁判例の大部分が、第2段階の判断によっている理由として、「当該取調べによって獲得された自白の証拠能力が問題とされる事案については、実質的逮捕に至っていない場合でも、取調べが社会通念上相当性を欠くという理由で、その証拠能力を否定する余地が生じた」ことなどを挙げます。

23) 斎藤・前掲注19) 13頁。さらに、川出・捜査55頁も参照。

（第 24 章を参照）。

　このように判例の論理を理解すると、判例や裁判例は、（ア）自白の任意性判断の局面では、「供述者の心理や認識などの主観面（任意性）への影響の有無」との関係で対象者の意思を制圧しうる「強制手段」の有無を検討する、（イ）勾留請求の局面では、客観的状況を踏まえた出頭拒否・退去の自由に対する侵害を類型的に推認しようとする手法をとっている、という評価が可能となります。たとえば、勾留請求の裁判に関する大阪地決昭和62年7月22日判タ671号271頁や（少年事件ですが）名古屋地判岡崎支決平成25・2・22LLI/DB判例秘書L0685708などは、昭和59年決定前の裁判例と同様に監視状況や取調べの時間帯などを重視しています。

　学説においても、従来の裁判例のように客観的な事情を重視して判断すべきとの見解などが有力に主張されています[25]。任意同行等の場面では、対象者が出頭拒否や退去の自由を容易に行使できない状況がありうることなどからすれば、対象者の出頭拒否や退去の自由が侵害される「危険性」のある段階から規律・抑制することが必要でしょう。このような見解においては、上述の客観的事情を踏まえた推認というアプローチは1つの妥当な解決策といえます。これに加えて、通常人であれば通常取調べに拒否するであろう時間帯を設定する見解、捜査機関側には適正な任意取調べを維持する義務（上記の制約・負担・不利益を除去する義務）があることを前提に、黙秘権や退去権の告知に加え、一定時間ごとの同意の確認・休憩・退室する機会や外部と連絡する機会を付与すること、通常帰宅したいとの意思を有するであろう時間に帰宅させるなどの義務の履行が立証されることを必要とする見解なども示されています（特に捜査手続であることを考慮すると、被疑者による積極的な意思表示〔オプトアウト〕を示すことには限界があります。被疑者による適正な自己決定を促進するためにも積極的な協力意思〔オプトイン〕が示されることを求めるシステムが必要といえるのではないでしょうか）[26]。

---

24) 昭和59年決定の木下忠良判事と大島進判事の意見は、「任意捜査としてその手段・方法が著しく不当で、許容限度を越える違法なものというべきであり、この間の被告人の供述については、その任意性に当然に影響があるものとみるべき」としています。

25) 三井Ⅰ86頁以下、酒巻89頁など。

26) 斎藤司「強制処分概念と任意捜査の限界に関する再検討」探究28頁以下、さらに、渕野貴生「黙秘権保障と自白法則」探究194頁以下なども参照。

7 | 任意同行や任意取調べの適法性判断その2
　　──比例原則に基づく判断　共通5

　昭和59年決定は198条1項にいう任意の取調べについて、①「強制手段」（実質的逮捕や取調べにおける脅迫や暴行など）が用いられたかを判断し、これが否定される場合でも、②「事案の性質、被疑者に対する容疑の程度、被疑者の態度等諸般の事情を勘案して、社会通念上相当と認められる方法ないし態様及び限度」（昭和59年決定の②部分）にとどまっていたか（比例原則による適法性判断）、という2段階の適法性判断を示しました。以下では、②の比例原則による適法性判断について検討しましょう。

　昭和51年決定が示したような比例原則による適法性判断を行う根拠（「何らかの法益を侵害し又は侵害するおそれ」）の存在について、昭和59年決定は具体的に判示していません。もっとも、昭和59年決定は、本件では、被疑者が「宿泊に伴う連日にわたる長時間の取調べに応じざるを得ない状況に置かれていたものとみられる一面」があったことを認めています。昭和59年決定は、被疑者の出頭拒否や退去の自由に対する「一定程度」の侵害・制約を根拠に、比例原則による適法性判断を行っていると評価できます（もっとも、この理解には争いがあります。後述の**8**を参照）。

　次に、第2段階（②部分）の判断の具体的内容を確認しましょう。昭和59年決定は、事案の重大性、嫌疑の程度、そして本件の取調べを当該方法で行う必要性（逮捕要件の有無、適当な宿泊場所の不存在、供述内容の変遷、逃亡のおそれなど）といった諸事情を考慮して、「事案の性質上、速やかに被告人から詳細な事情及び弁解を聴取する必要性があった」とする一方で、Xの住居は遠くないなど帰宅できない特段の事情も見当たらないことから、本件の取調べをする必要性について一定の疑問も示しています。上記の諸事情を考慮して、「本件に関する事情や弁解獲得という目的を当該方法で達成する必要性」の有無や程度が検討されているといえます。

　また、権利侵害の程度については、取調べや宿泊について被疑者の明確な拒絶意思がないことと捜査官らが取調べを強行し退去・帰宅を拒絶・制止したという事実もないことを理由に、取調べなどについて被疑者は「任意に応じていたものと認められる」とされています。他方で、被告人の監視体勢や、取調べ時間・時間帯などから、取調べに応じざるを得ない状況に置かれたも

のと見られ、「必ずしも妥当なものであったとはいいがたい」ともされています。ここでは被告人の態度に加えて、取調べの方法・態様から「取調べに応じるか否かの自由」の侵害の「程度」が考慮されているといえます。

このように昭和59年決定は、本件の任意取調べについて「必要最小限度」といえるか疑問であるとしつつも、殺人事件という重大事件について高い嫌疑が認められる被疑者を対象として、本件について速やかに詳細な事情や弁解を聴取する「必要性」があったとしたうえで、権利侵害の程度について被疑者に対する取調べの強制や取調室等への滞留の強制もなかったとして、「社会通念上やむを得なかったというものというべく、任意捜査として許容される限界を超えた違法なものとまでは断じ難いというべき」として、相当な（適法な）任意取調べであったと評価しています。昭和59年決定は、昭和51年決定が示した二段階の判断を、任意取調べについて用いたものと評価できます。

8 │ 任意同行や任意取調べに対する法的規律の構造 展開3

昭和59年決定については、強制処分該当性判断のあり方以外にも、いくつかの批判が示されています。

第1に、比例原則による適法性判断を行う根拠に関する批判です。この点について、そもそも「取調べに応じるか否かの自由」についてはその侵害の「程度」は想定できず（応じた以上は、侵害は存在し得ない）、任意に応じているのであればこの自由の侵害は想定できないから、比例原則を用いる根拠はないとの見解があります。この見解は、昭和59年決定②部分について、一定程度の法益侵害やそのおそれを根拠としたのではなく、取調べを実施する捜査機関に対する（必要性と法益侵害との均衡ではなく）「事前の行為規範・行動準則」という意味での相当性を設定したものと理解します[27]。また、同様の前提に立ちつつも、任意とはいえ取調べを受けることで現に被疑者の行動は制約され、または心身の苦痛・疲労といった負担・不利益は生じうるところ、取調べに応じる同意はこのような制約・負担・不利益の「発生自体」を消し去るものではないとの見解なども示されています[28]。この見解は、昭

---

27) 酒巻93頁以下など。

和59年決定②部分について、出頭拒否・退去の自由以外の権利・利益に対する制約を根拠に比例原則による適法性判断を行ったと評価します。

　第2に、昭和59年決定が、「宿泊に伴う連日にわたる長時間の取調べに応じざるを得ない状況に置かれていたものとみられる一面」（出頭拒否・退去の自由の「一定」の侵害）を認めつつも、任意処分として適法性判断を行っていることに対する批判です。この批判は、昭和59年決定が出頭拒否・退去の自由の「一定」の侵害について、任意処分として規律することの妥当性を疑問視するものです[29]。また、出頭拒否・退去の自由に「程度」が想定できないのであれば、「宿泊に伴う連日にわたる長時間の取調べに応じざるを得ない状況」に置かれていた状態は、出頭拒否・退去の自由の侵害というほかなく、強制処分と評価すべきであったことにもなるでしょう。

9 ｜ 本章のまとめ　共通6

　本章では、任意処分に対する法的規律とその適法性判断に関する思考プロセスを学びました。本章において最も重要なのが、任意処分に対する法的規律とその適法性判断を支える197条1項本文の比例原則の具体的内容を理解することです。その判断の際には、必要性や権利侵害の程度を単に並べるのではなく、具体的な捜査目的を達成するために問題となる捜査手法を行う必要性の有無やその程度の検討、次に当該捜査手法による権利侵害の程度の検討、そして、両者は均衡しているかという具体的判断を行う必要があることは常に意識すべきでしょう。

　これに加え、任意処分に対する法的規律とその適法性に関する思考プロセスを大きく左右するのは、強制処分該当性判断の内容です。任意処分に対する法的規律とその適法性を活用するためには、強制処分該当性判断も含めた捜査法の思考プロセスを身につけることが必要です。強制処分該当性判断を経なければ、任意処分の適法性判断を行うことはできないのですから当然ともいえるでしょう。その意味では、本章は、第2章で身につけた捜査法に関

---

[28] 川出敏裕「任意捜査の限界」『小林充先生・佐藤文哉先生古稀祝賀論文集（下）』（判例タイムズ社、2006年）23頁以下、堀江・前掲注20）17頁、宇藤ほか108頁以下などを参照。

[29] 後藤・前掲注20）15頁。

する基本的な思考プロセスの実践編であるともいえます。おとり捜査などについても、この基本的な思考プロセスを活用して検討してみてください[30]。

---

30) おとり捜査については、三井Ⅰ88頁以下、長沼範良ほか『演習刑事訴訟法』(有斐閣、2005年) 175頁以下、佐藤隆之「おとり捜査の適法性」法教296号 (2005年) 37頁以下、酒巻173頁以下、古江147頁以下、白取123頁以下、緑67頁以下、稲谷龍彦「身分秘匿捜査の法的規律について:捜査活動の最適化という観点から」法学論叢182巻1=2=3号 (2018年) 274頁以下など。さらに、おとり捜査に関するリーディング・ケースである最決平16・7・12刑集58巻5号333頁について、長沼範良=上冨敏伸「おとり捜査」法教318号 (2007年) 77頁以下、後藤昭「判批」百選 (9版) 26頁以下、川出・捜査196頁以下、伊藤栄二「判批」百選 (10版) 22頁以下、川出・論点76頁以下など。

第5章

憲法 35 条から導かれる 捜索・差押えの基本的な思考プロセス

第 5 章の目標
①証拠の収集・保全を目的とする強制処分の概要を把握する。
②令状主義の要請と具体的趣旨から導かれる法的規律、そして適法性判断の視点を理解する。

1 ｜ 強制処分に対する法的規律とその意味 　共通 1

　第 5 章から第 11 章では、捜査法の基本的な思考プロセスを踏まえて（第 2 章）、強制処分性が肯定される場合を前提に説明していきます。強制処分性が肯定される場合、以下の 2 段階の思考プロセスが発動されます。

　第 1 に、強制処分は、**強制処分法定主義**（憲法 31 条、刑訴法 197 条 1 項但書）の要請により、刑訴法上に要件・手続が定められた根拠規定がない限り執行することはできません。根拠規定のない強制処分を執行した場合、強制処分法定主義違反の違法と評価されます[1]。

　第 2 に、根拠規定が存在する場合、捜査機関はその根拠規定の要件や手続

---

1) 最大判平 29・3・15 刑集 71 巻 3 号 13 頁は、GPS 監視捜査について、「刑訴法 197 条 1 項ただし書の『この法律に特別の定のある場合』に当たるとして同法が規定する令状を発付することには疑義がある。GPS 捜査が今後も広く用いられ得る有力な捜査手法であるとすれば、その特質に着目して憲法、刑訴法の諸原則に適合する立法的な措置が講じられることが望ましい。」としています。GPS 監視捜査について、現行刑訴法に根拠規定が存在するかは疑問とする判断といえます。

を遵守して強制処分を執行しなければなりません。この要件・手続規定に反した強制処分は各関連規定に反する違法と評価されます。

　第5章から第7章、そして第9章から第11章の内容は、第1段階はクリアしていること（根拠規定は存在していること）を前提に、第2段階の思考プロセスについて検討するものです。さて、第2段階に関する思考プロセスは、強制処分に対する法的規律である刑訴法上の要件や手続規定、そして憲法33条と35条の要請する「**令状主義**」による規律や適法性判断を行うものです。現在、根拠規定が法定されている強制処分については、領置（後述）を除いて、裁判官があらかじめ発した令状がなければ執行できません[2]。強制処分については、捜査機関による現場の裁量や判断を重視する事後規制型ではなく、事前に法定されている要件や手続、そして（大部分は）裁判官による事前審査という事前規制型の規律が採用されているのです。

　以上のことは2つのことを意味します。まず、法定されている要件・手続、そして令状主義から導かれない必要性や緊急性を考慮した適法性判断を行うことはできないということです。次に、根拠規定を有する強制処分に対する規律やその適法性判断については、令状主義を前提とする憲法レベルのものと、それ以外の刑訴法レベルのものが存在するということです。

　強制処分に対する法的規律とその適法性判断を理解する際には、令状主義の趣旨や要請を理解することが非常に重要です。憲法33条や35条は、「逮捕」や「住居、書類及び所持品」に対する「侵入、捜索及び押収」について、裁判官が事前に発付する令状を必要としています。強制処分の規律を理解し、その適法性判断を的確に行うためには、憲法が令状主義という規律を設けている趣旨をしっかり理解することが不可欠なのです。

　本章から第7章は、憲法35条の令状主義の趣旨や要請を踏まえて、証拠の収集・保全を目的とする強制処分に対する法的規律とその適法性判断を学

---

[2] 領置の強制処分性については争いがあります。領置について、領置手続を経た物についても返還要求があれば原則としてこれに応じなければならないとする見解があります（堀江慎司「令状主義」法教268号〔2003年〕14頁）。この見解によれば、領置は任意処分と位置づけられることになるでしょう。これに対し、領置した物について、捜査機関は返還請求があってもこれを拒むことができる（123条2項、222条1項）ことを理由に、強制処分性を肯定する見解も有力です（後藤昭「強制処分法定主義と令状主義」法教245号〔2001年〕10頁、緑76頁など）。

ぶことを内容とします。まず、本章では、憲法35条の令状主義による規律が及ぶ強制処分について概観したうえで、憲法35条の令状主義の趣旨や要請から導かれる基本的な思考プロセスを学びます。

2｜令状主義の規律対象 共通2

　証拠の収集・保全を目的とする強制処分の種類や定義を整理しておきましょう（被疑者の身体拘束を内容とする強制処分は、別途扱います）。現行刑訴法が予定する強制処分を整理・理解する際に障害となるのが、強制処分に関する規定の位置関係です。捜査機関が行う証拠の収集・保全を目的とする強制処分については、218条から225条に規定が置かれています。もっとも、重要なのは、現行刑訴法がこれら以外の規定も「準用」するかたちで捜査機関による強制処分に対する法的規律としていることです。具体的には、「裁判所」を主体とする強制処分に関する99条から143条、165条から174条などのうち大部分の規定が、222条によって準用される関係にあるのです（被疑者の身体拘束についても、207条1項により裁判所を主体とする強制処分の規定が準用されます）。そのため、強制処分に関する法的規律を理解する際には、218条以下に加えて、99条以下の条文も把握することが重要です（身体拘束との関係では、199条以下に加えて、60条以下）。以下の説明でも、「99条（222条1項）」というように条文表記が多く登場します。捜査法の理解を妨げる条文構造というほかありませんが、少しずつ慣れていきましょう[3]。

　現行刑訴法の規定を整理すると、証拠の収集・保全を目的とする強制処分としては、「捜索」、「差押え」、「領置」、「検証」、そして「鑑定処分」が存在することが分かります。その根拠条文や定義などを整理したものが表5-1です。

　第1に重要なのが、憲法と刑訴法の「押収」概念の違いです。憲法35条を見ると、憲法35条の令状主義による規律を受ける処分の類型は、「住居、書類及び所持品」（憲法上保護される「住居、書類及び所持品」に関する財産的権利や私的領域におけるプライバシー）に対する「侵入、捜索及び押収」とされます。これに対し、刑訴法では、証拠の収集・保全を目的とする強制処分

---

3)　なお、田口86頁の一覧表も参照。

のうち、差押え、記録命令付き差押え[4]、そして領置が刑訴法上の「押収」とされています（起訴後の提出命令〔99条3項〕も「押収」に含まれますが、捜査段階の提出命令は存在しません）。

憲法35条と刑訴法を比較すると、令状主義の規律を受けない刑訴法の「領置」（221条）がある（「刑訴法上の押収」には令状主義による規律を受けないものがある）かどうかという違いが明らかになります。「領置」は権利を有する者が存在しない（遺留物の領置）、あるいは、相手方の同意がある（任意提出物の領置）ことから、「侵入、捜索及び押収」に該当しないため、令状主義による規律を受けないのです。このように刑訴法上の「押収」概念の方が、令状主義の規律を受けないものも含む広いものとされているのです。

第2に、憲法35条の令状主義の規律対象は、「捜索」と（領置を除く）「押収」、そして「侵入」を伴う検証だということです。憲法35条は、「捜索」および（領置を除く）「押収」、そして「侵入」（これには物理的「侵入」に限らず、X線検査や通信傍受など技術手段を用いた「侵入」も含まれると解されます）[5]を伴う検証（後述）といった類型に該当する以上、いかなる必要性が存在しようとも、令状主義による規律が必要だとしているのです。

第3に、「検証」概念についてです。検証については、**表5-1**の定義ではイメージ困難な部分があるかもしれません。捜索・差押えと検証は、公判審理における事実認定のための資料や情報を発見・収集・保全するという機能を有する点で類似・共通しています。他方で、捜索・差押えは対象そのものの占有による証拠化を目的とし、検証は対象に関する情報の証拠化を目的とする点で異なります。検証は、物理的に差押えになじまないもの（犯行現場の状況や被害者・被告人の身体の状態など）を対象として、事実認定のための

---

[4] 2011年改正により、PCなどの差押えに関し、記録命令付差押えに加え、リモート・アクセス（218条2項、99条2項）と代替的執行方法（222条1項、110条の2）が導入されました。この点、杉山徳明ほか「『情報処理の高度化等に対処するための刑法等の一部を改正する法律』について（下）」曹時64巻5号（2012年）1049頁以下、池田公博「コンピュータ犯罪と捜査」新争点96頁以下、川出・論点97頁以下などを参照。さらに、リモートアクセス等の違法性が争われた事例として、東京高判平28・12・7高刑集69巻2号5頁、大阪高判平30・9・11裁判所ウェブサイト。

[5] 電話検証については最決平11・12・16刑集53巻9号1327頁、X線検査については最決平21・9・28刑集63巻7号868頁を参照。

表5-1　証拠の収集・保全を目的とする強制処分の分類・定義・説明

処分の類型	根拠条文	定義	備考
捜索	218条 102条 (222条1項)	特定の場所、物、そして、人の身体について、証拠物などの探索・発見を目的とする処分。	①人の身体に対する捜索とは、着衣のままの（ポケット類も含む）外部的検索や通常衣服で覆われていない部位の観察・認識する処分である（当該処分は、身体検査に当たらない通常の検証でも可能）。
差押え	218条 99条 (222条1項)	捜索などで発見された証拠物などについて、所有者から強制的に占有を取得する処分。	②記録命令付差押え（その定義は、99条の2）については、218条1項など。
領置	221条 101条 (222条1項)	相手側の同意を得て占有を移転・保管する場合や遺留物を保管する処分。	①占有取得後、被処分者の意思にかかわらず捜査機関が占有を継続できる点で強制処分と解される（222条1項、123条2項）。
検証	218条 128条 (222条1項)	場所、物、人の身体の性質・状態などを五官の作用で認識する処分。	①人の身体に対する検証として、(a)着衣のままの外部的検索や通常衣服で覆われていない部位の観察・認識する処分に加え、(b)衣服を取り去り裸にして身体の外表部や体腔を調べることも可能（検証としての身体検査）。 ②検証としての身体検査には、身体の自由や安全、名誉や羞恥心に配慮するため、218条5項・6項の適用がある。
鑑定処分	225条 168条	鑑定（特別の専門知識・経験に属する法則またはこれを具体的事実に適用して得られる判断の報告）の嘱託を受けた鑑定受託者による、鑑定に必要な処分。	①他の処分と異なり、主体は捜査機関ではなく、医師などの専門家である。 ②人の身体に対する鑑定処分（鑑定処分としての身体検査）は、医療技術を用いた身体内部に及ぶ検査（もっとも、検証としての身体検査との境界線はそれほど明確ではない。脚注7）など参照）。

証拠化を目的とする処分という性格を有しているといえます[6]。

第4に、人の身体を対象とする捜索、人の身体を対象とする検証（検証としての身体検査）、そして人の身体を対象とする鑑定処分が存在するということです。証拠の収集・保全を目的とする強制処分は、特定の場所に存在する証拠だけでなく、人の身体それ自体や人の着衣などに存在する証拠も対象とします。もっとも、刑訴法は人の身体やその着衣を対象とする強制処分を複数認めているため、それぞれの処分によって許される行為の態様の区分が問題となるのです。本章では、**表5-1**の備考と脚注7）での簡単な説明に留めます[7]が、第8章で具体的な説明とその応用問題を扱います。では、以上の整理を前提に、憲法35条の令状主義の趣旨や要請を踏まえて、その規律対象の1つである捜索・差押えに焦点を絞って、さらに検討しましょう。

3 │ 憲法35条から導かれる思考プロセス 共通3

捜索・差押えに対する法的規律やその適法性判断には、憲法35条の令状主義の趣旨や要請から導かれる要件・手続に基づくものと刑訴法上の要件・手続に基づくものが存在します。このうち、憲法上の原理・原則に基づく法的規律とその適法性判断の方が、より重要であることはいうまでもありません。

憲法35条が令状主義を定める主な理由は、後述のように捜査機関による恣意的な捜索・差押えや誤った捜索・差押えを未然に防止することにあります。この中核的な目標は、現場の状況に応じた捜査機関の柔軟な対応を厳しく制限することになり、常に変動する現場の状況への柔軟な対応といった捜

---

6) もっとも、写真撮影などが常に検証に当たるわけではありません。書類などの写真撮影など、その内容の情報の証拠化は当該証拠物の占有の取得（差押え）と機能的には同価値と評価できるからです。この問題について、最決平2・6・27刑集44巻4号385頁、さらに後藤・捜査17頁以下、井上・強制捜査436頁以下などを参照。

7) 身体を対象とする捜索と検証としての身体検査との区分についてはほぼ一致があります（本文の表を参照）。これに対し、検証としての身体検査と鑑定としての鑑定処分との区分については、両者の処分それ自体の内容を一律に区別すべき理由はないとする見解（井上・強制捜査78頁以下、酒巻136頁など）と両者の処分の担当者（捜査機関か専門家か）が違うことなどを根拠に許される行為態様を区別すべきとする見解（田宮115頁以下など）があります。さらに、宇藤ほか149頁以下も参照。

査の必要性と衝突することになります。このこともあってか、安易に1条にいう「真実発見」と「人権の保障」とを「調和」させ、「真実発見」の観点から「捜査の必要性」を優先し「令状主義の例外らしきもの」を作り出し、問題となる捜索・差押えを適法とする学生の答案に出会うことがあります。しかし、憲法35条は明文で憲法33条（逮捕）の場合のみを例外としているのですから、明文の根拠なく（しかも下位の法規範である刑訴法を根拠に）憲法の例外を「作り出す」思考プロセスには疑問があります。捜索・差押えの問題については、常に憲法35条の趣旨や要請を踏まえ、明文の刑訴法の諸規定を操作し捜索・差押えの適法性を判断することが必要不可欠なのです。まず、憲法35条の内容を確認しておきましょう。

> 1項「何人も、その住居、書類及び所持品について、侵入、捜索及び押収を受けることのない権利は、第33条の場合を除いては、正当な理由に基いて発せられ、且つ捜索する場所及び押収する物を明示する令状がなければ、侵されない。」
> 2項「捜索又は押収は、権限を有する司法官憲が発する各別の令状により、これを行ふ。」

憲法35条1項は、「住居、書類及び所持品」に対する「侵入、捜索及び押収」に当たる強制処分について、①「**正当な理由**」という実体的要件の存否について、事前に裁判官に審査させて、②裁判官が令状に特定・明示した「正当な理由」が認められる範囲（捜索場所と差押え目的物）内に限り、捜査機関などによる捜索・差押えは許されるべきことを要請しています。憲法35条が①②を要請する主な理由（令状主義の中核的な目標）は、裁判官による事前審査と捜索・差押えの具体的範囲の特定・限定により、捜索・差押え現場における捜査機関の判断のみによる恣意的な捜索・差押え権限の濫用・逸脱など不当な権利侵害を防止することにあります[8]。

①裁判官による「正当な理由」の事前審査が要請される具体的趣旨は、恣

---

8) 令状主義の趣旨と要請については、井上・強制捜査58頁以下。さらに、三井I 35頁以下、酒巻104頁以下、緑74頁以下など。

意的な捜索・差押え権限の濫用・逸脱など不当な権利侵害をその実行前に抑制することにあります。つまり、裁判官による令状発付について「正当な理由」という根拠を求めること（捜索・差押えを請求する捜査機関に「正当な理由」が存在することの説明を義務づけ、請求を受けた裁判官が「正当な理由」の存否を審査することを義務づけること）によって、恣意的な捜索・差押え権限の濫用や逸脱などの不当な権利侵害を実行前に抑制しようとしているのです。この趣旨に反する捜査機関の令状請求は却下されますし、「正当な理由」を欠く令状発付および捜索・差押え等は憲法35条1項の要請①に反します。

②捜索場所・差押え目的物の「特定」が要請される具体的趣旨は、「正当な理由」の存在についての裁判官による実質的認定を確保し（捜索場所・差押え目的などが不特定の状態では、「正当な理由」を実質的に審査することはできません）、その審査を通じて、捜査機関による捜索・差押え権限の行使を、「正当な理由」が裁判官によって事前に確認された範囲に特定・限定することにあります（その具体的意味はいくつかに分かれるので、詳細は後述します）。この具体的趣旨に反し、裁判官が特定しないことや裁判官により特定された捜索場所や差押え目的物を超えた捜査機関による捜索・差押えは、憲法35条1項の要請②に反すると評価されます。

さらに、③憲法35条2項は、捜索の場所や機会が変われば「正当な理由」の存否も異なりうることを理由として、その都度、①にいう「正当な理由」の存否に関する裁判官の事前審査を行うべきという「各別の令状」を要請していると理解されます[9]。

以上のように、憲法35条の令状主義は、「裁判官による事前審査と捜索・差押えの具体的範囲の特定・限定による、捜索・差押え現場における捜査機関の判断のみによる恣意的な捜索・差押え権限の濫用・逸脱など不当な権利侵害の防止」という中核的な目標を達成するために、具体的な趣旨のもとで①②③を要請しているのです[10]。

---

9) 團藤重光「刑事裁判と人権」公法研究35号（1973年）105頁以下、井上・通信会話の傍受53頁以下、大澤裕「捜索場所・押収目的物の特定」刑雑36巻3号（1997年）432頁以下など。これに対し、「場所」、「物」そして「身体」については、それぞれ個別の権利・利益が認められるため、それぞれ個別の令状を要することを憲法35条2項の趣旨とするものとして、高田昭正「捜索場所に居る者の所持品検査」村井敏邦ほか編『現代令状実務25講』（日本評論社、1993年）63頁以下、三井Ⅰ45頁など。

表 5-2　憲法 35 条の要請とその趣旨、捜索・差押えの検討視点

憲法 35 条自体の中核的な目標	・裁判官による事前審査と捜索・差押えの具体的範囲の特定・限定により、捜索・差押え現場における捜査機関の判断のみによる恣意的な捜索・差押え権限の濫用・逸脱など不当な権利侵害を防止すること		
憲法 35 条の要請	①「正当な理由」	②「特定性の要請」	③「各別の令状」
各要請がなされる具体的趣旨	・恣意的な捜索・差押え権限の濫用・逸脱など不当な権利侵害をその実行前に抑制すること	・令状請求を受けた裁判官による「特定の被疑事実に関連する目的物が捜索場所に存在する蓋然性」の「実質的な審査」を確保し、捜査機関による捜索・差押え権限を、「正当な理由」の存在が裁判官によって事前に確認された範囲に限定すること ・限定・特定された範囲や目的物が記載された令状により、捜索・差押えの許される範囲を限定・特定し、捜査機関による捜索や差押えの恣意的な権限濫用などを防止すること	・個別の「正当な理由」の審査の確保
導かれる検討の視点	・裁判官による「正当な理由」の審査や判断を検討する視点	・裁判官による「特定」の程度と令状の記載（明示）を検討する視点 ・捜査機関による捜索・差押えが特定された範囲を超えていないかを検討する視点	・裁判官による個別の令状発付を検討する視点

---

10) このような「主として実体的な権利・利益の侵害・制約が生じる範囲を最小化し、『保護』することに重点」を置いた令状主義の意義の理解に対して、法と経済学の手法も踏まえて、「エージェンシー問題の解決という観点から令状主義を理解する場合には、捜査機関の濫用的な意図や判断の誤りをスクリーニングし、その権限行使を真に国民の利益を最大化するように誘導することに、その意義が求められる」とするものとして、稲谷龍彦『刑事手続におけるプライバシー保護——熟議による適正手続の実現を目指して』（弘文堂、2017 年）36 頁以下、290 頁以下など。さらに、ダニエル・J・ソロブ（赤坂亮太ほか訳）『プライバシーなんていらない！？』（勁草書房、2017 年）103 頁以下も参照。

憲法35条の要請①②③は、捜索・差押え等に対する規律と適法性判断について検討する視点をもたらします。①は、「正当な理由」の有無に関する裁判官の審査が憲法35条1項に適合しているかどうかという視点をもたらします。次に、②は裁判官による「特定」が憲法35条1項の中核的な目標に適合しているかどうかという視点、裁判官による「特定」を超えた捜査機関の捜索・差押えは存在するかという視点をもたらします。そして、③は裁判官による令状発付の適法性を検討する視点をもたらします。これに加えて、本章は扱いませんが、④憲法35条の例外である「逮捕に伴う無令状捜索・差押え」という視点も存在します。捜索・差押えの問題を検討する際には、各要請の趣旨を踏まえて理解し、その視点を使いこなすが必要不可欠です。

　憲法35条の令状主義の要請とその具体的趣旨、そしてここから導かれる視点をまとめると、**表5-2**のようになります。

4 ｜憲法35条1項から導かれる「特定性の要請」 共通4

　では、早速、上記の視点を活用して説明……といきたいところですが、以上のうち②の**「特定性の要請」**[11]は、裁判官による「特定」と捜査機関による捜索・差押えの適法性という複数の検討する視点をもたらし、やや複雑かつ重要ですので、もう少し説明します。

　捜索・差押え現場での捜査機関の判断のみによる恣意的な権限濫用などを防止するためには、公平中立な裁判官が捜索の許される範囲や差押えの許される目的物を「特定」（限定）することが有用な手段の1つです。裁判官が「特定」することによって、それ以外の捜索・差押えに関する捜査機関の裁量を封じ込めることになるからです。

　この捜索範囲や差押え目的物を捜査機関に示す方法として、憲法35条1項は令状への記載による捜査機関への明示・提示という方法を採用しました。そうすると、この令状の記載は、捜査機関による恣意的な権限濫用や誤った

---

11) 「特定性の要請」について詳細に検討したものとして、井上・強制捜査66頁以下。さらに、酒巻104頁以下、川出敏裕「演習刑事訴訟法」法教381号（2012年）138頁。これに対する検討・批判として、脚注14）の文献に加え、高田昭正「令状主義」リーディングス100頁以下など。

権限行使を防ぐことのできる程度に特定されたものでなければ意味はありません。そして、このように特定できる記載（捜索場所や差押え目的物の特定）をするためには、それにふさわしい審査（公平中立な裁判官による「正当な理由」についての実質的な審査）が必要となります。

　手続順に沿って整理しましょう。捜査機関は、捜索・差押えを行うために裁判官に対し令状発付を請求する際、疎明資料とともに、特定の被疑事実に関連する目的物が捜索場所に存在する蓋然性などを含む「正当な理由」を記載した令状請求書を提出します（規則 155 条、156 条）。この令状請求を受けた裁判官は、「正当な理由」の存否を審査します。そして、この審査の結果、正当な理由が認められる場合、令状を審査する裁判官は、「正当な理由」が認められる捜索場所や差押え目的物を令状に記載します（219 条 1 項）。この一連のプロセスを経て、捜査機関による捜索・差押え権限は、「正当な理由」があることが裁判官によって事前に確認された範囲・対象に特定・限定される（「特定性の要請」が満たされる）ことになるのです。

　このような「特定性の要請」の具体的趣旨は、以下の2つに整理できます。第1に、令状請求を受けた裁判官による「特定の被疑事実に関連する目的物が捜索場所に存在する蓋然性」（「正当な理由」の1つ）の「実質的な審査」を確保し、捜査機関による捜索・差押え権限を「正当な理由」の存在が裁判官によって事前に確認された範囲に限定することです（具体的趣旨（a））。裁判官による審査とこれによる「特定」に着目したものといえます。

　第2に、この限定・特定された範囲や目的物が記載された令状により、捜索・差押えの許される範囲を限定・特定し、捜査機関による捜索や差押えの恣意的な権限濫用などを防止することです（具体的趣旨（b））[12]。捜査機関による捜索・差押え活動の範囲に着目したものといえます。

　憲法 35 条の令状主義の趣旨や要請を理解するためには、この「特定性の要請」とこれを支える2つの具体的趣旨の理解が不可欠です。「特定性の要請」からは、裁判官による捜索範囲や差押え目的物の「特定」と令状における記載（明示）が具体的趣旨（a）を満たす程度に十分かという視点（憲法 35 条 1 項とこれを受けた刑訴法 219 条 1 項を踏まえた視点）、そして、具体的趣旨（b）を踏まえて、捜査機関が裁判官による「特定」の範囲を超えた捜索・差

---

12) 川出・捜査 116 頁など。

押えを行ったかという視点（憲法35条1項とこれを受けた刑訴法218条1項を踏まえた視点）が導かれることになります。

特に後者の視点（捜査機関による捜索・差押えに対する視点）との関係では、「真実発見の必要性」や「捜査の必要性」などを根拠として「特定」された範囲・目的物を超えた捜索・差押えを許容する論理や解答は、捜索・差押え現場での捜査機関のみによる判断と裁量を排除するという令状主義の中核的な目標を否定するという重大な問題を有しているのです。

5 | 令状主義の趣旨と要請をめぐる議論 展開1

以上の令状主義の要請やその具体的趣旨の通説的理解は、令状における捜索・差押え対象の「明示」について、捜索・差押えの対象者に対して、受忍の範囲を明らかにして処分の適法性を争う機会を付与する機能を有するとします。通説は、この機能について、憲法35条の令状主義の直接の要請ではなく、**憲法31条の告知・聴聞の要請から導かれるものとします**[13]。なお、GPS監視捜査について判示した最大判平29・3・15刑集71巻3号13頁は、令状の事前提示の趣旨として、「手続の公正の担保」や適正手続の保障を挙げており、同様の見解に立っているものと理解可能です。

これに対し、**令状の事前提示を憲法35条の直接の要請とする見解も有力**です。この見解は、憲法35条の趣旨について、「プライバシーなどの基本的人権を制限・侵害する強制処分権の発動を裁判官の令状審査（裁判）に委ねるとともに、その発動条件を被処分者の基本的人権のレベルに引き上げて強く保障するため」とします。そして、このように「令状主義が基本的人権レベルの憲法原則とされたことにより、令状は、国家機関内部の強制処分権限行使の単なる書面主義的な許可形式ではなく、被処分者に対し強制処分権限行使の正当理由（理由と必要）と内容（態様、対象）とを明示する裁判としての本質ももつこととなった」とします。このことを踏まえて、「捜索差押令状における場所・物の明示＝特定の根本趣旨が、強制処分の対象ないし範囲を事前に確定した上でそれを被処分者に対し明示し、それ以外に強制処分が及ばないことを手続的に保障する点にある」とします。この見解は、令状主

---

13) 井上・通信傍受73頁以下、214頁以下、酒巻105頁など。

義を被処分者の基本的人権としてとらえ、捜索場所・差押え目的物の特定や明示、そして令状の事前提示をこの基本的人権を手続的に保障するものとする点で、上記の見解と異なります[14]。

以上の議論は、通信傍受法の立法の際に、憲法35条の令状主義の要請やその具体的趣旨をどのように理解するかが問われたことを背景になされたものです。ぜひ当時の議論に触れてほしいと思います（脚注11）および14）の文献は必読です）。

さて、上記のように憲法35条を被処分者の基本的人権としないと、令状の事前提示を憲法35条の直接の要請といえないのかというと、そうではないでしょう。たとえば、憲法35条は、裁判官の命令だけで強制処分を許容するのではなく、令状という裁判書の形式を憲法で要請していること、アメリカ合衆国憲法修正4条[15]のように「合理的な例外」を認める弾力的な規定ではなく、憲法33条の場合を除いて厳格に令状主義を貫いた規定であることなどを理由に、令状の提示は憲法35条の要請であると理解することは可能です[16]。さらに、被処分者に対する令状提示の趣旨が、受忍の範囲の明示や処分の適法性を争う機会の付与にあるとするならば、「事前の」令状提示に限定される必然性はないとも考えられます[17]。これらのことや令状主義の要請①②③も前提として、事前・事後の令状提示を通じた被処分者に対する受忍すべき範囲の明示や不服申立ての機会の付与も憲法35条の要請であると理解すること可能だと思われます[18]。

---

14) 小田中聰樹「盗聴立法の違憲性」小田中聰樹ほか『盗聴立法批判』（日本評論社、1997年）58頁以下。さらに、川﨑英明「盗聴立法の憲法的問題点」同上87頁以下、村井敏邦「理論批判の憲法の視点」同上104頁以下。田宮100頁、白取128頁以下および156頁以下、中川36頁以下なども参照。

15) アメリカ合衆国憲法修正4条「不合理な捜索および逮捕または押収に対し、身体、家屋、書類及び所有物の安全を保障されるという人民の権利は、これを侵してはならない。令状は、宣誓または確約によって裏付けられた相当な理由に基づいてのみ発せられ、かつ捜索されるべき場所及び逮捕されるべき人または押収されるべき物件を特定して示したものでなければならない。」

16) 三井Ⅰ43頁、後藤・捜査43頁以下など。

17) 堀江・前掲注2）19頁以下など。

6 ｜ 令状主義の趣旨と要請から導かれる視点　共通5

　本章では、捜索・差押え等に対する法的規律とその適法性判断を行う視点には、憲法35条の令状主義とこれを受けた刑訴法で法定された要件・手続という視点、それ以外の刑訴法上の要件・手続があることを確認したうえで、前者の具体的内容を確認しました。

　憲法35条の令状主義の中核的な目標は、捜索・差押え現場における捜査機関の判断のみによる恣意的な捜索・差押え権限の濫用・逸脱など不当な権利侵害を防止することにあります。これに反する、裁判官による不特定の捜索・差押え範囲の令状発付、そして特定・限定された捜索・差押え範囲を超えた捜査機関の捜索・差押えは、憲法35条違反であると評価されるのです。捜索・差押え現場における必要性を根拠として、「柔軟な対応」(特定・限定された範囲を超えた捜索・差押え)を肯定することは、強制処分について事前に規制を設けるべきとする強制処分法定主義の要請だけでなく、憲法35条の令状主義の要請にも反するというべきです。

　憲法35条の各要請とその具体的趣旨は、実際に行われる捜索・差押えを規律するとともに、その適法性判断を行う視点(主に裁判官による審査と捜査機関による捜索・差押え)を提供します。次章以下では、憲法35条の令状主義の要請とその趣旨を踏まえた検討の視点①〜④について、具体的な事例も踏まえながら検討を進めます。第6章では、憲法35条の令状主義の趣旨と要請から導かれる視点①〜③を、第7章では、憲法35条の令状主義の趣旨から導かれる例外要件である④を扱います。

---

18)　憲法35条1項にいう特定性の要請の内容として、「捜索・差押えの対象者に対して受忍すべき範囲を明らかにし、処分の適法性を争う機会を付与する」ことを挙げるものとして、川出・捜査117頁。

第6章

令状主義から導かれる視点を活用する

> 第6章の目標
> ①令状主義の要請である「正当な理由」を踏まえて、捜索・差押えに関する法的規律とその適法性判断について学ぶ。
> ②憲法35条1項の「特定性の要請」の視点から、捜索・差押許可状の特定・記載に関する法的規律とその適法性判断について学ぶ。
> ③憲法35条1項の「特定性の要請」の視点から、捜索・差押えの執行に関する法的規律とその適法性判断について学ぶ。

1 ｜ 令状主義の要請とその具体的趣旨 共通1

　本章では、第5章で学んだ憲法35条の要請とその具体的趣旨から導かれる法的規律や適法性判断の視点を実際に活用することを目的とします。憲法35条の令状主義の要請やその具体的趣旨は、複雑で、理解が困難なように見えます。また、捜索・差押えの具体的場面もイメージしにくい部分もあります。しかし、捜索・差押え等の問題で迷った場合は、常に憲法35条の令状主義の中核的な目標に立ち返るべきです。憲法35条は、裁判官による事前審査と捜索・差押えの具体的範囲の特定・限定により、捜索・差押え現場における捜査機関の判断のみによる恣意的な捜索・差押え権限の濫用・逸脱など不当な権利侵害を防止するという中核的な目標のもと、いくつかの要請（捜査権限濫用防止システム）を示しています（第5章）。このことを理解しておけば、憲法35条の具体的趣旨や要請の理解が大きくずれることはありま

せん。もちろん、憲法35条の要請の内容が一義的に導かれるわけではありません。それゆえ、憲法35条の令状主義を踏まえた捜索・差押え等に関する検討の思考プロセスについてはいくつかの見解が示されているのです。

以下では、憲法35条の令状主義の要請とその趣旨から導かれる法的規律と適法性判断のうち、「正当な理由」と「特定性の要請」という2つの要請と視点について、具体例を用いて検討しましょう。

2 │ 憲法35条の「正当な理由」から導かれる視点　共通2

憲法35条1項は、捜索・差押え等について、「**正当な理由**」の存在という実体的要件を満たすことを要請しています。その具体的趣旨は、捜索・差押え等を請求する捜査機関に「正当な理由」の存在に関する説明義務を課し、請求を受けた裁判官に「正当な理由」の存否の審査を義務づけることで、恣意的な捜索・差押え等の権限の濫用・逸脱など不当な権利侵害を事前に抑制することにあります。「正当な理由」は、捜索・差押え等の実体的要件であると同時に、捜査機関が明らかにすべき内容、そして裁判官による審査・判断の内容を意味するのです。

憲法上明文の根拠はありませんが、この「**正当な理由**」の内容は、憲法35条の令状主義の上記の中核的な目標を踏まえて、次のように理解されます。(a) **捜査対象となっている特定の犯罪に関する嫌疑の存在**、(b) **当該特定の犯罪に関連する証拠物が特定の捜索場所に存在する蓋然性**、そして、(c) **捜索・差押え等の処分の必要性・相当性**、です。捜査機関が捜索・差押え等について令状発付を請求する際、これら (a)(b)(c) の存在を、疎明資料を提供して明らかにしなければならず（規則155条、156条）、令状審査を行う裁判官は、これらを基に (a)(b)(c) が認められるかを審査・判断します。

まず、(a) 犯罪の嫌疑は、司法警察活動（捜査活動）自体の前提となるもの（189条2項）ですので、当然の要件とされています（規則156条1項も参照）。これが示されていない令状請求は捜査の前提を欠くため却下されます。

次に、(b) 証拠物存在の蓋然性は、憲法35条の中核的な目標から導かれる要件とされています。裁判官が捜索場所や差押え目的物を事前に限定・特定して、その範囲外についての捜査機関による恣意的な捜索・差押えを防止するためには、令状に捜索場所や差押え目的物を「具体的に」記載すること

が必要です。このような具体的な記載のためには、(b) にいう特定の犯罪事実と差押え目的物との関連性と、当該目的物が請求された特定の捜索場所に存在する蓋然性について、裁判官が判断できなければなりません。そのため、捜査機関は、令状請求の際に、疎明資料を提出し (b) を明らかにしなければならないのです。(b) が明らかでない令状請求は却下されます。

最後に、(c) については、特定の具体的な犯罪事実と関連する差押え目的物であると判断される場合であっても、他の権利侵害性の低い処分（領置や任意処分）によって収集・確保できる場合（「**処分の必要性**」のない場合）、または当該証拠を収集・確保する必要性と当該処分による権利・利益の侵害が明らかに均衡していない場合（「**処分の相当性**」のない場合）、裁判官は令状を発付すべきではないとされます[1]。

最決昭44・3・18刑集23巻3号153頁は、「差押物が証拠物または没収すべき物と思料されるものである場合においては、差押の必要性が認められることが多いであろう」としたうえで、そのような場合でも「犯罪の態様、軽重、差押物の証拠としての価値、重要性、差押物が隠滅毀損されるおそれの有無、差押によつて受ける被差押者の不利益の程度その他諸般の事情に照らし明らかに差押の必要がないと認められるときにまで、差押を是認しなければならない理由はない」としました。昭和44年決定は、「処分の相当性」の判断について、「犯罪の態様、軽重、差押物の証拠としての価値、重要性、差押物が隠滅毀損されるおそれの有無」という証拠の収集・確保の必要性と「差押によつて受ける被差押者の不利益の程度」という考慮要素を示し、令状発付について比例原則による規律を及ぼそうとしたものといえます[2]。

この「処分の相当性」との関係で、報道機関に対する捜索・差押えについても、判例は上記の比較衡量の枠組みを用いていると思われます。報道機関には103条以下の押収拒絶権が認められていないので、報道の自由・取材の自由は捜索・差押えによって制約される危険性を伴います。この問題について、判例は、「適正迅速な捜査を遂げるための必要性」と「報道機関の報道

---

1) 酒巻107頁以下、白取133頁以下、宇藤ほか121頁以下など。
2) 緑76頁以下。さらに、軽微犯罪を理由とする捜索・差押えについて、大出良知「軽微犯罪と捜索差押」村井敏邦ほか編著『現代令状実務25講』（日本評論社、1993年）11頁以下など。

の自由が妨げられる程度及び将来の取材の自由が受ける影響その他諸般の事情を比較衡量すべき」としています[3]。

「正当な理由」が認められないのに、令状が発付され捜索・差押え等が現実に行われた場合、それは「正当な理由」の存否に関する令状審査が不十分・不適切であったことを意味し、当該捜索・差押え等は違憲・違法となります（憲法35条や刑訴法189条2項、218条1項、219条1項など）。そのため、「正当な理由」という視点、特に（b）の視点は、捜査機関による令状請求のあり方だけでなく、裁判官の令状審査・判断の適法性判断でもあります。

（a）（c）は他の捜査処分とも共通する規律であるのに対し、（b）は憲法35条固有の法的規律です。そして、憲法35条1項の「特定性の要請」を支える具体的趣旨の1つである「令状請求を受けた裁判官による『特定の被疑事実に関連する目的物が捜索場所に存在する蓋然性』（「正当な理由」の1つ）の『実質的な審査』を確保すること」と密接に関連するものです。「正当な理由」のうち（b）が欠けた捜索・差押えは、「特定性の要請」にも反することになるのです[4]。

3 ｜ 憲法35条の「特定性の要請」から導かれる「特定」の程度と捜索・差押え範囲　共通3

憲法35条の令状主義の**「特定性の要請」**の具体的趣旨は、①令状請求を受けた裁判官による「特定の被疑事実に関連する目的物が捜索場所に存在する蓋然性」（「正当な理由」の1つ）の実質的な審査を確保し、捜査機関によ

---

[3] 最大決昭44・11・26刑集23巻11号1490頁（提出命令の事案）、最決平元・1・30刑集43巻1号19頁、最決平2・7・9刑集44巻5号421頁など。さらに、池田公博『報道の自由と刑事手続』（有斐閣、2008年）も参照。以上に加えて、差押えの相当性判断について判例と同様の比較衡量の枠組みを用いたと思われるものとして、東京地決平10・2・27判時1637号152頁（インターネットプロバイダ会社事務所の顧客管理データを記録したフロッピーディスク1枚を差し押さえた事例）、大阪高判平28・4・22判時2315号61頁（被告人が勾留されていた拘置所居室などの〔弁護人とのやりとりなどを内容とする〕書面や信書などを差し押さえた事例）など。

[4] 川崎英明「盗聴の問題性格と理論性格」小田中聰樹ほか『盗聴立法批判』（日本評論社、1997年）133頁は、本文の見解について「憲法35条の『特定』の要請と『正当な理由』の要請とを混同する論理であろう」とします。

る捜索・差押え権限を「正当な理由」の存在が裁判官によって事前に確認された範囲に限定すること、②限定・特定された範囲や目的物が記載された令状により、捜索・差押えの許される範囲を限定・特定し、捜査機関による捜索、差押えの恣意的な権限濫用などを防止することにあります（第5章）。

　これらの趣旨を踏まえると、令状における捜索場所や差押え目的物の記載は、少なくとも、捜索・差押えの範囲が捜査機関の判断に委ねられるような特定（さらには、論理構成によっては対象者の観点から捜索・差押え範囲が判断できないような特定）では不十分ということになります[5]。このような不特定の令状の記載は、憲法35条1項やこれを受けた219条1項に反するのです。

　「特定性の要請」を受けた219条1項は、捜索・差押え令状に「捜索すべき場所」、「身体」もしくは「物」、そして「差し押さえるべき物」を記載すべきとします。さらに、同規定により、被疑者の氏名、罪名、有効期間（原

搜索差押許可状	
被疑者の氏名及び年齢	斎藤　司　　昭和53年7月20日生
罪　　名	殺人
搜索すべき場所、身体又は物	京都市伏見区…○番地龍谷マンション333号室
差し押さえるべき物	本件犯行の用に供したと認められるナイフ
請求者の官公職氏名	司法警察員警部　　玄守道
有　効　期　間	令和元年　7　月　27　日まで

　有効期間経過後は、この令状により捜索又は差押えに着手することができない。この場合には、これを当裁判所に返還しなければならない。
　有効期間内であっても、捜索又は差押えの必要がなくなったときは、直ちにこれを当裁判所に返還しなければならない。
　被疑者に対する上記被疑事件について、上記のとおり捜索及び差押えをすることを許可する。

　　　令和　元　年　7　月　20　日
　　　　　京都地方裁判所
　　　　　　　　　　　　　　裁判官　　赤池一将　㊞

則として 7 日：規則 300 条）も記載事項とされています（なお、令状請求書の記載事項については規則 155 条）。参考のため、捜索差押許可状（捜索差押え令状）の記載例を示しておきます。

この令状記載例も踏まえて、下記の捜索差押許可状の記載が「特定性の要請」を満たしているかを考えてみましょう。被疑事実は被疑者斎藤司が V を殺害したという事件です。

(a)「捜索すべき場所」の記載
　(ⅰ)「斎藤司が本件証拠を隠匿したと思料される場所」
　(ⅱ)「京都市伏見区…○番地龍谷マンション」
　(ⅲ)「京都市伏見区…○番地龍谷マンション 333 号室」
(b)「差し押さえるべき物」の記載
　(ⅰ)「上記居室に存在する一切の物」
　(ⅱ)「犯行の用に供したと認められるナイフ」
　(ⅲ)「犯行の用に供したと認められる刃物など」

「特定性の要請」から導かれる特定の程度を踏まえて、直感的にでもいいので考えてみましょう。まずは、(a) 捜索場所の記載についてです。(ⅰ)(ⅱ) の記載だと裁判官の許容した範囲が極めて不明確で、捜査機関に捜索場所の判断をゆだねているに等しく、「特定性の要請」に反しているといえそうです。前者はまさに捜査機関の判断に丸投げですし、後者は龍谷マンション内のどの部屋を捜索するのか捜査機関にゆだねることになっているからです。(ⅲ) の記載だと、龍谷マンション 333 号室のみ捜索が許されることになり、「特定性の要請」は満たされているといえそうです。

次に、(b) 差押え目的物の記載について考えてみましょう。(ⅰ) は、殺人事件との関係で「正当な理由」（事件との関連性）のない物も差押え可能となってしまい、「特定性の要請」に反するといえそうです。これに対し、(ⅱ) は殺人事件と関連する証拠物を特定しています。では、(ⅲ) はどうでしょうか。(ⅱ) と比べて曖昧で広い範囲の差押えを許容している点では問

---

5)　川出・捜査 116 頁以下も参照。さらに、井上・強制捜査 66 頁以下など。

題といえそうですが、殺人事件の被害者Vの死因を十分絞ることができず凶器がナイフに限られない場合には、十分特定されているともいえそうです。

次に、捜査機関が捜索・差押えを執行した範囲について考えてみましょう。被疑者斎藤司がVを殺害したという事件について、捜索場所を「京都市伏見区…○番地龍谷マンション333号室」、差押え目的物を「犯行の用に供したと認められるナイフ」と記載された捜索差押許可状が発付された場合、以下の捜索・差押えの執行は適法でしょうか。

(c) 捜索の範囲
  (ⅰ) 京都市伏見区…○番地龍谷マンション111号室を捜索した場合。
  (ⅱ) 京都市伏見区…○番地龍谷マンション入り口に設置されている同マンション集合ポストのうち333号室のポストを捜索した場合。
  (ⅲ) 京都市伏見区…○番地龍谷マンションの共用部分を捜索した場合。
(d) 差押えの範囲
  (ⅰ) 捜索場所にある「窃盗品と思料される物」を差し押さえた場合。
  (ⅱ) 捜索場所にある「血液様のものが付着した斧」を差し押さえた場合。

(c) 捜索の範囲について、(ⅰ)は裁判官が「正当な理由」の存在を認めた範囲を明らかに超えているといえます。これに対し、(ⅱ)と(ⅲ)はどうでしょうか。捜索場所の「龍谷マンション333号室」と関連していますが、「333号室」そのものとはいえないともいえるし、悩みがでそうです。この点は後で検討しましょう。

(d) 差押えの範囲については、(ⅰ)は別の被疑事実に関する物である以上、別途「正当な理由」の審査が必要です。(ⅱ)はどうでしょうか。本件被疑事実と関連しそうですが、令状記載の差押え目的物とは異なるので、ここでも悩みがでそうです。

上記の「特定性の要請」の具体的趣旨①②を踏まえると、(a)(b)についてはどこまで特定した記載を要求すべきか、(c)(d)については特定された記載を前提にどこまでの範囲の捜索・差押えが許されるのか、ある程度の見解を示すことができそうです。他方で、それのみでは検討の視点として不十

分な問題も存在します。以下では、これらのことも意識しながら、捜索場所と差押え目的物の特定、次に捜索・差押えの執行範囲について具体的な事例も踏まえて検討しましょう。

4 ｜ 捜索場所の特定 ｜共通4｜

　捜索は、住居等の「場所」だけでなく、「人」や「物」もその対象とします（219条。以下、これらをまとめて「捜索場所等」とします）[6]。これらの記載事項の特定の最低限のレベルは、どのような論拠によって、どのような程度が設定されるのでしょうか。上記の例でいえば、「龍谷マンション」と「龍谷マンション333号室」との特定にはどのような違いがあるのでしょうか。

　このこととの関係で重要なのが、住居等の「場所に対する捜索」により侵害される権利・利益は、当該住居等の「平穏」や「プライバシー」だということです。裁判官による事前審査と捜索・差押えの具体的範囲の特定・限定により、捜索・差押え現場における捜査機関の判断のみによる恣意的な捜索・差押え権限の濫用・逸脱など不当な権利侵害を防止するという憲法35条の中核的な目標との関係では、裁判官が事前審査で特定する基準が必要ですし、その基準としては侵害される「権利」が想定されることになります。「1回の捜索・差押え等」で複数の平穏やプライバシーが侵害可能という状態は、審査時の「特定」の基準を欠くことになり、捜査機関による不当な権利侵害を令状審査により防止できません。そのため、捜索場所等を「特定」するために、「1回の捜索・差押え等」によって侵害可能なのは「1つの平穏やプライバシー」とする基準が設定されるのです。

　この私的領域におけるプライバシー等は、個別の住居等の「**管理権**」や「**利用権**」ごとに認められます。それゆえ、「捜索すべき場所」（住居）を「特定」したというためには、番地まで表示した具体的住所（空間的位置）に加え、個別の住居等の管理権や利用権ごと（1つの平穏やプライバシー）に「正当な理由」の有無を審査し、令状に記載する必要があります。このよう

---

[6] 「捜索すべき場所」について検討するものとして、長沼範良＝甲斐行夫「捜索の範囲」法教314号（2006年）52頁以下、小松本卓「捜索差押許可状における捜索場所の特定方法」令状Ⅱ92頁以下、川出・捜査117頁以下など。

に、「1つの管理権や利用権（1つのプライバシー）」の及ぶ場所が、「捜索すべき場所」として令状に記載される1つの単位（1つの捜索・差押えの及ぶ範囲）とされているのです。このように憲法35条1項の「特定性の要請」の具体的趣旨①②を受けて、219条1項は、住居等の捜索について管理権や利用権ごとに「正当な理由」を審査して捜索場所を特定し、令状に記載すべきことを求めていると理解されています。

　このような憲法35条1項と刑訴法219条の要求を前提とすれば、物理的には「1つの場所や建物」であっても、複数の管理権や利用権が及んでいる場合には、1つの管理権や利用権ごとに「正当な理由」を審査して特定し、令状に記載すべきとされます。この「特定性の要請」に反する令状の記載は、憲法35条1項や刑訴法219条1項違反と評価されます[7]。たとえば、1つの建物に複数の管理権や利用権が存在するマンションや雑居ビルなどについては、建物全体を令状に記載しても「特定性の要請」とこれを受けた219条1項の要請を満たさないので、個別の部屋（部屋番号など）まで記載しなければなりません[8]。このことは、ホテルや旅館などのように、建物全体に（オーナーなどの）1つの管理権が認められるうえに、個別の部屋について宿泊客の管理権または利用権も認められる場合にも同様にあてはまります[9]。

　これに対し、物理的に別の建物であっても、「同一の場所」に関する管理権が認められる場合（同一敷地内の母屋と離れ・倉庫など）は、1つの令状で足りるとされます[10]（実務では、「A方宅及びその付属施設」との記載が一般的とされています[11]）。もっとも、「同一の場所」に関する管理権であり、「同一人物」の管理権でないことには注意が必要です。ここで問題となっているのは、「当該場所に及んでいる管理権や利用権」だからです。

　捜索対象たる「物」についても、「捜索すべき場所」と同様に、空間的位置に加え管理権・利用権ごとに特定することが必要です。もっとも、自動車など移動する物を対象とする場合は、空間的位置により特定はできないので、

---

7)　佐賀地決昭41・11・19判時470号64頁、盛岡地決昭41・12・21判時478号80頁など。
8)　条解220頁、逐条453頁［吉川崇］など。
9)　東京地判昭50・11・7判時811号118頁など。
10)　東京高判平4・10・15高刑集45巻3号101頁。
11)　小松本・前掲注6)92頁。

車両番号(可能な場合には、所有者、車種、形式)によって特定し令状に記載すべきとされます(船舶などについても同様です)[12]。

最後に、「人の身体」についても、空間的位置による特定はできないので、対象者の氏名などの記載によって特定すべきとされます[13]。この「人の身体」については、場所や物と異なり、プライバシー以外の権利(身体の自由・安全、名誉や羞恥感といった人格的権利・利益)が及びます。この侵害される権利や利益の違いは、捜索の及ぶ範囲を判断する視点を提供します。この点については、**6**の部分で詳しく述べます。

5 | 差押え目的物の特定 共通5

「特定性の要請」の具体的趣旨①②を踏まえて、「**差し押さえるべき物**」(以下、「差押え目的物」とします)も、「正当な理由」が認められた物とそうでない物を明確に識別できる程度に特定して審査し令状に記載することが求められます。

捜索とは異なり、差押え目的物は私的領域内に存在するのですから、当該私的領域内になにが存在するか、そこからなにを差し押さえるべきかを当該捜索前に正確に把握・特定することは困難な場合があり得ます。このような場合、差押え目的物の特定は、一定程度の推測や予測に基づく判断によることにならざるを得ません。また、差押え目的物が文書などの場合、明確な特徴を示し区別することも困難となり得ます。以上の理由から、多くの見解は、差押え目的物の特定について、一定程度抽象的な「概括的記載」も許される場合があることを認めています[14]。問題とされているのは、「特定性の要請」

---

12) 小林充「自動車に対する捜索令状の発付及びその執行に当たって留意すべき点」令状基本問題下228頁以下、三上潤「自動車に対する捜索差押え」令状Ⅱ86頁以下。

13) 「A方に存在する者の身体及び所持品」と記載した令状は、原則として、裁判官が「正当な理由」を事前に判断したものといえず、「特定性の要請」に反するものの、当該場所にいるすべての者について捜索する「正当な理由」を認め得る例外的場合(犯罪組織の活動拠点に当該組織のメンバーしか出入りしていないような場合)には「特定性の要請」を満たすとする見解が有力です(東京地決平2・4・10判タ725号243頁、大澤裕「捜索場所・押収目的物の特定」刑雑36巻3号(1997年)434頁、川出敏裕「演習刑事訴訟法」法教381号〔2012年〕139頁など)。

に反しない「概括的記載」はどこまで許容されているかです。

　この問題について、最大決昭33・7・29刑集12巻12号2776頁は、日教組の幹部である被疑者等が都教組の勤務評定反対ストライキを計画・指導したことが、地方公務員法37条1項・61条4号に反するとして逮捕され、同被疑事実に関連して、捜索差押許可状を発付したという事案について判断しました。本件では、「罪名」を「地方公務員法違反」、「捜索すべき場所」を「東京都千代田区神田一ツ橋1丁目9番地教育委員会内　東京都教職員組合本部」、「差し押さえるべき物」を「会議議事録、斗争日誌、指令、通達類、連絡文書、報告書、メモその他本件に関係ありと思料せられる一切の文書及び物件」との捜索差押許可状の記載について、「その他本件に関係ありと思料せられる一切の文書及び物件」との「差し押さえるべき物」の記載は「特定性の要請」を満たしているかが主な問題とされました。

　昭和33年決定は、「本件許可状に記載された『本件に関係ありと思料せられる一切の文書及び物件』とは、『会議議事録、斗争日誌、指令、通達類、連絡文書、報告書、メモ』と記載された具体的な例示に附加されたものであつて、同許可状に記載された地方公務員法違反被疑事件に関係があり、且つ右例示の物件に準じられるような闘争関係の文書、物件を指すことが明らかであるから、同許可状が物の明示に欠くところがあるということもできない」としました。

　この判断は、「罪名」記載の「地方公務員法違反」に関係があり、「会議議事録、斗争日誌、指令、通達類、連絡文書、報告書、メモ」という具体的例示に準じる物に限定することが明白であることを理由に、本件における「差し押さえるべき物」の記載は「特定性の要請」を満たしているとしたものといえます。「罪名」の記載と「差し押さえるべき物」の例示により、捜査機

14）　このような考え方に対し、「強制処分の対象ないし範囲を事前に確定した上でそれを被処分者に対し明示し、それ以外に強制処分が及ばないことを手続的に保障する」という憲法35条の場所・物の明示＝特定の根本趣旨から、令状における場所・物の表示は、捜索・押収に当たる捜査官だけでなく被処分者にも捜索・押収の現場でその表示自体で対象ないし範囲を容易かつ一義的に識別することが可能な程度に個別的・具体的で自己完結的なものでなければならず、捜査官による裁量的な事後的補完を必要とする不十分さ、曖昧さ、多義性を持つものであってはならないとの主張もあります（小田中聰樹「盗聴立法の違憲性」小田中ほか・前掲書注4）58頁以下）。

関が事件とは無関係のものを恣意的に差し押さえる危険はないと考えたのでしょう。この論理によると、単に「本件に関係ありと思料せられる一切の文書及び物件」という例示による限定のない「差し押さえるべき物」の記載は、「特定性の要請」を満たさず違憲・違法と評価されます[15]。

　さらに、昭和33年決定は、「罪名」や「差し押さえるべき物」について常に概括的記載を許したものでないことに注意が必要です。「本件に関係あり」という記載にいう「本件」については、当該捜索・差押えを執行する捜査機関は被疑事実を熟知しているから、自ずと特定されるという考え方もあり得えます。しかし、特定性の要請の具体的趣旨②からすれば、このような特定の方法は捜査機関による恣意的な捜索・差押えを十分に防止できるものといえません。本件は、「斗争日誌」という記載から、(地方公務員法違反のうち)ストライキに関するものであることが容易に読み取れる事案であったから、罪名による差押え目的物の特定が容易だったと理解すべきです。それゆえ、昭和33年決定の判示内容を一般化することは妥当ではありません。本件のように「罪名」の特定が困難な場合、捜査機関の恣意的な捜索・差押えを防止するために「本件」の具体的内容が特定されるべきです。

　昭和33年決定は、当該令状が「正当な理由」に基づいて発せられたこと(令状発付の根拠となった被疑事実)を明示することまで憲法は要求していないと判示しています。もっとも、この判示は適用法条や被疑事実あるいはその要旨を令状に記載することが禁止されるとまでは述べていません。「差し押さえるべき物」の記載が特定されているかどうかは、その記載自体に加え、被疑事実の内容も踏まえて判断されます[16]。罪名や被疑事実などの具体的な記載が差押え目的物のさらなる特定に役立つことには異論はないでしょう。「特定性の要請」の趣旨からしても、「差し押さえるべき物」を概括的に記載せざるを得ない場合は、可能な限り「罪名」として具体的な適用法条(どの規定に反するのか)や、さらには被疑事実(具体的な事案)やその要旨を記載して、差押え目的物を特定すべきことが219条1項の要請といえます[17]。

---

15) 昭和33年決定について詳細に検討するものとして、栗田正「判解」解説昭和33年度(刑)555頁以下、川出・捜査121頁、緑大輔「判批」判例学習40頁以下など。
16) この点、詳細に検討するものとして、福井厚「差押物の特定」村井ほか編著・前掲注2)27頁以下、井上・強制捜査70頁以下、古江100頁以下など。

若干の展開編ですが、以上のように被疑事実と目的物との「関連性」で差押え目的物を限定しようとする見解については、目的物の特定化の問題それ自体が二次的になってしまう（被疑事実と関連していることと差押え目的物の特定は別の問題である）との批判も示されています。この見解は、あくまでも、差押え目的物の「特定性の要請」は、「差し押さえるべき物」の記載だけで目的物が特定されていることによってこそ満たされるとし、たとえば、文書などについては、期間、主体、内容などにより、目的物を独立して特定化することを考えるべきとされます（特定化アプローチ）[18]。

6 │ 捜査機関による捜索範囲とその適法性判断　共通6

　捜査機関は、令状において特定された捜索場所等の範囲内でのみ、捜索を行うことが可能です。この範囲を超えると、捜査機関による捜索の執行は、憲法35条1項や刑訴法218条1項や219条1項に反し違法と評価されます。

　刑訴法は、捜索令状により捜索可能な範囲について、「捜索すべき場所、身体若しくは物」（219条1項）をそれぞれ区別して「特定」し記載すべきとしています。同規定によれば、「捜索すべき場所」の記載で、当該場所に存在する「身体」や「物」を当然に捜索できないことになります。つまり、憲法35条1項の「特定性の要請」の具体的趣旨①②を受けて、219条1項は、「場所」、「身体」、そして「物」を区別して、それぞれ保護される権利・利益の種類や性質ごとに「正当な理由」を審査し、区別して「特定」し、令状に記載することを求めているのです。

　まず、捜索対象が「場所」であることを前提に考えましょう。捜索の執行の適法性を判断する（令状記載の「捜索すべき場所」等の範囲内の捜索なのかの判断）ためには、憲法35条1項と刑訴法219条1項の要求を踏まえて、捜索差押許可状における「捜索すべき場所」などの記載が、どこまでの捜索範囲を許容するものかを判断することが求められます。以下のケースを題材としながら、検討しましょう。

---

17)　酒巻112頁以下、緑79頁以下、中川31頁。
18)　三井Ⅰ38頁。

> （ア）「捜索すべき場所」に日常的に置かれている物（家具や事務・生活用品、荷物、ロッカーなど）を捜索した場合。
> （イ）「捜索すべき場所」に置かれてはいるが、第三者が排他的に管理している物（第三者の所有物など）を捜索した場合。
> （ウ）捜索時に、「捜索すべき場所」に居合わせた第三者の所持品（携帯している鞄や荷物など）を捜索した場合。
> （エ）捜索時に、「捜索すべき場所」に居合わせた者（被疑者も含む）の身体や着衣を捜索した場合。

　まず、基本的な思考プロセスを確認します。憲法35条1項の「特定性の要請」の具体的趣旨①②を受けて、219条1項は住居などの捜索について管理権や利用権ごとに「正当な理由」を審査して捜索場所を特定し、令状に記載すべきとしています（前述の**4**）。その結果、裁判官が捜索を許容している範囲は、「捜索すべき場所」として記載されている「場所」（住居や事務所など）と「同一の管理権や利用権が及ぶ範囲」ということになります。

　この基本的な思考プロセスを前提とすると、（ア）を対象とする捜索は許容されるというべきです（もっとも、102条2項〔222条1項〕により、被疑者以外の者の住居等の捜索については、差押え目的物の存在の蓋然性が認められる物に限定されます）。なぜなら、住居等の場所について保護される管理権や利用権は、建物や敷地といった「外箱」に関する物権的権利にとどまらず、そこに居住し、あるいは定常的にそこを使用する人のプライバシーや生活その他の活動に関する権利・利益の総体だからです[19]。裁判官が「正当な理由」があるとして特定の場所について捜索を許す判断（特定と令状への記載）は、外箱である場所に関する権利・利益だけでなく、当該場所に日常的に置かれている物に関する権利・利益への侵害（捜索）をも許容していることを意味するのです。

　このように、1つの場所に及んでいる1つの管理権や利用権は、当該場所に日常的に置かれている物にも及んでいることを理由として、1つの場所に対する捜索について「正当な理由」が存在するという判断（憲法35条1項、

---

[19] 川出敏裕「演習刑事訴訟法」法教382号（2012年）132頁、井上・強制捜査317頁など。

刑訴法218条1項、219条1項）は、当該場所の1つの管理権や利用権すべてに及ぶことになります。これが捜索範囲に関する基本的な思考プロセスです。これを前提とすれば、捜索場所と同一の管理権や利用権が及ぶアパートやマンションのポストや共用部分なども、捜索場所に含まれることになります[20]。

これを踏まえて、判例の論理を検討しましょう。最決平6・9・8刑集48巻6号263頁は、被告人の内妻であったAの覚せい剤取締法違反被疑事件に関して、Aと被告人の居室を捜索場所とする捜索差押許可状に基づき、同居室を捜索した際、同居室にいた被告人の携帯するボストンバッグの中を捜索したという事例について、「右のような事実関係の下においては、前記捜索差押許可状に基づき被告人が携帯する右ボストンバッグについても捜索できるものと解するのが相当」と判断しました[21]。その具体的論理は明示されていませんが、平成6年決定は、結論として捜索場所に存在していたと認められる物（ボストンバッグ）について、捜索差押許可状そのものにより捜索できるとしています。

その論理を読み解くと、基本的には上記の思考プロセスによるものと理解できます。なぜなら、上記ボストンバッグは捜索場所であるAの居室に日常的に置かれていたものと判断されることから、裁判官はボストンバッグも含むAの居室の捜索について「正当な理由」があると判断したと考えられるからです（このボストンバッグがAの居室に置かれていない物だった場合は、後述の付随的措置または追及効によって処理することが考えられます）。

以上の判例の論理は、捜索開始の時点で令状記載の「捜索場所」と同一の管理権や利用権が及ぶ範囲に限定されるのでしょうか。この点、判例は、捜索開始時点で捜索場所に存在する物に限定されず、捜索開始後であっても、その終了前に当該場所に持ち込まれたうえで管理権者により受領された物についても及ぶと判断しています（最決平19・2・8刑集61巻1号1頁）。この

---

[20] さらに、当該住居敷地内や車庫に置かれている車両といった「物」についても同様に考えられるでしょう。この点、小林・前掲注12) 230頁、小松本・前掲注6) 93頁など。

[21] 平成6決定については、宇藤崇「判批」百選（9版）46頁、原田和往「判批」百選（10版）42頁、小川正持「判解」解説平成6年度（刑）110頁、緑大輔「判批」判例学習42頁、川出・捜査128頁以下、平木正洋「場所に対する捜索差押許可状の執行の際その場所に居合わせた者に対する捜索の可否」令状Ⅱ90頁以下など。さらに、虎井寧夫「捜索差押許可状を巡る問題点」学説と実務57頁以下。

ような論理は、219条1項、規則155条1項1号および300条が、有効期間内における「正当な理由」の有無の裁判官による審査を前提としているからだとされます。裁判官は、令状審査時点の「正当な理由」ではなく、有効期間内の「正当な理由」を審査していることを理由に、当該期間内に捜索場所に置かれることになった物にも当該令状の効力が及ぶと理解されているのです[22]。この論理は、管理権や利用権を有している者が受領しないなど同一の管理権・利用権が及ばない場合については、妥当しないことになりそうです。

　上記の思考プロセスを活用して、(イ)(ウ)(エ)についても検討しましょう。まず、(イ)には別の管理権や利用権が及ぶので、裁判官による「正当な理由」の有無に関する審査はなされておらず当該物に及ぶ権利・利益の侵害は許されていないので、別個の「正当な理由」の審査に基づく令状によらなければ捜索できません。たとえば、捜索場所の居住者や管理者などとは別の第三者が排他的に管理する物（鞄や荷物、ロッカーなど）であることが明瞭である場合が挙げられます。

　次に、(ウ)についても、その所持品が当該第三者の排他的に管理する物であることが明瞭な場合は、当該場所に対する捜索令状で捜索はできません。他方で、本来「捜索すべき場所」に日常的に置かれている物（鞄や荷物など）を、当該場所にいる第三者がたまたま所持している場合は、その所持の事実によって権利・利益が変動する（捜索場所の管理権や利用権が及んでいる）わけではないので、その捜索は可能と判断されます。

　最後に、(エ)については、捜索場所に居たとしても、その者の身体（着衣や身体）を当該捜索場所に対する令状で捜索することは許されないと解されます。なぜなら、人の身体には、捜索場所とは別の重要な権利・利益（身体の自由・安全、名誉や羞恥感といった人格的権利・利益）が認められるからです。捜索場所に関する「正当な理由」の審査は、当該場所の管理権や利用権が及ぶ範囲についてのみ行われているのであって、それ以外の権利（人の身体の権利・利益）に対する侵害（捜索）に関するものではないのです。人の身体を捜索する場合は、人の身体を対象とする「正当な理由」の審査を個別

---

[22] 入江猛「判解」解説平成19年度（刑）6頁、池田公博「判批」平成19年度重判200頁、緑大輔「判批」百選（9版）48頁、大久保隆志「判批」百選（10版）44頁など。判例の論理を批判するものとして、渕野貴生「判批」法時80巻6号（2008年）109頁以下など。

に行い、その結果発付された人の身体を対象とする捜索令状に基づいて捜索を行う必要があるのです。

このように捜索範囲を画する「1つの権利・利益」という基準は、当該権利・利益の及ぶ範囲の画定という視点だけでなく、当該権利の種類・性質による範囲の画定という視点を提供するものです。

さて、(イ)(ウ)(エ)について、捜索場所に含まれない第三者の物や所持品、人の身体についても「捜索すべき場所」に含まれていた「物」や差押え目的物がそこに隠匿されている場合は、捜索または捜索に類する探索的行為が許されるとするのが多数説です。これを許容する論理は、必要性に基づく令状主義の例外ではなく、あくまで令状主義の要請とその趣旨を前提としていることには注意が必要です。

隠匿された「物」の捜索あるいは探索的行為を許容する根拠規定については争いがあります。有力な見解は、捜索差押許可状の発付により、捜査機関には円滑に捜索差押えを完遂する権限が授権されるから、証拠物が隠匿されたと疑うに足りる十分な理由がある場合には、捜索を完遂するための付随的措置(捜索・差押えに対する妨害行為を排除するため、あるいは原状回復するための付随的措置としての探索行為)として、当該証拠物を取り出すために身体などの捜索が許されるとします(111条1項〔222条1項〕は、このことを確認した規定と理解されます)。それゆえ、この付随的措置としての捜索の法的根拠としては、捜索令状の効力自体に加えて、111条1項(222条1項)にいう捜索令状の執行に「必要な処分」も挙げられます[23]。

他方で、付随的措置(必要な処分)として強制に至る処分も認めることは疑問として、立法府が定めた明文の根拠規定に基づくべきとする見解もあります。この見解は、捜索場所に日常的に置かれていた物は捜索差押許可状の効力が及び、当該物を所持品や身体、そして着衣などに隠匿した、あるいは隠匿したと疑うに足りる合理的理由がある場合には、隠匿先にも捜索差押え令状の効力がそのまま「くっついてくる」ため(追及効)、隠匿先たる物や所持品、そして人の身体や着衣についても捜索をなしうるとします[24]。この

---

[23] 川出敏裕「強制処分の効力について」井上正仁ほか編『三井誠先生古稀祝賀論文集』(有斐閣、2012年) 517頁以下、川出・捜査134頁以下、井上・強制捜査318頁以下、古江109頁、酒巻115頁以下など。

見解は、上述の見解のように「必要な処分」ではなく、当該捜索差押え令状の効力それ自体として隠匿先の捜索が可能とするのです。もっとも、この見解は、当然に隠匿先と疑われる対象を捜索できるとはしていないことに注意が必要です。捜索場所を捜索した結果、差押え目的物を発見できず、そして隠匿が疑われる人物に対する職務質問や所持品検査（警職法 2 条 1 項）によっても発見できない場合に、当該人物の挙動や事件の内容、対象物の内容、当該人物と場所との結びつきなどを踏まえて、隠匿を疑う合理的理由がある場合は、所持品、着衣、そして身体を捜索することができるとされます。

いずれの見解においても、その隠匿先の物や身体が捜索場所以外の私的領域（たとえば、隣の住居等）に存在している場合は、当該場所については「正当な理由」の審査はなされておらず、その保護される権利・利益の侵害は許されていないので、当該令状による捜索はできません[25]。あくまで「正当な理由」が認められる範囲内での「捜索」を許容する論理であることに注意が必要です。以上の思考プロセスを図 6 - 1 として示しておきます。

7 │ 捜査機関による差押えの範囲と適法性判断 共通 7

最後に、捜査機関による差押えの範囲について検討します。憲法 35 条 1 項の「特定性の要請」の具体的趣旨①②により、差押えが許容されるのは令状に特定して記載された差押え目的物（219 条 1 項）に限られます。当然、それ以外の物の差押えは憲法 35 条 1 項および刑訴法 218 条 1 項・219 条 1 項により違憲・違法と判断されます。この差押え目的物に該当するかの判断は、令状に記載された「差し押さえるべき物」（上記令状記載例も参照）に当

---

24) 島田仁郎「場所に対する捜索令状の執行の際、その場に居合わせた者に対しどの程度の捜索を実施することができるか」令状基本問題下 231 頁以下。さらに、緑・前掲注 21) 43 頁以下も参照。さらに、必要な処分については緑 85 頁以下など。これに対し、隠匿行為を、捜索の執行機関が目撃した場合に限り、捜索執行のための現状保全の措置として現状に復させるために、必要かつ相当な限りで、111 条 1 項（222 条 1 項により準用）の「必要な処分」として、開披や検査が許されるとする見解として、高田昭正「捜索場所に居る者の所持品検査」村井ほか編著・前掲書注 2）60 頁以下など。

25) 酒巻匡「捜索・押収とそれに伴う処分」刑雑 36 巻 3 号（1997 年）451 頁、井上・強制捜査 325 頁以下など。

たるか否か、そして被疑事実（罪名など）と関連するか否か、です。いずれかが欠ける差押えは許されません。

問題となるのは、被疑事実との関連性判断です。当該被疑事実について有罪・無罪を判断するための証拠（「罪となるべき事実」に関する直接証拠および間接証拠）が関連性を有することについて争いはありません。これに対し、当該事件の情状事実や背景事情（犯行動機や目的、犯行に至る経緯に関する事実、犯行前後の犯人の行動に関する事実など）に関する証拠について、被疑事実との関連性を認めてよいかについては議論があります。

この問題に関するリーディングケースである最判昭51・11・18判時837号104頁は、暴力団Oの構成員Xによる恐喝被疑事件について、「捜索すべき場所」を「大阪市南区……O組事務所及び付属建物一切」、「差し押さえるべき物」を「本件に関係ある、一、暴力団を標章する状、バッチ、メモ等、二、拳銃、ハトロン紙包みの現金、三、銃砲刀剣類」と記載した捜索差押許可状に基づき、警察官が、O組事務所を捜索したところ、O組構成員であるXらが賭博場を開張し、賭博をさせた者の名前や寺銭（賭博場の借り賃）その他の計算関係等を記録したメモも差し押さえたという事例について判断しました。本件では、「差し押さえるべき物」に明確に含まれるとはいえないのではないか、そして、被疑事実とは直接関連しないような賭博関係の本件メモが差押え目的物に含まれるのかが争われました。昭和51年判決は、以下のように判示しています（下線・丸数字は引用者）。

①捜索差押許可状には、前記恐喝被疑事件に関係のある『暴力団を標章する状、バッチ、メモ等』が、差し押さえるべき物のひとつとして記載されている。この記載物件は、右恐喝被疑事件が暴力団であるO連合O組に所属し又はこれと親交のある被疑者らによりその事実を背景として行われたというものであることを考慮するときは、O組の性格、被疑者らと同組との関係、事件の組織的背景などを解明するために必要な証拠として掲げられたものであることが、十分に認められる。そして、②本件メモ……には、O組の組員らによる常習的な賭博場開張の模様が克明に記録されており、これにより被疑者……と同組との関係を知りうるばかりでなく、O組の組織内容と暴力団的性格を知ることができ、右被疑事実の証拠となるもので

あることが認められる。してみれば、右メモは、前記許可状記載の差押の目的物にあたると解するのが、相当である。

図6-1

①令状において特定されている「捜索すべき場所」に限って、捜索は許容される（憲法35条1項、218条1項、219条1項）

②「捜索すべき場所」に含まれるかは、問題となっている捜索対象について保護される権利・利益の侵害について、「正当な理由」があるとの裁判官の審査がなされているかによる。

③「捜索すべき場所」に置かれている物は、「捜索すべき場所」に包摂される（当該「物」について保護される権利・利益は、当該場所に包摂されている）

④「捜索すべき場所」に置かれてはいるが、第三者が排他的に管理する物は、「捜索すべき場所」に包摂されない（捜索した場合は、違法と評価される）。

④「捜索すべき場所」に居合わせた第三者の所持品が、③に該当する「物」である場合は捜索できる。

④「捜索すべき場所」に居合わせた者の「身体」については、保護すべき権利・利益の違いを理由に、原則として捜索できない。

⑤④により「捜索すべき場所」に包摂されないとされた物や身体等に、「差し押さえるべき物」等が隠匿されている場合は、例外的に捜索あるいはそれに類する探索的行為が許される（その論拠や許される場合の理解としては、複数ありうる。本文参照）。

　昭和51年判決は、当該事件の情状事実や背景事情に関する証拠について、被疑事実との関連性を認めてよいとの論理を前提として、本件令状の差押え目的物の記載について、「O組の性格、被疑者らと同組との関係、事件の背景事情など」に関する情状証拠として特定し記載されていると判断しています（①部分）。以上の論理を踏まえて、同判決は本件メモのように、一見、別事件の賭博関係の本件メモでも、本件恐喝被疑事件と関連すると判断したのでしょう（②部分）。

実務でも、幅広い法定刑や検察官の訴追裁量などを理由として、情状事実や背景事情に関する証拠についても、被疑事実との関連性を認めています。もっとも、関連性自体が希薄な場合や重要性の乏しい事実との関連性が認められるにとどまる場合には、「正当な理由」の一内容たる「差押えの必要性」が否定される可能性はあるでしょう[26]。

　やや展開編となりますが、昭和51年判決の論理は、令状に具体的記載がない目的物についても差押えを認めることになりかねず、令状主義の要請（特に特定性の要請）の観点から問題といえます。公判審理における「罪となるべき事実」の有無と量刑を判断するための証拠を収集・保全するために差押え制度が存在することからすれば、その対象は「罪となるべき事実」を証明する直接証拠・間接証拠と量刑に関する情状証拠に限られるべきです。特に、情状証拠については、常に公判で証明すべき事実との関連性を意識して、差押え目的物が確定されるべきです。情状証拠であるとの理由のみで、別罪に関する証拠を安易に差し押さえることには疑問が残ります[27]。

　なお、昭和51年判決は、憲法35条1項とこれを受けた218条1項や219条1項の趣旨から、「令状に明示されていない物の差押が禁止されるばかりでなく、捜査機関が専ら別罪の証拠に利用する目的で差押許可状に明示され

---

[26] 秋山規雄「令状に記載された物以外の物件を差し押さえたのではないかが問題となった事例」令状基本問題下243頁、秋葉康弘「差押の対象物と被疑事実との関連性の程度」令状Ⅱ80頁以下、前田巌「捜索差押許可状執行時における『差し押さえるべき物』に当たるか否かの判断」令状Ⅱ97頁以下。この問題について詳細に検討したものとして、川崎英明「差押の範囲」村井ほか編著・前掲書注2）51頁以下。さらに、最判昭42・6・8判時487号38頁も参照。

[27] 公判段階における証拠の関連性判断（証拠法上の関連性判断）と捜査段階における関連性（被疑事実との関連性判断）判断とを同じように考えるべきかについては争いがあり得ます。被疑事実との関連性について、「被疑事実と関連する蓋然性（可能性）」と解すべきとするものとして、石山宏樹「捜査段階における差押えの関連性について——最決平成10年5月1日刑集52巻4号275頁を中心に」東京大学法科大学院ローレビュー9巻（2014年）120頁以下、127頁。さらに、佐々木正輝＝猪俣尚人『捜査法演習〔第2版〕』（立花書房、2018年）393頁以下、太田茂「いわゆる『包括的差押え』をめぐる諸問題について」『曽根威彦先生・田口守一先生古稀祝賀論文集〔下巻〕』（成文堂、2014年）435頁以下、堀江慎司「『包括的差押え』について」法学論叢182巻1＝2＝3号（2018年）181頁以下なども参照。

た物を差し押さえることも禁止される」と判示しています。この判示は、差押え執行の適法性について、形式的には令状記載事件（本件では恐喝）に対する差押えであっても、その執行時に捜査機関に「専ら別罪の証拠に利用する目的」が認められれば違法（憲法35条1項、刑訴法218条1項および219条1項違反）とする論理を示したものと理解できます。その論拠としては、令状に記載されている事件の被疑事実との関連性を欠き、差押えの必要性が認められないから違法[28]、あるいは別罪の証拠の差押えについて裁判官による令状審査を経ていないから違法[29]という論理があり得ます。

昭和51年判決は、「専ら別罪の証拠に利用する目的」が認められるかについて、当該差押え目的物が令状記載の事件との関係で必要な証拠といえるか否かという客観的判断に加え、「捜査機関が専ら別罪である賭博被疑事件の証拠に利用する目的でこれを差し押さえたとみるべき証跡」の有無という観点から検討しています[30]。

---

28) 酒巻匡「いわゆる『別件捜索・差押え』について（1）」神戸法学雑誌43巻3号（1993年）615頁以下、緑大輔「判批」判例学習28頁など。
29) 川崎・前掲注26）57頁、三井I 47頁など。
30) この問題に関する裁判例として、広島高判昭56・11・26判時1047頁など。

第 7 章

令状主義から導かれる逮捕に伴う無令状捜索・差押えに対する法的規律

第 7 章の目標
①刑訴法 220 条の基本構造を理解する。
②無令状捜索・差押えと憲法 35 条の令状主義の関係を理解する。
③無令状捜索・差押えに対する法的規律とその適法性判断に関する基本的な思考プロセスを身につける。

1 │ 憲法 35 条と逮捕に伴う無令状捜索・差押え 共通1

憲法 35 条 1 項の規定を再度確認しましょう。

> 何人も、その住居、書類及び所持品について、侵入、捜索及び押収を受けることのない権利は、①第 33 条の場合を除いては、②正当な理由に基いて発せられ、且つ捜索する場所及び押収する物を明示する令状がなければ、侵されない。

②は第 5・6 章で扱った**令状主義の要請**（「**正当な理由**」や「**特定性の要請**」）を定めたものです。一方で、①は憲法 33 条（適法な逮捕）の場合に、②の要請は及ばないとしています。これを受けて、220 条は「**逮捕に伴う無令状捜索・差押え・検証**」（以下、「無令状捜索・差押え等」とします）について具体的な規定を設けています。

憲法35条の令状主義の中核的な目標が、捜索・差押え現場における捜査機関の判断のみによる恣意的な捜索・差押え権限の濫用・逸脱など不当な権利侵害の防止にあることからすると、無令状捜索・差押え等は捜査機関による恣意的な捜索・差押え等を生む危険を常に伴うといえます[1]。そのため、220条1項は無令状の捜索差押え等を無限定に許しておらず、「逮捕する場合において必要があるとき」や「逮捕の現場で」の要件を設けています。そうすると、これらの要件は上記の憲法35条の令状主義の中核的な目標との関係で設定されていると考えられます。本章では、憲法35条とこれを受けた220条を前提に、無令状捜索・差押え等を限定するための規律（令状主義に代わる規律）を導く思考プロセスを学びましょう。

2 ｜ 刑訴法220条の構造 共通2

220条1項は、「検察官、検察事務官又は司法警察職員」に対して、逮捕状による逮捕（199条以下）、現行犯逮捕（212条以下）、そして緊急逮捕（210条以下）の場合（「逮捕する場合」）に、以下の2つ類型の強制処分を無令状で行うことを認めています（220条1項本文、同条3項）。

第1の類型が、**逮捕するために無令状で住居等に立ち入り、被疑者を捜索する処分**です（220条1項1号）。逮捕の執行は被疑者の発見を前提とするため、被疑者の所在を把握するために無令状で住居等に立ち入ることが認められているのです。もっとも、220条1項本文が「必要があるとき」としていることから、逮捕を目的とする場合でも、捜査機関は「被疑者が人の住居に現在することの高度の蓋然性」（大阪地判昭38・9・17下刑集5巻9＝10号870頁など）が客観的に認められる場合に限り、住居等への立ち入りが許されます。

第2の類型が、**「逮捕の現場」で無令状の「差押、捜索又は検証をすること」**です（220条1項2号）。この類型については、222条1項により証拠物の収集に関する規律である99条以下が準用されます。以下では、こちらに焦点を当てて話を進めます。

220条1項2号による無令状捜索・差押え等の適法性判断の際には、捜査機関が行った無令状の捜索・差押え等が220条1項の許容する時間的・場所

---

[1] 鴨良弼『刑事訴訟法の基本理念』（九州大学出版会、1985年）42頁など。

的範囲内であったかが、まず問題となります。より具体的には、捜査機関が実際に行った捜索・差押え等が、①220条1項本文にいう**「逮捕する場合」**（時間的限界）、②220条1項2号にいう**「逮捕の現場」**（場所的限界）におけるものであったか否かが問われるのです。そして、③時間的・場所的限界を超えていない場合でも**捜索・差押え等が許容される対象**に対するものであったか否かが問題となります。

これらの3つの要件を踏まえて適法性判断を行うというのが、無令状捜索・差押え等の適法性判断の思考プロセスです。そして、この要件の具体的内容は、憲法35条1項の要請とその趣旨、そして220条が設けられた趣旨を踏まえて解釈・設定されます。その趣旨の理解としては、現在、2つの見解が主張されています。

3 | 事前の令状審査の必要がない捜索・差押え等 ——相当説 共通3

（1）第1の趣旨の理解（**相当説**）は、①逮捕の現場には証拠が存在する蓋然性が高いこと、②特定の犯罪の嫌疑の存在について、逮捕状が発付される際の司法審査により認定されていること（現行犯逮捕の場合は嫌疑の存在は明白であるから司法審査は必要なく、緊急逮捕の場合も一定以上の重大な犯罪について「罪を犯したことを疑うに足りる十分な理由」がある）[2]を理由として、憲法35条1項や刑訴法220条は無令状捜索・差押え等を認めたとするものです。そして、これに加えて、③逮捕者の安全を確保するとともに被逮捕者の抵抗を抑圧し逃亡を防止する必要性が挙げられることもあります（③については（4）で述べるように、222条1項2号とは別の問題とする見解が近年有力です）[3]。

このように相当説は、逮捕の現場では、憲法35条1項にいう「正当な理

---

[2] もっとも、緊急逮捕後に令状を得ることができなかった場合（210条1項を参照）、差押物は直ちに還付しなければならないこと（220条2項）には注意が必要です。

[3] 相当説をとる見解として、平良木登規男『刑事訴訟法I』（成文堂、2009年）197頁以下、渡辺咲子『刑事訴訟法講義』（不磨書房、2014年）91頁以下、大コメ4巻570頁［池上政幸＝河村博］など。なお、身体の自由という重大な権利が侵害されている場合であるから、その理由とされた被疑事実に関連する対物処分も当然に無令状で許されるという理由も挙げられますが、質の異なる権利について当然に侵害可能といえるのかなど疑問があります。

由」(特定の犯罪の嫌疑の存在や当該犯罪に関連する証拠存在の蓋然性)が類型的に認められると考えます。相当説は、無令状捜索・差押え等を「事前の令状審査の必要のない捜索・差押え等」と理解する見解といえます。相当説によれば、無令状捜索・差押え等については、「正当な理由」の事前審査以外の令状主義の要請やそこから導かれる規律が及ぶことになるのです。

(2) まず、「逮捕の現場」の解釈について確認します。令状による捜索・差押え等と同様の規律が及ぶことから、相当説においては、無令状捜索・差押え等の範囲は令状による場合と同じ範囲、つまり**「逮捕の現場」と同一の管理権・利用権が及ぶ範囲**と理解されます。220条1項2号の「逮捕の現場」は、この範囲を示したものと解釈されるのです。無令状の捜索差押え等の趣旨①②を前提とすれば、被疑者の身体や所持品についても、事前の令状審査は必要ないことから無令状捜索・差押え等は許されることになります。

たとえば、「逮捕の現場」が住居等であれば、当該住居等全体が捜索・差押え等が可能な「逮捕の現場」(マンションの1室であれば、その一室全体)と理解されます。そして、この同一の管理権や利用権がどこまで及ぶかという問題や「逮捕の現場」にいる第三者の身体や所持品についても、令状による捜索・差押え等と同様に考えることになります。なお、102条2項(222条1項)により、第三者の住居等、身体・所持品については、(令状の場合は裁判官により審査されるのとは異なり)捜査機関が「押収すべき物の存在を認めるに足りる」と判断した場合に限られます(第6章)。被疑者の身体や所持品については、無令状捜索・差押えの趣旨の理解とは直結しない部分があるため、後の6で述べます。

(3) 220条1項本文の「逮捕する場合」については、令状による捜索・差押え等と無令状捜索・差押え等は原則・例外の関係に立つわけではなく、捜査方針の選択の問題にとどまるとして、令状の得られない「緊急事態」に限定する必要はないと理解されます。そして、上記の無令状の捜索差押え等の趣旨①②は、捜査機関が実際に逮捕行為に着手しているかどうか(さらに、逮捕行為が実際に成功したか否か)とは無関係に妥当するので、逮捕行為との関連性は緩やかに解釈されます。具体的には、「逮捕する場合」は、**「被疑者が現場に存在し、かつ少なくとも逮捕の直前・直後の場合」**であると解釈する**見解が多数です**[4]。

(4) 222条1項により102条が準用されることから、上記の「逮捕の現

場」に含まれる場所や物であっても、無令状の捜索・差押え等が許される対象は**当該逮捕の被疑事実に関する物**に限定されます。被疑事実と関連する物が存在する可能性がない場所や物の捜索は 102 条（222 条 1 項）に反し違法となるのです。この点について、相当説や後述の緊急処分説などの見解においても争いはありません（最大判昭 36・6・7 刑集 15 巻 6 号 915 頁、札幌高判昭 58・12・26 刑月 15 巻 11＝12 号 1219 頁、東京高判昭 46・3・8 高刑集 24 巻 1 号 183 頁も参照）。

　これに加え、99 条（222 条 1 項）が「証拠物又は没収すべき物と思料する物」を差押え目的物としていることから、武器や逃走に役立つ道具（逮捕執行を妨げる物）も、当該逮捕の被疑事実に関する証拠物といえる限りで捜索・差押え対象となります（たとえば、傷害事件に用いられた武器など）。

　上記の趣旨③については、220 条 1 項 2 号の問題としてではなく、逮捕行為に付随する（逮捕自体の効力として認められる）妨害排除措置として「探索・保管」を可能とする見解が有力です。この見解は、円滑な逮捕の執行のために**逮捕に対する妨害やその危険の排除措置**として、明文規定がなくとも、逮捕自体の効力により、逮捕執行を妨げる物を「探索・保管」し被疑者を制圧する措置が許されるとします（同様の理解に基づく捜索・差押えに対する妨害排除措置については第 6 章）。この見解においては、111 条 1 項（222 条 1 項）は以上のことを確認する規定にすぎないと理解されます。また、220 条 1 項 2 号によるものでないことから、妨害排除措置は「逮捕の現場」以外の領域でも可能とされ、逮捕の執行を妨げる危険が具体的状況に照らして認められる場合に逮捕完遂に必要な限りで認められるとされます[5]。

4 ｜ 相当説と判例・実務の論理は同じ見解か？　共通 4

　(1) 合理的な時間的限界において、令状による捜索・差押え等と同様の場所的限界という規律を及ぼすべきとする相当説は、222 条 1 項により証拠の

---

[4] 小林充「逮捕に伴う無令状捜索・差押えの許される限界」令状基本問題下 277 頁以下、条解 419 頁、逐条 455 頁以下［吉川崇］など。

[5] 川出敏裕「逮捕に伴う差押え・捜索・検証（220 条 1 項・3 項）」法教 197 号（1997 年）36 頁以下、酒巻 126 頁、川出・捜査 153 頁、逐条 456 頁［吉川崇］以下など。

収集に関する規律である 99 条以下が準用されるとする刑訴法の条文構造と親和性があるといえます。

　もっとも、相当説には、学説を中心に批判が示されています[6]。まず、上記の趣旨①（証拠存在の蓋然性）は、事前の令状審査を不要とする根拠として十分なのかという批判です。たとえば、第三者の住居等や身体・所持品については、「逮捕の現場」であっても、一般的・類型的に証拠物の存在の蓋然性が認められるとはいえません。そして、憲法 35 条 1 項の「正当な理由」の内容である捜索・差押え等の必要性・相当性、さらには捜索場所や差押え目的物の特定・限定の事前審査が欠けていること（第 5・6 章）からすれば、捜査機関による恣意的な判断に基づく捜索・差押え等の危険はやはり残っているのではないかとの批判もあり得ます。

　(2) このように、相当説は、その理論的根拠に一定の問題を抱えているといえます。もっとも、一般的に、判例や実務は無令状の捜索・差押え等が許される場所的・時間的限界を比較的緩く理解する傾向にあり、相当説に立っていると解されています。

　判例による 220 条 1 項本文の「逮捕する場合」の解釈として挙げられるのが、上記の昭和 36 年判決です。最高裁は、捜査官が被疑者を緊急逮捕するために被疑者宅に向かったところ、被疑者が不在であったため、被疑者が帰宅次第、逮捕する態勢を整えたうえで、被疑者の娘の承諾を得て住居に立ち入り捜索を実施し、麻薬を発見したので、これを差し押さえ、捜索がほとんど終わったころに被疑者が帰宅したため、緊急逮捕したという事例について、「逮捕する場合」は「単なる時点よりも幅のある逮捕する際をいう」として、「逮捕との時間的接着を必要とするけれども、逮捕着手時の前後関係は、これは問わないものと解すべきであって、このことは同条 1 項 1 号の規定の趣旨からも窺うことができるのである」としたうえで、被疑者が「帰宅次第緊急逮捕する態勢の下に捜索、差押がなされ、且つ、これと時間的に接着して逮捕がなされる限り、その捜索、差押は、なお、緊急逮捕する場合でその現場でなされたとするのを妨げるものではない」としました。

---

6) 相当説の問題点については、緑大輔「逮捕に伴う対物的強制処分——緊急処分説の展開」浅田和茂ほか編『村井敏邦先生古稀記念論文集　人権の刑事法学』（日本評論社、2011 年）238 頁以下、井上・強制捜査 340 頁以下、宇藤ほか 141 頁以下など。

昭和 36 年判決は、220 条 1 項 1 号の趣旨を「逮捕する場合」の解釈の根拠としています。220 条 1 項 1 号は逮捕着手前の被疑者の捜索も当然に予定しています。昭和 36 年判決は、220 条 1 項本文の要件である以上、同 1 号と 2 号の「逮捕する場合」を同様に解釈すべきとしたのでしょう[7]。さらに、昭和 36 年判決は、被逮捕者が逮捕現場にいなくとも、被疑者宅における証拠存在の蓋然性に変化はないことも解釈の根拠としているのかもしれません。

　しかし、昭和 36 年判決には、6 名の判事による補足意見・意見・反対意見が付されていることに注意が必要です。たとえば、横田判事の意見は、被疑者不在で逮捕ができない場合は「逮捕する場合」や「逮捕の現場」とはいえないとし、被疑者の帰宅という偶然の事情次第で捜索の適法性が左右されるのは解釈方法として適正といえず、また、このような判断方法は見込み捜索を誘発する危険があると批判しています。これらの意見が示唆するように、相当説で採用される「逮捕する場合」の解釈は、少なくとも、「被疑者が現場に存在し、かつ少なくとも逮捕の直前・直後の場合」とすべきでしょう。昭和 36 年判決を、判例の確固たる論理、そして相当説と評価してよいかについては疑問が残ります。

　(3) 220 条 1 項 2 号にいう「逮捕の現場」について、昭和 36 年判決は「場所的同一性を意味するにとどまるものと解するのが相当」とするにとどまっています。「逮捕の現場」について解釈した裁判例としては、東京高判昭 44・6・20 高刑集 22 巻 3 号 352 頁がよく挙げられます。本件は、被疑者を、ホテル 5 階の「なかば公開的な待合所」で大麻たばこ所持の被疑事実で現行犯逮捕したのち、被疑者から、司法警察職員に対し、自身と知り合いが宿泊している同ホテル 7 階 714 号室の自身の所持品を携行したいとの申し出があったので、司法警察職員もこれに同行し、714 号室を捜索し、大麻たばこなどを発見したので差し押さえたという事例でした。本判決は、「逮捕の現場」について、「逮捕の場所には、被疑事実と関連する証拠物が存在する蓋然性が極めて高く、その捜索差押が適法な逮捕に随伴するものである限り、捜索押収令状が発付される要件を殆んど充足しているばかりでなく、逮捕者

---

7) この点、緑大輔「判批」判例学習 47 頁以下など。昭和 36 年判決については、三井 I 52 頁以下、川出・捜査 153 頁以下、小林充「逮捕に伴う捜索・差押に関する問題点」警察研究 48 巻 5 号（1975 年）15 頁以下など。

らの身体の安全を図り、証拠の散逸や破壊を防ぐ急速の必要がある」という理由の認められる「時間的・場所的且つ合理的な範囲に限られるものと解するのが相当」であるとしたうえで、「被疑者の逮捕と同たばこの捜索差押との間には時間的、場所的な距りがあるといつてもそれはさしたるものではなく」、「また逮捕後自ら司法警察員らを引続き自己と被告人の投宿している相部屋の右714号室に案内していること」、「検挙が困難で、罪質もよくない大麻取締法違反の事案であること」などの事情を挙げ、「『逮捕の現場』から時間的・場所的且つ合理的な範囲を超えた違法なものであると断定し去ることはできない」としました。

この裁判例は、相当説をとるものなのでしょうか。相当説からすると、本件における「逮捕の現場」は、逮捕された5階待合所、そしてホテルの管理権と同一の管理権や利用権が及ぶ範囲（ロビーや廊下、洗面所、誰も宿泊していない部屋など）となるはずです。他方で、本件の捜索・差押えの場所である714号室には、ホテルの管理権とともに宿泊者の管理権や使用権が及ぶところ、後者が優位するので「逮捕の現場」に含まれず、本件の無令状捜索・差押えは違法と評価されるはずです。ところが、本判決はこれを適法としています。本判決は、同じホテル内であることやホテルの管理権は及んでいること、逮捕の被疑事実に関する証拠存在の蓋然性に加え、逮捕後の被逮捕者の承諾や事案の性質なども考慮し、同一の管理権や利用権が及ぶ範囲を超えた「合理的範囲」を「逮捕の現場」と理解している可能性があります。

相当説は、令状主義から導かれる「同一の管理権や利用権が及ぶ範囲」という客観的な限界設定によって、令状主義の中核的な目標である捜査機関の恣意的な判断に基づく無令状捜索・差押え等を防止することを目的としているはずです。これに対し、本判決の論理は、「合理的範囲」の名のもとに捜査機関の恣意的な判断に基づく捜索・差押えを認めることになりかねず、憲法35条の令状主義の要請や趣旨から見て相当に疑問です。本判決については、同一の管理権や利用権が及ぶ範囲を超えた無令状の捜索・差押え等は許容されるべきではないとの批判が、実務からも有力になされています[8]。

以上のように、代表例とされる判例や裁判例は、相当説から見ても問題のある論理を採用しているというべきです。そのこともあってか、上記の判例や裁判例は実務においてそれほど支持を得ていないようです。それゆえ、上記の判例や裁判例を相当説と直結させるのではなく、相当説の論理自体を

しっかり理解することが重要です。

なお、実務では、証拠存在の蓋然性という根拠から、逮捕がなされた場所だけでなく、逮捕着手から完了までの各行為が行われた場所（被疑者が追跡されている途中に通過したと合理的に見られる道路や家屋、庭園内、さらには被疑者が証拠物を投げ込んだと認められる第三者宅など）も、「逮捕の現場」に含まれるとされています[9]。この点についても、相当説から説明可能なのか慎重な検討が必要です。

5 │ 緊急事態に対処するための特別な捜索・差押え ──緊急処分説　共通5

（1）判例や裁判例を中心とする実務の論理は、相当説に「近い」ものといえます。より厳密にいうと、相当説をベースとしながら、当該現場での必要性・緊急性の高さを理由として時間的・場所的範囲を広げることも認める見解と評価できるかもしれません[10]。このような評価が正しいのであれば、実務の論理は、相当説以上に問題を抱えるものといえます。では、無令状捜索・差押え等について、別の趣旨説明はできないのでしょうか。

第2の趣旨の理解（**緊急処分説**）は、①逮捕の現場には証拠が存在する蓋然性が高いことを前提としたうえで、当該証拠が逮捕される者によって隠滅されるという緊急事態を防止するために、当該証拠を保全することに加え、②逮捕の際の被逮捕者による抵抗を抑圧し、逃亡を防止するとともに、逮捕者の身体の安全を確保するために武器や逃走に役立つ道具を保全する必要が

---

[8] 大野市太郎「判批」百選（6版）54頁、今崎幸彦「判批」百選（8版）58頁、香川徹也「逮捕に伴う無令状捜索差押の許される範囲」令状Ⅱ75頁、逐条455頁以下［吉川崇］。さらに、井上和治「判批」百選（9版）58頁以下、加藤克佳「判批」百選（10版）50頁以下、川出・捜査157頁以下、緑・前掲注6）49頁以下なども参照。なお、「逮捕の現場」との関係で挙げられる、その他の裁判例として、福岡高判平5・3・8判タ834号275頁。同判決については、井上・強制捜査367頁以下、川出・捜査160頁以下、笹倉宏紀「判批」百選（8版）62頁以下、白取祐司「判批」百選（10版）52頁以下。

[9] 小林・前掲注4）278頁以下など。

[10] 佐々木光輝＝猪俣尚人『捜査法演習〔第2版〕』（立花書房、2018）424頁以下は、このような論理を採用するものといえるかもしれません。

あるから、無令状の捜索・差押えは認められているとします（なお、②については、逮捕自体の効力として認められる妨害排除措置とする上述の見解も有力です）[11]。

　緊急処分説によれば、無令状捜索・差押え等が許容されるのは令状により対応する余裕のない例外的な緊急事態（時間的限界）、証拠隠滅の可能性のある範囲や武器・逃走に役立つ道具が用いられる可能性が認められる範囲に限定されることになります（場所的限界）。

　「正当な理由」の事前審査を除く憲法35条1項の要請とこれを受けた規律を設定する相当説に対し、緊急処分説は証拠隠滅や逮捕妨害行為という緊急事態の対応という観点から厳格な要件を設定することで、捜査機関の恣意的な判断に基づく無令状捜索・差押え等を防止しようとする見解といえます。そのため、この見解から導かれる法的規律は、純粋な証拠の保全・収集とは異なり、緊急事態への対応のために必要な時間的・場所的限界を内容とします。その趣旨説明や厳格な要件を設定しようとする方向性は、憲法35条の中核的な目標とより合致するといえます。

（2）　緊急処分説は、無令状捜索・差押え等を逮捕の際の緊急事態への対応としてとらえるので、220条1項2号の「逮捕する場合」の解釈としては、少なくとも被疑者が現実にその場にいるなど逮捕の現実的可能性が認められるとき[12]から、逮捕行為の中で被疑者が完全に身動きできない、あるいは逮捕行為が完了し現場から連れ出されたときまでなどとされます。さらに、逮捕が失敗し、被疑者が逃走した場合、その後の捜索・差押え等は令状によるべきことになります。

（3）　次に、220条1項2号の「逮捕の現場」の解釈については、被疑者による証拠隠滅の防止や武器・逃走に役立つ道具の使用の防止に限定すべきことから、被逮捕者の身体およびその直接の支配下（手の届く範囲）にある場所や物と理解されます。もっとも、逮捕の際の証拠隠滅や逮捕行為の妨害（攻撃・逃走など）は、被逮捕者以外の者によることも考えられるとすれば、

---

11)　平野116頁、三井Ⅰ52頁、光藤Ⅰ153頁、高田162頁以下、田口83頁、白取152頁など。

12)　田宮110頁以下、酒巻123頁など。実際に逮捕行為が行われることが必要とするものとして、白取152頁。

第三者による証拠隠滅の可能性が認められる範囲や逮捕行為の妨害に用いられうる物について、無令状捜索・差押え等が許されると理解することも可能です（第三者の住居等や身体・所持品を捜索・差押え対象とするときは、220条1項と102条2項により「押収すべき物の存在を認めるに足りる状況」が必要です）[13]。

緊急処分説は、無令状捜索・差押え等を、令状を得る時間的余裕がない緊急事態への対応（令状による捜索・差押え等の代替措置）とする見解ですので、無令状捜索・差押えの場所的な外枠は令状による捜索・差押え等と同じ「逮捕の現場と同一の管理権や利用権の範囲内」と理解します[14]。

6 ｜ 緊急処分説の展開 展開1

緊急処分説は学説の多数説といえます。そして、近年、緊急処分説をベースとした見解が複数示されています。

第1に、220条1項2号に基づく「逮捕の現場」に存在する証拠の隠滅（第三者も含む）を防止する無令状の捜索・差押え等に加え、逮捕の効力自体による逮捕妨害行為などを排除する措置として逮捕行為の妨害に用いられる物を探索・保管する行為を認める見解です[15]。この見解は、220条1項2号による無令状捜索・差押えは「逮捕の現場」に存在する証拠の隠滅を防止するための処分に限定すべきとします。もっとも、被疑者だけでなく、第三者による証拠隠滅行為の可能性も考慮すべきとして、逮捕の現場と同一の管理権や利用権が及ぶ範囲内で、被逮捕者による証拠隠滅が可能な範囲および第三者による証拠隠滅行為の具体的・現実的可能性が認められる範囲について捜索・差押え等は可能とします。さらに、逮捕行為の妨害に用いられる物の捜索が「逮捕の現場」に限定される根拠は不明確であるとされ、上述のように、逮捕自体の効力として逮捕の妨害やその危険を排除する措置として、具体的状況に照らして逮捕行為に対する妨害の危険が認められる場合に、逮捕行為の妨害に用いられる物を探索・保管できるとされます（この探索・保管は、

---

13) 上口裕ほか『基礎演習刑事訴訟法』（有斐閣、1996年）41頁、川出・前掲注5）37頁。
14) 池田公博「身柄拘束に伴い無令状で捜索を行い得る範囲」研修721号（2008年）5頁。
15) 川出・前掲注5）37頁、酒巻121頁以下など。

220条1項2号によるものではないので、「逮捕の現場」や被疑事実との関連性といった規律は及びません）。

　第2に、緊急処分説を前提として、(a)「逮捕の現場」に存在する証拠の隠滅を防止して証拠を保全する目的の捜索・差押え等と、(b) 逮捕執行完遂のための捜索・差押え等（220条1項が「逮捕する場合」に「必要があるとき」としていることは、逮捕執行完遂のための捜索・差押え等も認めていると解します）という、(a)(b) それぞれの趣旨に応じて、要件を解釈すべきとする見解です[16]。この見解の特徴の1つは、凶器等の捜索・差押え等も220条を根拠とする処分としていることです。この見解は、たとえば、第1の見解について、逮捕行為の完遂に必要な処分としての凶器などの探索・保管に対する刑訴法の手続的統制が弱くなる（430条の準抗告ができないなど）と批判し、220条1項2号は被疑者の武装解除を「逮捕の現場」で行うことが逮捕者の安全を確保するためには類型的に必要であるとして、「逮捕の現場」における凶器などの無令状捜索・差押えを認めています。以上の趣旨の理解のもと、この見解は (a) の類型について、被逮捕者の手の届く範囲を原則としつつ、令状を取得する時間的余裕がないような緊急事態（第三者による証拠隠滅行為など）が個別具体的に認定できる場合には、令状による処分に代替するものとして「逮捕の現場」と同一の管理権が及ぶ範囲を外枠として許容されるとします。次に、(b) の類型について、被逮捕者の手の届く範囲に加え、第三者による妨害可能性が具体的に認定できる場合には、妨害可能な領域や第三者に対しても可能とします。なお、(b) は、220条1項の趣旨を逮捕の必要な処分も認めているとするため、特に被逮捕者の身体・所持品については、武装解除が可能な最寄りの場所を「逮捕の現場」と同視して捜索することが許容されうるとします。

　第3に、緊急処分説に立ったうえで、「逮捕の現場」に被疑事実に関する証拠が存在する蓋然性の内容やこれに対する事前の司法審査の必要性の違いを踏まえて、被疑者の身体や携帯品、住居等を対象とする場合とそれ以外の者の住居等である場合とを区別して、「逮捕の現場」の範囲を示す見解です[17]。この見解によれば、前者については、被疑者が現にいるか、いたと認められる部屋等だけでなく同一の住居等の他の部分も無令状捜索・差押えが

---

16) 緑・前掲注6）234頁以下、高田160頁など。

許容されるのに対し、後者については、逮捕行為の着手後から完了までの間に被疑者が現にいるか、いたと認められる部分に限り無令状捜索・差押えが許されるとします。

　そして、第4に、逮捕の場合に（令状審査を直ちに不要とする）特有の証拠存在の蓋然性の高さは認められないとしつつも、被疑者の身体や携帯品、そして、逮捕行為（そのための当該住居等への立入りや被疑者の所在の捜索を含む）の着手後完了までの間に被疑者が現にいるか、いたと認められる部屋等については、「逮捕を契機として、被疑者により証拠の破壊隠滅が行われようとする強い危険性が一般的・類型的に認められるため、令状審査を経させることが適当でないことを理由に、無令状捜索を正当化する考え方」も示されています[18]。この見解は、逮捕が住居等で行われた場合か被疑者以外の住居等で行われた場合かを問わず、上記の強い危険性が認められるとして、いずれの場合でも無令状捜索が許容されるとします。他方で、当該住居等全体については、当該危険性が及ぶと考えるのは困難であるとして、上記の範囲に限られるべきとします。さらに、現行犯逮捕の場合は、逮捕の現場は通常犯行現場であるため、当該犯罪に関連する証拠が存在する極めて高度の蓋然性が類型的に認められ、それゆえ当該証拠の破壊隠滅行為の強い危険性も認められるため、被疑者の身体・携帯品のほか、「犯行現場」と評価しうる領域全体に無令状捜索が許されるとします。

　私見は、220条1項2号を、(a) 証拠隠滅防止という逮捕の目的を達成するための捜索・差押え等、そして、(b) 逃亡防止という逮捕の目的を達成するための武器や逃走に役立つ道具の捜索・差押え等や円滑な逮捕の執行実現を達成するための無令状捜索・差押え等という「逮捕目的や円滑な逮捕を達成するための必要な緊急処分」を許容したものとして理解し（逮捕の目的については、199条、60条、さらに規則143条の3）、その具体的要件について第2の見解と同様に解釈するのが妥当と考えます。

17）　井上・強制捜査358頁以下。なお、同見解を検討するものとして、堀江慎司「刑事訴訟法220条1項2号による無令状捜索の空間的範囲」『井上正仁先生古稀祝賀論文集』（有斐閣、2019年）389頁以下など。

18）　堀江・前掲注17) 398頁以下。

7 │ 被逮捕者の身体・所持品と無令状捜索・差押え等 │共通6

　最後に、被逮捕者の身体や所持品に対する無令状捜索・差押え等について検討しましょう。被逮捕者の身体や所持品について、220条1項2号によって無令状捜索・差押え等を行うことも可能であることについて争いはありません。問題は、その論理です。

　まず考えられる論理は、被逮捕者の身体や所持品そのものを「逮捕の現場」とするものです。しかし、この論理によれば、逮捕後どこへ移動しても被逮捕者の身体や所持品について認められる証拠存在の蓋然性は変わらない限り、「逮捕の現場」が無限定に広がることになってしまいます。また、令状による捜索・差押えによる場合は、令状記載の「捜索すべき場所」にいない人の身体や所持品を捜索できないこととの不均衡も問題となります。そのため、この論理は妥当ではありません。近年は、220条1項2号が「逮捕の現場で」と規定していることなどから、「逮捕の現場」を「逮捕行為が行われた場所」に限定すべきとする見解が有力です。そのうえで、被逮捕者の身体や所持品は「逮捕の現場」たる逮捕場所にいる限りで、無令状捜索・差押え等の対象になるとされるのです。

　では、逮捕場所以外の場所では、被逮捕者の身体や所持品について無令状捜索・差押え等を行うことは一切できないのでしょうか。近年の有力な見解は、被逮捕者の態度（暴れている、興奮しているなど）や周囲の状況（人通りが多い、野次馬ができているなど）などにより、逮捕場所での捜索・差押え等の実施が不適当または困難である場合には、捜索・差押え等に適当な場所へ移動したうえでの無令状の捜索・差押え等を認めます[19]。ただ、これは単に必要性を前提として「逮捕の現場」を拡大する論理ではないことに注意が必要です。この論理は、上記のような場合には、令状による被疑者の身体や所持品の捜索・差押え等の場合と同様、被逮捕者の身体や所持品に関する証拠

---

19) 大澤裕「逮捕に伴う被逮捕者の所持品等の差押えの適法性」法教192号（1996年）100頁以下、木口信之「判解」解説（刑）平成8年度33頁以下、井上・強制捜査361頁以下、酒巻124頁以下、川出・捜査164頁以下など。移動が必要最小限度を超えたものと評価される場合には、「逮捕の現場」における無令状捜索・差押え等とはいえず、違法となります。

存在の蓋然性は移動したとしても変化はないことを前提に、当該無令状捜索・差押え等の目的実現に必要な附随措置として、必要最小限度の距離・時間内で適当な場所へ移動し、その移動先での被疑者の身体や所持品の捜索・差押え等が許されるとするものだからです。この論理は、相当説と親和性を有するものですが、緊急処分説においても採用可能でしょう[20]。

　判例もこのような論理を採用していると思われます。最決平8・1・29刑集50巻1号1頁は、内ゲバ事件の被疑者X・Y・Zを、凶器準備集合及び傷害の被疑事実で準現行犯逮捕したのち、いずれについても後に捜索・差押えした籠手や所持品の存在を現認したものの、Xについては逮捕場所から約500メートル、Y・Zについては約3キロメートル離れた警察署に連行したうえで、Xの腕から籠手を取り外し差し押さえ、Y・Zの所持品を取り上げて差し押さえたという事例について、次のように判示しました。220条1項2号の無令状捜索・差押えについて、「右の処分が逮捕した被疑者の身体又は所持品に対する捜索、差押えである場合においては、逮捕現場付近の状況に照らし、被疑者の名誉等を害し、被疑者らの抵抗による混乱を生じ、又は現場付近の交通を妨げるおそれがあるといった事情のため、その場で直ちに捜索、差押えを実施することが適当でないときには、速やかに被疑者を捜索、差押えの実施に適する最寄りの場所まで連行した上、これらの処分を実施することも、同号にいう『逮捕の現場』における捜索、差押えと同視することができ、適法な処分と解するのが相当である」。

　平成8年決定が、「逮捕の現場における捜索・差押え」そのものではなく、「逮捕の現場における捜索・差押え」と「同視」できるとしていることは重要です。この判示から、平成8年決定も、「逮捕の現場」は逮捕場所に限られることを前提に、逮捕場所（「逮捕の現場」）において認められる無令状捜索・差押え等の権限に基づき、当該無令状捜索・差押えの目的実現に必要な附随措置として移動し、そして移動先において同一の無令状捜索・差押え等の権限により捜索・差押えできると考えたと理解できます（逮捕場所における捜索・差押えを移動先において実施しているから、「同視」としたのでしょう）[21]。

　この論理によれば、移動先の場所は「逮捕の現場」ではないので、当該場所やそこにある物の無令状捜索・差押え等は許されないことになります（あ

---

20) 吉田雅之「逮捕に伴う捜索・差押え」実例Ⅰ 215頁以下など。

くまで被逮捕者の身体・所持品そのものに関する論理であることに注意が必要です)。もっとも、平成8年決定が、「逮捕の現場」ではなくとも、必要性・相当性を考慮して、220条1項の趣旨により許容できる場合があると理解しているのであれば、それは類推適用であり、強制処分法定主義（憲法31条、刑訴法197条1項但書）に反し許されないとの批判が可能です[22]。

8 ｜ 無令状捜索・差押え等の思考プロセスの再確認　共通7

　無令状捜索・差押え等は無限定に許されるわけではなく、220条1項により設定された時間的・場所的範囲に限定され、その範囲内であっても当該逮捕の被疑事実と関連するものに対象は限定されるべきことは、どの見解においても一致が見られるところです。

　思考プロセスの分岐点は、捜索・差押え現場における捜査機関の判断のみによる恣意的な捜索・差押え権限の濫用・逸脱など不当な権利侵害を防止するという憲法35条の趣旨との関係で、具体的にどのような規律を導くべきか、という点です。相当説は、「逮捕の現場」における類型的な証拠存在の蓋然性の高さなどを根拠として、「正当な理由」の事前審査を除く憲法35条の要請といった令状による捜索・差押えと同様の法的規律を導きます。これに対し、緊急処分説は、逮捕の現場における類型的な証拠存在の蓋然性の高さなどを根拠として、証拠隠滅や逮捕妨害行為という緊急事態の対応として無令状捜索・差押え等を位置づけ、憲法35条とは異なる厳格な要件を設定することで、捜査機関の恣意的な判断に基づく無令状捜索・差押え等を防止しようとする見解といえます。

　このような思考プロセスを無視して、単に必要性を前面に押し出した論理、曖昧な趣旨設定に基づく論理、そして趣旨と論理的に結びついていない要件を設定することは問題です。なぜ無令状捜索・差押え等は「逮捕の現場」に限定されているのかといった問題意識を出発点として、場所的範囲の確定な

---

21) 平成8年決定については、木口・前掲注19）1頁以下、大澤・前掲注19）101頁以下、井上宏「判批」百選（9版）62頁以下、松田岳士「判批」百選（10版）54頁以下、川出・捜査164頁以下、緑144頁以下など。

22) 川出・前掲注5）37頁、葛野尋之「判批」判例学習52頁など。

どをめぐって上述のように激しい議論があることを十分意識すべきでしょう。

第 8 章

強制処分を統制する規律としての強制処分法定主義、そして令状主義

第 8 章の目標
①捜査に関する基本的思考プロセスをおさらいする。
②憲法および刑訴法における強制処分の許容性判断を身につける。
③強制処分の根拠規定や令状の形式を選択する思考プロセスを身につける。

1 │ 証拠の収集・保全に関する思考プロセス 　共通 1

　第 2 章から第 7 章を踏まえて、捜査の適法性判断に関する基本的な思考プロセスを再確認します。第 1 に、警察による活動が、**司法警察活動**（特定の具体的犯罪の公訴提起と公判遂行を目的とする活動）かこれに当たらない**行政警察活動**（犯罪の予防や鎮圧などの警察目的達成のための活動）のいずれに該当するかの判断プロセスです。この判断は、適法性判断の根拠となる法律（刑訴法か警職法などの行政法か）の区分を意味します。以下では、司法警察活動に該当することを前提に説明します（行政警察活動については、第 3 章）。

　第 2 に、司法警察活動が**強制処分**（197 条 1 項但書）に該当するか否かの判断プロセスです。この判断は、刑訴法における適法性判断の思考プロセスの区分を意味します。この判断の基準としては、強制処分の定義が用いられます。通説の理解によれば[1]、当該処分が、①その性質上、一般的・類型的に見て、「法定の厳格な要件・手続によって保護する必要があるほど重要な権

---
1) 井上・強制捜査 7 頁、酒巻 28 頁以下など。

利・利益に対する実質的な侵害ないし制約」をもたらしうるものか、②個別の事件において、当該処分は「対象者の明示又は黙示の意思」に反するものであったが検討されます（第2章および第4章）。

　第3に、強制処分に該当する場合の、具体的な根拠規定に基づき適法性を判断するプロセスです。この適法性判断プロセスは、(a) 当該強制処分は現行法で許容されているものか否か、(b) 現行法で予定されているとして、刑訴法のどの根拠規定（令状の形式も含む）により規律し、適法性を判断すべきか、そして、(c) 該当する個別の根拠規定に基づく適法性判断、という3つからなります。

　第4に、強制処分に該当しない**任意処分**の場合の、197条1項本文の比例原則（相当性判断）に基づき適法性を判断するプロセスです（第4章）。

　この警察活動(第2以下は検察も同様です)の適法性に関する思考プロセスは、問題となる警察活動の適法性を判断する際に有用というだけでなく、講義などで説明を聞く際にも、どの段階の話をしているのかなど情報の整理にも有用です。

　さて、強制処分であることや令状の形式が明らかな場合、第5章から第7章のように、第3プロセス (c) を踏まえて適法性を判断することになります。捜索・差押え等の関係では、憲法35条の**令状主義**の要請やその趣旨が重要であることは、すでに述べたとおりです。では、法定されている強制処分（捜索・押収、検証、鑑定処分）に直ちに該当しない処分については、どのように考えるべきなのでしょうか。この問題を検討することが、本章の目的です。

　現実の捜査活動では、科学技術などを用いてさまざまな捜査処分が行われています。判例で問題となった事件だけでも、荷物に対するX線検査やGPS監視捜査（第2章）、写真撮影やビデオ撮影（第4章）に加え、**強制採尿**や**通信傍受**が挙げられます。これらの処分について、明確な根拠規定はありません（現在、通信傍受については根拠規定を定めた通信傍受法が存在します）。これらの捜査処分の適法性を判断するためには、どのように考えればよいのでしょうか。本章では、その判断の思考プロセスである、上記の第2プロセスと第3プロセス (a)(b)(c) のうち (a)(b) を中心に学びましょう。

2 ｜ 当該強制処分の許容性　共通2

　現行刑訴法に明確な根拠規定が存在しない捜査処分が行われた場合、その

法的規律（適法性判断の根拠規定）を明らかにするためには、まず、強制処分該当性判断を行う必要があります。そして、これが肯定される場合、現行法で許容されている強制処分であるかが問題となります。現行法、特に憲法は、犯罪捜査や刑事裁判などの正当な目的があればどのような権利・利益の侵害も許容されるとしているわけではないからです。憲法の許容する強制処分の枠内に収まっているかが、第3プロセス（a）の視点であるといえます。

　この第3プロセス（a）が問題となったのが、強制採尿について判断した最決昭55・10・23刑集34巻5号300頁です。事例説明の前提として、捜査手段としての採尿について説明します。覚醒剤自己使用罪を立証するためには、被疑者の尿や血液その他の体液、毛髪や爪などの被疑者の身体の一部を収集・保全し、これを鑑定して、覚醒剤成分が検出された事実の存在が必要となります。その事実を示す証拠を収集する方法の1つとして、被疑者から抜け落ちた毛髪、自ら抜いた毛髪や排泄した尿などについて、被疑者が任意提出することが考えられます。この場合、221条の領置として、捜査機関がこれらを収集・保全できることには争いはありません。また、上記の毛髪や排泄された尿の任意提出を被疑者が拒んだ場合でも、218条以下により、捜査機関が差し押さえることができることについても争いはありません。

　これに対し、尿の排泄自体を拒否する被疑者に対し、捜査機関が抵抗する被疑者の身体を強制的に押さえつけて衣服を脱がせ、当該被疑者の尿道にカテーテル（細いゴム管）を挿入し、尿を強制的に排出させる処分（強制採尿）の許容性は明らかではありませんでした。昭和55年決定は、この強制採尿の許容性、そして適法性について判断したものでした。本件の事案は、以下のようなものでした。覚醒剤の譲り渡しの被疑事実で逮捕した被疑者に、覚醒剤自己使用の嫌疑を抱いた警察官が、被疑者に対し、再三にわたり尿の任意提出を求めたものの、被疑者は拒否し続けたため、強制採尿もやむなしとして、当時の実務の運用に従い身体検査令状と鑑定処分許可状（その論理は後述します）の発付を受けました。鑑定受託者である医師は、警察署医務室のベッド上において、数人の警察官に身体を押さえつけられている被疑者に対し、カテーテルを尿道に挿入して約100ccの尿を採取し、これを警察に任意提出したので、警察官はこれを領置し、この尿中の覚醒剤含有の有無等について県警本部犯罪科学研究所に対し鑑定の嘱託手続をとりました。昭和55年決定のうち、強制採尿の許容性に関する判断は以下の通りです（下線・

丸数字は引用者）。

> 尿を任意に提出しない被疑者に対し、①強制力を用いてその身体から尿を採取することは、身体に対する侵入行為であるとともに屈辱感等の精神的打撃を与える行為であるが、右採尿につき通常用いられるカテーテルを尿道に挿入して尿を採取する方法は、被採取者に対しある程度の肉体的不快感ないし抵抗感を与えるとはいえ、②医師等これに習熟した技能者によって適切に行われる限り、身体上ないし健康上格別の障害をもたらす危険性は比較的乏しく、仮に障害を起こすことがあつても軽微なものにすぎないと考えられるし、また、右強制採尿が被疑者に与える屈辱感等の精神的打撃は、検証の方法としての身体検査においても同程度の場合がありうるのであるから、被疑者に対する右のような方法による強制採尿が捜査手続上の強制処分として絶対に許されないとすべき理由はなく、③<u>被疑事件の重大性、嫌疑の存在、当該証拠の重要性とその取得の必要性、適当な代替手段の不存在等の事情に照らし、犯罪の捜査上真にやむをえないと認められる場合には、最終的手段として、適切な法律上の手続を経てこれを行うことも許されてしかるべき</u>であり、ただ、その実施にあたつては、被疑者の身体の安全とその人格の保護のため十分な配慮が施されるべきものと解するのが相当である。

　昭和55年決定の判断プロセスは、まず、当該強制処分の権利侵害性の確認（①部分）、そして、刑訴法においてすでに許容されている強制処分の権利侵害性との比較を行うものといえます（②部分）。①部分については、強制採尿を「屈辱感等の精神的打撃」や「被採取者に対しある程度の肉体的不快感ないし抵抗感を与える」としています。そのうえで、②部分において、その権利侵害性は、衣服を取り去り裸にすることやその肛門や膣などの検査も可能な「検証としての身体検査」（218条1項。詳細は後述します）の場合とそれほど異ならない（現行法で許容されている権利侵害と同程度である）ことを理由に、強制採尿は現行法上すでに許容されているとされています。

　以上を踏まえて、昭和55年決定は、③部分で、①部分で確認した強度の権利侵害性などを前提に、強制処分としての強制採尿を用いるためには、高

い必要性の存在（被疑事件の重大性、嫌疑の存在、当該証拠の重要性とその取得の必要性、適当な代替手段の不存在等の事情）が求められる（現行法上許容されているとはいえ、常に利用されるべきではない）としています。

3 │ 憲法的視点からの強制処分の許容性判断 展開1

昭和 55 年決定の判断に対しては、(a) 下腹部の露呈に加え、人の身体の秘部に対する積極的な侵入により、人の基本的な生命活動に属する排尿を人為的に操作することは、検証としての身体検査に比べてはるかに大きい屈辱感などの精神的打撃を伴うものであり、**「人間の尊厳」**に反すること、(b) 強制採尿が用いられる覚醒剤自己使用罪が一般的に重大であると断定できる（捜査の高い必要性が認められる犯罪類型といえる）のか疑問であること、そして、(c) カテーテルを用いた導尿は泌尿器科の医療で日常的に実施されているとはいえ、社会生活上通常のものとして受容されている程度にまで至っているかは疑わしいことなどの批判がなされています[2]。これらの批判は、少なくともカテーテルを用いた強制採尿は人間の尊厳という憲法 13 条の要請に反すること、あるいは刑訴法で許容されている程度を超えた権利侵害を伴うことなどを指摘するものともいえます。

なお、当該強制処分の憲法上の許容性という視点は、強制処分の根拠規定を立法する際にも重要です。後述の第 3 プロセス (b) により刑訴法上に根拠規定が存在しないと判断されたとき、当該強制処分を行うには立法するしかありません。立法する場合、憲法の要請（憲法 13 条の人間の尊厳や憲法 35 条の令状主義など）を類型的に満たし得ない強制処分規定を立法することは許されません。たとえば、強制採尿は人間の尊厳に反するという場合、強制採尿規定の立法自体が許されないことになります。

現実の立法との関係では、**通信傍受法**の立法過程も重要です。通信傍受法の立法に対しては、(ア) 令状審査時にはまだ行われていない会話が対象となるから、傍受の対象の特定は「本件に関連する通信」という程度でしかなしえず、捜査機関の恣意的な判断で無関係な会話も傍受されてしまう危険が

---

2) 光藤 I 167 頁、井上・強制捜査 87 頁以下。さらに、後述の昭和 55 年決定の原審である名古屋高判昭 54・2・14 判時 939 号 128 頁。

ある（憲法35条1項の「特定性の要請」違反）、（イ）被疑者に対して事前の令状提示を想定できない通信傍受は憲法35条から導かれる事前の令状提示の要請に反するといった批判がなされました。この批判によれば、通信傍受という強制処分自体が憲法35条に反し、その立法も許されないということになります。もっとも、（ア）に対しては、（「特定性の要請」に反するとはされていない）日々作成される帳簿の差押えなどとの違いはない、（イ）に対しては、令状提示は憲法35条の要請とまではいえないといった主張が有力になされています（第5章）[3]。このような視点からの検討は、GPS監視捜査関連の立法の際においてもなされるかもしれません[4]。

4 強制処分と根拠規定・令状の形式の判断 共通3

　当該強制処分が現行法において許容されている場合、問題となるのは現行刑訴法のどの根拠規定に基づいて強制処分を行うかです。**強制処分法定主義**（憲法31条、刑訴法197条1項但書）により、強制処分は、要件や手続を定めた根拠規定がない限り行うことはできません。それゆえ、明確な根拠規定のない当該強制処分について、刑訴法のどの根拠規定（特に、どの令状の形式）により規律し、適法性判断をすべきかが問題となります（もちろん、根拠規定がないという結論もあり得ます）。この第3プロセス（b）についても、強制採尿を題材として検討しましょう。

　人の身体を対象とした証拠の収集・保全を目的とする強制処分としては、捜索（218条）や検証（218条）、鑑定に必要な処分（鑑定処分）(223条・225条）が存在します（第5章）。強制採尿も人の身体を対象とする証拠の収集・保全を目的とする強制処分である以上、これらのうちどれかに該当しないと、現行法に根拠規定は存在しないという結論になります。

　問題となる強制処分が、どの根拠規定の予定する強制処分に該当するかを

---

3) 井上・通信傍受109頁以下など。
4) GPS監視捜査の立法について検討するものとして、五十嵐二葉「GPS捜査立法化への課題」法時89巻13号（2017年）250頁以下、斎藤司「GPS大法廷判決とGPS監視捜査立法——その展望と課題」指宿信編著『GPS捜査とプライバシー保護——位置情報取得捜査に対する規律を考える』（現代人文社、2018年）50頁以下、川出・論点34頁以下など。

判断する際には、現行刑訴法が根拠規定を設けている各強制処分の性質を検討し、これと問題となる強制処分の性質が同様かを検討することになります。

まず、①「**人の身体に対する捜索**」(218条1項) は、「捜査機関による着衣のままの外部的検索や通常衣服で覆われていない部位の観察・認識する処分」とされます。次に、②「**人の身体に対する検証（検証としての身体検査）**」(218条1項にいう「身体の検査」) は、人の身体の形状や性質（あざやほくろ、内出血による皮膚の変色、注射痕の有無）を五官の作用により認識・記録する処分であり、(ア)「身体の外表部や体腔内を調べる処分（衣服を取り去り裸にすることも可能）」とされます。そして、③「**人の身体に対する鑑定処分（鑑定処分としての身体検査）**」(225条1項により準用される168条1項) は、①②と異なり、「専門家（学識経験のある者）による医療の知識や技術により」、(ア)「身体の外表部や体腔内を調べる処分」や (イ)「身体内部を検査する処分」（レントゲンや胃カメラなどによる身体内への侵襲）とされます。

以上のような性質の区分方法について、多くの見解は、刑訴法の規定を前提として、それぞれの処分の実施主体や侵害される権利の内容や程度を考慮すべきとします。まず、同じ規定に基づく①②をどのように区分すべきでしょうか。218条5項や6項は、②のような衣服を取り去り身体の外表部や体腔内を調べる処分を可能としているからこそ、これを前提とした生命や身体の安全・名誉や羞恥心へ配慮した規定を設けているとされます。他方で、その適用のない①は、着衣のままの外部的検索や観察・認識のみが可能とされるのです（権利侵害の内容や程度に基づいた区分）。

次に、②③の区分はどうでしょうか。168条1項などから③については、捜査機関の嘱託を受けた専門家である鑑定受託者[5]（医学等の専門的知識や技術を有した者）によるべきことが明らかです。そのことから、③としては、医学等の専門的知識や技術を要する行為である身体内部に及ぶ検査（胃カメラや薬品を用いた検査など）も可能とされます。他方で、専門家によらない（捜査機関が主体となる）①②では、身体内部に及ぶ検査はできないと解されます（処分の実施主体による区分）。

---

5) 起訴後の裁判所による鑑定命令（165条）と捜査機関による鑑定の嘱託（223条）については、嘱託と異なり命令は鑑定を引き受ける義務を伴うこと、拒否する対象者に対し裁判官が鑑定処分としての身体検査ができること（172条）など、複数の違いがあります。

この区分方法を踏まえて、強制採尿がどれに当たるかを検討してみましょう。①は、体表を観察・認識する処分なので、体内まで侵入する強制採尿とは異なる処分といえそうです。②は体腔内を調べるという点で類似しているといえそうです。他方で、強制採尿は専門家である医師を主体にして行う処分であるところ、②の主体は捜査機関という点で異なります。③については、処分の主体や権利侵害の内容は類似している（医師によるカテーテルを用いた身体内部の検査）といえるかもしれません。

もっとも、強制採尿は③（225条1項により準用される168条1項）で可能という見解には、「直接強制」ができないという問題が存在します。①②③については、当該処分を対象者に強制する方法が規定されています。まず、①については、対象者が拒否しても、そのまま捜索を強制すること（直接強制）が可能です（102条（222条1項））。次に、②については、対象者が拒否した場合で、過料や刑罰を通じた強制（間接強制）で効果がないと認められるときは、捜査機関がそのまま身体の検査を行う直接強制（138条および139条（222条1項））も可能です。これに対し、③については直接強制が認められていません。少し複雑な条文構造ですが、確認しましょう。起訴後の鑑定処分については、137条と138条が準用され（168条6項）、これは起訴前の鑑定処分（③）についても同様とされています（225条4項）。これらの規定により、③について間接強制は可能です。次に、直接強制との関係では、起訴後の鑑定処分を対象者が拒否した場合は、鑑定人の請求により裁判官が身体検査を直接強制することが可能とされています（172条）。問題は、起訴前の鑑定処分（③）についてですが、225条は直接強制を認める172条を準用していないので、捜査機関の嘱託鑑定の場合は間接強制のみが可能なのです[6]。

以上のように、強制処分の類型の区分は、刑訴法の規定を前提に実施主体や予定される権利侵害の程度、そして強制の方法を考慮してなされるべきというのが多数説です。このような区分に対しては、②は専門家を補助者とすることも可能で（218条6項）、両者の実質的な違いはそれほど大きくないと

---

[6] 人の身体に対する証拠の収集・保全を目的とする処分について詳細に検討したものとして、井上・強制捜査78頁以下、光藤Ⅰ163頁以下、有賀貞博「身体検査の限界」令状Ⅱ124頁以下、酒巻136頁、宇藤ほか149頁以下など。

表8-1 捜査段階における人の身体に対する捜索・検証・鑑定処分の区分

処分の類型	根拠条文	執行主体	強制処分の性質	強制の可否と内容
①人の身体に対する捜索	218条1項	捜査機関	通常衣服で覆われていない部位を観察・認識する処分(当該処分は、身体検査に当たらない通常の検証でも可能)	直接強制(102条〔222条1項〕)
②人の身体に対する検証(検証としての身体検査)	218条1項	捜査機関	ア)身体の外表部や体腔内を調べる処分(衣服を取り去り裸にすることも可能) ※身体内部に及ぶ検査も可能とする見解もある(この見解によれば、②③の差はそれほどない)	間接強制 (137条・138条〔222条1項〕) 直接強制 (139条〔222条1項〕)
③人の身体に対する鑑定処分(鑑定処分としての身体検査)	168条1項(225条1項)	捜査機関の嘱託を受けた鑑定受託者(学識経験者)	ア医療の知識や技術を用いた身体の外表部を調べる処分(衣服を取り去り裸にすることも可能) イ医療の知識や技術を用いた身体内部に及ぶ検査	間接強制(168条6項が準用する137・138条〔225条4項〕) ※直接強制はできない(225条は172条や139条を準用していない)

して、②③の処分それ自体の内容を一律に区別すべき理由はないとの見解も有力です[7]。この見解によれば、専門家である医師などを補助者とする条件で、③と同様の処分を②として行うことが可能となります。もっとも、②の主体はあくまで捜査機関であることから、捜査機関が直接強制を用いて実施しても対象者の身体や健康状態への危険が小さいと認められる限度で認められるとされます[8]。とはいえ、この有力な見解も、上記の区分方法を前提としたものであることは重要です。以上のことを、表8-1に整理しておきま

---

7) 井上・強制捜査125頁以下。これに対し、担当者の違いなどにより区分すべきとする見解として、田宮115頁以下、高田172頁など。
8) 酒巻137頁以下。

す。

　以上の多数説の区分方法を前提として、強制採尿について再度検討すると、③では採尿は可能でも直接強制ができません。他方、②は、直接強制は可能でも、身体内部に及ぶ検査（採尿）ができません。「強制」かつ「採尿」の根拠となる規定は刑訴法に存在しないともいえそうです。

　このことも踏まえて、従来の実務は、鑑定処分許可状（③）だけでなく身体検査令状（②）も得て、直接強制が必要とされる場合には身体検査の補助者として鑑定受託者が立ち会うかたち（②の直接強制を用いるかたち）で、直接強制を行っていました（**鑑定処分・身体検査併用説**）[9]。「強制」を②、「採尿」を③を根拠規定として行うとする論理といえます。もっとも、この論理に対しては、それぞれ個別の令状では行うことができないことが令状併用で可能となるというのはあまりに便宜的ではないか、仮に併用が可能としても直接強制が可能なのは身体検査令状で可能な検査範囲（身体の外表部や体腔内）に限られるのではないかといった批判がありました。

5 ｜ 強制処分の根拠規定の区分と判例の論理　共通4

　多数説の論理によれば、強制採尿を認める単独の根拠規定があるということは困難で、併用を認める従来の実務の論理にも問題があるといえます。このような議論状況のなか、昭和55年決定は、上述のように強制採尿は刑訴法上許容されるとしたうえで、その根拠規定について以下のように判示しました（下線・丸数字は引用者）。

　そこで、右の適切な法律上の手続について考えるのに、①体内に存在する尿を犯罪の証拠物として強制的に採取する行為は捜索・差押の性質を有するものとみるべきであるから、捜査機関がこれを実施するには捜索差押令状を必要とすると解すべきである。ただし、②右行為は人権の侵害にわたるおそれがある点では、一般の捜索・差押と異なり、検証の方法としての

---

9) 同見解を主張するものとして、團藤重光『條解刑事訴訟法・上』（弘文堂、1950年）430頁、平場安治『刑事訴訟法〔改訂版〕』（有斐閣、1954年）358頁など。

> 身体検査と共通の性質を有しているので、身体検査令状に関する刑訴法218条5項（現在の6項——引用者注）が右捜索差押令状に準用されるべきであつて、③令状の記載要件として、強制採尿は医師をして医学的に相当と認められる方法により行わせなければならない旨の条件の記載が不可欠であると解さなければならない。

　昭和55年決定の論理は、従来の議論とは異なる区分方法を採用したものです。なぜなら、昭和55年決定は、第1段階で問題となる「強制処分の性質」のみを考慮して令状の形式（根拠規定）を選択し、第2段階で当該令状の形式では侵害される人権（身体や健康、名誉等）への配慮が不十分な場合には、その配慮のために必要な条件を付するとしたからです[10]。多数説のように、令状の形式（根拠規定）の選択の際に、主体や権利侵害の内容や程度といった複数の要素を考慮するのではなく、「強制処分の性質」のみを考慮しているのです。

　昭和55年決定は、第1段階で、強制採尿の処分の性質を「体内に存在する尿を犯罪の証拠物として強制的に採取する」としたうえで、捜索・差押えに当たると判断しました（①部分）。体外に排出された尿は「差し押さえるべき物」（219条1項）に当たること、尿はやがて排出される無価値なものであるから身体の一部ではないことを理由に、強制採尿を差押えの対象たる「物」（尿）を「捜索」し差し押さえる行為と考えたのでしょう。ここでは、「強制処分の性質」のみが考慮されています。

　次に、昭和55年決定は、第2段階で、主体や権利侵害の内容・程度へ配慮のために、令状に付される「条件」を設定しています。昭和55年決定は、

---

10) 昭和55年決定については、稲田輝明「判解」解説昭和55年度（刑）166頁以下、川崎英明「判批」百選（9版）66頁以下、葛野尋之「判批」判例学習57頁以下、井上・強制捜査85頁以下、酒巻145頁以下、川出・捜査172頁以下、葛野「判批」百選（10版）58頁以下など。なお、強制採尿との関係では、強制採尿令状による連行の可否に関する判例（最決平6・9・16刑集48巻6号420頁）も重要です。この点、大谷雄二郎「判解」解説平成6年度（刑）152頁以下、酒巻匡「判批」重判平成6年度165頁以下、井上・強制捜査135頁以下、川出敏裕「強制処分の効力について」『三井誠先生古稀祝賀論文集』（有斐閣、2012年）517頁以下、石田倫識「判批」百選（10版）60頁以下、行方美和「強制採尿に関する論点」学説と実務64頁以下など。

②部分のように、衣服を取り去り裸にするなどの点では、一般の捜索・差押えとは異なり、被疑者に対する人権侵害の内容で「検証としての身体検査」と共通するとしています。このように捜索・差押えを超える主体・権利侵害の内容・程度をカバーするために、218条6項を準用し、検証としての身体検査に関する条件を付すべき（令状に記載すべき）とされているのです。そして、その条件の具体的内容は、③部分のように「医師をして医学的に相当と認められる方法により行わせなければならない」とされています。

　昭和55年決定は、令状の選択に関する論理を新たに構築することで、1つの令状で強制採尿を可能とし、併用説の問題点を克服しようとしたものと評価できます。この判例の論理は、強制採尿と類似する強制採血についても用いることは可能でしょう[11]。もっとも、現在の実務では、強制採尿は昭和55年決定の論理により行われていますが、強制採血や嚥下物（飲み込んだ物）のレントゲンや超音波診断装置を用いた確認や薬物などを用いた取り出しについては身体検査令状と鑑定処分許可状の併用で行われています。その根拠としては、血液は身体の不可欠な構成物であり、その採取は人体に軽微とはいえ損傷を与えること、嚥下物の薬物を用いた取り出しは強制採尿以上に人体への強い侵襲を伴うことが挙げられています[12]。この実務の論理は、令状の形式の選択について、多数説と同様に権利侵害の内容・程度を考慮するものです。

　このことを踏まえると、昭和55年決定の論理は、実務で全面的に支持されているわけではないとの評価も可能かもしれません。他方で、その後の判例には、処分の性質により令状の形式の選択を行い、権利侵害の内容や程度などについては条件で対応するという思考プロセスをとるものが複数存在します。最決平11・12・16刑集53巻9号1327頁は、通信傍受法により明文の根拠規定が設けられる前に検証令状により被疑者らの電話を傍受したという事例について、当時「電話傍受を直接の目的とした令状は存していなかっ

---

11) 田宮119頁、佐々木＝猪俣尚人『捜査法演習〔第2版〕』（立花書房、2018年）474頁以下など。
12) 小林充「体腔に挿入され又は嚥下された疑いのある証拠物の捜索差押えと身体検査」令状基本問題下310頁、鬼澤友直「嚥下物、体腔への挿入物の捜索差押え」令状Ⅱ116頁以下、逐条448頁以下［吉川崇］など。さらに、登石郁朗「被疑者からの血液、唾液、毛髪、汗などを採取するための令状」令状Ⅱ118頁以下なども参照。

たけれども、次のような点にかんがみると……対象の特定に資する適切な検証許可状により電話傍受を実施することは、本件当時においても法律上許されていたものと解するのが相当」として、①「電話傍受は、通話内容を聴覚により認識し、それを記録するという点で、五官の作用によって対象の存否、性質、状態、内容等を認識、保全する検証としての性質をも有するということができる」、②「身体検査令状に関する同法218条5項（現在の6項——引用者注）は、その規定する条件の付加が強制処分の範囲、程度を減縮させる方向に作用する点において、身体検査令状以外の検証許可状にもその準用を肯定し得ると解されるから」、③「裁判官は、電話傍受の実施に関し適当と認める条件、例えば、捜査機関以外の第三者を立ち会わせて、対象外と思料される通話内容の傍受を速やかに遮断する措置を採らせなければならない旨を検証の条件として付することができる」としました。昭和55年決定①②③と同様の判断といえるでしょう。

判例の論理との関係では、GPS監視捜査について判断した最大判平29・3・15刑集71巻3号13頁の判示も重要ですので、7で検討します。

6 ｜ 強制採尿に対する法的規律のあり方 展開2

昭和55年決定に対しては、複数の批判が示されています。まずは、多数説の論理を前提として、捜索・差押えに218条6項の条件を付すことを認める規定がないから「捜索・差押え」に「条件」が必要な権利侵害（身体内の証拠物の強制的な採取）も含まれるとするのは困難であること、尿も体内にある限り人の生理機能の1つを担っており、人の身体の一部であるとすると、体内の尿を差押えの対象物ということは困難であることなどの批判です[13]。

では、強制採尿はどの令状の形式によるべきなのでしょうか。多数説の論理を前提として、刑訴法上に根拠条文はないという見解もあり得ます。これに対し、検証としての身体検査と鑑定としての身体検査の間に実質的な違いはないとする上述の有力説は、本来裁判所が行うべき検証について、その対象の性状などを十分に認識するために特別の学識経験を必要とする鑑定と「補充する関係」にあるとします。この理解をもとに、172条は、起訴後の

13）三井Ⅰ63頁以下、井上・強制捜査110頁以下、中川42頁など。

鑑定に必要な処分を鑑定人自身が独自の力で遂行することが不可能・不適切となった場合に、これを補うため、裁判官が直接強制も可能な身体検査を行うことを認めているとされます。そして、この裁判官による鑑定命令とパラレルに、捜査機関による嘱託鑑定は捜査機関による検証を補完・代替する関係にあるとの論理が示されます。つまり、鑑定としての身体検査を鑑定受託者が独自に遂行することが不可能・不適切となったときには、同時に得ておいた検証としての身体検査令状により、身体検査処分権限を有する捜査機関の補助者たる専門家として鑑定受託者は、身体検査令状による直接強制の効果でその身体検査を遂行できるとされるのです（併用説）[14]。

多数説の論理を前提とすれば、218条6項の条件を付すことが類型的に必要な捜索・差押えの存在を認めた点で、昭和55年決定は明文の根拠規定のない「強制採尿令状」を創設したと評価できます。他方で、強制処分の許否や要件・手続について、国民自身による国会を通じた意識的かつ明示的決断を行うべきとする強制処分法定主義の趣旨からすれば、裁判所に明文の規定のない強制処分を創設する権限はありません。本決定の論理は、強制処分法定主義に違反するものと評価できます[15]。

通信傍受に関する平成11年決定についても、犯罪に関連する通話とそうでない通話を区別するための「必要な処分」は法定されておらず、検証のための「必要な処分」の限界を超えているとする批判、さらに事後の通知や不服申立てが必要な通信傍受が準抗告のできない検証（430条では準抗告可能な処分に検証は含まれていません）に該当するという論理は疑問などとする批判が有力です[16]。平成11年決定も、強制処分法定主義に反するかたちで「通信傍受令状」を創設したというべきでしょう。

7 ｜「新しい強制処分」とその法的規律 　共通5

ここまで検討したように、新しく登場した科学技術を用いた捜査方法など

---

[14] 井上・強制捜査129頁以下、酒巻137頁以下など。
[15] 川崎・前掲注10) 66頁以下、葛野・前掲注10) 59頁、酒巻147頁、中川42頁以下など多数。
[16] 平成11年決定における元原利文裁判官の反対意見、井上・通信傍受100頁以下など。

に対する法的規律については、まず現行刑訴法の法的規律を及ぼすことができるかを検討すべきです。その際、重要となるのが、現行刑訴法のどの法的規律を具体的に及ぼすかです。その判断のためには、現行刑訴法の各強制処分の諸規定を分類する視点が重要となりますが、この分類・区分に関する判例や多数説の論理は異なっています。そして、判例の論理については、現行刑訴法で対応するという姿勢が行きすぎてしまい、立法により対応すべきところを「判例による法創造」で対応していると批判されています。

　もっとも、このような判例の姿勢は徐々に変わってきているのかもしれません。それを示していると思われるのが、GPS監視捜査に関する平成29年判決です。GPS監視捜査に対する法的規律に対する下級審裁判例は、任意処分とする裁判例[17]、GPS捜査の処分の性質は、「取得された位置情報の内容を五官の作用により認識するもの」として「検証」に当たるとする裁判例[18]などさまざまでした。これに対し、平成29年判決は、「GPS捜査は、情報機器の画面表示を読み取って対象車両の所在と移動状況を把握する点では刑訴法上の『検証』と同様の性質を有するものの、対象車両にGPS端末を取り付けることにより対象車両及びその使用者の所在の検索を行う点において、「検証」では捉えきれない性質を有することも否定し難い」としました。そして、検証許可状と捜索許可状の併用の可否についても、平成29年判決は憲法35条や憲法31条という観点から問題が残るとし、その問題の解消は、「刑訴法197条1項ただし書の趣旨に照らし、第一次的には立法府に委ねられていると解される」としたのです。そのうえで、次のように判示している点が重要です。「仮に法解釈により刑訴法上の強制の処分として許容するのであれば、以上のような問題を解消するため、裁判官が発する令状に様々な条件を付す必要が生じるが、事案ごとに、令状請求の審査を担当する裁判官の判断により、多様な選択肢の中から的確な条件の選択が行われない限り是認できないような強制の処分を認めることは、『強制の処分は、この法律に特別の定のある場合でなければ、これをすることができない』と規定する同

---

[17]　大阪地決平27・1・27判時2288号134頁、広島高判平28・7・21高刑集（平28）号241頁。

[18]　大阪地決平27・6・5判時2288号138頁、名古屋地判平27・12・24判時2307号136頁、水戸地決平28・1・22LEX/DB25545987など。この点、川出・論点8頁以下など。

項ただし書の趣旨に沿うものとはいえない」。

　平成29年判決は、問題となる処分の「性質」を考慮して、令状の形式を検討する点では従来の判例と同様の論理を採用しているといえます。他方で、強制採尿に関する昭和55年決定や通信傍受に関する平成11年決定のように、強制処分に条件を付すことで対応可能とする論理とは異なる論理を採用しているようにも思えます。最高裁は強制処分法定主義の意義を重視してこれまでの姿勢を改めたのか、それとも、従来の論理を維持してGPS監視捜査と強制採尿・通信傍受とは異なると考えたのかは評価が分かれるところです[19]。いずれにしても、現行法の枠組みのままでは対応困難な捜査手法が登場し始めており、立法による対応の必要性が高まっていると最高裁も認識しつつあるとはいえるでしょう。そして、その立法による対応の際に、どのような論理に基づき、どのような法的規律、さらにはその他の統制の仕組みを構築するかは、理論的にも非常に重要な課題といえます[20]。なお、2016年刑訴法改正では、通信傍受の事件の拡大や手続の合理化（通信傍受が行われる通信事業者の施設における事業者の常時立会いを不要とする改正）が成立しました。また、同改正の議論では、室内における会話を傍受する処分の当否も検討されました。ぜひ、その議論にもふれてみてください[21]。

19）　この点、後藤昭「法定主義の復活？　最大判平成29年3月15日を読み解く」法時89巻6号（2017年）4頁以下、井上正仁「判批」百選（10版）68頁以下、斎藤・前掲注4）58頁以下など。

20）　近年の重要な研究として、稲谷龍彦『刑事手続におけるプライバシー保護——熟議による適正手続の実現を目指して』（弘文堂、2017年）。さらに、笹倉宏紀ほか「強制・任意・プライバシー：『監視捜査』をめぐる憲法学と刑訴法学の対話」法時87巻5号（2015年）60頁以下、小木曽綾ほか「監視型捜査とその規律」刑雑55巻3号（2016年）391頁以下、笹倉宏紀ほか「強制・任意・プライバシー［続］：GPS捜査大法廷判決を読む、そしてその先へ」法時87巻5号（2015年）54頁以下、緑大輔「監視型捜査」法教446号（2017年）24頁以下、大角洋平「捜査上の処分に対する経済学的分析」一橋法学17巻1号（2018年）179頁以下、笹倉宏紀「強制・任意・プライヴァシー——『主観法モデル』でどこまで行けるか」『井上正仁先生古稀祝賀論文集』（有斐閣、2019年）253頁以下など。

21）　緑大輔「物的証拠収集の新たな手段」法時85巻8号（2013年）24頁以下、笹倉宏紀「通信・会話傍受」法時86巻10号（2014年）29頁以下、川出敏裕「通信傍受法の改正について」東京大学法科大学院ローレビュー10号（2015年）103頁以下など。

第9章

被疑者の身体拘束制度とその諸問題

第9章の目標
①被疑者の身体拘束制度の概要を理解する。
②逮捕・勾留制度の流れを理解する。
③逮捕・勾留制度に関する問題点について学ぶ。

1 | 被疑者の身体拘束処分と人身・行動の自由　共通1

　第5から第8章まで、証拠を収集・保全する強制処分について検討してきました。本章からは、被疑者の身体を拘束する強制処分を扱います。
　被疑者の身体を拘束する強制処分は、憲法33条や34条などで保護される「**身体・行動の自由**」という重要な権利を侵害します。この権利の重要性を考慮して、憲法や刑訴法は、証拠を収集・保全する強制処分以上に、詳細かつ厳格な要件や手続を定めています。これらの諸規定の整理は、被疑者の身体拘束処分に対する法的規律、そして、これを踏まえた適法性判断を行うために必要な前提作業となります。本章では、被疑者の身体拘束制度（その要件や手続）について概観したうえで、重要な問題点を検討します。

2 | 被疑者の身体拘束制度の概要　共通2

　現行法で認められている被疑者の身体拘束処分としては、「逮捕」（199条以下）と「勾留」（207条以下）があります。
　「**逮捕**」とは、被疑者の身体を拘束し、指定場所に引致する（連れていく）

処分とされます。憲法33条が規律対象とする「逮捕」は、この意味の「逮捕」に当たります。「逮捕」というと警察署などにおける身体拘束を思い浮かべるかもしれませんが、憲法33条や刑訴法199条以下にいう「逮捕」は、身体拘束の着手段階を意味するものです。逮捕後の身体拘束状態の継続は、憲法34条の「抑留」に当たります。この「抑留」について、刑訴法は逮捕した被疑者の引致先である「引致すべき官公署その他の場所」(200条:通常、検察庁や警察署など)における**「留置」**(203条など:逮捕留置ともいいます)として規定しています。このような憲法上の「逮捕」と「抑留」の区分、これを踏まえた刑訴法上の「逮捕」と「留置」の区分には注意が必要です（教科書等では、この「留置」も含めて「逮捕」とされる場合があります）。

「勾留」とは、被疑者または被告人の身体を拘束する裁判およびその執行とされます（報道では刑罰の「拘留」〔刑法9条〕が用いられるのを見かけますが、刑訴法上の表記は「勾留」です）。憲法34条にいう**「拘禁」**は、この「勾留」を意味します。そして、「勾留」は、逮捕とは異なり一定期間の身体拘束の継続も意味している点に注意が必要です。

勾留制度の特徴は、起訴前（被疑者段階）と起訴後（被告人段階）とで法的規律が異なる点にあります。第1に、検察官による勾留請求を必要とするか否かの違いです。起訴前勾留は、逮捕された被疑者について検察官が勾留請求を行った場合に裁判官がその審査を行うという手続を経ます（204条、205条、207条）。つまり、逮捕された被疑者について検察官による勾留請求がない限り、裁判官は勾留審査を行うことはできないのです（207条1項）。逮捕を経ない限り、起訴前勾留を行うことができないことを、**「逮捕前置主義」**といいます。起訴後勾留については、逮捕前置主義は採用されていません。そして、第2に、**保釈**[1]（88条以下）の有無が挙げられます。本章では、起訴前勾留に限定して検討します（以下、「勾留」は「起訴前勾留」を意味します）。

逮捕・勾留の目的は、その要件からも明らかなように、被疑者による逃亡や罪証隠滅を防止することにあります（逮捕については、199条や規則143条の3、勾留については207条1項や60条）。たとえば、逃亡や罪証隠滅を想定

---

[1] 一定額の保証金の納付などを条件に、勾留の執行を停止し、被告人を現実の身体拘束から解放する制度です。仮釈放（刑法28条）と混同する方もいますが、仮釈放は受刑者について条件つきで釈放する制度です

し得ない被疑者を、再犯の防止のみを理由に逮捕・勾留することは現行法では許されません[2]。また、逮捕・勾留の目的として被疑者取調べを挙げる見解[3]もありますが、**強制処分法定主義**（憲法31条、刑訴法197条1項但書）を前提とすれば、法定されていない目的を考慮すべきではありません。

3 | 逮捕の要件と手続——通常逮捕を例として 共通3

　憲法33条や34条などの要請を受けて、刑訴法は逮捕・勾留について具体的な要件や手続を法定しています。以下では、その具体的内容を確認します。

　刑訴法は、身体拘束への着手である逮捕について、(a) 事前の逮捕状を必要とする「**通常逮捕**」（199条以下）、(b) 無令状の「**現行犯逮捕**」（212条以下）、そして (c) 事後の逮捕状を必要とする「**緊急逮捕**」（210条以下）を認めています。これらの3つの逮捕の類型について、刑訴法は異なる要件や手続を設けています。以下では、逮捕の原則類型である (a) を例として、身体拘束処分の要件と手続の基本を身につけましょう。身体拘束の要件や手続は、逮捕の類型や逮捕する主体によっても異なり、複雑に見えます。大変な作業ですが、地道に条文を追いながら確認していきましょう。

　まずは、通常逮捕の要件について確認します。199条1項は、「被疑者が罪を犯したことを疑うに足りる相当な理由」があるとき、検察官、検察事務官または司法警察職員は、裁判官が事前に発した逮捕状により、被疑者を逮捕できるとします。憲法33条の令状主義の要請を受けて、裁判官の事前審査を経て発付された令状による逮捕を定めた規定です。

　検察官や司法警察員[4]は、裁判官に逮捕状を請求する際（199条2項）、逮

---

[2] 諸外国では、再犯の防止を勾留の目的とする立法例もあります（たとえば、ドイツ刑訴法112条aは、性犯罪などについて再犯の防止を勾留目的とします）。

[3] 團藤重光『條解刑事訴訟法 上』（弘文堂、1950年）365頁、大コメ4巻190頁以下〔渡辺咲子〕など。

[4] 司法警察員は、逮捕状請求に慎重を期すため、国家公安委員会または都道府県公安委員会が指定する警部以上の者とされます（199条2項）。また、司法警察職員と司法警察員の違いにも注意が必要です。捜査権限を有する司法警察職員（189条）は、司法警察員と司法巡査に区別され、逮捕状請求や逮捕後の手続（202条）など、権限に差異が設けられています。

捕状請求書（規則142条）と①「**逮捕の理由**」及び②「**逮捕の必要性**」が存在することを認めるべき資料を提出しなければなりません（規則143条）。この請求を受けた裁判官は、逮捕状請求書や当該資料などを基に、①②が認められるかを審査します。この審査により、①②が存在すると認めた場合、裁判官は逮捕状を発付しますが、明らかに②がないと認められるときは、逮捕状の請求を却下しなければなりません（規則143条の3）。

①逮捕の理由は、「被疑者が罪を犯したことを疑うに足りる相当な理由」とされます（199条2項本文）。これについて、大阪高判昭50・12・2判タ335号232頁などは、「捜査機関の単なる主観的嫌疑では足りず、証拠資料に裏づけられた客観的・合理的な嫌疑」とします。

②逮捕の必要性については、「被疑者の年齢及び境遇並びに犯罪の軽重及び態様その他の諸般の事情に照らし、被疑者が逃亡する虞がなく、かつ罪証を隠滅する虞がない等明らかに逮捕の必要性がないとき」（規則143条の3）に、裁判官は逮捕状の請求を却下しなければならないとされています（199条2項）。逮捕の必要性の内容は、逃亡の虞や罪証隠滅の虞などとされているのです。さらに、199条1項但書は、一定の額以下の罰金、拘留または科料に当たる軽微な犯罪について、「被疑者が定まった住居を有しない場合又は正当な理由がなく前条の規定による出頭の求めに応じない場合に限る」との要件を付け加えています。比例原則（197条1項本文）を受けて、軽微な事件では類型的に逮捕の必要性が低いことを理由に、個別具体的に高度の逮捕の必要性が認められる場合に逮捕可能とする趣旨といえます。

裁判官による事前審査を経て、逮捕の要件①②の存在が認められ、逮捕状が発付された場合、捜査機関は逮捕状（その記載内容は、200条）を被疑者に示したうえで被疑者を逮捕します（201条1項）。なお、検察事務官または司法巡査が通常逮捕した場合は直ちに、検察事務官は検察官に、司法巡査は司法警察員に、引致しなければなりません（202条）。通常逮捕と現行犯逮捕・緊急逮捕（詳細は第10章）との違いは、この逮捕時の手続です。以下の逮捕後の手続は、すべての類型に共通するものです。

通常逮捕の手続について確認します。司法警察員が、通常逮捕をした（あるいは、司法巡査から逮捕された被疑者を受け取った）場合、引致先である警察署などにおいて、犯罪事実の要旨や弁護人を選任できる旨の告知、被疑者国選弁護制度に関する教示、被疑者に弁解の機会を付与したうえで、逮捕時

図9-1　逮捕の手続

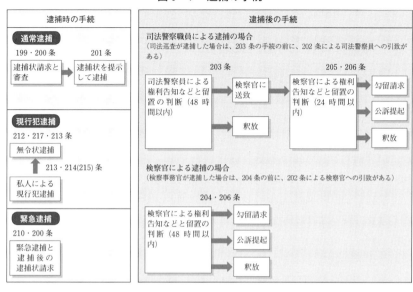

点から48時間以内に、「留置の必要」の有無を判断し、必要のある場合には被疑者を書類及び証拠物とともに検察官に送致する、必要のない場合には直ちに釈放するという手続をとらなければなりません（203条1項、同4項）。

203条により送致された被疑者を受け取った検察官は、24時間以内に弁解の機会を与え、「留置の必要」を判断し、必要のある場合には裁判官に勾留請求をする、必要のない場合には直ちに釈放するという手続を行わなければなりません（205条）。なお、この24時間以内に、検察官が公訴を提起した場合は、裁判官が職権で起訴後勾留について決定します。これを「逮捕中求令状起訴」といいます（204条1項、205条3項、280条2項）。

以上のように逮捕後の手続は、最大72時間という厳格な期間（204条1項により、検察官または検察事務官が逮捕した場合は最大48時間）が設定され、その期間内に犯罪事実の要旨などに関する告知や教示、弁解の機会の付与、司法警察員や検察官による留置の必要性の判断と最終的な処理の判断（釈放、検察官への送致、勾留請求）を行うことが必要です。なお、429条1項が準抗告（不服申立て）の対象として「逮捕に関する裁判」を挙げていないことを理由に、裁判官による逮捕状発付に対して準抗告はできないとされていま

す[5]。以上の流れを、現行犯逮捕、緊急逮捕も含めて図9-1にまとめます。

4 ｜ 勾留の要件と手続 共通4

　逮捕に続く勾留の要件と手続について確認しましょう。207条1項は、「前3条の規定による勾留の請求を受けた裁判官は、その処分に関し裁判所又は裁判長と同一の権限を有する。但し、保釈については、この限りではない。」とします。これは、保釈を除いた起訴後勾留に関する規定（60条以下）が、起訴前勾留に準用されるという意味です[6]。同規定により、203条から205条の逮捕後の手続を経て検察官が勾留請求した場合、この勾留請求を受けた裁判官は、60条の勾留の要件（勾留の理由、必要性、そして相当性）について審査しなければならないのです（207条1項）。

　検察官は、勾留請求の際に、勾留請求書（規則147条）と「法に定める勾留の理由」を認めるべき資料など（規則148条）を提出しなければなりません。勾留請求を受けた裁判官は、勾留要件（規則148条1項3号にいう「法に定める勾留の理由」）として、①**勾留の理由**と②**勾留の必要性**、そして、③**「勾留の相当性」**の有無および程度を審査します（207条1項、60条1項）。

　①勾留の理由は、「被疑者が罪を犯したことを疑うに足りる相当な理由」（207条1項、60条1項）とされます。「逮捕の理由」と同じ要件ですが、逮捕に比べより高度な嫌疑が必要だとする見解も有力です（後述5を参照）。

　②勾留の必要性は、(a)「**被疑者が定まった住居を有しないとき**」、(b)「**被告人が罪証を隠滅すると疑うに足りる相当な理由があるとき**」、(c)「**被告人が逃亡し又は逃亡すると疑うに足りる相当な理由があるとき**」とされます（207条1項、60条1項）。最決平27・10・22裁時1638号2頁および最決平26・11・17裁時1616号17頁によれば、(b) は「**罪証隠滅の現実的可能性**」、(c) は「**逃亡の現実的可能性**」と理解されます。少なくとも、罪証隠滅や逃亡の

---

5) 最決昭57・8・27刑集36巻6号726頁など。

6) 207条1項により、起訴前勾留には保釈は認められません。これに対し、法改正により起訴前保釈を導入すべきことが強く主張されています（石田倫識「保釈」刑事立法研究会編『代用監獄・拘置所改革のゆくえ』〔現代人文社、2005年〕113頁以下、葛野尋之『刑事手続と刑事拘禁』〔現代人文社、2007年〕39頁以下、川出敏裕「身柄拘束制度の在り方」ジュリ1370号〔2009年〕107頁以下など）。

一般的抽象的な可能性やその「おそれ」では足りないといえます。

そして、③勾留の相当性は、勾留により得られる利益の程度と生じる権利・利益侵害の程度（社会生活・経済生活上の不利益や犯罪の軽重）が均衡していることです。①②が認められても、被疑者が高齢者であるとか、犯罪が軽微であるなど、比例原則（197条1項本文）により勾留が相当でない場合があるからです。

なお、87条1項（勾留要件として勾留の理由と勾留の必要性のみを挙げているように読める）などを根拠に、勾留の理由として①②を、勾留の必要性として③を挙げる見解[7]が一般的です。しかし、勾留の必要性といいつつ「相当性」を問題とすることは混乱が生じること、90条が「裁判所は、保釈された場合に<u>被告人が逃亡し又は罪証を隠滅するおそれの程度のほか、身体の拘束の継続により被告人が受ける健康上、経済上、社会生活上又は防御の準備上の不利益の程度その他の事情を考慮し、適当と認めるとき</u>は、職権で保釈を許すことができる。」（下線は引用者）と、勾留の相当性が独立の要件とされていることを根拠に、上記①②③のように整理することが適切と考えます（なお、上記平成27年決定も、勾留の理由と勾留の必要性を区別し、後者として「罪証隠滅・逃亡の現実的可能性」を挙げています）[8]。

逮捕の場合とは異なり、勾留請求を受けた裁判官は、裁判所庁舎内にある勾留質問室において被疑者に対し被疑事件を告げ、これに関する陳述を聴いたうえで、勾留要件①②③の有無およびその程度について審査しなければなりません（**勾留質問**：207条2項、61条）。勾留質問において勾留を請求された被疑者に対して被疑事件を告げる際には、裁判官は弁護人の選任や被疑者国選弁護制度などに関する告知・教示をしなければなりません（207条2項〜4項）。

勾留質問を経て、勾留要件がないと認めるとき、または、逮捕から勾留請求までの時間の制限を検察官・司法警察員が遵守できなかったことについて正当な事由がないと認めるとき（206条2項）、裁判官は勾留状を発せずに直

---

[7] 三井Ⅰ18頁以下、酒巻64頁以下、大澤裕「被疑者の身体拘束──概説（4）」法教446号（2017年）129頁以下、宇藤ほか80頁など。さらに、中川60頁以下も参照。

[8] この点、緑大輔「勾留における『罪証隠滅を疑うに足りる相当な理由』」刑弁98号（2019年）26頁以下も参照。

ちに被疑者の釈放を命じなければなりません（207条5項但書。勾留請求却下）。これに当たらない場合、裁判官は勾留状を発付しなければなりません（207条5項。勾留状の記載については207条1項、64条）。

　近年、勾留請求却下率が上昇していることが注目されています（『平成30年版犯罪白書』によれば2004年に0.1％だったのが、2017年は3.9％となっています）[9]。このような動向にはさまざまな背景が存在すると考えられます。上記の平成26年決定は、地下鉄内で被害女子中学生に対し、右手で右太もも付近および股間をスカートのうえから触ったという事例について、「被害少女に対する現実的な働きかけの可能性もある」ことのみを理由に勾留の必要性を肯定した原決定を取り消し、「本件事案の性質に加え、本件が京都市内の中心部を走る朝の通勤通学時間帯の地下鉄車両内で発生したもので、被疑者が被害少女に接触する可能性が高いことを示すような具体的な事情がうかがわれない」として「罪証隠滅の現実的可能性」の程度は低いとしました。原決定が従来の実務に沿った判断だとすれば、平成26年決定は従来の勾留実務を変えるべきという最高裁のメッセージであるとも理解できます。また、被疑者国選弁護制度の創設などにより、捜査段階からの弁護活動がさらに充実してきたという理由もあり得ます。

---

9) 従来の低い勾留請求却下率については、被疑者が否認や黙秘をしていること自体を理由に安易に勾留請求が認められており、日本の刑事司法は、被疑者・被告人の身体を人質にとって、その争う権利を奪う「人質司法」となっているとの批判が存在しました（藪下紀一「保釈――弁護の立場から」三井誠ほか編『新刑事手続Ⅱ』（悠々社、2002年）265頁以下など）。これに対しては、保釈判断との関係で、否認・黙秘は判断の一資料にすぎず、「人質司法」という批判は当たらないとの反論がなされています（松本芳希「裁判員裁判と保釈の運用について」ジュリ1312号〔2006年〕128頁。なお、この松本論文は、近年の勾留・保釈判断の変化のきっかけとなったとも評価されています）。近年の実務については、「特集・裁判所は変わりつつあるのか――無罪・勾留却下ラッシュ？」刑弁58号（2009年）14頁以下、「特集・人質司法は変われるか？」刑弁83号（2015年）13頁以下、「特集　保釈・勾留の運用」刑ジャ52号（2017年）2頁以下、愛知県弁護士会刑事弁護委員会編『勾留準抗告に取り組む――99事例からみる傾向と対策』（現代人文社、2017年）、「特集　勾留を争う――全勾留準抗告運動と勾留判断における考慮事情」刑弁98号（2019年）9頁以下など。さらに、勾留要件の妥当性自体を検討するものとして、豊崎七絵「未決拘禁の理論的根拠」法学69巻5号（2006年）106頁以下、後藤昭「未決拘禁の基本問題」福井厚編『未決拘禁改革の課題と展望』（日本評論社、2009年）1頁以下など。

図 9-2 勾留の手続

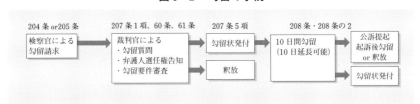

　起訴前勾留の期間は、勾留請求した日から10日とされます（208条1項）[10]。さらに、裁判官は、やむを得ない事由があると認めるときは、検察官の請求により勾留期間を10日以内で延長できます。なお、起訴後勾留の期間（60条2項）とは異なる点にも注意が必要です[11]。以上の勾留の流れを図9-2にまとめておきます。

　逮捕の場合と異なり、勾留については、勾留の適否を争うため、さらには勾留から解放されるための手段が認められています。「**勾留の裁判に対する準抗告**」（429条1項2号）、「**勾留理由開示**」（憲法34条1項、刑訴法207条1項、82から86条）、「**勾留の取消し**」（207条1項、87条）、そして「**勾留の執行停止**」（207条1項、95条）です。勾留理由開示は、勾留されている被疑者の請求により行われる公開の法廷における勾留理由の開示手続です[12]。勾留の取消しは、勾留要件①②③の少なくともいずれかがなくなった場合に、87

10）　なお、実務では、裁判官は、勾留期間を10日未満とすることはできないとされます。その根拠として、208条1項は勾留期間を一律に10日間と定めていること、これを短縮することを認める規定はないこと、捜査を実際に担当していない裁判官には詳細な勾留期間の設定は困難であることが挙げられます（小田健司「10日より短い勾留期間を記載した勾留状を発することの可否」令状基本問題上345頁以下、三浦隆昭「勾留裁判官が勾留期間を10日以内に定めることの可否」令状Ⅰ165頁以下など）。

11）　さらに、内乱に関する罪、外患に関する罪、国交に関する罪、そして騒乱の罪については、検察官の請求により、さらに5日以内の延長が可能です（208条の2）。

12）　勾留理由開示制度の趣旨については、勾留理由の公開を要求するにとどまるという理解と不当な勾留からの解放・救済を目的とするという理解が対立しています。実務は前者の立場だとされますが、後者の立場も有力です（田宮90頁以下、葛野尋之『未決拘禁法と人権』〔現代人文社、2012年〕43頁以下、斎藤司『公正な刑事手続と証拠開示請求権』〔法律文化社、2015年〕337頁以下など）。

条1項所定の請求権者または裁判官の職権により、将来に向けて勾留の効力を消滅させるものです。そして、勾留の執行停止は、裁判官の職権によりなされる、勾留の執行を一時的に停止し、被疑者を身体拘束から解放するものです（たとえば、被告人や親しい近親者の病気を理由とする入院やお見舞い、近親者の冠婚葬祭の場合などにおいて用いられます）[13]。

勾留との関係で重要な近年の法改正として、被疑者国選弁護制度が存在します。被疑者に対して勾留状が発付されている場合で、被疑者が貧困その他の事由により、弁護人を選任することができないときは、裁判官は、被疑者の請求や職権により、弁護人を被疑者に付さなければなりません（37条の2第1項、37条の4）。被疑者国選弁護制度は、2006年から実施されたのち、対象事件が次第に拡大され、現在のように勾留状が発付されている全事件を対象としています。

5 逮捕・勾留の意味と両者の関係　展開1

通常逮捕を例として、逮捕から起訴前勾留の一連の手続とその要件を見てきました。このうち、逮捕から勾留請求までの逮捕後の「留置」（逮捕留置）期間の趣旨の理解、そして勾留状が発付された後の勾留場所については重要な議論がなされています。

複数の見解は、逮捕に比べ勾留にはより高い嫌疑が求められるとして、まず短期の身体拘束である逮捕を先行させ、最大72時間の逮捕留置期間内に被疑者からの弁解録取やその他の捜査を行い、その結果、嫌疑がより高まるなどすると、さらに身体拘束が必要なので、長期の身体拘束である勾留を行うというのが現行法の考えであるとします。これによれば、逮捕留置期間は、捜査機関がさらに勾留を行うべきかを判断するための手持ち時間（捜査の時間）として理解されます[14]。

これに対し、勾留とは異なり逮捕には準抗告などの手続保障が認められていないことを理由に、逮捕は勾留と比較して「軽い処分」（仮の身体拘束）と

---

13) 条解195頁以下、逐条180頁以下［丸山哲巳］など。
14) 三井Ⅰ19頁以下、酒巻71頁以下、古宮久枝「被疑者の勾留と逮捕前置の原則」実例Ⅰ153頁以下、川出・捜査71頁以下など。

理解でき、そして、逮捕の理由および勾留の理由はともに同じ文言であるから同程度の嫌疑が必要とされていると解釈できると主張する見解もあります。この見解によれば、現行法が、嫌疑を高めることなどを目的とする逮捕期間中の捜査を認めているとは直ちにいえないことになります。この見解は、逮捕を、裁判官が勾留の審査を行うために速やかに当該裁判官の面前に被疑者を「引致する処分」であると理解します。そして、逮捕後、捜査機関は当然に被疑者取調べを行うことはできず、速やかに勾留を判断する裁判官の面前に被疑者を引致すべきとされます（私見もこの立場です）[15]。もっとも、この見解に対しては、現行法が逮捕と勾留という2つの身体拘束処分を認めていることを十分に説明できない、逮捕前置主義の説明が困難であるとの批判があります[16]。

次に、勾留場所に関する議論です。実務では、勾留状の記載事項である「勾留すべき刑事施設」（207条1項、64条1項。「刑事施設」の定義は被収容者処遇法3条）について、裁判官は、その裁量で、事件の性質や被疑者の年齢、供述態度、交通事情など諸般の事情を総合考慮して、「留置施設」（被収容者処遇法14条）とすることができるとされます（被収容者処遇法15条1項）[17]。この「勾留すべき刑事施設」に「代えて」、「留置施設」へ被疑者を勾留することを「**代用監獄制度（代用刑事施設制度）**」といいます。

この代用監獄制度は、捜査機関が「被疑者の身柄を拘束・管理しその日常生活を支配することから生ずる心理的圧力を取調べに利用するシステム」とされ、被疑者の自白強要につながる危険を有する「えん罪の温床」であると批判されてきました[18]。また、1979年に日本も批准している「市民的及び政治的権利に関する国際規約」（自由権規約）9条3項が「刑事上の罪に問われ逮捕され又は抑留された者は、裁判官……の面前に速やかに連れていかれる

---

15) 田宮裕『捜査の構造』（有斐閣、1971年）164頁以下、後藤・捜査95頁以下、斎藤司「刑事被収容者処遇法と逮捕留置」愛媛法学会雑誌35巻1＝2＝3＝4号（2009年）179頁以下、緑103頁以下、中川46頁以下など。

16) 川出敏裕『別件逮捕・勾留の研究』（東京大学出版会、1998年）17頁、大澤裕「被疑者の身体拘束──逮捕・勾留に伴う諸問題（1）」法教450号（2018年）108頁など。

17) 樋口裕晃「勾留場所を留置施設とすることの適否」令状Ⅰ139頁など。

18) 小田中聰樹『現代司法と刑事訴訟の改革課題』（日本評論社、1995年）224頁。さらに、刑事立法研究会編『代用監獄・拘置所改革のゆくえ』（現代人文社、2005年）など。

ものとし……」としていることは、上記の「裁判官の面前への引致行為」として逮捕を理解することだけでなく、警察のコントロール下における被疑者・被告人の身体拘束（警察留置）を極小化すること、さらには裁判官の面前に引致された被疑者を、警察のコントロール下の身体拘束へ再度戻すことの禁止などを要請するものであるとの見解も主張されています（「**未決拘禁〔逮捕・勾留〕の司法的コントロール**」、「**捜査と拘禁の分離原則**」[19]）。以上のような批判も踏まえ、代用監獄制度は一刻も早く廃止すべきであると強く主張されているところです。代用監獄制度を維持したうえでの改善もなされています[20]が、不十分であるとの批判も根強く存在します。

---

[19] 葛野・前掲書注6）51頁以下、葛野・前掲書注12）125頁以下、中川46頁以下など。さらに、自由権規約委員会を含む複数の国際機関からも、代用監獄制度は批判されています（2014年の第6回自由権規約委員会・最終見解など）。

[20] たとえば、留置施設における留置業務を担当する者は、その留置施設に留置されている者に関する捜査に従事してはならない旨の規定の新設（被収容者処遇法16条3項）などが挙げられます。

第 10 章

憲法 33 条の令状主義と逮捕に対する法的規律

第 10 章の目標
①憲法 33 条の令状主義の趣旨を踏まえて、現行犯逮捕・準現行犯逮捕の内容と要件を理解する。
②憲法 33 条の令状主義の趣旨を踏まえて、緊急逮捕の内容と要件、その問題点を理解する。
③違法な逮捕に引き続く勾留請求・勾留の可否について学ぶ。

1 │ 憲法 33 条の令状主義と逮捕の諸類型　共通 1

　前章では、通常逮捕を題材として起訴前の身体拘束制度（逮捕・勾留）の概要を学びました。本章では、その内容も踏まえながら、逮捕を中心としてより詳しく学びましょう。現行刑訴法は逮捕について、通常逮捕（199 条以下）、現行犯逮捕（212 条以下）、そして緊急逮捕（210 条以下）という 3 つの類型を認めています。それぞれの逮捕の法的規律とその適法性判断を身につけるためには、憲法 33 条の令状主義の趣旨を踏まえて、その実体的要件や手続を理解することが不可欠となります。
　以下では、まず、身体拘束に関する憲法上の諸原則を学んだうえで、現行犯逮捕と緊急逮捕の内容や趣旨、そして関連する問題を検討します。

2 | 被疑者の身体拘束処分と憲法の要請 　共通2

　憲法33条は、「何人も、現行犯として逮捕される場合を除いては、権限を有する司法官憲が発し、且つ理由となつてゐる犯罪を明示する令状によらなければ、逮捕されない」とし、逮捕について裁判官が事前に発付した令状を必要としています（**令状主義**）。さらに、憲法34条は、「何人も、理由を直ちに告げられ、且つ、直ちに弁護人に依頼する権利を与へられなければ、抑留又は拘禁されない。又、何人も、正当な理由がなければ、拘禁されず、要求があれば、その理由は、直ちに本人及びその弁護人の出席する公開の法廷で示されなければならない」とし、「抑留又は拘禁」について、その理由の告知や弁護人依頼権、「拘禁」について「正当な理由」やその公開の法廷での開示を必要としています。その趣旨は、以下のように整理できるでしょう。

　まず、憲法33条の令状主義の趣旨は、公平中立な第三者である裁判官に、実体的要件の存否を逮捕前に審査させることによって、実体的要件を欠く恣意的な逮捕や誤認逮捕を実効的に抑制することにあります。次に、憲法34条の第1の趣旨は、「正当な理由」（実体的要件）を欠く恣意的あるいは誤った「拘禁」（勾留）を実効的に抑制することにあります。さらに、憲法34条は、被疑者・被告人が抑留（逮捕留置）または勾留された場合、その「理由」の告知と「弁護人に依頼する権利」を保障し、勾留された場合には、さらにその「正当な理由」の存在を必要としています。このように、憲法34条の第2の趣旨は、逮捕留置や勾留といった一定以上の期間の身体拘束について、身体拘束の理由を解消するなどの身体拘束からの解放を目的とする手段を被疑者・被告人に保障すること、そして、勾留された被疑者・被告人が弁護人を通じて外界とのつながりを維持することにあります[1]。

　捜索・差押え等の場合、捜査機関による恣意的な権限行使や権限行使の誤りについては、主に捜索・差押え等の「範囲」に結びつきます。これに対し、逮捕・勾留の場合は、身体拘束期間やこれに付随する不当・違法な権利侵害（逮捕・勾留に副作用的に伴う外界との断絶、精神的苦痛など）に着目する必要が

---

1) この点、村岡啓一「第34条」憲法的刑事手続研究会『憲法的刑事手続』（日本評論社、1997年）268頁以下、葛野尋之『刑事手続と刑事拘禁』（現代人文社、2007年）307頁以下など参照。さらに、最大判平11・3・24民集53巻3号514頁も参照。

あります。それゆえ、憲法33条と34条の趣旨は、捜査機関による恣意的あるいは誤った身体拘束への着手の抑制に加え、身体拘束期間の可能な限りの短縮（身体拘束からの解放）、身体拘束中の不当・不要な権利侵害（身体拘束に副作用的に伴う外界との隔絶）の抑制とされているのです。以下では、憲法33条の令状主義の趣旨を踏まえ、現行犯逮捕と緊急逮捕を検討しましょう。

3 ｜ 現行犯逮捕と憲法33条の令状主義の趣旨 　共通3

[1] 現行犯逮捕とその法的規律

刑訴法は、**通常逮捕**（199条以下）以外の逮捕の類型として、**現行犯逮捕**（212条以下）と**緊急逮捕**（210条以下）を認めています。通常逮捕との関係で注意すべきなのは、要件の違いや逮捕「時」の手続の違い、そして、その趣旨です。

憲法33条が「現行犯として逮捕される場合」を通常逮捕の例外としていることを受けて、212条以下は無令状の現行犯逮捕を認めています。212条1項は、「現に罪を行い、又は現に罪を行い終った者」を「**現行犯人**」とし、213条は、その無令状逮捕を認めています。なお、現行犯逮捕と後述の準現行犯逮捕については、私人によることも可能です（213条）。私人が現行犯逮捕した場合は、被逮捕者を直ちに検察官または司法警察職員に引き渡さなければなりません（214条）。

現行犯逮捕について令状が不必要とされている第1の趣旨は、現行犯逮捕の場合、犯行の存在や被逮捕者が犯人であることが明白である（犯行や犯人の明白性）から、逮捕要件の1つである「逮捕の理由」（「犯罪の嫌疑」）が類型的に明白に存在し、裁判官による事前の審査を経なくとも恣意的な逮捕・誤認逮捕の危険が低いことにあります。そして、第2の趣旨は、犯人であることが明白な者が目前にいるにもかかわらず、裁判官の令状審査を経るということになれば、その者の逃亡や証拠隠滅を防止できないという緊急の必要性にあります。

第2の趣旨を踏まえると、個別具体的に見て緊急の「逮捕の必要性」（逃亡や罪証隠滅の現実的可能性）が認められない場合、現行犯逮捕は許容されなません。現行犯逮捕については、「逮捕の必要性」に関する明文の規定は存在しませんが、現行犯逮捕も人身・行動の自由を侵害する強制処分である以

上、その要件はできる限り厳格に解釈すべきことを理由に、通常逮捕の場合と同様、逮捕の必要性（199条2項但書や規則143条の3を参照）を要件とすると解されます[2]。このように、無令状逮捕が許容される趣旨は、憲法33条の令状主義の趣旨（恣意的な逮捕や誤認逮捕の抑制）と不可分なのです。

[2] 準現行犯逮捕とその法的規律

　無令状逮捕が許容される趣旨は、当然、212条2項の準現行犯逮捕にも及びます。212条2項は、同項各号（「犯人として追呼されているとき」〔1号〕、「贓物又は明らかに犯罪の用に供したと思われる兇器その他の物を所持しているとき」〔2号〕、「身体又は被服に犯罪の顕著な証跡があるとき」〔3号〕、「誰何〔すいか：呼び止めて何者か問いただすこと〕されて逃走しようとするとき」〔4号〕）のいずれかに該当する者について、「罪を行い終ってから間がないと明らかに認められるとき」は、現行犯人とみなすとしています（**準現行犯人**）。

　「罪を行い終ってから間がないと明らかに認められるとき」との要件は、準現行犯の場合、現行犯と比べて犯行から逮捕までの場所や時間の隔たりが大きいことを前提とするものです。準現行犯逮捕の場合、犯人とそれ以外の者を混同する危険（恣意的な逮捕や誤認逮捕の危険）は類型的に一定程度高くなります。このような危険があるにもかかわらず、準現行犯逮捕が許容されているのは、犯行から時間的・場所的に隔たりがある場合でも、犯行や犯人が明白な（上記の令状を必要としない第1の趣旨も満たしうる）場合があるからです。このような理由から、「罪を行い終ってから間がないと明らかに認められるとき」の要件や上記各号要件（類型的に犯行や犯人の明白性を推認させる事情）が必要とされているわけです。

　準現行犯逮捕の適法性を検討する場合、各号要件を満たす事実が存在することを前提として、個別具体的に検討して「罪を行い終ってから間がないと明らかに認められるとき」（犯行と犯人の明白性）が認められる（恣意的な逮捕や誤認逮捕の危険が少ない）かどうかの判断が必要となります。特に上記4号の場合、犯行から短時間後に誰何されて逃げたからといって、直ちに犯人であることが明白といえないでしょう。他方で、各号に複数該当している

---

2)　大阪高判昭60・12・18判時1201号93頁、東京高判平20・5・15判時2050号103頁など。

場合もあり得ます（2号ないし4号に該当する事実が存在するとしたものとして、最決平8・1・29刑集50巻1号1頁）[3]。このように現行犯逮捕や準現行犯逮捕の適法性判断の中核は、法定される各号要件などを踏まえつつ「犯行や犯人の明白性」が認められるかの判断です。以下では、その判断方法について具体的事例も交えながら検討しましょう。

[3]「犯行や犯人の明白性」の判断方法

　212条1項にいう「現に罪を行い、現に罪を行い終った者」（犯行や犯人の明白性）は、現行犯逮捕の適法性を左右する重要な要件です。前者の現に罪を行っている者とは、逮捕者の面前で特定の犯罪を行っている犯人が被疑者であることを意味します。後者の「現に罪を行い終った者」とは、特定の犯罪の実行行為と逮捕が時間的・場所的に接着していることに加えて、当該犯罪の存在とその犯人が被疑者であることが逮捕者に明白であることを意味します。

　上記の要件のうち問題となることが多いのは、後者の「現に罪を行い終った者」といえるかが問題となる場合（逮捕者が犯行を現認していない場合）です。この問題について、よく挙げられる京都地決昭44・11・5判時629号103頁[4]の概要は以下の通りでした。

　昭和44年10月29日20時55分頃、V方において、Vが、通りがかりの男性から裁ちばさみを突き付けられ、金を要求されたので、直ちに110番で被害状況を通報したが、その間に男性はその場からいずれかの方向に逃走した。通報を受け、駆けつけた警察官2名は、パトカーで同日21時5分ころV方に到着し、Vから直ちに事情を聴取した結果、犯人は、うぐいす色のジャンパーを着て酒の臭いのする30歳すぎの男性であることが判明した。この情報をもとに、警察官らが、直ちにA方周辺を巡回した

---

[3] 同決定に関する評釈として、木口信之「判解」解説平成8年度（刑）27頁以下、丸橋昌太郎「判批」百選（10版）26頁以下など。準現行犯に関する裁判例として、東京高判昭62・4・16判時1244号140頁など。

[4] 昭和44年決定に関する検討として、斎藤司「判批」判例学習65頁以下、川出・捜査63頁以下など。

> ところ、同日21時15分頃、V方より東方約20メートル離れた路上において、Vが述べる上記風貌によく似た男性Xを発見したので、職務質問を開始したが、Xは、自分は犯人でない旨を述べた。そこで、警察官らは、その場にVに同行を求め、Xと対面させたところ、VからXが犯人に間違いない旨の供述を得たので、その場で、Xを現行犯逮捕した。

　みなさんは、「通りがかりの男性」は犯人であるXであることが「明白」であると判断できますか。そして、その判断の理由はどこにあるでしょうか。昭和44年決定は、「被疑者を現行犯人として逮捕することが許容されるためには、被疑者が現に特定の犯罪を行い又は現にそれを行い終った者であることが、逮捕の現場における客観的・外部的状況等から、逮捕者自身においても直接明白に覚知しうる場合であることが必要と解される」とし、他方で被害者の供述しか存在しない場合はこれに当たらないとしたうえで、次のように判示しました（下線・丸数字は引用者）。

> 　司法巡査が①Xを「現行犯逮捕」したのは、犯行時よりわずか20数分後であり、その逮捕場所も犯行場所からわずか20数メートルしか離れていない地点であったのであるが、②逮捕者である司法巡査とすれば犯行現場に居合わせてXの本件犯行を目撃していたわけではなく、またその逮捕時においてXが犯罪に供した凶器等を所持しその身体、被服などに犯罪の証跡を残していて明白に犯人と認めうるような状況にあったわけでもないのであって、③Vの供述に基づいてはじめてXを本件被疑事実を犯した犯人と認めえたというにすぎないのである。……以上によれば、司法巡査がVの供述に基づいてXを「現行犯逮捕」した時点においては、Xについて、……現行犯逮捕……をなしうるまでの実体的要件が具備されていたとは認められないといわなければならない。

　昭和44年決定は、①部分のように犯行から逮捕の場所的・時間的近接性を肯定したものの、②部分のように逮捕現場の客観的・外部的状況（被疑者の身体・衣服などの状況）を検討したうえで、③部分のようにXが犯人であ

るとする資料は被害者Vの供述のみであるとして、本件では「犯行や犯人の明白性」は認められないとしました。昭和44年決定の重要な点は、①犯行から逮捕の場所的・時間的近接性を検討したうえで、②逮捕現場の客観的・外部的状況を個別具体的に検討し、③「犯行や犯人の明白性」を認定できるかという思考プロセスを示したことにあります。

　昭和44年決定で示唆されているように、「犯行や犯人の明白性」を判断するための重要な考慮要素の1つは時間的・場所的近接性です。時間的・場所的近接性が求められるのは、犯行から時間的・場所的隔たりが大きければ大きいほど、犯罪の痕跡が消滅し誤認逮捕の危険性が高くなるからです。それゆえ、時間的・場所的近接性が否定されれば、その時点で犯行や犯人の明白性も否定されるのです。どの程度の時間・距離があれば近接性が否定されるか、一義的に定めるのは困難です。たとえば、最判昭50・4・3刑集29巻4号132頁の事案（海上において密漁船を3時間追跡して逮捕）のように、犯行と時間的に接着した時点で逮捕行為に着手されている場合、そのための追跡が継続している限りは、時間的・場所的な隔たりがあってもよい場合もあるでしょう。他方で、大勢の乗客で混雑している場所で現行犯人を一度見逃したという場合、短時間・短距離でも近接性は否定されうるでしょう。

　時間的・場所的近接性が強く認められるほど、類型的に犯罪や犯人の明白性も強く認められる関係にはありますが、逮捕者が犯罪や犯行を現認した場合を除き、直ちに犯行や犯人の明白性が認められるわけではありません。重要なのは「犯行や犯人の明白性」を認定できるかなのです。このように「犯行や犯人の明白性」判断は、時間的・場所的近接性に関する評価や、逮捕現場の客観的・外部的状況などの個別具体的な評価を踏まえて、逮捕者が直接に「犯行や犯人の明白性」を認定できるかを内容とするのです。

　その意味で、時間的・場所的近接性や準現行犯に関する212条2項各号要件は、条文上、「犯行や犯人の明白性」が認められる最低限の要件であると同時に、当該明白性を支える1つの事情といえます[5]。

　個別具体的な「犯行や犯人の明白性」の認定は、逮捕現場や被害者の身体・衣服の状況、被逮捕者の身体・衣服の状況や挙動といった客観的・外部的状況を中心として、客観的・外部的状況と整合する信用性のある通報や被

---

5) 古江56頁が時間的・場所的接着性を「補充的な要件」とするのも同趣旨と思われます。

疑者や被害者、目撃者などの供述も補充的に加味しながら、合理的に検討されるものです[6]。もっとも、逮捕者が、犯行やその現場を現認していないにもかかわらず、被害者や第三者の供述のみに基づき逮捕することは、一定以上の恣意的な逮捕や誤認逮捕の危険を伴い、許されないでしょう。昭和44年決定の論理も、このことを前提としています。

準現行犯逮捕の場合も無令状逮捕である以上、現行犯人の場合と同程度の「罪を行い終わってから間がないと明らかに認めるとき」の認定が必要です。そして、現行犯人の場合と比べて、犯行時と逮捕時との間に一定程度以上の場所的・時間的隔たりがあることが前提となるので、逮捕者が現場に駆けつけるきっかけとなった情報（通報や供述など）と逮捕現場の状況などとの整合性を踏まえた情報の信用性判断が、「犯行や犯人の明白性」判断の重要な判断材料となります[7]。以上のように、212条2項各号要件の該当性と犯行と逮捕の時間的・場所的近接性が認められるかの検討を経て、逮捕現場の客観的・外部的状況などの個別具体的評価により「犯行と犯人の明白性」が認定されるかが検討されることになるのです。

4 憲法33条の令状主義と緊急逮捕　共通4

最後に、第3の逮捕の類型である緊急逮捕について検討します。210条は、①比較的重い法定刑の犯罪（「死刑又は無期若しくは長期三年以上の懲役若しく

---

[6] 釧路地決昭42・9・8下刑集9巻9号1234頁、青森地決昭48・8・25刑月5巻8号1246頁、東京高判昭60・4・30判タ555号330頁など。さらに、最高裁判例として、最決昭31・10・25刑集10巻10号1439頁、最決昭33・6・4刑集12巻9号1971頁。これに対し、逮捕者が犯行を現認した場合に限定すべきとする見解として、高田41頁以下など。この問題に関する検討として、池田修「現行犯人・準現行犯人の意義と範囲」令状基本問題上136頁以下、小田健司「供述証拠を現行犯人認定の資料としてよいか」令状基本問題上151頁以下、一藤哲志「現行犯逮捕の意義、逮捕の必要性」令状Ⅰ67頁以下、森岡孝介「供述証拠による現行犯人の認定」令状Ⅰ71頁以下、大澤裕「被疑者の身体拘束──概説（2）」法教444号（2017年）113頁以下、石山宏樹「現行犯逮捕における明白性の認定について」『井上正仁先生古稀祝賀論文集』（有斐閣、2019年）301頁以下など。

[7] 準現行犯逮捕について詳細に検討するものとして、池田・前掲注6）136頁以下、山田直之「準現行犯人の意義、逮捕の必要性」令状Ⅰ69頁以下、川出・捜査66頁以下、大澤・前掲注6）120頁以下など。

は禁錮にあたる罪」）について、②通常逮捕と比べ高い犯罪の嫌疑が存在する場合（「罪を犯したことを疑うに足りる充分な理由がある場合」）で、③「急速を要し、裁判官の逮捕状を求めることができないとき」、検察官、検察事務官または司法警察職員は、④上記①②③の理由を告げて、令状なく逮捕することができるとします。⑤当該逮捕後、逮捕した者は、直ちに裁判官の逮捕状を請求する手続をしなければなりません。

　この請求を受けた裁判官は、緊急逮捕時に緊急逮捕の要件①から⑤が充足されていたか、そして令状請求時における通常逮捕の理由と必要性は存在するかを審査します。これらが認められないとき、逮捕状の請求は却下され、直ちに被疑者は釈放されなければなりません（210条1項）。

　要件②からも明らかなように、緊急逮捕は「犯行や犯人の明白性」が認められない状況を前提としています。そうすると、緊急逮捕については誤認逮捕の危険が常に伴うため、憲法33条の令状主義の要請により、「逮捕前の」裁判官による審査が必要ということになりそうです。ところが、210条は「逮捕後の」裁判官による審査を認めるにとどまります。そうすると、210条は憲法33条と整合するのかという疑問が生じます。現行犯逮捕に類似するとして合憲とする見解[8]は、緊急逮捕に伴う誤認逮捕の危険の存在についてうまく説明できていない点で疑問があります。

　この問題について、最大判昭30・12・14刑集9巻13号2760頁は、210条の合憲性が争われた事件において、210条について、「かような厳格な制約の下に、罪状の重い一定の犯罪のみについて、緊急已むを得ない場合に限り、逮捕後直ちに裁判官の審査を受けて逮捕状の発行を求めることを条件とし、被疑者の逮捕を認めることは、憲法33条規定の趣旨に反するものではない」と判示しました。この判示は、逮捕後直ちに裁判官による審査が予定されていることを合憲性の根拠としているようにも読めますが、その論理は必ずしも明らかではありません。

　学説の多くは、緊急逮捕を、逮捕後「直ちに」裁判官による審査がなされるから、当該逮捕手続は全体として逮捕状に基づくものといえる（憲法33条の予定する通常逮捕の一種である）として、その合憲性を肯定します[9]。こ

---

8) 昭和30年判決における小谷勝重・池田克補足意見を参照。さらに、現行犯逮捕と同様の憲法33条の「合理的例外」とするものとして、同判決における斎藤悠輔補足意見。

の見解によれば、「直ちに裁判官の逮捕状を求める手続」（210条の要件⑤）にいう「直ちに」とは、全体として逮捕状に基づく逮捕といえるほどのものという意味（「即時に」）として解釈すべきことになります。

　もっとも、緊急逮捕の場合、短時間とはいえ裁判官の審査を欠く逮捕がなされていることは明らかです。少なくとも、逮捕直後に裁判官の審査があることだけで憲法33条の要請を満たすということには疑問があります[10]。憲法33条との関係で逮捕後という変則的な令状審査が正当化されるとしても、その変則的な令状主義の保障を正当化できるほどの「緊急の必要性」が認められ、恣意的な逮捕や誤認逮捕の危険性が最小限の場合に限られるというべきです。このように考えると、210条の要件②にいう「充分な理由」は一応の嫌疑が存在するだけでは足りず、「高度の嫌疑」（被疑者が犯人である蓋然性が高い場合）として解釈されるべきです[11]。さらに、要件③にいう「急速を要し」も、被疑者の逃亡や証拠隠滅の現実的可能性（逮捕の必要性）が高く、逮捕状を請求する時間的余裕がない場合と解釈されるべきです。

　このように、緊急逮捕は、高度の「緊急の必要性」が存在し、誤認逮捕の危険性が最小限の場合（高度の嫌疑が存在する場合）に限り許容される憲法33条の通常逮捕の変則的な類型というべきです[12]。このような合憲的解釈がなされないのであれば、緊急逮捕については違憲の疑いをぬぐいきれません[13]。さらに立法論としては、210条の要件①による事件の限定はあまりに緩やかだという重要な指摘があります[14]。

---

9)　團藤340頁以下など。
10)　緊急逮捕の違憲性については、白取175頁、中川53頁など。
11)　名古屋高金沢支判昭31・4・27下民集7巻4号1071頁、神戸地決昭46・9・25刑月3巻9号1288頁など。
12)　大澤裕「被疑者の身体拘束——概説（3）」法教445号（2017年）125頁以下、緑118頁以下。さらに、井上・通信傍受197頁も参照。
13)　鈴木茂嗣『刑事訴訟法〔改訂版〕』（青林書院、1990年）75頁、水谷規男『疑問解消・刑事訴訟法』（日本評論社、2008年）63頁以下など。
14)　光藤Ⅰ62頁以下など。

5 │ 違法な逮捕と勾留の関係 　共通5

　207条1項により、逮捕を経ない限り、起訴前勾留を行うことはできません（**逮捕前置主義**）。では、この先行する通常逮捕や現行犯逮捕、そして緊急逮捕について、実体的要件が欠けているなどの「違法」が存在する場合、これに続く勾留請求や勾留は影響を受けるのでしょうか。通説や裁判例は、先行する逮捕の違法性が勾留請求の却下や勾留の違法・無効を導く可能性がある点では一致しています[15]。

　先行する逮捕の違法性が勾留請求や勾留の適法性などに影響を及ぼすことを肯定する法的根拠としては、207条5項但書が、裁判官が勾留請求を却下すべき典型的な違法として、逮捕の制限時間の不遵守（206条2項）を定めていることが挙げられます。207条5項但書を前提とすれば、制限時間を超えたものに限らず、法的根拠を欠く違法な逮捕がある場合は勾留請求を却下すべきことも刑訴法は予定しているとされるのです。

　このような207条5項但書の解釈を支える根拠としては、①逮捕に違法がある場合、被疑者は直ちに釈放すべきであって、引き続く勾留請求は当然できないから、仮に勾留請求があっても「許されない勾留請求」と見るべきこと[16]、②刑訴法が逮捕を準抗告の対象としていない（429条1項）[17]のは、逮捕に続く勾留請求段階で逮捕に関する違法性も含めて司法審査すべきことを予定していること[18]、③逮捕に重大な違法が認められる場合、それに続く勾留請求を有効とすることは、司法の廉潔性の維持（司法への信頼の確保）や同様の違法捜査を抑止する必要が高くなるため、その勾留請求を却下すべきであること[19]、などが挙げられます。

　逮捕留置期間を捜査機関が勾留の必要性を判断するための手持ち時間とし

---

[15] 学説の検討については、古江60頁以下、緑105頁以下、宇藤ほか85頁以下など。
[16] 河村澄夫＝古川實編『刑事実務ノート(3)』（判例タイムズ社、1988年）145頁［黒田直行］、さらに東京地決昭39・10・15下刑集6巻9＝10号1185頁も同趣旨と思われます。
[17] 最決昭57・8・27刑集36巻6号726頁など。
[18] 木谷明「(1) 違法な逮捕を前提とする勾留請求に対する措置、(2) 違法な逮捕に引き続く求令状起訴があった場合の措置」令状基本問題上274頁以下、山口裕之「先行する手続の違法と勾留の可否」令状Ⅰ124頁以下。
[19] 松尾上98頁以下など。

て理解する見解を採用すると（第9章）、逮捕と勾留は個別の独立した制度であり、逮捕の違法が直ちに勾留請求や勾留に影響を及ぼす関係でないことになります。それゆえ、①から③のように逮捕前置主義や別の論理から根拠を示す必要があります。

これに対し、逮捕を裁判官が勾留の審査を行うために、速やかに当該裁判官の面前に被疑者を「引致する処分」と理解する見解を採用すると（第9章）、①〜③に加え、④逮捕は勾留の審査という目的に直接利用される手段（制度上一体である）と解されるという理由から、勾留のための引致手段である逮捕に違法があれば、その後の勾留にも承継されること[20]も解釈の根拠とすることが可能です。

問題なのは、どの程度の違法があれば、引き続く勾留請求や勾留を違法・無効とすべきかです。第1に、①②を根拠とする見解が挙げられます。この見解は、207条5項但書が典型的な違法とする制限時間不遵守に匹敵する逮捕の基本的な要件・手続を潜脱する重大明白な違法（実体的要件を欠く身体拘束、逮捕状の基本部分に重大明白な瑕疵があった場合、身体拘束の実体的要件はあったが手続の選択を誤った場合、緊急逮捕すべきところ誤って要件を充足していない準現行犯逮捕をした場合など）が必要とします[21]。

第2に、②③を根拠とする見解が挙げられます。この見解は、逮捕の違法性を勾留請求段階で審査することには、違法逮捕の場合に勾留請求を認めないことにより「将来の違法逮捕」を抑止するという政策目的があるとして、「将来の違法逮捕」抑止の必要性と勾留を認めないことによる捜査上の不利益を比較考慮して決定すべき（その結果、ある程度重大な違法性が必要）と主張します[22]。

そして、第3に、逮捕を裁判官の面前に「引致する処分」との理解を前提とする見解が存在します。この見解は、④の根拠を踏まえて、③も考慮しながら、逮捕に一定程度重大な違法性があれば勾留請求を却下すべき場合があ

---

[20] 田宮裕『捜査の構造』（有斐閣、1971年）167頁以下、緑106頁など。
[21] 酒巻72頁以下。
[22] 川出・捜査76頁、酒巻匡「身体拘束処分に伴う諸問題」法教291号（2004年）97頁など。なお、逮捕前置主義の根拠と将来における違法逮捕の抑止という政策の根拠の両者を挙げるものとして、大澤裕「被疑者の身体拘束——逮捕・勾留に伴う諸問題（1）」法教450号（2018年）113頁以下。

るとします。具体的には、逮捕は勾留審査を行うための引致処分である（逮捕と勾留は目的と手段の関係にある）から、逮捕の違法性と勾留審査の間には類型的に密接な関連性があるとして、第2の見解に比べ、違法逮捕と勾留の間の因果性の強さを類型的に認定しやすくなる（勾留請求を却下すべき場合や勾留を無効・違法とすべき場合を認定しやすくなる）とされます[23]。

　この問題点に関する裁判例としては、上記京都地決昭44・11・5が挙げられます。本決定は、緊急逮捕の実体的要件は具備されていたが、現行犯逮捕ないし準現行犯逮捕をなしうるまでの実体的要件は具備されていなかったとして、「刑事訴訟法は、勾留請求について逮捕前置主義を採用し、裁判官が勾留請求についての裁判において違法逮捕に対する司法的抑制を行っていくべきことを期待していると解される」ところ、「本件の如き違法な逮捕手続に引続く勾留請求を受けた裁判官とすれば、仮に被疑者につき勾留の実体的要件が具備されていて、将来同一事実に基づく再度の逮捕や勾留請求が予想されるという場合であっても、その時点において逮捕手続の違法を司法的に明確にするという意味において当該勾留請求を却下するほかなきものと解される」とします[24]。本決定は、上記①②を根拠としていることから第1の見解を採用したと評価できます。もっとも、①②を根拠としながら、本件逮捕の違法を「司法的に明確にする」（裁判官が明確に違法と宣言する）ことで、将来の違法逮捕抑止を目的としているのであれば、第2の見解に近いということもできるでしょう。

　これに対し、任意同行を実質的逮捕であり違法と評価したうえで、実質的逮捕と評価できる時点で緊急逮捕の要件が客観的に存在したこと、実質的逮捕の約3時間後に令状による逮捕が行われ、さらに実質的逮捕の時点から48時間以内に検察官送致の手続が行われており、勾留請求の時期についても違法は認められないことを理由として、当該実質的逮捕の違法は勾留を違

---

[23] 緑106頁以下。なお、逮捕に対し準抗告可能であることを前提に、「先行手続に違法があったにもかかわらずそれを我慢させてさらに次の法益侵害処分を甘受させる事態は相当性に欠けると考えるので、相当性を要求していると解釈した」199条2項、207条5項などを根拠条文として考えるべきとするものとして、中川61頁以下。

[24] 逮捕の違法性を理由として勾留請求を却下した裁判例として、富山地決昭54・7・26判時946号137頁、福岡地久留米支決昭62・2・5判時1223号144頁、東京地決平12・4・28判タ1047号293頁など。

法とするほど重大ではないとする東京高判昭54・8・14刑月11巻7＝8号787頁もあります。

　本判決の論理とその根拠は十分明示されているとはいえません。本判決の論理は、実質的逮捕の時点で緊急逮捕の実体的要件が具備されていたか（捜査機関の判断次第では適法な逮捕が可能であったかどうか）、実質的逮捕と評価された時間から逮捕の制限時間が遵守されていたかを検討し、これが満たされている場合（適法な逮捕が可能で、仮にこれがなされていた場合、その逮捕の制限時間は遵守されている場合）は当該逮捕の違法性は重大でないとするものと理解することも可能でしょう[25]。しかし、緊急逮捕の要件が備わっていたのであれば緊急逮捕の手続がとられるべきところ、本件では通常逮捕の手続がとられたにとどまります。法定された手続、特に緊急逮捕の合憲性をかろうじて支える逮捕後直ちに請求する手続がとられていないことを考慮すれば、本件の実質的逮捕やその後令状逮捕には重大な違法があったというべきでしょう[26]。そうすると、本件は、上記第1から第3の見解のいずれによっても勾留を違法とすべきあった事例であったと考えます。

25）　大澤裕「判批」百選（6版）28頁以下、安井哲章「判批」百選（10版）30頁以下など。同様の判断として、京都地決昭47・4・11刑月4巻4号910頁、東京地決昭47・8・5刑月4巻8号1509頁、東京地決昭48・2・15刑月5巻2号182頁などがあります。もっとも、この東京高裁判決が示した判断基準は、すでになされた勾留への違法の承継の有無が問題となっていること、さらに勾留中に採取された自白の証拠能力判断に関するものであることを前提になされたものである可能性もあります（松田岳士「判批」百選（8版）35頁、斎藤・前掲注4）68頁以下）。

26）　酒巻89頁以下、大澤・前掲注22）119頁以下など。

第 11 章

逮捕・勾留に関する原則を活用する

第 11 章の目標
①逮捕・勾留の諸原則を理解する。
②「事件単位の原則」と「一罪一逮捕一勾留の原則」を逮捕・勾留の適法性判断に活用する。
③別件逮捕・勾留に関する思考プロセスを理解したうえで、逮捕・勾留の適法性判断に活用する。

1 | 逮捕・勾留に対する法的規律と適法性判断の観点
共通 1

　第 9 章と第 10 章では、逮捕・勾留に関する法的規律、そして逮捕と勾留の関係などを中心に説明しました。

　逮捕・勾留の法的規律とその適法性判断の観点は、大きく分けて 2 点あります。第 1 に、強制処分共通のものですが、法定された要件・手続（令状審査も含む）が遵守されているかという観点です（第 9 章・第 10 章）。

　第 2 に、勾留請求および勾留について、逮捕と勾留の関係から導かれる法的規律と適法性判断の観点です。これは、違法逮捕の抑制などを根拠とした**逮捕前置主義**（207 条 1 項）の活用により、それ自体は実体的要件を満たす勾留請求や勾留も、これに先行する逮捕に一定程度以上の重大な違法が存在すれば、無効・違法と評価すべき場合がありうるとするものです（第 10 章）。

　これら 2 つの観点に加え、逮捕・勾留に対する法的規律と適性性判断の重要な観点がもう 1 つ存在します。これは、本章のテーマである逮捕・勾留に

関する諸原則を活用した、同一の被疑者に対する複数の逮捕・勾留の法的規律や適法性判断という観点です。明文の実体的要件・手続以外の観点から、複数の逮捕・勾留の適法性を判断するものといえます。

2 ｜「事件単位の原則」とその意義 ｜共通2｜

　逮捕と勾留の実体的要件で共通するのは、「逮捕・勾留の理由」（具体的な犯罪の嫌疑）と「逮捕・勾留の必要性」（逃亡や罪証隠滅の現実的可能性）です（一般的理解は、勾留との関係でこれら2つを「勾留の理由」とします）。これらの実体的要件は、特定の具体的な犯罪（被疑事実）について一定以上の嫌疑が認められることを前提とします。逮捕・勾留の必要性も、特定の被疑事実を前提とすることなく認定することはできません。たとえば、XによるV殺害事件について逮捕・勾留が請求された場合、当該V殺害事件に関する具体的な嫌疑の存在（V殺害現場にXの痕跡があったなど）を前提としなければ、V殺害事件についての逃亡や罪証隠滅の現実的可能性は想定できません。

　逮捕・勾留の令状審査は、令状審査の際に示された被疑事実について、その実体的要件の審査を行うものです。逮捕については規則142条、勾留については規則147条が「罪名及び被疑事実の要旨」を請求書に記載することを要求しています。その結果、審査対象とされた被疑事実は、令状に「被疑事実の要旨」として具体的に明示・記載されるのです（逮捕状については200条、勾留状については64条1項）。

　このことからも分かるように、逮捕・勾留の令状審査とその結果発付された令状は、被疑事実についてのみ行われるべきとされます（逮捕については、憲法33条、刑訴法199条、200条、203条。勾留については、憲法34条、刑訴法207条1項、60条1項、61条、64条1項）。つまり、逮捕・勾留は、当該被疑事実についてのみ許容されるのです。

　以上を整理すると、憲法33・34条の保障を理由として、逮捕・勾留の効力は、令状審査（規則142条、147条）および令状（200条、64条1項）、勾留延長（208条）、勾留取消し（87条）、そして保釈（88条以下）の判断において明示された被疑事実にのみ及び、その他の被疑事実（余罪）には及びません。これを「**事件単位の原則（被疑事実単位の原則）**」といいます。

　「事件単位の原則」は、2つのことを意味します。第1に、「1回の逮捕・

勾留」とは、「1つの被疑事実を基礎とする逮捕・勾留」を意味することです。その結果、1人の被疑者に対し複数の被疑事実が存在すると認められる場合、複数の逮捕・勾留が許されることになります。事件単位の原則を前提とすると、複数の被疑事実が認められる同一の被疑者に対しては、「1回の逮捕・勾留」を繰り返すことが可能となるのです。このような状況を回避する目的などを根拠に、逮捕・勾留の効力は明示されていない被疑事実にも及ぶと解すべきで、明示されていない被疑事実を基礎とする逮捕・勾留は許されないという見解（人単位説[1]）も主張されます。しかし、明示されていない被疑事実を考慮して逮捕・勾留やその延長を認めることは、恣意的な身体拘束を抑制しようとする憲法33・34条の趣旨や、逮捕・勾留の根拠となる被疑事実について嫌疑を晴らすなどして身体拘束から解放することを予定する憲法34条の趣旨に反します[2]。

　第2に、逮捕・勾留の審査や身体拘束からの解放の許否の判断対象は、明示された被疑事実だけであるということです。たとえば、窃盗の被疑事実で勾留されている被疑者について、その被疑事実がほぼ解消されたという場合に、手続上明示されていない傷害という被疑事実を理由に勾留を延長することは許されないのです。

3 ｜「一罪一逮捕一勾留の原則」とその意義　共通3

　刑訴法は、逮捕・勾留について厳格な期間制限を明文で定めています（203条、204条、205条、206条、208条）。それにもかかわらず、1つの被疑事実について逮捕・勾留が何度も許されるのであれば、この期間制限を設けた意味がなくなります。そのため、1つの被疑事実についての逮捕・勾留（「1回の逮捕・勾留」）は、1回限り許されるとされます。これを、「**一罪一逮捕一勾留の原則**」といいます。この「一罪一逮捕一勾留の原則」からは、2つの「禁止」が導かれるとされます[3]。

　第1に、1つの被疑事実を複数に分割しその事実ごとに逮捕・勾留するこ

---

[1] 平場安治『刑事訴訟法講義〔改訂版〕』（有斐閣、1954年）273頁以下など。
[2] 大澤裕「被疑者の身体拘束——逮捕・勾留に伴う諸問題（2）」法教452号（2018年）110頁以下も参照。

とは許されないという「**重複逮捕・勾留の禁止（分割逮捕・勾留の禁止）**」です。「1回の逮捕・勾留」の根拠というべき「1つの被疑事実」を、捜査機関が恣意的に分割して逮捕・勾留を複数回行うという逮捕・勾留の不当な蒸し返しの防止をその趣旨とするものです。

第2に、同一の被疑事実を基礎とする逮捕・勾留（「1回の逮捕・勾留」）は1回しか許されないという「**再逮捕・再勾留の禁止**」です。これも捜査機関による逮捕・勾留の不当な蒸し返しの防止を趣旨とします。

重複逮捕・勾留の禁止については、「1つの被疑事実」の意味が問題となります。犯罪構成要件を満たす個々の被疑事実を基準として逮捕・勾留を認めればよいという見解[4]も存在します。しかし、分けようと思えば被疑事実はいくらでも分割可能ですから判断基準も不明確となり、捜査機関による逮捕・勾留の不当な蒸し返しの危険性が高くなります（たとえば、人を刺して殺害した被疑事実を、衣服に対する器物損壊罪と殺人罪に分割することが可能です。この場合、実体法上は、器物損壊は殺人に「吸収」され一罪と評価されるので逮捕・勾留を不当に蒸し返しているのではという批判が示されるのです）。

通説は、「1つの被疑事実」を実体法上一罪と理解します。この実体法上一罪とは、単純一罪は当然として、包括一罪、科刑上一罪も意味します（詳しくは、刑法総論の教科書を読みましょう）。つまり、実体法上一罪を構成する被疑事実について、捜査機関・裁判所は自由に分割し逮捕・勾留の回数を増やしてはならないとするのです。その根拠としては、実体法上一罪には1つの刑罰しか認められないから、刑事手続においても実体法上一罪を構成する事実を1つとして扱うべきことが挙げられます[5]。実体法上一罪については、

---

[3] 三井I 30頁以下、川出敏裕「逮捕・勾留に関する諸問題」刑ジャ2号（2006年）144頁以下など。もっとも、学説には一罪一逮捕一勾留の原則の内容として「重複逮捕・勾留の禁止」のみを挙げ、これとは別に「再逮捕・再勾留の禁止」を挙げる見解もあります（田宮94頁以下、光藤I 81頁以下、田口83頁など）。なお、大澤・前掲注2）116頁も参照。

[4] 安廣文夫「包括一罪の一部についての勾留の可否」判タ296号（1973年）180頁、福岡高決昭42・3・24高刑集20巻2号114頁など。

[5] 小田健司「常習一罪の各部分についての逮捕・勾留の可否」令状基本問題上204頁、酒巻77頁、高田53頁以下、大澤裕「被疑者の身体拘束――逮捕・勾留に伴う諸問題（4）」法教456号（2018年）135頁以下など。裁判例として、仙台地決昭49・5・16判タ319号300頁など。

公訴提起や判決は1つしか認められないのと同様に、逮捕・勾留も1つしか認められないとするのです。

4 | 重複逮捕・勾留の禁止と再逮捕・再勾留の禁止　共通4

　一罪一逮捕一勾留の原則の内容である重複逮捕・勾留の禁止からすると、実体法上一罪を構成する事実については、原則として「1回の逮捕・勾留」のみが許されます。もっとも、重複逮捕・勾留の禁止には例外も存在するとされます。

　実体法上一罪である常習一罪（常習窃盗〔盗犯等防止法2条〕など）を例に考えてみましょう。常習窃盗10件について被疑者Xを逮捕・勾留する場合、その逮捕・勾留の法定期間が終結し釈放（207条5項）または勾留の取消し・保釈（207条1項、87条以下）した後に、同じ常習窃盗（実体法上一罪）と評価できる窃盗をXが行った場合、この後者の窃盗を根拠としてXを逮捕・勾留できるかが問題となります。

　通説によれば、実体法上一罪を構成する被疑事実については1つの刑罰権が発生し、これに関する刑事手続上も実体法上一罪を構成する被疑事実を「1つ」として扱うべきことを理由として、逮捕・勾留段階でも実体法上一罪である「1つの被疑事実」（常習窃盗全件）について同時に捜査する義務（**同時処理義務**）が捜査機関に課されます。もっとも、この同時処理義務は同時処理が可能であったことが前提ですので、初回の逮捕・勾留段階で同時に処理することが客観的に不可能であった場合（当該犯罪が初回の逮捕・勾留後に行われた場合）には、例外的に同時処理義務は発生しないとされます[6]。このときには、同時処理義務の及ばない被疑事実を基礎として逮捕・勾留を行うことが可能となります。たとえば、仙台地決昭49・5・16判タ319号300頁の下記の判示は参考になります。

---

6) 小田・前掲注5) 205頁。上記仙台地決昭49・5・16。これに対し、捜査機関による同時処理が「現実に可能」であった場合に限るべきとして、1回目の逮捕・勾留時に、捜査機関が認知していなかった（すでに発生している）犯罪が行われた場合も例外とする見解（小林充「勾留の効力と犯罪事実」判タ341号〔1977年〕89頁、長沼範良ほか『演習刑事訴訟法』〔有斐閣、2005年〕86頁など）も存在しますが、「現実に可能」の基準が不明確であり妥当とはいえないでしょう（中川81頁、大澤前掲5) 136頁以下など）。

> 　本件常習賭博は、昭和48年5月19日になされたものであり、前記起訴にかかる常習賭博と一罪をなすものであり、その逮捕勾留中に同時に捜査を遂げうる可能性が存したのである。（本件は昭和49年1月4日に塩釜警察署に認知されており、直ちに捜査を行えば本件被疑者を割り出すことは充分可能であつたのであり、事件自体が全く認知されていなかつた場合とは異なるのである。）従つて本件逮捕勾留は、同時処理の可能性のある常習一罪の一部についての逮捕勾留であるから、一罪一勾留の原則を適用すべきである。検察官の主張は一理あり、同時処理の可能性がない場合には妥当するものであるが、その可能性の存する場合には人権保護の見地から右原則を採用すべきであり、当裁判所は検察官の見解を採用しない。

　もっとも、同時処理義務の判断は、両被疑事実が実体法上一罪の関係にある場合に限定されない可能性もあります。最決平30・10・31判時2406号70頁は、大麻の密輸入に関し、いわゆるクリーン・コントロールド・デリバリーによる捜査（禁制品を荷物から抜き取り、厳重な監視下で泳がせ、追跡して不正取引に関与する者を発見・検挙する捜査手法。麻薬特例法3条・4条）が行われ、被疑者は、本件の勾留請求の前に、規制薬物として取得した大麻の代替物の所持の被疑事実により勾留され、その後、大麻の営利目的輸入の被疑事実により本件の勾留請求がされた事例について、以下のように判示しています（下線は引用者）。

> 　原決定が、<u>本件勾留の被疑事実である大麻の営利目的輸入と、本件勾留請求に先立つ勾留の被疑事実である規制薬物として取得した大麻の代替物の所持との実質的同一性や、両事実が一罪関係に立つ場合との均衡等のみから、前件の勾留中に本件勾留の被疑事実に関する捜査の同時処理が義務付けられていた旨説示した点は是認できない</u>が、いまだ同法411条を準用すべきものとまでは認められない。

　本件で問題となっている2つの被疑事実は併合罪の（実体法上一罪ではない）関係にあると評価できます。平成30年決定は、両事実が併合罪の関係にあることを前提として、両被疑事実の「実質的同一性」（社会的事実として

は、一連一体の事実であって、関係者も同一であり、必要とされる捜査の内容も大半が共通すること）に加え、両事実が一罪関係にあると評価される場合との均衡等「のみ」で両被疑事実に関する捜査の同時処理義務を肯定した点は是認できないとしています。この判示は、三浦守判事補足意見が「両事実の捜査に重なり合う部分があるといっても、本件の被疑事実の罪体や重要な情状事実については、前件の被疑事実の場合より相当幅広い捜査を行う必要があるものと考えられる」としていることを踏まえても、本件原決定のように両被疑事実の実質的同一性「のみ」で同時処理義務を肯定するのではなく、捜査の同時処理の可能性（必要とされる捜査の重なり）を考慮していない点について「是認できない」とするものと理解することも可能です。この判示は、実体法上一罪の関係にない場合、捜査の同時処理義務が直ちに否定されるとはしていないとも理解できるのです。このように、判例は、実体法上一罪の関係にない複数の被疑事実についても、実質的に同一（社会的事実として一連一体の事実であって、関係者も同一など）であれば、実体法上一罪の場合と同様に同時処理義務を伴う手続上１つの被疑事実と評価できると考えている可能性があります。この理解を前提とすると、実体法上一罪の関係にある場合に加え、実質的に同一といえる関係にある被疑事実についても、捜査の同時処理可能性が肯定されれば、捜査の同時処理義務が発生する場合があることになります[7]。もっとも、このような理解に対しては、本件は一罪一逮捕一勾留の原則の問題として、同時処理義務の有無を検討すべき事案ではなく、平成30年決定は、（一般的見解のいう）「勾留の必要性」の有無を、初回の捜査状況も踏まえて検討すべきことを示したとの理解も存在します[8]。

では、同時処理義務の認められる「１つの被疑事実」について、複数の逮捕・勾留が行われた場合は直ちに違法と評価されるのでしょうか。２回目以降の逮捕・勾留は同一の被疑事実を基礎とする再度の逮捕・勾留ですので、再逮捕・再勾留の禁止に当たり違法と評価できそうです。もっとも、再逮捕・再勾留の禁止にも例外が存在します。上記の仙台地裁昭和49年決定が、「右のごとく本件逮捕勾留は一罪一勾留の原則により適法視しえないもので

---

7) 石田倫識「判批」法セミ770号（2019年）122頁。さらに、大阪地決平21・6・11判タ1321号283頁などは、併合罪関係にある被疑事実について同時処理義務を肯定します。

8) 緑大輔「判批」新・判例解説Watch刑事訴訟法123号（2019年）など。

あるが、本件は常習賭博中の一部の事件である関係上、一個の犯罪事実につき再度の逮捕勾留がなされた場合に該当すると思料されるので、再逮捕勾留の適否が問題となる」としているのも、この思考プロセスの現れです。

　この例外を設定するうえで、重要となるのが根拠規定です。刑訴法には、再逮捕・再勾留の直接許容する根拠規定は存在しません。同一の被疑事実による再逮捕の場合の手続に関する199条3項および規則142条1項8号が存在するにとどまります。多くの見解は、これらの規定について、現行刑訴法が再逮捕を許容していることを前提に、その不当な蒸し返しを防止するための逮捕を審査する裁判官への通知義務を定めている趣旨と理解します。すなわち、199条3項を踏まえ、現行刑訴法は再逮捕自体を許容し、それが不当な蒸し返しにならないよう（通知義務以外にも）要件を設定していると考えるのです（199条3項などは再逮捕を認める直接の根拠規定とはされていない点に注意が必要です）[9]。再勾留については関連規定自体が存在しません。それゆえ、再勾留は原則として許されないとする見解[10]もあります。もっとも、有力説は、逮捕に比べ勾留は長期間の身体拘束であることなどを理由に、逮捕に比べ厳格な要件のもと再勾留を認めるべきとします[11]。

　では、再逮捕・再勾留が不当な逮捕・勾留の蒸し返しとならないための例外的要件はどのように設定されるべきなのでしょうか。再逮捕・再勾留が許される例外的場合としては、（ア）逮捕留置中・勾留中の被疑者が逃走した場合[12]、（イ）逮捕・勾留からの釈放後に新証拠の発見など新事情が発生した場合、そして（ウ）先行手続の違法で逮捕状請求や勾留請求が却下された場合が挙げられます。ここでは（イ）について扱います[13]。（イ）に当たるかの判断基準は、(a) 逮捕・勾留の不当な蒸し返しと評価されない限りで、(b)

---

[9]　上記仙台地決昭49・5・16、条解383条、大コメ4巻214頁〔渡辺咲子〕。さらに、酒巻76頁、大澤裕「被疑者の身体拘束──逮捕・勾留に伴う諸問題（3）」法教453号（2018年）112頁、逐条381頁〔櫛清隆〕など。

[10]　村井敏邦ほか『現代刑事訴訟法〔第2版〕』（三省堂、1998年）133頁、白取187頁など。

[11]　田宮94頁、三井I 32頁、光藤I 81頁、川出・捜査82頁、酒巻76頁、大澤・前掲注9）112頁以下、東京地決昭47・4・4刑月4巻4号891頁以下など。さらに、大澤裕＝佐々木光輝「再逮捕・再勾留」法教332号（2008年）79頁以下も参照。

[12]　これに対し、通常逮捕後、引致中に逃走した場合は元の逮捕状で逮捕可能とされます。

[13]　（ウ）については、光藤I 83頁以下、川出・捜査84頁以下など参照。

新事情により「逮捕・勾留の理由」(嫌疑) や「逮捕・勾留の必要性」(逃亡・罪証隠滅の現実的可能性) が認められるかとされます (一般的見解にいう「逮捕・勾留の理由」です)。再逮捕・再勾留を行うやむを得ない必要性の存在とその程度の検討といえます。(a) の観点からは、初回の逮捕・勾留からの釈放が法定期間満了前である場合、その残りの期間の再逮捕・再勾留は不当な蒸し返しとはいいにくく、再逮捕・再勾留が許される方向に傾くでしょう。もっとも、勾留の場合は、逮捕に比べ身体拘束期間は長期に及ぶことから、不当な蒸し返しの危険も高いといえるので、(b) は逮捕以上に厳格に判断されるべきです。次に、初回の逮捕・勾留の釈放が法定期間満了による場合、拘束期間が比較的短期の逮捕については、勾留に比べ不当な蒸し返しの危険が類型的に低いといえるので、(b) が強く認められる場合には再逮捕は許されるでしょう。これに対し、長期間の身体拘束である勾留の場合は、その継続が法律上許容されていないこと (たとえば、勾留期間の満了直前に新証拠が発見されたとしても勾留の延長は許容されません)、不当な蒸し返しの危険性が高くなることなどからすれば、再勾留を認めるべきではありません[14]。

以上の重複逮捕・重複勾留の禁止と再逮捕・再勾留の禁止から導かれる逮捕・勾留の適法性判断の思考プロセスをまとめましょう。同一の被疑者に対する複数の逮捕・勾留の適法性が問題となる場合、まず、①それら複数の逮捕・勾留の根拠となる被疑事実の「同一性」(同時処理義務の根拠となる手続上1つの被疑事実と考えるべきか) を検討するプロセスです。これは、立場によっては、両被疑事実が実体法上一罪の関係に加え、そうでないとしても、「実質的同一性」(社会的事実として、一連一体の事実であって関係者も同一であるかなど) が肯定されるかを検討するプロセスとなる可能性があります[15]。

---

14) 酒巻76頁以下、古江78頁以下など。これに対し、極めて重大事件について初回の勾留満了前に偶然に重要証拠が発見され、かつ逃亡のおそれが高いと認められる場合には、許容されるとするものとして光藤Ⅰ83頁、上記東京地決昭47・4・4など。さらに、大澤=佐々木・前掲注11) 79頁以下、中川82頁以下も参照。

15) 上記大阪地決平21・6・11など。さらに最決昭52・8・9刑集31巻5号821頁が、併合罪関係にある2つの被疑事実について、「同時に逮捕・勾留して捜査することができるのに専ら、逮捕・勾留の期間の制限を免れるため罪名を小出しにして逮捕・勾留を繰り返す意図のもとに、各別に請求したものとすることはできない」としている点も、併合罪関係にある被疑事実に対する再逮捕・再勾留を違法とする視点を示唆するものといえます。

次に、これが肯定される場合、②それぞれの被疑事実について同時処理可能性の有無が検討され（それぞれの被疑事実の重なり、逮捕・勾留の時期と疑われる犯行日時等の関係、それぞれ被疑事実について必要な捜査の範囲など）、同時処理可能性、そして同時処理義務が肯定されるかを検討するプロセスです。そして、③同時処理義務が肯定されると、さらに「再逮捕・再勾留の禁止」の例外（不当な逮捕・勾留の蒸し返しか否か）に該当するかどうかが検討されます。

5 ｜ 逮捕・勾留の不当な蒸し返し防止という根拠 展開1

　以上の通説に対しては、近年、被疑者・被告人の逃亡や罪証隠滅の防止を目的とする逮捕・勾留と手続の結果である判決（刑罰権の個数という根拠づけ）とは直接に結びつかないとの批判があります。そのうえで、刑罰権の個数という根拠づけではなく、実体法上一罪を構成する個々の事実ごとに逮捕・勾留を認めると、事実はいくらでも分割可能で、「事実上の」逮捕・勾留の不当な蒸し返しとなるおそれが高いことから、逮捕・勾留の不当な蒸し返しをあらかじめ封じ込めておくために明確な基準を設定するという政策的な根拠から「実体法上一罪」を基準とすべきと主張する見解が存在します[16]。

　この見解は、上述のように実体法上一罪という基準の設定根拠を「不当な逮捕・勾留の蒸し返しの防止」という政策的根拠とします。そのうえで、同一の被疑者に対する複数の逮捕・勾留の適法性判断について、①同一の被疑者に対し繰り返された逮捕・勾留の根拠となる被疑事実が実体法上一罪であるかの検討により、これが肯定される場合は、②1回の身体拘束の期間中に実体法上一罪の関係にある被疑事実の全部について同時に捜査することが求められる（なお、他の見解のように法的な意味での「同時処理義務」とはされていません）が、同時処理が不可能であった場合にまでこれは妥当しないから、この場合に当たるかの検討、そして同時処理可能である場合は、③重複逮捕・重複勾留（上述した再逮捕・再勾留）が例外的に認められる場合に当たるかという思考プロセスが示されています[17]。もっとも、208条1項が「勾

---

[16] 池田公博「逮捕・勾留に関する諸原則」法教262号（2002年）93頁、川出・前掲注3）145頁以下、同「演習刑事訴訟法」法教379号（2012年）130頁など。

した事件につき」、公訴提起することを予定していることも考えれば、現行法は、勾留と公訴提起の個数（さらには刑罰権の個数）とは関連させているともいえます。そうすると、通説の根拠づけにも説得力があるともいえます[18]。

6 | 別件逮捕・勾留という適法性判断の観点　共通5

　複数の逮捕・勾留の適法性を判断する観点として、別件逮捕・勾留の問題を検討しましょう。（違法と評価される）別件逮捕・勾留という用語は、法令上のものではなく、実務の運用から生じたものです。そのため、その内容は論者によりさまざまです。本書では、「専ら、いまだ証拠の揃っていない『本件』について被告人を取調べる目的で、証拠の揃っている『別件』の逮捕・勾留に名を借り、その身柄の拘束を利用して、『本件』について逮捕・勾留して取調べるのと同様の効果を得ることをねらいとしたもの」（最決昭52・8・9刑集31巻5号821頁）との定義を前提とします（もっとも、別件逮捕・勾留の適法性について直接判断した最高裁判例はありません）。

　別件逮捕・勾留が議論される背景には、日本の刑事手続の特徴が存在します。日本の刑事手続の特徴は、起訴前における被疑者取調べをかなり徹底して行ったうえで、検察官が有罪判決獲得を確信できる場合に限り公訴提起する点にあります（このような刑事司法のあり方を「**精密司法**」といいます）。この精密司法を、逮捕・勾留中の被疑者取調べは以下のように支えています。第1に、実務では逮捕・勾留された被疑者は、拘束されている居室から取調室への出頭と取調室への滞留を義務づけられています（**出頭・滞留義務**とか**取調べ受忍義務**と呼ばれます）[19]。第2に、逮捕・勾留期間は受忍義務の課される取調べを行うための期間ととらえられていることです。そして、第3に、刑訴法上は法定されていないにもかかわらず、逮捕・勾留の事実上の主目的が取調べとなっていることです。このように逮捕・勾留がある意味での「効率的な」被疑者取調べを行う前提や手段となっていることもあって、逮捕・

---

17)　池田・前掲注16) 93頁以下、川出・前掲注16) 130頁以下、古江73頁以下、宇藤ほか88頁以下など。

18)　中川80頁以下、大澤・前掲注5) 136頁および同頁の脚注135も参照。

勾留の実体的要件の備わっていない重大事件（殺人など）について受忍義務の課された取調べを行うために、軽微な事件（窃盗など）による逮捕・勾留を行い、その期間に受忍義務の課された取調べを重大事件について行うという実務が行われることになったのです。

このような実務を問題視する立場から、別件逮捕・勾留は違法とすべき（その結果、その間の取調べを違法とすべき）場合があると主張されたのは当然ともいえます。問題は、その適法性判断の思考プロセスと判断基準です。

ところで、逮捕・勾留されている被疑事実と異なる被疑事実に関する取調べである「**余罪取調べ**」の問題を、別件逮捕・勾留問題と混同している人もいるようです。しかし、余罪取調べ問題は、当該余罪取調べ自体の適法性を検討するものです。つまり、逮捕・勾留の適法性を直接の問題としない点で、逮捕・勾留そのものの適法性を問う別件逮捕・勾留の視点とは異なるのです（適法な逮捕・勾留の期間中の取調べ自体の適法性を検討する観点といえます）[20]。

7 ｜ 別件基準説と本件基準説　共通6

別件逮捕・勾留に関する見解[21]として、第1に「**別件基準説**」[22]が挙げられます。この見解は、軽微な事件（以下、「別件」とします）の逮捕・勾留につ

---

19) 取調べ受忍義務については第12章で説明します。なお、出頭・滞留義務の有無も含め捜査のあり方について、「糾問的捜査観」と「弾劾的捜査観」という2つのモデルに整理したもの（捜査の構造論）として、平野83頁以下。捜査の構造論については、田宮裕『捜査の構造』（有斐閣、1971年）3頁以下、同『日本の刑事訴追』（有斐閣、1998年）362頁以下、後藤・捜査251頁以下、緑大輔「捜査構造論」リーディングス85頁以下など参照。

20) 逮捕・勾留されている被疑者の余罪取調べについては、後藤・捜査173頁以下、田口132頁以下、宇藤ほか112頁以下など。

21) 別件逮捕・勾留をめぐる諸見解を検討するものとして、後藤・捜査69頁以下、川出・捜査95頁以下、古江84頁以下、緑122頁以下など。

22) 東京地決昭49・12・9刑月6巻12号1270頁、福岡高判昭56・11・5判時1028号137頁など。もっとも、裁判例には、別件基準説の枠内で本件基準説の発想を取り込もうとするものも見られます（浦和地判平2・10・12判時1376号24頁。同判決については、酒巻匡「判批」百選（7版）40頁以下、長沼範良「判批」百選（9版）38頁以下、堀江慎司「判批」百選（10版）34頁以下、石田倫識「判批」判例学習72頁以下など）。

いて実体的要件が満たされている以上、事件単位の原則の下での令状審査として問題はないから、違法とする理由はないとするものです。つまり、逮捕・勾留の適法性判断の観点として別件逮捕・勾留問題を否定するものといえます。この見解によれば、実体的要件を満たす身体拘束期間中の取調べの内容は、当該逮捕・勾留自体の適法性になんら影響を及ぼしません。もっとも、そのうえで、余罪取調べには限界があるとする見解を採用すれば、（専ら余罪について取り調べるなどの）取調べの内容次第では当該取調べ自体が違法となり得る（そこでとられた自白調書は証拠から排除される）とします。別件逮捕・勾留が問題となる事例については、その間にとられた自白調書の排除が大きな問題となることから、取調べの適法性を問題とすれば十分対処できることを前提としたアプローチといえます。

　第2の見解として、「**本件基準説**」が挙げられます。この見解は、別件の逮捕・勾留の実体的要件が備わっている場合でも、重大事件（以下、「本件」とします）についての取調べに別件の被疑事実を基礎とする逮捕・勾留を「（捜査機関が）利用する意図」あるいは「利用の事実」があることを理由に、当該逮捕・勾留を違法とする見解です。この見解の特徴は、本件についての「（捜査機関が）利用する意図」あるいは「利用の事実」の存在（本件の捜査を主目的とすること）によって、別件の被疑事実を基礎とする逮捕・勾留は実質的に本件に対する逮捕・勾留に等しくなるとする点にあります。このような前提を踏まえて、別件逮捕・勾留の違法性の根拠は次のように説明されます[23]。第1に、実質としては本件の捜査を目的とする（本件に対する逮捕・勾留に等しい）逮捕・勾留であるにもかかわらず、別件の被疑事実を基礎として逮捕・勾留することは、本件について令状審査を経ることなく逮捕・勾留するに等しく、憲法33条の令状主義や憲法34条の保障に反していることです。第2に、別件について逮捕・勾留後に、本件の被疑事実を基礎とする逮捕・勾留が予定されており、起訴前の身体拘束期間を厳格に定めた趣旨を損なうこと（実質的には本件を被疑事実とする再逮捕・再勾留と評価されること）です。そして、第3に、そもそも法定されていない被疑者取調べを主目的と

---

[23] 田宮編276頁以下、田宮97頁、松尾上111頁、後藤・捜査89頁以下、白取189頁、中川66頁以下、金沢地七尾支判昭44・6・3刑月1巻6号657頁、東京地判昭45・2・26刑月2巻2号137頁など。

した逮捕・勾留を認めることです。

さらに、本件基準説は、このような違法性を有する本件捜査（取調べ）を目的とする逮捕・勾留は、その請求及び令状審査の段階から事前抑制すべきとします[24]。本件基準説は、以上の違法性の根拠から行われた別件・本件の被疑事実による逮捕・勾留「全体」を違法とすべきとし、そして、その事前抑制の観点から、令状請求・審査も違法と評価するのです。捜査機関の捜査（取調べ）目的は、令状請求時の事情だけでなく、本件に関する取調べ状況（日数や時間など）や別件について逮捕・勾留すべき必要性、そして本件と別件の関連性（逮捕・勾留している別件との関連で本件について取り調べる必要性の有無・程度）など、客観的資料から推認されます。この捜査（取調べ）目的が推認された場合、逮捕・勾留請求時点で目的があったとされ、令状請求・審査を含めたすべての身体拘束期間が違法とされるのです。

本件基準説によれば、別件の勾留請求やその後の本件の逮捕・勾留請求段階で、違法な別件逮捕・勾留が判明した場合、その請求を却下すべきとなりますし、勾留後の準抗告などにより別件逮捕・勾留が判明した場合はその勾留を取り消すべきことになります。さらに重要なのが、別件逮捕・勾留、その後の本件に対する逮捕・勾留において得られた自白は排除されることです。これに加えて、別件逮捕・勾留に当たらないとされる場合であっても余罪取調べを問題とすべきとする見解によれば、余罪取調べの限界の観点から適法な逮捕・勾留中の取調べが違法とされうる余地もあるでしょう（これは、後述の新しい本件基準説においても同様といえます）[25]。

8 │「新しい本件基準説」とその論理　共通7

本件基準説は強い支持を受けていますが、近年、本件の捜査に利用しようとする捜査機関の「目的」が、それ自体は実体的要件を満たす逮捕・勾留を違法とする理由が十分示されていないなどの有力な批判がなされています。

---

24) 田宮編278頁以下、三井誠「別件逮捕・勾留と自白の証拠能力（3）」法教255号（2001年）72頁など。

25) 宇藤ほか113頁以下。もっとも、本件基準説を前提として、余罪取調べについて令状主義潜脱説（田口133頁）をとる場合は、このような余地はないことになるでしょう。

そこで、「**新しい本件基準説**」[26]が主張され、有力化しています（なお、この見解は「実体喪失説」とも呼ばれますが、脚注 27 の説明のように、適切な名称と思われません）。

　この見解は、起訴前の身体拘束期間の趣旨を、「被疑者の逃亡及び証拠湮滅を阻止した状態で、身柄拘束の理由とされた被疑事実について、起訴・不起訴の決定に向けた捜査を行うための期間」とします。その根拠として、現行刑訴法制定までの歴史的経緯、208 条 2 項が捜査機関側からの請求のみに基づく勾留延長制度を認めていること、39 条 3 項が「捜査のため必要があるときは」捜査機関に接見指定を行う権限を認めていることなどが挙げられます。

　新しい本件基準説は、上記の起訴前の身体拘束期間の趣旨を踏まえて、逮捕・勾留の実体的要件として、逮捕・勾留の理由や逮捕・勾留の必要性とは区別される、「狭義の必要性または相当性（身柄拘束の理由とされた被疑事実について、未だ起訴するか否か決定しうる状態ではなく、なおそのための捜査を続ける必要があること）」が存在するとします。そして、別件の逮捕・勾留について狭義の必要性が欠けた場合（別件について起訴・不起訴が決定できる状況になった場合）は、その要件を欠き違法と評価されるとします。

　さらに重要なのが、この見解が狭義の必要性を含む逮捕・勾留の要件が満たされている場合（別件について起訴・不起訴の決定ができる状況とまで評価できない場合）であっても、別件を被疑事実とする身体拘束期間が主として他事件（本件）の捜査のために利用されていると評価できるときは、「その身柄拘束は、令状に示された被疑事実による身柄拘束としての実体を失い、身柄拘束期間が主として利用された方の被疑事実（筆者注—本件）による身柄拘束となっていると評価すべき」とする点です。この見解によれば、上記 3 つの要件を満たしている別件の逮捕・勾留も、その身体拘束期間が主として本件の捜査のために利用されたと評価できる場合は、別件の逮捕・勾留としての実体が喪失し、令状審査を経ない本件による逮捕・勾留としての実体を

---

26) 川出敏裕「別件逮捕・勾留と余罪取調べ」刑雑 35 巻 1 号（1995 年）1 頁以下、同『別件逮捕・勾留の研究』（東京大学出版会、1998 年）206 頁以下、高田昭正ほか「論争・刑事訴訟法——別件逮捕・勾留」法セミ 575 号（2002 年）108 頁以下、同「論争・刑事訴訟法——対談・別件逮捕・勾留」法セミ 576 号（2002 年）102 頁以下。

獲得したとして違法と評価されるのです[27]。

　身体拘束期間が主として本件の捜査のために利用されたかどうかの判断は、(a) 別件についての捜査がいつ完了したか、(b) 別件と本件の取調べ状況・取調べ時間の比率、(c) 取調べの内容、(d) 別件と本件の関連性（別件の捜査で本件に触れざるを得ないかどうか）、(e) 本件に関する供述が自発的なものであったか、(f) 取調べ以外の捜査の状況、そして (g) 別件逮捕・勾留を請求した捜査機関の意図（取調べの重要度を測る要素。その判断については、別件発覚の経緯、別件逮捕・勾留請求時の本件についての捜査の進行状況、別件逮捕・勾留の理由や必要性の程度、別件と本件の重大性の違い・法定刑の軽重・捜査当局の捜査上の重点の違い、別件の逮捕状執行に至る経緯が挙げられます）を考慮してなされます。

　以上により、別件による逮捕・勾留という実体は喪失し、本件による逮捕・勾留という異なる実体が獲得された期間は違法と評価されます。また、別件による逮捕・勾留後、本件による逮捕・勾留がなされた場合、すでに本件による逮捕・勾留という実体を獲得した期間（別件逮捕・勾留期間）を差し引いた残りの期間に限り逮捕・勾留が許されることになります。たとえば、上記 (a) 〜 (g) を踏まえて、別件逮捕・勾留期間が勾留 3 日目から 20 日目までと評価されると、当該期間の身体拘束は別件による逮捕・勾留としての実体を喪失し、本件による勾留という実体を獲得したものとして違法と評

---

27) この見解は、「実体喪失説」とされる中谷雄二郎「別件逮捕・勾留——裁判の立場から」三井誠ほか編『新刑事手続 I』（悠々社、2002 年）199 頁以下や東京地決平 12・11・13 判タ 1067 号 283 頁（その裁判長は中谷判事です）と類似するとされます。実体喪失説は、別件の逮捕・勾留の要件（必要性と理由）が満たされているかを検討したうえで別件による逮捕・勾留中の取調べなど客観的な捜査状況について検討し、逮捕・勾留の被疑事実である別件についてほとんど捜査せず、専ら本件の捜査が行われている場合には、別件による逮捕・勾留としての実体が失われ、実質的に令状のない本件による逮捕・勾留として評価されるから、違法と評価するものです。この見解は、余罪取調べの限界の観点から逮捕・勾留の適法性を検討する点などで、別件基準説から出発したものといえます。これに対し、新しい本件基準説は、起訴前の身体拘束期間の趣旨に着目し逮捕・勾留の適法性自体に着目している（特に本件による逮捕・勾留という実体が獲得されたことを違法性の根拠としている）点で、本件基準説を本籍とするものといえます（長沼範良＝佐藤博史「別件逮捕・勾留と余罪取調べ」法教 310 号〔2006 年〕81 頁以下など）。その意味では、実体「獲得」説というべきでしょう。

価されます（その間にとられた自白調書は証拠から排除されることになります）。そして、本件によるその後の身体拘束期間は、本件による身体拘束の実体を獲得した期間を差し引いた勾留2日目までが許容されることになります。そして、その後の勾留は許容されない違法な身体拘束とされ、その期間中の取調べによってとられた自白調書は排除されることになるのです。

本件基準説と新しい本件基準説の違いは、以下の点にあります。第1に、本件基準説が捜査機関の目的を別件逮捕・勾留の違法性の根拠とする（身体拘束期間の利用状況はその目的の推認材料である）のに対し、新しい本件基準説は起訴前の身体拘束期間の趣旨に反する身体拘束期間の利用状況を違法性の根拠とすることです。第2に、本件基準説は逮捕・勾留請求も含めた身体拘束期間全体を違法とするのに対し、新しい本件基準説は身体拘束期間の利用状況に応じた適法な期間・違法な期間という個別具体的な認定が可能なので、逮捕・勾留請求自体は違法となり得ないことです。

9 │ 別件逮捕・勾留と被疑者取調べの問題　共通8

新しい本件基準説は、本件基準説の問題点を克服しつつ客観的基準で再構成しようとする緻密な論理といえます。もっとも、この見解に対しても、逮捕・勾留の基礎とされる被疑事実（別件）について必要な捜査期間（適法な身体拘束期間）の認定が困難であるとか、「被疑者の逃亡及び証拠湮滅を阻止した状態で、身柄拘束の理由とされた被疑事実について、起訴・不起訴の決定に向けた捜査を行うための期間」という身体拘束期間の趣旨は、少なくとも被疑事実に関する取調べを逮捕・勾留の主目的とすることにつながるのではないかといった批判があります。取調べを重視する日本では、有罪の見込みが得られる程度に取調べが「完了」するまで逮捕・勾留が継続されることになりかねないからです[28]。

別件逮捕・勾留という実務を批判する本件基準説の狙いは、別件逮捕・勾

---

28) 後藤・捜査81頁以下、緑131頁以下、石田倫識「起訴前勾留の目的と被疑者取調べ」浅田和茂ほか編『改革期の刑事法理論　福井厚先生古稀祝賀論文集』（法律文化社、2013年）92頁以下、斎藤司「取調べのための出頭・滞留義務と取調べ適正化論」『浅田和茂先生古稀祝賀論文集（下巻）』（成文堂、2016年）107頁以下、中川67頁など。

留を批判することで出頭・滞留義務や取調べ目的の逮捕・勾留がもたらす問題性を明らかにすることにあったといえます。だからこそ、本件取調べ目的の逮捕・勾留請求自体を違法とすべきとする事前抑制論が主張されたのです。新しい本件基準説が、上記のような日本の問題状況を十分解決できるのかについては疑問もあります。もっとも、取調べに関する問題性が解消されれば、別件逮捕・勾留の問題性は軽減される可能性もあります。2016年刑訴法改正では、取調べの録音・録画制度が成立しています。次章では、このような問題意識も踏まえて、被疑者取調べをめぐる問題を検討します。

第 12 章

被疑者取調べの現状と問題点

第 12 章の目標
①被疑者取調べの現状と特徴を把握する。
②被疑者取調べに関する法的規律とこれに基づく適法性判断の思考プロセスを理解する。
③被疑者取調べの改革について考える。

1 │ 刑事手続における被疑者取調べの重要性と課題　共通 1

　被疑者取調べは、被疑者に対し供述を求め、その内容を記録・保全する捜査活動です[1]。被疑者取調べに関する直接・間接の法的規律は、憲法 38 条に加え、刑訴法 198 条、319 条、そして 322 条などにより定められています（被疑者以外の第三者の取調べについては、223 条や 321 条などが存在します）。この取調べにおいて被疑者や第三者が行った供述は、調書や記録媒体（DVD など）に記録・保全されます（調書については 198 条 3 項から 5 項、記録媒体については 301 条の 2 第 4 項など）。

　これらの供述は、その後の刑事手続において重要な役割を果たします。当該供述に基づき、さらに証拠物を収集・保全する場合など、その後の捜査の進行・展開に役立つだけでなく、検察官による訴追判断においても重要な判断材料とされ、さらに刑事裁判における重要な証拠とされるからです。特に、被疑者の供述は、刑事裁判で証明の対象とされる事実（個別の刑罰法規によ

---

1) 酒巻 79 頁など。

り規定される「犯罪の成否に関する事実」と「刑罰の軽重に関する事実」、そして「当該犯罪を行ったのは被告人か否かに関する事実」）をすべて証明しうるため、重要な証拠（「証拠の女王」としての自白[2]）とされています。

このように、被疑者取調べは日本の刑事手続において大きな役割を果たしています。被疑者取調べの録音・録画制度導入などを内容とする2016年刑訴法改正について議論した「法制審議会・新時代の刑事司法制度特別部会」（以下、「特別部会」）の2013年の中間報告「時代に即した新たな刑事司法制度の基本構想」では、次のような指摘がなされています（丸数字は引用者）[3]。

①これまでの刑事司法制度において、捜査機関は、被疑者及び事件関係者の取調べを通じて、事案を綿密に解明することを目指し、詳細な供述を収集してこれを供述調書に録取し、それが公判における有力な証拠として活用されてきた。すなわち、他に有力な証拠収集手段が限られている中で、取調べは、当該事件に関連する事項についての知識を有すると捜査機関において判断した者本人の口から機動的かつ柔軟に供述を得ることができる手法として、事案解明を目指す捜査において中心的な機能を果たしてきた。また、供述調書は、取調べの結果得られた詳細な供述について、争いのない事件ではこれを効率的かつ時系列に沿って分かりやすく公判に顕出させて供述内容を立証する手段として機能するとともに、公判廷で供述人が捜査段階の供述を翻した場合等においては、捜査段階における供述内容を公判に顕出させる手段となり、しばしば、公判廷での供述より信用すべきものと認められてきた。

②しかし、取調べによる徹底的な事案の解明と綿密な証拠収集及び立証

---

[2] 鴨良弼『刑事証拠法』（日本評論社、1962年）170頁以下など。
[3] この基本構想を検討したものとして、「特集・刑事手続の構造改革」法時85巻8号（2013年）4頁以下、「特集 『新たな刑事司法制度』と刑事訴訟法」法教398号（2013年）2頁以下、「特集・新時代の刑事司法制度」刑弁75号（2013年）10頁以下など。その後の提案である「新たな刑事司法制度の構築についての調査審議の結果【案】」とこれに基づく法制審議会答申「要綱（骨子）」を検討したものとして、川崎英明ほか編著『刑事司法改革とは何か』（現代人文社、2014年）、「特集1 『新たな刑事司法制度』の構築」論ジュリ12号（2015年）4頁以下、「特集2 刑事司法『改革』のゆくえ」刑弁82号（2015年）69頁以下など。

を追求する姿勢は、事案の真相究明と真犯人の適正な処罰を求める国民に支持され、その信頼を得るとともに、我が国の良好な治安を保つことに大きく貢献してきたとも評されるが、戦後60余年にわたりこのような運用が続けられて我が国の刑事司法制度が諸外国に類を見ない独自の姿となってきた中で、それに伴うひずみもまた明らかになってきたと言わざるを得ない。

　③すなわち、当事者主義を採る我が国の刑事司法制度においては、公判廷で当事者が攻撃防御を尽くす中から事案の真相が解明され、それを踏まえて適切に刑罰権が行使されることが予定されているというべきであり、これとの関係で、被疑者の取調べは、捜査段階での被疑者の供述を収集する手段、供述調書は、その結果として得られた供述を記録する手段とそれぞれ位置付けられるべきものであるが、取調べ及び供述調書への過度の依存は、本来公判廷で事実が明らかにされるべき刑事司法の姿を変容させ、取調べを通じて作成された供述調書がそのまま公判廷でも主要な証拠として重視される状況を現出させ、刑事裁判の帰すうが事実上捜査段階で決着する事態となっているとも指摘される。

　④そして、そもそも取調べにより、特に黙秘権を有する被疑者から自分の犯罪事実等に関する不利益な供述を得ることは、それ自体、必ずしも容易ではないが、取調べ及び供述調書に余りにも多くを依存してきた結果、取調官が無理な取調べをし、それにより得られた虚偽の自白調書が誤判の原因となったと指摘される事態が見られる。この点に関連して、捜査段階において真相解明という目的が絶対視されるあまり、手続の適正確保がおろそかにされ又は不十分となって、無理な取調べを許す構造となってしまっていないかとの指摘もなされている。

　①では、被疑者取調べが捜査手続の中心的役割を果たし、その結果得られた供述が公判審理における立証の中心とされてきたという、これまでの日本の被疑者取調べ制度の特徴が示されています。そして、②では、この日本の「取調べによる徹底的な事案の解明と綿密な証拠収集及び立証を追求する姿勢」が国民の支持・信頼を獲得し、日本の良好な治安状況にも貢献してきたとされます。これに対し、このような被疑者取調べに支えられてきた日本の

刑事手続の問題として、公判審理が刑事手続の帰すうを決すべき場である（**公判中心主義**）にもかかわらず、被疑者取調べを含む捜査手続がその場となってしまっていること（③）、被疑者取調べというプロセスに構造的問題が生じていることが指摘されています（④）。

この指摘が示すように、被疑者取調べについては、その法的規律のあり方や適法性判断の思考プロセスだけでなく、制度としてのあり方（立法論の視点）を検討することも重要です。本章では、被疑者取調べの法的規律とその適法性判断の基本的視点と立法論の視点を学びましょう。

2 被疑者取調べに関する法的規律 共通2

上述のように、被疑者取調べに関する直接・間接の法的規律としては、憲法38条、刑訴法198条、319条、322条などが挙げられます。被疑者取調べ（やそれ以外の者の取調べ）は、発問を通じ対象者の意思に働きかけ、自発的供述を求めるものですので、対象者の任意の協力を前提とする任意捜査とされます。もっとも、その他の任意捜査と異なり、特に被疑者取調べには個別の法的規律が設けられています。その理由としては、被疑者の供述の重要性ゆえに追及的な取調べや被疑者の**黙秘権**（憲法38条1項）侵害の危険性が高いことなどから、供述の獲得過程を十分に規律する必要が高いことが挙げられます。この法的規律の基本構造としては、次のことが指摘できます[4]。

①取調べ権限を有するのは、捜査機関であること（198条1項）。
②被疑者には、意に反する一切の供述を拒否する権利（黙秘権）が保障されている（憲法38条1項）。この黙秘権を前提として、取調べに際しては、被疑者に対し、事前に供述拒否権を告知しなければならない（198条2項）。
③逮捕・勾留されていない被疑者（在宅被疑者）は、出頭を拒み、出頭後何時でも退去する自由を有する（198条1項但書。ただし、逮捕・勾留されている被疑者については、後述のように議論があります）。
④取調べの結果得られた供述は、調書に録取されるが、その録取は必要的

---

4) 三井 I 125頁以下、酒巻79頁以下、白取191頁以下などを参照。

ではない（198条3項）。当該調書（供述調書、供述録取書）が作成された場合は、被疑者に閲覧させるか、又は読み聞かせて、誤りがないかどうかを問わなければならず、被疑者が調書内容について増減変更の申立てをしたときは、その供述も調書に記載しなければならない（198条4項）。被疑者が調書に誤りがないと申し立てたときは、これに署名押印を求めることができるが、被疑者はこれを拒絶することもできる（198条5項）。
⑤事後的に被疑者取調べを規制する方法として、強制、拷問、脅迫による自白など、「任意性」に疑いのある自白は証拠として用いることはできないという自白法則が存在する（憲法38条2項、刑訴法319条1項）。

　このうち、取調べの適法性に直接関連するのは、②取調べにおいて最重要の権利である黙秘権の保障と捜査機関の**黙秘権告知**義務、③（少なくとも在宅被疑者の）出頭・退去の自由の保障、そして、④調書作成の手続という観点といえます。これらの規律に反する取調べは、違法と評価されます。なお、④について、調書は、必ずしも取調べにおける発問と応答をそのまま記載したものではなく、被疑者の供述を捜査機関が要約したいわゆる「物語式」（被疑者が独白する物語の形式）のものが多いことから、捜査機関による「作文」であるとも批判されます[5]。

　多くの場合、取調べの違法性は、後の公判審理における自白調書の排除の可否との関係で問題とされます（上記⑤の観点）。有力見解によれば、取調べの適法性判断と自白調書の排除の判断は直結しません。たとえば、判例は、黙秘権不告知の一事のみをもって直ちに自白の任意性は否定されないとします[6]。他方で、上記規律に明確に反しない「不当な取調べ」（被疑者をだまして自白を得る取調べなど）による自白調書は排除されるべき場合があるともします。これに対しては、取調べの適法性判断と自白調書の排除の判断を直

---

5) このような「取調官の作文」としての調書は、正確な事実認定の確保との関係で問題であるのは当然ですが、取調べ状況を事後的に明らかにする点でも問題を抱えます。このことは供述者の供述時の心理状態を明らかにすることとの関係でも大きな問題です。この点、浜田寿美男『自白の研究──取調べる者と取調べられる者の心的構図』（三一書房、1992年）、髙木光太郎『証言の心理学──記憶を信じる、記憶を疑う』（中央公論新社、2006年）123頁以下、浜田寿美男『虚偽自白を読み解く』（岩波書店、2018年）など。

結あるいは関連させるべきとする見解も有力に主張されます（第24章）。

　被疑者が逮捕・勾留されている場合、取調べの適法性判断に関する法的規律はやや複雑です。まず、③の法的規律との関係で、逮捕・勾留されている被疑者には、198条1項但書を根拠として、逮捕・勾留されている居室から取調室に出頭し、その場に滞留する義務（**出頭・滞留義務**）や**取調べを受ける義務**があると実務では理解されています。これらの義務を「**取調べ受忍義務**」といいます。他方で、上記の②④⑤の規律は在宅被疑者の場合と同様に及びます。これに加えて、逮捕・勾留されている被疑者の取調べの適法性判断の他の特徴として、逮捕・勾留の違法性やこれに伴う手続（弁護人の選任〔76条以下〕や接見交通〔39条〕など）の違法性が取調べの適法性に影響しうること（第11章）、逮捕・勾留の理由とされる被疑事実と異なる被疑事実に関する取調べの適法性（余罪取調べの限界）が問題となりうることも挙げられます。

3 ｜ 在宅被疑者の取調べ 共通3

　上記③の関係で、在宅被疑者に対する取調べの適法性判断について検討します。第4章で検討したように、在宅被疑者の取調べの適法性判断は、当該被疑者取調べが、(a) 取調べを目的とする任意同行（198条1項本文）や任意同行後の警察署における滞留が、実質的逮捕などの「強制手段」によるものであったか否かという判断、(b) 強制手段によるものでないとしても、事案の重大性、嫌疑の程度、被疑者の態度など諸般の事情を勘案して、社会通念上相当と認められる方法ないし態様及び限度にとどまっていたかという判断という二段階の判断によって行われます[7]。

---

6) 最判昭25・11・21刑集4巻11号2359頁、最判昭28・4・14刑集7巻4号841頁。これに対し、黙秘権不告知の一事をもって自白を証拠から排除したと評価可能な裁判例（大阪高判平21・10・8刑集65巻9号1635頁、東京高判平22・11・1判タ1367号251頁）も近年登場しています。同裁判例の評価については、石田倫識「自白の証拠能力」法教435号（2016年）27頁以下、同「自白の証拠能力──自白法則と違法収集証拠排除法則」法教460号（2019年）34頁以下など参照。黙秘権告知の重要性については、川﨑英明「黙秘権保障における黙秘権告知の意義」『浅田和茂先生古稀祝賀論文集（下）』（成文堂、2016年）101頁以下など。

(a)の段階での違法性の根拠は、令状のない違法な逮捕（憲法33条、199条以下違反）を用いた取調べや198条1項但書違反[8]に、(b)の段階での違法性の根拠は、197条1項本文および198条1項本文違反（比例原則違反）に求められます。いずれの場合も、違法な取調べが行われたことや任意性に疑いが生じたことを理由とする**自白法則**（憲法38条2項、刑訴法319条1項）や**違法収集証拠排除法則**による当該自白調書の排除があり得ます。

4｜逮捕・勾留されている被疑者の取調べ　共通4

　逮捕・勾留されている被疑者の取調べについては、198条1項但書をどのように解釈するかが重要です。この解釈については、主に、（ア）取調べ受忍義務を肯定する見解、（イ）出頭・滞留義務を肯定し取調べを受ける義務を否定する見解、（ウ）取調べ受忍義務を否定する見解が存在します。

　実務では、逮捕・勾留されている被疑者については、取調べ受忍義務が認められるとする見解（**取調べ受忍義務肯定説**）が一般的とされます[9]。この見解は、取調べ受忍義務を肯定しても、黙秘権を告知したうえで行われる取調べが黙秘権を侵害するわけではないことなどを根拠として、198条1項但書にいう「逮捕又は勾留されている場合を除いては」以下の文言を反対解釈します。この立場を前提とすれば、逮捕・勾留されている場合、上記(a)(b)の判断は異なるという説明となります。つまり、(a)については、出頭・滞

---

[7] 斎藤司「強制処分概念と任意捜査の限界に関する再検討」探究19頁以下、渕野貴生「黙秘権保障と自白法則」探究184頁以下など。

[8] 松田岳士「被疑者取調べのための同行と『実質逮捕論』について」『三井誠先生古稀祝賀論文集』（有斐閣、2012年）537頁以下なども参照。

[9] 取調べ受忍義務について詳細に検討するものとして、酒巻匡「逮捕・勾留中の被疑者の取調べ受忍義務」争点（新版）56頁以下、高田91頁以下など。なお、最大判平11・3・24民集53巻3号514頁が、「身体の拘束を受けている被疑者に取調べのために出頭し、滞留する義務があると解することが、直ちに被疑者からその意思に反して供述することを拒否する自由を奪うことを意味するものでないことは明らか」としていることから、最高裁判例も取調べ受忍義務を認めているとの見解も存在しますが、同判示は仮に出頭・滞留義務が認められたとしても、憲法38条1項に違反することはないという仮定の判断であって、取調べ受忍義務の存在を肯定する意味は含まれないと理解することも十分可能です（大澤裕＝岡慎一「逮捕直後の初回の接見と接見指定」法教320号（2007年）124頁［大澤裕］）。

留を義務づけること、出頭・滞留のために必要な一定程度の有形力を行使することも、直ちに「強制手段」とは評価されないことになります[10]。次に、(b)との関係では、逮捕・勾留が許容されたことは一定以上の高度な嫌疑が存在することを意味することから、逮捕・勾留されていない場合に比べて、取調べに応ずるよう強く説得することが類型的に認められることになります[11]。もっとも、取調べ受忍義務は供述義務を課した取調べといった「強制」を許容するものではありません。たとえば、脅迫や暴行などを用いた取調べ（脅迫・暴行などを用いて取調室に滞留させる、取調べに応じさせることなど）は黙秘権を侵害し違法と評価されます。この場合、当該自白は自白法則によって排除される可能性があります[12]。

　取調べ受忍義務を肯定する見解に対し、198条1項但書により認められるのは出頭・滞留義務にとどまり、取調べを受ける義務を認めること（逮捕・勾留状態を直接利用して取調べに応じるよう強制すること）は憲法38条1項の黙秘権保障の趣旨に反するとする見解（**出頭・滞留義務肯定説**）も有力です[13]。この見解は、逮捕・勾留されている被疑者は取調室への出頭・滞留義務は負うものの、取調べを拒否することはできるとします。そして、被疑者が取調べを拒否した場合、それ以上、取調べの場に被疑者を滞留させる合理的理由はなくなることから、取調べ拒否の意思を翻意させるための説得を試みるこ

---

10) 團藤重光『條解刑事訴訟法 上』（弘文堂、1950年）365頁、大コメ4巻169頁以下〔河村博〕、条解378頁など。
11) 佐々木正輝＝猪俣尚人『捜査法演習〔第2版〕』（立花書房、2018年）347頁以下など。
12) 酒巻・前掲注9) 59頁など。
13) 松尾上67頁、酒巻94頁など。近年、起訴前における身体拘束期間の趣旨を「被疑者の逃亡および罪証湮滅を阻止した状態で、身柄拘束の理由とされた被疑事実につき、起訴・不起訴の決定に向けた捜査を行うための期間」と捉えたうえで、「被疑者の身柄拘束期間には厳格な制限があり、捜査機関は、その限られた期間内に捜査を尽くして起訴・不起訴を決定しなければならないため、捜査の便宜を考慮して、身柄が拘束されている場合には、法律で特別に取調べのための出頭・滞留義務を認めた」との見解も主張されています（特別部会第1作業分科会第8回会議議事録19頁〔川出敏裕幹事発言〕、大澤裕「被疑者・被告人の身柄拘束のあり方——いわゆる中間処分を中心に」論ジュリ12号〔2015年〕94頁）。この見解を検討したものとして、石田倫識「接見交通権と被疑者取調べ」刑弁85号（2016年）115頁以下、斎藤司「取調べのための出頭・滞留義務と取調べ適正化論」『浅田和茂先生古稀祝賀論文集（下）』（成文堂、2016年）107頁以下。

とは許されますが、長時間に及ぶことは許されないとされます。その意味では、出頭・滞留を除いては逮捕・勾留中の被疑者取調べ自体も被疑者の任意の協力を前提とするので、上述の在宅被疑者の取調べに関する規律（a）（b）が同様に及ぶことになります[14]。

　取調べ受忍義務否定説は、取調べを受けることの義務づけ自体が供述の強制であり黙秘権侵害であるとします（198条1項但書の反対解釈により取調べ受忍義務を導くことは強制処分法定主義〔憲法31条、刑訴法197条1項但書〕に反するとの見解も存在します）。さらに、出頭・滞留義務肯定説に対しても、事実上、取調べを受けることの義務を否定し得ない状況が生み出されるのではないかと批判します。そのうえで、取調べ受忍義務否定説は、198条1項但書について、取調室からの退去の自由を認めることが逮捕・勾留の効力自体を否定するものではないことを注意的に明らかにしたにとどまる（退去後、自由に移動できる在宅被疑者と異なり、取調室への出頭・滞留を拒否できるにとどまり、逮捕・勾留自体は継続されるから198条1項但書が存在する）との解釈を行います[15]。この見解によれば、逮捕・勾留されている被疑者は、黙秘権に加え、取調室への出頭・退去の自由や取調べを拒否する権利を有することになります。それゆえ、逮捕・勾留されている被疑者が取調べを拒否した場合に取調べを行うことは、取調べの強制（供述の強制）であり、黙秘権侵害を意味することになります。さらに、明示的な拒否がなくとも、実質的に取調べを強制すること、被疑者が取調べを受ける義務があると誤解したことに乗じて取調べることなども、取調べの強制と評価されることになります[16]。

　取調べ受忍義務否定説が妥当というべきです。仮に出頭・滞留義務を肯定するとしても、その義務は、逮捕・勾留が許容される場合は一定程度以上の嫌疑の存在を意味することから、逮捕・勾留されていない場合に比べ取調べに応ずるよう説得する必要性（高度の嫌疑）が類型的に認められること（一定の説得を受ける義務が存在する）を意味するにすぎないと解すべきです[17]。

---

14) 後藤・捜査163頁以下、酒巻94頁以下。
15) 平野106頁以下。さらに、田宮132頁以下、鈴木茂嗣『刑事訴訟法の基本問題』（成文堂、1988年）68頁以下、白取195頁以下なども参照。
16) 後藤・捜査154頁以下など参照。なお、黙秘権の理解をとらえ直したうえで、取調べの適法性や自白排除の基準について検討したものとして、渕野・前掲注7）184頁以下。
17) 斎藤・前掲注13）107頁以下。

逮捕・勾留されている被疑者の取調べの適法性については、上記の観点に加えて、逮捕・勾留自体の適法性判断（第11章）、逮捕・勾留に伴う手続の適法性判断、そして余罪取調べの限界という観点からの判断も重要であることは上述したとおりです。

5 ｜ 被疑者取調べ録音・録画制度 共通5

　2016年刑訴法改正により、被疑者取調べの録音・録画制度が導入されました（301条の2）[18]。同改正により、逮捕・勾留されている被疑者を、法定されている録音・録画対象事件（裁判員裁判対象事件及び「司法警察員が送致し又は送付した事件以外の事件」〔検察独自捜査事件〕）について取り調べる場合、法定の例外事由に該当しない限り、被疑者取調べ（198条1項）や被疑者の弁解録取（203条1項、204条1項、205条1項。211条、216条によりこれらの規定を準用する場合も含む）を録音・録画する義務が捜査機関に課されることになりました（301条の2第4項）。この録音・録画対象事件は、全事件の2〜3％とされます。

　301条の2第4項が、「（録音・録画対象）事件について……取り調べるとき又は……弁解の機会を与えるとき」に録音・録画義務が発生するとしていることからすると、録音・録画対象事件に当たるか否かは、（被疑者が逮捕・勾留されていることが前提ですが）逮捕・勾留の理由となっている被疑事実で

---

[18]　改正法については、後藤昭「刑訴法改正と取調べの録音・録画制度」法時88巻1号（2016年）12頁以下、吉田茂「取調べの録音・録画制度の要点と弁護実践」自由と正義67巻9号（2016年）22頁以下、条解1321頁以下、川崎英明ほか編『2016年改正刑事訴訟法・通信傍受法 条文解析』（日本評論社、2017年）など、大阪弁護士会取調べの可視化大阪本部編『コンメンタール可視化法──改正刑訴法301条の2の読解と実践』（現代人文社、2017年）、「特集　取調べの可視化とは何だったのか」法セミ750号（2017年）14頁以下。取調べの可視化については、小坂井久『取調べ可視化論の現在』（現代人文社、2009年）、同『取調べ可視化論の展開』（現代人文社、2013年）、指宿信『被疑者取調べと録画制度』（商事法務、2010年）、同『被疑者取調べ録画制度の最前線』（法律文化社、2016年）、逐条688頁以下［上冨敏伸＝吉田雅之］、小坂井久＝中西祐一「可視化法の法理と『取調べ観』の転換（主に弁護人立会について）（上）（下）」判時2396号、2397号（2019年）など。日本における被疑者取調べに対する規制のあり方を探る研究として、安部祥太『被疑者取調べの憲法的規制』（日本評論社、2019年）。

はなく、取調べの実質的な内容によって判断されます[19]。たとえば、死体遺棄の被疑事実で逮捕・勾留中に、殺人事件について取り調べる余罪取調べを行う場合、録音・録画義務が生じるのです。また、在宅被疑者に対する取調べが実質的逮捕により行われる場合にも、録音・録画義務が発生すると解することも可能でしょう[20]。

次に、録音・録画義務に関する法定の例外事由は、(a)「記録に必要な機器の故障その他のやむを得ない事情により、記録をすることができないとき」（301条の2第4項第1号）、(b)「被疑者が記録を拒んだことその他の被疑者の言動により、記録をしたならば被疑者が十分な供述をすることができないと認めるとき」（同第2号）、(c) 当該事件がいわゆる指定暴力団の構成員による犯罪に係るものであると認めるとき（同3号）、(d)「……犯罪の性質、関係者の言動、被疑者がその構成員である団体の性格その他の事情に照らし、被疑者の供述及びその状況が明らかにされた場合には被疑者若しくはその親族の身体若しくは財産に害を加え又はこれらの者を畏怖させ若しくは困惑させる行為がなされるおそれがあることにより、記録をしたならば被疑者が十分な供述をすることができないと認めるとき」とされます。(a) は物理的制約により録音・録画が困難な場合、(b) (d) は被疑者が十分な供述をできない場合、そして、(c) は被疑者が十分な供述ができない類型的事情を根拠に設定したものといえます。このうち、(b) は取調官に録音・録画を行う裁量を与えるような運用も可能な規定となっています。しかし、そうなると録音・録画義務を定めた趣旨が損なわれますので、被疑者が明確に録音・録画を拒否した場合にその適用を限るべきでしょう。

録音・録画義務があるにも関わらず、録音・録画が行われなかったとき、当該義務違反の違法（301条の2第4項）と評価されます。もっとも、その違法の程度は、捜査機関による故意の義務違反の場合から、捜査機関が例外事由に該当すると誤信した場合までさまざまなものがありうるでしょう。後述

---

[19] 第189回国会衆議院法務委員会議録18号8頁〔林政府参考人発言〕など。なお、起訴後、勾留されている被告人に対し、録音・録画対象事件に当たる余罪について取り調べる場合、301条4項に該当しないため、録音・録画義務は発生しないとされます（第189回国会参議院法務委員会議録9号5頁〔林政府参考人発言〕）が、余罪について「被疑者」として取り調べている以上、録音・録画義務が発生すると解することも可能でしょう。

[20] 後藤・前掲注18) 12頁以下。

しますが、このことは自白調書の排除の当否と関係します。

録音・録画義務の履行を担保する方策として、検察官には一種の証拠調べ請求義務が課されます（301条の2第1項）。録音・録画義務が課せられている事件に関する被疑者取調べにより作成された調書を検察官が証拠調べ請求したのに対し、被告人または弁護人がその任意性に疑いがあると異議を述べた場合、検察官は（例外事由に該当しない限り）その調書が作成された「取調べ又は弁解の機会の開始から終了に至るまでの間における被告人の供述及びその状況を……記録した記録媒体の取調べを請求」しなければなりません。

録音・録画義務違反および記録媒体の証拠調べ請求義務違反が存在するときには、任意性判断を行うことなく、当該調書の取調べは却下されます（301条の2第2項）。もっとも、この場合でも、当該自白調書は直ちに排除されるわけではありませんので、他の方法（取調官の証言など）により任意性に疑いは生じないと認められるのであれば、裁判所の職権により当該調書を証拠採用することは可能とされています[21]。しかし、上述のように、録音・録画義務違反という取調べの違法性は存在しますので、（排除基準としての違法性の程度の理解によりますが）自白法則や違法収集証拠排除法則によって排除することも可能でしょう[22]。

取調べの録音・録画制度は、逮捕・勾留中の被疑者取調べについて捜査機関の録音・録画義務という新たな規律を新設しただけでなく、取調べ状況を録音・録画した客観的な資料に基づく取調べの適法性や自白の任意性判断を可能とするという重要な意義を有します[23]。もっとも、2016年刑訴法改正に対しては、録音・録画義務が課される事件の範囲が狭すぎる、録音・録画義務の例外事由（特に301条の2第4項第2号）が曖昧であるとの批判が示されています。さらに、逮捕・勾留の場合と同様に供述強制の危険性がある在宅被疑者取調べや参考人取調べにも録音・録画を義務づけるべきとの批判も存在します。これに加えて、2016年改正の目的であった取調べの適正性や透

---

21) 特別部会第26回会議議事録20頁［保坂和人幹事発言］
22) この点、石田・前掲注6）「自白の証拠能力」28頁など。
23) この点、取調べ録音・録画と自白法則の関係を検討したものとして、中島宏「自白法則における違法排除説再論」法時83巻2号（2011年）34頁以下、堀江慎司「取調べの録音・録画制度」論ジュリ12号（2015年）63頁以下など。

明性を確保するためには、取調べの録音・録画制度だけでは不十分で、弁護人の立会いを認めるべきとの見解、代用監獄制度の廃止や取調べ受忍義務の否定が必要であるとの見解も示されています[24]。

6 │ 被疑者取調べの改革と刑事手続改革 展開1

最後に、立法論および制度論の観点から被疑者取調べを考えましょう。被疑者取調べやその結果得られた自白調書は、日本の刑事手続において中心的役割を果たしてきました。そのこともあって、違法な手段、虚偽自白を招く危険性の高い手段による取調べが行われ、その結果得られた虚偽自白が誤判原因となるという構造が指摘されています。

いわゆる「**捜査の構造論**」は、上記のような状況を「**糾問的捜査観**」に基づくものとして批判的にとらえ、被疑者の主体性保障と捜査を公判のための準備ととらえるべきとして「**弾劾的捜査観**」をあるべき捜査手続、そして刑事手続のあり方として示そうというものでした[25]。この議論も踏まえると、上記の構造を改善する方向性は、大きく分けて2つ考えられます。

第1に、現在の被疑者取調べの役割を基本的に維持しながら、問題となる取調べや自白（違法・危険な手段による取調べ）を防止するという方向性です。2016年改正による取調べ録音・録画制度などは、これに当たるといえます。この考え方によれば、被疑者取調べに関する被疑者の権利や手続保障を手厚くすべきことになり、その法的規律も多様かつ複雑になっていくでしょう。そうすると、被疑者取調べの適正化や透明化が進む一方で、被疑者取調べの役割やその結果得られた供述の重みはさらに増すということもあり得ます

---

[24] 川崎ほか編・前掲書注3）19頁以下、関口和徳「取調べの録音・録画制度」刑弁82号（2015年）70頁以下、葛野尋之『刑事司法改革と刑事弁護』（現代人文社、2016年）153頁以下など。さらに、堀江・前掲注23）55頁以下も参照。

[25] 平野83頁以下。捜査の構造論については、田宮裕『捜査の構造』（有斐閣、1971年）3頁以下、同『日本の刑事訴追』（有斐閣、1998年）362頁以下、後藤・捜査251頁以下、緑大輔「捜査構造論」リーディングス85頁以下など参照。さらに、「捜査の構造論」について訴訟的捜査構造論を主張するものとして、井戸田侃『刑事訴訟法要説』（有斐閣、1993年）24頁以下など。同見解については、斎藤司「井戸田捜査法理論の現代的意義――訴訟的構造論と近年の議論との関係を中心に」刑弁93号（2018年）109頁以下。

（適正化・透明化された手続で得られた供述は、より信用・依拠可能という論理もありうるからです）。そのような事態は、被疑者取調べにより依存する刑事手続を招く可能性もあります（たとえば、録音・録画した記録媒体を、これまでの自白調書と全く同じように用いる運用など）。なお、自白調書を前提としたこれまでの実務では、被疑者は捜査機関による発問に答えるものの、調書への署名押印を拒否すること（198条5項）で、不当・違法な取調べに対抗することが可能でした（321条以下により、署名押印のない供述録取書は証拠とすることができないからです）。このことは取調べ受忍義務の課せられた取調べで黙秘することの困難さを示唆するものともいえます。これに対し、録音・録画した記録媒体には署名押印は必要ないという有力な見解[26]を前提とすると、録音・録画制度の下では、そのような対応策は事実上困難となります[27]。もっとも、この方向性においても被疑者取調べへの弁護人立会いや取調べ前の証拠資料の開示などを認めることはあり得ます。その場合、被疑者による主体的な取り調べへの「関与」も可能となるでしょう。

　第2に、被疑者取調べの役割を限定することで、刑事手続への影響を限定するという方向性です。たとえば、取調べ受忍義務の否定（被疑者の取調べ拒否権の承認）、代用監獄制度の廃止、起訴前の身体拘束期間の短期化などによって、被疑者取調べの役割を根本的に変更するという方策が考えられます。この考えによれば、被疑者取調べにおける被疑者の供述獲得を前提とすることができないため、自白調書などに基づき有罪判決獲得を確信できる場合に限り公訴提起するという運用、さらには自白調書に依拠した公判審理も維持できなくなることになります。このように、被疑者取調べを限定することで刑事手続の中心を、取調べを含む捜査手続から公判手続へと移行しようとする方策といえるでしょう。

　前者の方策においても、公判中心主義の実現は可能であること、さらに刑

---

26) この点の議論については、「特集　取調べ上映会を許すな！――録画媒体実質証拠化の危機」刑弁91号（2017年）9頁以下、石田倫識「録音・録画記録媒体を実質証拠として用いることの許否とその条件」法セミ750号（2017年）27頁以下、城祐一郎「取調べの録音・録画を実質証拠として用いることの問題点と検討」捜査研究67巻1号（2018年）5頁以下、川出・論点192頁以下など。

27) 録音・録画記録媒体の証拠能力について判示する裁判例として、東京高判平28・8・10判タ1429号132頁、東京高判平30・8・3判時2389号3頁。

事裁判にかけられる際の被告人のさまざまな負担や刑事裁判にかかる人的・物的コストなどを考えると、捜査段階で被疑者取調べを適正かつ充分に行い、公訴提起を慎重に判断すべきという論理もありうるでしょう。もっとも、公判中心主義の理念、さらには透明化を徹底できない捜査手続における防御には限界があることからすれば、後者の方策にも十分理由があるといえます。

以上のような検討は、捜査・取調べの適正化に対して従来から示されてきた事案の真相の解明や被疑者の供述確保が困難になるといった従来の批判以外にも、まだ問題が存在することを示すものです。制度論として被疑者取調べを検討することは、被疑者の黙秘権をどのように保障するかという問題だけでなく、刑事手続全体のあり方という大きな問題とも関連するといえます。このような大きな視点からも、被疑者取調べ問題をぜひ考えてみてください[28]。

---

[28] この点、平野龍一『捜査と人権』（有斐閣、1981年）67頁以下、井上正仁「刑事裁判に対する提言」司法研修所論集85号（1991年）93頁以下、小田中聰樹『現代司法と刑事訴訟法の改革課題』（日本評論社、1995年）292頁以下、村井敏邦『刑事訴訟法』（日本評論社、1996年）317頁以下、田宮裕『日本の刑事訴追』（有斐閣、1998年）362頁以下、後藤・捜査251頁以下、井上正仁「講演・刑事訴訟法学のアイデンティティを求めて――中間報告」法学協会雑誌130巻4号（2013年）751頁以下、白取祐司「戦後刑事訴訟法学の歩みと現状」探究1頁以下、川崎英明『刑事司法改革と刑事訴訟法学の課題』（日本評論社、2017年）、渡邉一弘＝岡慎一＝植村立郎「刑事手続の新展開」新展開上3頁以下などを参照。

第 13 章

被疑者の防御権の内容と
その制限の適法性判断

第 13 章の目標
①被疑者の防御権の内容を概観する。
②弁護人依頼権の現状とその問題点を概観する。
③接見交通権の意義とその制限の適法性判断について学ぶ。

1 │ 被疑者の防御権とその意義 共通 1

　第 2 章から 12 章まで、捜査活動に対する法的規律を学んできました。これらの法的規律は、国家機関である捜査機関による活動を対象とするものです。他方で、捜査機関のみに証拠の収集・保全や人権保障をすべて任せ、そしてその活動を規制するだけでは限界があります。より正確な事案の真相の解明や人権保障という目的を十分に達成するため、憲法や刑訴法は、捜査活動に対する規律に加え、①捜査活動に対する被疑者側の点検や抑制を可能とし、②捜査活動と並行した一定の被疑者側による証拠収集・保全を認め、さらに、③上記①②を実効的に可能とする手段を認めています。これらの被疑者側の活動のため、①として (a) 被疑者の**黙秘権**（憲法 38 条 1 項、刑訴法 198 条 2 項）、(b) 捜査活動などに対して**不服申立てを行う権利**（429 条以下）、②として (c) 公判審理に備えて予め防御準備に役立つ証拠を保全するための**証拠保全請求権**（179 条）、③として (d) **弁護人依頼権**（憲法 34 条前段、刑訴法 30 条以下）といった**被疑者の防御権**が保障されています。

　被疑者の防御権について学ぶ際には、その意義や内容だけでなく、これら

の防御権との関係で裁判官や捜査機関による活動がどこまで許容されるかを学ぶことも重要です。捜査段階における裁判官や捜査機関による活動は、被疑者による防御権行使と緊張関係を有しながら展開されます（たとえば、被疑者取調べの場合は黙秘権や弁護人依頼権が関係します）。その際に被疑者の防御権が制限された場合、当該制限は違法と評価されます。その適法性判断は、（ⅰ）当該防御権の内容の検討、（ⅱ）当該防御権に対する制限の有無の検討、（ⅲ）当該制限を許容する法的根拠の有無の検討（制限を許容する法的根拠がない場合は、防御権の制限は違法となります）、（ⅳ）法的根拠が存在する場合、その制限が許容される基準の具体的内容の検討、（ⅴ）具体的事案における制限が、その基準を満たすかの検討という思考プロセスでなされます。

本章では、弁護人依頼権を題材として、被疑者の防御権に関する基本的な思考プロセスを学びましょう[1]。

2｜被疑者の弁護人依頼権と捜査弁護の意義　共通 2

捜査手続における弁護活動（**捜査弁護**）の意義・役割としては、①捜査手続段階からの公判審理に向けた準備活動（証拠や証人の発見・確保）だけでなく、②捜査活動が適正に行われるよう監視し手続を確保すること（適正手続の確保）、③被疑者に対する法的知識や情報の提供、これによる被疑者の心理的不安の緩和・解消、そして、④不起訴処分獲得に向けた条件整備（示談）などを通じた検察官への公訴権行使（248条）に関する働きかけなどが挙げられます[2]。

日本の刑事手続では、被疑者取調べの結果得られた自白調書が中心的役割を果たしており、被疑者取調べを中心とする捜査手続は刑事事件の決着を左右する重要なものとなっています。そのため、捜査機関による行きすぎた捜査活動がもたらす影響は非常に大きいのです（行きすぎた取調べにより虚偽の

---

1) 黙秘権の意義やその制限に関する検討については、平野龍一『捜査と人権』（有斐閣、1981年）83頁以下、石田倫識「黙秘権保障と刑事手続の構造」刑雑53巻2号（2014年）244頁以下、緑165頁以下など。
2) 前田裕司＝佐藤剛＝中谷雄二郎「捜査段階における弁護活動」新展開上497頁以下、岡慎一＝神山啓史『刑事弁護の基礎知識〔第2版〕』（有斐閣、2018年）266頁以下。

自白調書が作成された場合など)。このような構造においては、行きすぎた取調べなどの不当・違法な捜査を事前に抑制するため、捜査段階から法律の専門家である弁護人が援助する重要性・必要性は非常に高いのです。

　旧刑訴法まで、弁護人依頼権は被告人にのみ認められていました。これに対し、現行刑訴法は、被疑者にも弁護人依頼権を保障しています（30条）。しかし、その問題は被疑者の弁護人依頼権が十分に機能していなかった点にありました。その主な理由としては、被疑者段階では公費で弁護人を選任する**国選弁護**が認められておらず、自ら弁護人を選任する**私選弁護**のみが可能であったことが挙げられます（これに対し、憲法37条3項、刑訴法36・37条などにより被告人には国選弁護が認められていました）。

3 | 被疑者の弁護人依頼権の実効化に関する動向　共通3

　国選弁護を被疑者にも認めるべきか否かの問題について、国選弁護を要請する憲法37条3項後段の「刑事被告人」の英文である"the accused"は、被告人だけでなく「逮捕・勾留されている被疑者」も含む（憲法37条3項は被疑者についても国選弁護を要求している）との見解など[3]が主張されていました。さらに、実務では、弁護士による自発的活動として**当番弁護士制度**（逮捕された被疑者に、弁護士が初回無料で接見し助言する制度で、その費用は弁護士会の財源によってまかなわれる）が、1990年からスタートしました。

　このような状況のもと、2004年刑訴法改正により**被疑者国選弁護制度**が導入されました。同制度は、2016年刑訴法改正により拡大され、(a) 勾留状発付のあった場合に、(b) 貧困などの理由により弁護人を選任できないときには、当該被疑者に国選弁護人を付することが認められています（37条の2第1項）。この国選弁護人の選任は、被疑者の請求による場合（37条の2）と裁判官の職権による場合（37条の4、37条の5）があります。

　なお、この被疑者弁護制度との関係では、逮捕された被疑者に対し弁護人の選任方法や被疑者国選弁護制度の存在およびその要件・手続を教示する義

---

[3] 大出良知「刑事弁護の憲法的基礎づけのための一試論」自由と正義40巻7号（1989年）123頁以下、村井敏邦「刑事弁護の歴史と課題」自由と正義44巻7号（1993年）5頁以下。

務が捜査機関に課されています（203条3項・4項、204条2項・3項）。さらに、勾留請求を受けた裁判官にも、勾留質問の際に同様の教示義務が課されています（207条2項・3項・4項）[4]。

　この被疑者国選弁護制度は、すべての被疑者に認められているわけではありません（逮捕段階の被疑者や勾留されていない被疑者など）。もっとも、この対象とならない場合でも、即決裁判手続の同意を求められた被疑者については国選弁護人が付されます（350条の17、350条の18）。このように範囲を限定する理由としては、憲法37条3項後段は「被告人」に関する規定であって、被疑者一般に対する国選弁護は憲法の要請ではないこと、憲法34条前段は逮捕・勾留されている被疑者に弁護人依頼権を保障しているが、さらに進んで国選弁護の導入の可否やその保障範囲は憲法の要請ではないこと、勾留は逮捕に比べて身体拘束期間が長期に及びうるから弁護人を付する必要性がより高いこと、そして、迅速・的確な弁護活動が可能な弁護士の態勢などを総合考慮した立法政策的な判断が挙げられます[5]。

　これに対しては、上述のように、憲法37条3項後段が逮捕・勾留されている被疑者にも国選弁護を要請しているという見解も存在します。さらに、立法政策としても、逮捕段階から国選弁護を認める方が、逮捕と勾留を区別することなく被疑者・被告人に弁護人依頼権を保障する憲法34条前段の趣旨により適合するといえます[6]。そして、逮捕直後は、逮捕されたことの精神的ショックが大きいこと、逮捕後の手続や取調べを受けるに当たっての助言は特に重要であることなどを考慮しても、逮捕段階における弁護人依頼権の実効化は重要な意味を有します。これらの根拠からすれば、現時点の被疑者国選弁護制度には不十分な点もあるといえます。それゆえ、現在も、逮捕段階で当番弁護士制度が存在することには重要な意味があるというべきです。もっとも、被疑者国選弁護制度の導入により捜査弁護がより活性化したこと

---

4) 2016年刑訴法改正について検討するものとして、高平奇恵「被疑者国選弁護制度の拡充」川﨑英明ほか『刑事司法改革とは何か』（現代人文社、2014年）192頁以下、川﨑英明ほか編『2016年改正刑事訴訟法・通信傍受法　条文解析』（日本評論社、2017年）11頁以下［高平奇恵］など。さらに、同改正までの被疑者国選弁護制度について検討するものとして、白取祐司「被疑者国選弁護制度」法時91巻1号（2019年）114頁以下。

5) 酒巻199頁以下。

6) 酒巻匡「公的被疑者弁護制度について」ジュリ1170号（2000年）91頁など。

は明らかです。その影響もあってか、被疑者の逮捕・勾留からの解放の活発化などの変化も指摘されています[7]。

4 ｜ 逮捕・勾留された被疑者の弁護人依頼権 共通4

　被疑者の弁護人依頼権に対する制限が特に問題となるのは、被疑者が逮捕・勾留されている場合です。逮捕・勾留された被疑者は、人身・行動の自由だけでなく、外界とのつながりも制限されているため、弁護人選任や選任した弁護人との相談を希望したとしても、捜査機関がこれを弁護人に伝えないとか、その相談・面談の時期・時間を制限するなどの事態が生じる危険性が高くなるからです。

　憲法34条前段は、「何人も、……直ちに弁護人に依頼する権利を与へられなければ、抑留又は拘禁されない」として、逮捕・勾留された被疑者・被告人の弁護人選任権を保障しています。その趣旨について、最大判平11・3・24民集53巻3号514頁は、「身体の拘束を受けている被疑者が、拘束の原因となっている嫌疑を晴らしたり、人身の自由を回復するための手段を講じたりするなど自己の自由と権利を守るため弁護人から援助を受けられるようにすることを目的とするものである。したがって、右規定は、単に被疑者が弁護人を選任することを官憲が妨害してはならないというにとどまるものではなく、被疑者に対し、弁護人を選任したうえで、弁護人に相談し、その助言を受けるなど弁護人から援助を受ける機会を持つことを実質的に保障しているものと解すべき」としました。平成11年判決によれば、憲法34条前段は、逮捕・勾留されている被疑者の弁護人選任権に加え、**弁護人から援助を受ける権利**」を保障しており、捜査機関が不当にこれらの権利を制限したと評価される場合は違憲・違法となるのです（弁護人選任を妨害しなくとも、その弁護人との相談・面会を妨害すれば違憲・違法となるわけです）。

[7) 1990年から2005年の勾留請求の却下率は約0.2%でしたが、それ以降、勾留請求却下率は上昇し、2010年には1.1%、2017年には3.9%となっています（『平成30年度犯罪白書』など）。近年の動向については、「特集　勾留を争う──全勾留準抗告運動と勾留判断における考慮事項」刑弁98号（2019年）9頁以下など、さらに、葛野尋之『刑事司法改革と刑事弁護』（現代人文社、2016年）326頁以下、愛知県弁護士会刑事弁護委員会編『勾留準抗告に取り組む』（現代人文社、2017年）など。

平成11年判決も示すように、逮捕・勾留されている被疑者の弁護人依頼権（弁護人の援助を受ける権利）の意義・目的としては、上述の捜査弁護全般の意義や目的に加えて、逮捕・勾留からの早期解放（勾留理由開示請求〔82条以下〕、勾留取消し請求〔207条1項、87条〕、勾留・勾留延長に対する準抗告〔429条1項2号〕など）、さらには被疑者との面会などを通じた被疑者と家族や社会とのつながりの維持などが挙げられます。

5 ｜ 接見交通権とその制限　共通5

逮捕・勾留されている被疑者の弁護人依頼権の制限との関係で、重要な場面の1つとなるのが逮捕・勾留されている被疑者と弁護人等（すでに選任された弁護人だけでなく、弁護人を選任することができる者の依頼により弁護人となろうとする者も含む）との接見（面会）です。

39条1項は、「身体の拘束を受けている被告人又は被疑者は、弁護人又は弁護人を選任することができる者の依頼により弁護人となろうとする者……と立会人なくして接見し、又は書類若しくは物の授受をすることができる」とされています。この規定により、逮捕・勾留されている被疑者・被告人は、弁護人等と「立会人なくして」いつでも接見できる権利（**秘密かつ自由な接見交通権**）を有しています。これに対し、39条3項本文は、捜査機関は、「公訴の提起前」すなわち被疑者に限り、「捜査のため必要があるときは」、接見または授受に関し、「その日時、場所及び時間を指定することができる」としています（**接見指定**）。

接見する相手方が、弁護人等以外の者（家族や友人など）である場合は、弁護人等との接見と異なり、「秘密」の交通権は認められません（207条1項、80条、被収容者処遇法116条、117条、218条、219条などにより、職員の立ち会いや接見状況の録音録画などが可能です）。さらに、裁判官による接見禁止（弁護人等以外の者との面会を一般的に禁止すること）も可能です（207条1項、81条）。もっとも、家族や友人との接見が、逮捕・勾留されている被疑者の精神的な大きな支えになりうることなどからすれば、このような権利保障の区分方法や運用には疑問も残ります[8]。

6 | 接見交通権と接見指定に関する判例の論理　共通6

　39条1項によれば、逮捕・勾留されている被疑者が収容されている留置施設や拘置所に弁護人等が赴き、当該被疑者との接見を希望した場合、施設の職員は即座に当該被疑者を接見室へ連れて行き（もちろん、被疑者の同意が前提です）、弁護人等と自由に秘密の接見を認めるべきことになりそうです。もっとも、39条3項本文は、「捜査のため必要があるとき」という理由による、接見の日時・場所や時間（接見する日時やその時間の長さなど）の「指定」（制限）を許容しています。

　同項に基づくかつての実務は、接見指定権者である検察官（検察官送致前は警察の捜査主任官）が、弁護人等と被疑者との接見について一般的に接見指定をする旨の文書（一般的指定書）を留置施設・刑事施設の長に交付しておいて、弁護人等が実際に接見を求めると、具体的日時を指定した書面を交付し、個別に接見できる日時を指定するという運用を行っていました（**一般的指定制度**）[9]。このような「原則は接見指定、例外的に接見」というべき運用を支えたのは、39条3項本文の「捜査のため必要があるとき」を、取調べを行う必要性に加え、罪証隠滅の防止や共犯者との通謀の防止も含む一般的・抽象的な「捜査全般の必要性」と解釈する論理でした[10]。これにより、捜査機関が、抽象的にでも捜査の支障になると判断した場合は接見を指定し、捜査への抽象的な支障すらない例外的場合にのみ接見を許容するという運用がなされていたのです。

　このような従来の運用は、学説や弁護実務による批判、さらに一連の裁判例や判例（最判昭53・7・10民集32巻5号820頁、最判平3・5・10民集45巻5号919頁、最判平3・5・31判時1390号33頁）により姿を消していきました。その後の実務を支えたのが、最大判平11・3・24の論理でした。平成11年判決は、まず、39条3項が憲法34条前段に反するという上告理由

---

[8]　村井敏邦『刑事訴訟法』（日本評論社、1996年）140頁以下、葛野尋之『刑事手続と刑事拘禁』（現代人文社、2007年）308頁以下など。さらに、接見禁止に関する近年の判例として、最決平31・3・13裁時1720号5頁。

[9]　この経緯については、三井Ⅰ158頁以下など。

[10]　出射義夫「捜査方法」『法律実務講座刑事編・3巻』（有斐閣、1954年）620頁、河上和雄『捜査官のための実務刑事手続法』（東京法令出版、1978年）168頁以下など。

に対し、上述のように憲法34条の趣旨を示したうえで、次のように判示しました（下線・丸数字は引用者）。

> ①刑訴法39条1項が……被疑者と弁護人等との接見交通権を規定しているのは、憲法34条の右の趣旨にのっとり、身体の拘束を受けている被疑者が弁護人等と相談し、その助言を受けるなど弁護人等から援助を受ける機会を確保する目的で設けられたものであり、その意味で、刑訴法の右規定は、憲法の保障に由来するものであるということができる。
> ②もっとも、憲法は、刑罰権の発動ないし刑罰権発動のための捜査権の行使が国家の権能であることを当然の前提とするものであるから、被疑者と弁護人等との接見交通権が憲法の保障に由来するからといって、これが刑罰権ないし捜査権に絶対的に優先するような性質のものということはできない。そして、③捜査権を行使するためには、身体を拘束して被疑者を取り調べる必要が生ずることもあるが、憲法はこのような取調べを否定するものではないから、接見交通権の行使と捜査権の行使との間に合理的な調整を図らなければならない。憲法34条は、身体の拘束を受けている被疑者に対して弁護人から援助を受ける機会を持つことを保障するという趣旨が実質的に損なわれない限りにおいて、法律に右の調整の規定を設けることを否定するものではないというべきである。

平成11年判決は、39条1項が憲法34条前段の保障に由来するとし、その保障内容を「身体の拘束を受けている被疑者が弁護人等と相談し、その助言を受けるなど弁護人等から援助を受ける機会を確保する」としました（①部分）。

そして、このような内容の接見交通権の制限の許否について、平成11年判決は、捜査権も憲法の当然の前提となっているとし、接見交通権が刑罰権や捜査権に「絶対的に優先するような性質のものということはできない」としました（②部分）。このように、両者とも、憲法が保障・予定する重要性を有するものとされ、どちらを優先するかについては、「接見交通権の行使と捜査権の行使との間に合理的調整を図らなければならない」（一定の場合に制限は許容される）とされたのです（③部分）。

このように平成11年判決は、39条1項の接見交通権の意義と内容を示したうえで、その制限は憲法上許容されるとしました。もっとも、平成11年判決は、その制限に関して、逮捕・勾留されている被疑者の取調べが認められていること、被疑者の逮捕・勾留について厳格な時間的制約があることなどを挙げて、39条3項本文を「被疑者の取調べ等の捜査の必要と接見交通権の行使との調整を図る趣旨で置かれたもの」と位置づけると同時に、同規定による接見指定を「飽くまで必要やむを得ない例外的措置」としています。平成11年判決は、捜査と接見交通権との調整（接見指定のあり方）について、一般的・抽象的な「捜査の必要性」と接見交通権行使との調整ではなく、厳格な時間的制約のある被疑者の身体の利用をめぐる時間に関する「合理的調整」としているといえます。そして、39条3項本文の解釈について以下のように判示しました（下線・丸番号は引用者）。

④捜査機関は、弁護人等から被疑者との接見等の申出があったときは、原則としていつでも接見等の機会を与えなければならないのであり、⑤同条3項本文にいう「捜査のため必要があるとき」とは、右接見等を認めると取調べの中断等により捜査に顕著な支障が生ずる場合に限られ、右要件が具備され、接見等の日時等の指定をする場合には、捜査機関は、弁護人等と協議してできる限り速やかな接見等のための日時等を指定し、被疑者が弁護人等と防御の準備をすることができるような措置を採らなければならないものと解すべきである。そして、⑥弁護人等から接見等の申出を受けた時に、捜査機関が現に被疑者を取調べ中である場合や実況見分、検証等に立ち会わせている場合、また、間近い時に右取調べ等をする確実な予定があって、弁護人等の申出に沿った接見等を認めたのでは、右取調べ等が予定どおり開始できなくなるおそれがある場合などは、原則として右にいう取調べの中断等により捜査に顕著な支障が生ずる場合に当たると解すべきである。

平成11年判決は、39条1項にいう自由な接見が「原則」としたうえで（④部分）、「必要やむを得ない例外的措置」としての接見指定が適法となる場合（39条3項本文にいう「捜査のため必要があるとき」に該当する場合）について、「接見等を認めると取調べの中断等により捜査に顕著な支障が生ずる場合に限られ（る）」と述べています（⑤部分）。このように、平成11年判決は、原則としての自由な接見の保障と例外としての接見指定（「飽くまで必要やむを得ない例外的措置」）という関係を明示しています。

以上を踏まえて、平成11年判決は、例外的措置としての接見指定の要件である「捜査のため必要があるとき」（39条3項本文）の解釈として、被疑者の身体を利用しなければ実行不可能な性質を有する捜査活動（被疑者取調べ、実況見分や検証等に立ち会わせているなど）やそれらが「間近い時に」行われる「確実な予定」があるなど、「接見等を認めると取調べの中断等により捜査に顕著な支障が生ずる場合」であるとしています。なお、上記の最判昭53・7・10や最判平3・5・10が、被疑者の身体を利用しなければ実行不可能な性質の捜査活動やその「確実な予定」への支障が顕著な場合を、39条3項本文にいう「捜査のため必要があるとき」としていたことなども踏まえると、罪証隠滅や共犯者との通謀の防止といった被疑者の身体の利用とは直接関係しない捜査（被疑者の身体の利用をめぐる調整が問題とならない捜査）を理由とする接見指定は違法と評価されるといえるでしょう。かつての実務を支える論理は明確に否定されたといえます[11]。

39条3項本文にいう接見指定要件（捜査に顕著な支障が生じる場合）に該当すると評価される場合でも、常に接見指定が許容されるわけではありません（最判平3・5・10における坂上壽夫補足意見も参照）[12]。その接見指定内容は、「被疑者が防禦の準備をする権利を不当に制限するようなものであってはならない」とされているからです（39条3項但書）。同規定は、接見指定要件が満たされる場合でも、申出のあった接見が被疑者の防御準備にとって

---

[11] なお、平成11年判決の論理によっても、捜査に支障のある罪証隠滅や通謀のおそれを理由に接見指定可能とするものとして、大コメ1巻455頁［河上和雄＝河村博］など。

[12] 田中開＝成瀬剛「判批」百選（9版）76頁以下、佐藤隆之「判批」百選（10版）74頁以下、酒巻206頁以下、川出・捜査218頁以下など。さらに、葛野尋之「判批」判例学習77頁以下なども参照。

重要性が高いときには、「捜査に顕著な支障が生ずる」ことを回避できるよう捜査機関に工夫・調整を求めているものといえます。

　たとえば、最判平 12・6・13 民集 54 巻 5 号 1635 頁は、逮捕直後に、弁護人を選任することができる者の依頼により弁護人となろうとする者が申し出た初回の接見に対し捜査機関が接見指定をしたという事例について、(a)「逮捕直後の初回の接見は、身体を拘束された被疑者にとっては、弁護人の選任を目的とし、かつ、今後捜査機関の取調べを受けるに当たっての助言を得るための最初の機会であって、直ちに弁護人に依頼する権利を与えられなければ抑留又は拘禁されないとする憲法上の保障の出発点を成すものであるから、これを速やかに行うことが被疑者の防御の準備のために特に重要である」としたうえで、(b)「捜査機関としては……、即時又は近接した時点での接見を認めても接見の時間を指定すれば捜査に顕著な支障が生じるのを避けることが可能かどうかを検討し、これが可能なときは、留置施設の管理運営上支障があるなど特段の事情のない限り」、被疑者の引致後の所定の手続（犯罪事実の要旨の告知など）の後に、「たとい比較的短時間であっても、時間を指定した上で即時又は近接した時点での接見を認めるようにすべき」とし、(c)「このような場合に、被疑者の取調べを理由として右時点での接見を拒否するような指定をし、被疑者と弁護人となろうとする者との初回の接見の機会を遅らせることは、被疑者が防御の準備をする権利を不当に制限するものといわなければならない」としました。

　平成 12 年判決は、逮捕直後の初回接見の申出があった場合、捜査機関は、39 条 3 項本文により、接見指定が認められる場合でも捜査に顕著な支障が生じるのを避けることが「可能なときは」、比較的短時間でも即時または近接時点での接見を認めるべきとしています。それゆえ、捜査に顕著な支障が生じることを回避できない場合は、接見させないことも認められているのです。このように、平成 12 年判決は、平成 11 年判決の「合理的調整論」を維持しながら、39 条 3 項但書が類型的に適用可能な場面について、初回の接見の機会を特に尊重すべきとしたものといえます[13]。もっとも、平成 12 年

---

[13]　平成 12 年判決については、後藤昭「判批」ジュリ 1202 号（2001 年）178 頁以下、宮村啓太「判批」百選（10 版）78 頁以下、川出・捜査 220 頁以下、葛野尋之「判批」判例学習 86 頁以下など。

判決は、逮捕直後の初回接見申出について、直ちに（短時間でも）接見させる義務を捜査機関が負うとまでは判示していない点に注意が必要です。

（a）の論理が初回の接見全般に当てはまることからすれば、平成12年判決の趣旨は逮捕直後でなくとも初回の接見全般（特に当番弁護士の場合）に及ぶといえます。また、（a）にいう「捜査機関の取調べを受けるに当たっての助言を得るための最初の機会」という初回接見の重要性を考慮すれば、被疑者取調べ中に初回接見の申出があった場合に、「取調べの中断等により捜査に顕著な支障が生ずる」ことを理由とする接見指定が違法となる場合はありうるでしょう。

以上のように、接見交通権に関する判例の論理は、（ア）憲法34条の保障に由来する接見交通権と憲法の前提とする刑罰権・捜査権の行使との「合理的調整」の規定として39条3項本文を位置づけ、（イ）同規定による接見指定を例外的措置としたうえで、（ウ）接見指定の要件である「捜査のため必要があるとき」を、被疑者の身体を利用しなければ実行不可能な性質を有する捜査活動中（取調べ中や実況見分・検証等に立ち会わせているなど）やそれらが「間近い時に」行われる「確実な予定」がある場合に、「接見等を認めると取調べの中断等により捜査に顕著な支障が生ずる場合」と解釈し、（エ）接見指定要件が満たされるときでも、初回接見など39条3項但書が適用可能な場合には、可能な限り接見を認めるべきとするものです。

なお、現在の実務は、弁護人の接見申出があった時点で「現に取調べ中でない場合には、直ちに接見……の機会を与えるよう配慮」すべきとし、「現に取調べ中であっても、できる限り早期に接見の機会を与えるようにし、遅くとも直近の食事又は休憩の際に接見の機会を与えるよう配慮」すべきとする、2008年5月1日最高検察庁通達「取調べの適正を確保するための逮捕・勾留中の被疑者と弁護人等との間の接見に関する一層の配慮について（依命通達）」（同名の2008年5月8日警察庁通達も、現に取調べ中の場合について同旨）があり、より接見交通権を優先するよう運用されています。

7 ｜ 判例の論理の問題性　展開1

この判例の論理に対しては、批判も根強く存在します。まず、憲法34条により接見交通権が保障されていることを前提に、その制限は許されない

（39条3項は違憲・無効である）とする見解が挙げられます。この見解は、憲法34条前段は、身体拘束状態それ自体に着目して、身体拘束された者が外界と遮断されないように弁護人を付することによって外界との連絡を可能にしたもの（弁護人依頼権と引換給付的に身体拘束を認めている）と理解します。これを前提に、接見交通権はこの意味での弁護人依頼権の本質的内容をなすもので、人身・行動の自由を手続的に保障する手段である（憲法34条が、捜査権を制約する手続保障として、憲法レベルで比較衡量を終えている）として、捜査権により制約を受ける関係には立たないとします[14]。

第2に、判例による39条3項本文の解釈を批判する見解も存在します。この見解は、判例の論理は、取調べ中や取調べの確実な予定がある場合などに「原則として」取調べの必要性が優先することになり、このことは自由な接見を原則とする判例の論理と矛盾するだけでなく、取調べ目的の接見指定を認めることにもなるとします。そして、取調べ目的の接見指定を認めることは、接見指定を被疑者の供述獲得の手段とすることを意味し、弁護人依頼権、黙秘権保障を実質的に制約するだけでなく、（刑訴法が許容していない）逮捕・勾留を取調べのための強制処分と理解することになるとします（接見指定権限は逮捕・勾留の効果として生じるというのが一般的理解だからです）。以上を踏まえて、39条1項本文を憲法の保障と適合させるためには、被疑者取調べを接見指定理由とすることはできず、「厳格な物理的不能の場合」に限られると解釈すべきとします（たとえば、被疑者が実況見分に同行しているためすぐには戻れない、逮捕から勾留請求までの時間制限を守るために直ちに検察庁に送らなければならない、あるいは勾留質問のために裁判所に連れて行かなければならないといった場合など）[15]。この見解が妥当と考えます[16]。

14）　憲法的刑事手続研究会『憲法的刑事手続』（日本評論社、1997年）286頁以下［村岡啓一］、村岡啓一「被疑者と弁護人の接見交通」法教389号（2013年）4頁以下、高田昭正『被疑者の自己決定と弁護』（現代人文社、2003年）121頁以下など。もっとも、違憲説が接見交通権を憲法34条の直接の保障と理解するのに対し、平成11年判決が接見交通権を憲法34条の保障に「由来する」としている点は重要かもしれません。この点、大澤裕＝岡慎一「逮捕直前の初回の接見と接見指定」法教320号（2007年）123頁以下など。

15）　後藤昭「接見指定権の原理的問題」浅田和茂ほか編『福井厚先生古稀祝賀論文集　改革期の刑事法理論』（法律文化社、2013年）144頁以下、石田倫識「接見交通権と被疑者取調べ」刑弁85号（2016年）115頁以下、中川97頁以下など。

8 | 接見交通権をめぐる近年の状況 共通7

　本章では、主に弁護人依頼権やその一内容である接見交通権を題材として、被疑者の防御権に関する思考プロセスを学びました。

　近年、接見交通権に関する問題は、「秘密」交通権の内容に関するものが多くなっています。第1に、再生機器や携帯電話を接見室に持ち込み、これにより画像や映像を被疑者・被告人に示しながら接見を行うことの可否が問題となっています。第2に、接見中に電子機器などで被疑者・被告人の様子を撮影することの可否が問題となっています。これら2つの問題については、刑事施設側が被取容者処遇法117条により上記のような接見を中断・終了するなどの対応の適法性が問題となります。第3に、取調官が、接見内容を被疑者・被告人から聴取することが許されるかが問題となっています。

　これらの問題を考えるためには、39条1項が保障する「立会人なくして」（「秘密」交通権の内容）や「接見」（具体的な「接見」の内容）の範囲をどのように理解するかが重要となります。詳細に触れることはできませんが、現代的かつ発展的な問題として、本章の内容も踏まえて、検討してみることをすすめます（その他、任意同行中の弁護人との面会、起訴後の余罪捜査中の接見指定の可否も重要です）[17]。

---

16) 詳細は葛野・前掲書注7）185頁以下などを参照。
17) 第1の問題点については、映像再生を伴う接見に関する裁判例として大阪高判平17・1・25訟月52巻10号3069頁があります。第2の問題点については、接見中に撮影を行った事例に関する裁判例として、東京高判平27・7・9判時2280号16頁、福岡高判平29・10・13訟月64巻7号991頁、福岡高判平29・7・20訟月64巻7号1041頁、広島高判平31・3・28裁判所ウェブサイトなどがあります。第3の問題点については、検察官が弁護人との接見内容を被疑者・被告人から聴取して供述調書にまとめ、証拠調べ請求した事例に関する裁判例として、福岡高判平23・7・1訟月57巻11号43頁、被告人が勾留されている居室などを捜索し、弁護人が差し入れた書面などを差し押さえた事例に関する裁判例として大阪高判平28・4・22判時2315号61頁、検察官が接見内容について記載のあるノートや信書の草稿などの任意提出を受けた事例に関する裁判例として東京高判平28・7・14LEX/DB25506539があります。これらの問題を検討したものとして、葛野尋之『未決拘禁法と人権』（現代人文社、2012年）327頁以下、緑161頁以下、川出・捜査233頁以下、葛野・前掲書注7）186頁以下、葛野尋之＝石田倫識編著『接見交通権の理論と実務』（現代人文社、2018年）、川出・論点123頁以下など。

第 14 章

公訴の提起・追行とその抑制

> 第 14 章の目標
> ①公訴提起・追行手続の概要と関連する諸原則を学ぶ。
> ②公訴提起・追行の適法性を判断する思考プロセスを身につける。

1 公訴提起・追行を検討する意味とその視点 共通1

　検察官は、捜査手続を経た事件について公訴提起するかどうか、公訴提起するとして、どのような事件（犯罪の類型や内容）として公訴提起するか、そして提訴された公訴を追行するかを判断する権限を、ほぼ独占的に有しています。本章では、この検察官の公訴提起・追行やその原則を概観しながら、検察官による公訴提起・追行の適法性判断に関する思考プロセスを学びます。

　捜査手続については、憲法や刑訴法における諸規定を根拠として、捜査機関や裁判官による活動についての一定の適法性判断の基準が導かれます。これに対し、公訴提起・追行については、憲法・刑訴法上の根拠規定が少なく、国家機関である検察官による公訴提起・追行に関する裁量が広いことから、裁判所による審査（適法性判断）になじみにくいという特徴を有します。ただ、学説や判例は、このような検察官の公訴提起・追行についても、一定の抑制をすべきとします。本章では、その理由や論理についても学びましょう。

2 | 公訴提起手続の概要 共通２

　検察官は、司法警察員から送致された事件（246条）や自身が認知した事件について、必要な捜査（191条1項）を行ったうえ、当該事件に関する処理（**事件処理**）を行います。この事件処理は、公訴提起するかどうかを決定する「**終局処分**」と将来の終局処分を予想して行う「**中間処分**」（一時的に捜査を中止する中止処分や管轄権を有する他の検察庁の検察官に事件を送致する移送処分〔258条〕）に区分されます。

　終局処分は、「**公訴提起（起訴）**」と「**不起訴処分**」に区分されます。検察官は、（ⅰ）**訴訟条件**（公訴提起・追行が適法・有効に成立するための条件です。公訴時効の成否や親告罪についての告訴の有無など）の有無、（ⅱ）当該事件に関する犯罪の成否（犯罪構成要件を満たす事実の有無など）、（ⅲ）当該事件の嫌疑の有無や程度、（ⅳ）刑の必要的免除事由の有無（親族相盗例〔刑法244条1項〕など）、そして（ⅴ）訴追の必要性（248条）を検討し、公訴提起すべきか否かを判断します（事件事務規程〔法務省HP〕75条も参照）。

　公訴提起は、裁判所に対して刑事事件の審判を求める「検察官の意思表示」ですので、その形式は検察官の求める審判の形式により区分されます。一番イメージしやすいのは、「**公判請求**」（256条1項）でしょう。これは、公判廷における審判（通常の公判手続。271条以下）を求める検察官の意思表示です。第2に、「**即決裁判手続**」の申立てが挙げられます。この申立ては、事案が明白で軽微であり、証拠調べが速やかに終わると見込まれる事案について、被疑者および弁護人の同意を得て、公訴提起と同時に行うものです（350条の16から法350条の29、403条の2、413条の2）[1]。これは簡略な公判手続による審判を求める検察官の意思表示です。そして、「**略式命令**」の請求が挙げられます。これは、簡易裁判所の管轄に所属する事件（100万円以下の罰金・科料を科すべき事件）について、被疑者に異議のない場合に公訴提起と同時に行う、簡易裁判所における書面による審判を求める意思表示です

---

1) 即決裁判手続については、川出敏裕「即決裁判手続の創設」現代刑事法6巻12号（2004年）22頁以下、宇藤崇「即決裁判手続と事実認定における『証拠の量』」研修810号（2015年）3頁以下など。さらに、即決裁判手続の合憲性を認めた判例として、最判平21・7・14刑集63巻6号623頁。

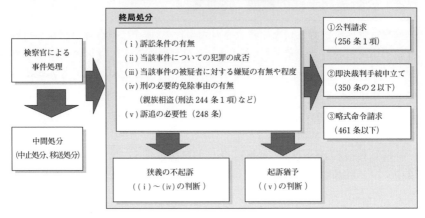

図 14-1 公訴提起と不起訴処分

（461 条以下）[2]。

不起訴処分は「狭義の不起訴」と「起訴猶予」に区分されます。「狭義の不起訴」は、上記（ⅰ）～（ⅳ）により公訴提起できないことです。これに対し、「起訴猶予」は、（ⅰ）～（ⅳ）により公訴提起可能な場合に、（ⅴ）により公訴提起しないことです。以上を整理したものが図 14-1 です。なお、検察官による終局処分（2017 年は 100 万 1211 人〔家裁送致は除く〕）のうち、統計上「原則」といえるのは、起訴猶予（60 万 6256 人：60.6％）で、次に多いのは略式命令請求（24 万 5529 人：24.5％）です。これに対し、公判請求は 8 万 3988 人（8.3％）と統計上はむしろ「例外」といえます[3]。

3 | 公訴提起に関する諸原則 共通3

公訴提起制度の特徴[4]について、①公訴提起の権限（公訴権）を有する主体と、②公訴提起の権限と裁量について概観しましょう。まずは、公訴権の主体についてです。247 条は、「公訴は、検察官がこれを行う」として、公

---

2) 略式手続については、福島至『略式手続の研究』（成文堂、1992 年）、三好一幸『略式手続の理論と実務〔第 2 版〕』（司法協会、2018 年）など。

3) 平成 30 年版犯罪白書など。

訴権を有するのは被害者などの私人ではなく国家機関の検察官であること（**国家訴追主義**）、そして、国家機関の中で検察官のみが公訴権を有すること（**起訴独占主義**）を定めています。検察官は、「公益の代表者」（検察庁法4条）として、犯人の処罰や訴訟の勝敗（さらに被害者等の私人の利益）のみに固執するのではなく、被疑者・被告人の権利保障や証拠に基づく事案の真相の解明についても配慮すべきことが求められています[5]。この起訴独占主義の例外としては、後述の「**付審判請求（準起訴手続）**」と「**検察審査会**」が存在します。これらの制度は、検察官が公訴を提起しない場合に、検察官以外の機関による公訴権行使への関与を一定の条件のもとで認めるものです。

次に、公訴提起の権限と裁量についてです。248条は、「犯人の性格、年齢及び境遇、犯罪の軽重及び情状並びに犯罪後の情況により訴追を必要としないときは、公訴を提起しないことができる」（**起訴便宜主義**）とし、検察官に、上記（ⅰ）〜（ⅳ）により公訴提起可能な場合でも、その裁量（訴追裁量）により公訴提起しない権限を認めています。これに対し、訴追裁量による起訴猶予を認めない制度を「**起訴法定主義**」といいます[6]。上記（ⅴ）の248条が掲げる要素は、（ア）被疑者本人に関する考慮事項（犯人の性格、年齢、境遇〔生活歴や保護環境など〕）、（イ）犯罪そのものに関する考慮事項（犯罪の軽重〔法定刑、被害の大小など〕、情状〔犯行動機、目的、計画、犯行の態様など〕）、（ウ）犯行後の情況（反省の有無、被害弁償や示談の有無など）です。捜査段階において被疑者や弁護人が起訴猶予を目指す場合は、上記の事項を考慮して被害者と示談を行うなどの防御活動を行います。検察官は、この防御活動の結果も踏まえ、（ア）〜（ウ）を総合的に考慮して、上記（ⅴ）の判

---

4) 日本の訴追制度の歴史・現状については、三井誠「検察官の起訴猶予裁量——その歴史的および実証的研究（1）〜（5・完）」法学協会雑誌87巻9＝10号（1970年）〜94巻6号（1977年）、三井Ⅱ3頁以下、葛野尋之「検察官の訴追裁量」リーディングス168頁以下など。
5) 検察の在り方検討会議提言「検察の再生に向けて」4頁以下も参照。
6) 起訴法定主義を採用するドイツでは、「検察官は、法律に別段の定めのある場合を除き、訴追可能なすべての犯罪に対して、事実に関する十分な根拠が存在する限り、手続をとらなければならない」（ドイツ刑訴法152条2項）とされています。もっとも、軽微な犯罪について、損害回復をするなどの条件とした手続打切りを認める「例外」も認められています（同153条以下）。

断で被疑者の訴追・処罰が必要ないとする場合に、起訴猶予処分を行います。この起訴便宜主義のメリットとしては、公訴提起・裁判・刑の執行に伴う人的・財的負担の節約や裁判の負担軽減、刑罰によらずに被疑者の社会復帰を図るという特別予防的意義（短期自由刑は受刑者の社会復帰をむしろ妨げるという刑事政策的知見などが前提となっています）、そして公訴提起に伴う社会的なスティグマ（犯罪者という烙印）の回避などが挙げられます[7]。

公訴提起の実務の特徴としては、公訴権をほぼ独占する検察官が、有罪判決の得られる高度な見込みがある場合に限り公訴提起し、248条による起訴猶予を積極的に行使していることが指摘されています（**精密司法**）[8]。もっとも、このような運用に対しては、検察官への公訴権の集中はその恣意的行使や濫用の危険を必然的に伴うことなどから、検察の「外部」から抑制する必要性が主張されています[9]。以下では、その抑制の内容、そしてその抑制を活用する基本的な思考プロセスを学びます。

4 │ 不起訴処分を抑制する制度　共通4

現行法は、検察官による不起訴処分を外部から抑制する制度として、付審判請求手続と検察審査会制度を認めています。付審判請求は、職権濫用罪など（刑法193条～196条など）について不起訴とされた場合、その告訴人・告発人により行うことが認められています（262条）。付審判請求を受けた裁判所は、当該請求が法令上の方式に合致し理由のあると認めるとき、当該事件を管轄地方裁判所の審判に付する決定をしなければなりません（266条）。この付審判決定により、公訴提起があったものとみなされ（267条）、その公訴の追行は弁護士から指定された者によってなされます（268条）。もっとも、同制度に対しては、付審判請求について決定する付審判請求審への請求人の

---

[7] 三井Ⅱ 32 頁以下など。

[8] 松尾上 15 頁以下、田宮 12 頁以下、三井Ⅱ 19 頁以下、同「刑事手続法の行方――刑事司法の改革とその課題」法教 280 号（2004 年）26 頁以下、白取祐司『刑事訴訟法の理論と実務』（日本評論社、2012 年）22 頁以下など。

[9] 検察官を「公訴権の帰属者たる市民が付託した公訴権の代理行使の機関」として、公訴権の帰属者である市民には、事後的に公訴抑制手段をもち、コントロールすることが保障されているなどとするものとして、川崎英明『現代検察官論』（日本評論社、1997 年）。

関与が十分に認められていないなどの問題点が指摘されています[10]。

　検察審査会は、「公訴権の実行に関し民意を反映させてその適正を図るため」（検察審査会法1条）のもので、衆議院議員の選挙権を有する者から抽選で選ばれた審査員11名で構成されます。検察官の不起訴処分について、不服のある告訴人や被害者等（検察審査会法2条2項）の申立てがあった場合など、検察審査会は事件内容を検討し、その不起訴処分の当否を審査します（検察審査会法33条以下）。審査の結果、検察審査会は、（ⅰ）不起訴相当（過半数が必要）、（ⅱ）不起訴不当（過半数が必要）、（ⅲ）起訴相当（8名以上の多数が必要）のうち、いずれかを議決します（検察審査会法27条、39条の5第2項）。

　（ⅱ）の場合、検察官は議決を参考にして再度捜査を行ったうえで処分を決定します。（ⅲ）の場合、検察官は当該議決を参考にして、公訴提起すべきか否かを検討しなければなりません。その際、当該議決に拘束力（従う義務）はありません（検察審査会法41条1項、2項）。この検討の結果、検察官が再度不起訴とした場合、検察審査会は、弁護士の中から審査補助員を委嘱し、法律に関する専門的知見も踏まえつつ、再度その当否の審査を行わなければなりません（検察審査会法41条の2）。この審査の結果、審査員8名以上の多数で「起訴すべき旨の議決」（**起訴議決**）が行われた場合（検察審査会法41条の6以下）、裁判所は弁護士から公訴提起およびその維持に当たる者を指定します。この指定弁護士は、速やかに公訴を提起しなければなりません（検察審査会法41条の9以下）。この起訴議決制度は、2004年改正で導入されたものです（それ以前は、拘束力のある起訴議決は認められていませんでした）が、複数の重大事件に関する起訴議決などが注目を集めています[11]。

　起訴議決制度との関係では、起訴議決を受けた事件の無罪率の高さなども注目されています。その背景には、公訴を維持する指定弁護士による捜査や捜査指揮に関する制度的不備だけではなく、起訴議決に際しての「嫌疑の程

---

10) 最決昭49・3・13刑集28巻2号1頁は、「付審判請求事件における審理手続は、捜査に類似する性格をも有する公訴提起前における職権手続であり、本質的には対立当事者の存在を前提とする対審構造を有しない」として、裁判所が請求人の代理人に対し捜査記録などの閲覧・謄写を認めることは、特段の必要性のない限り違法であるとしていますが、職権主義構造は請求人の関与を直ちに否定するものではありません。付審判請求事件の裁判例を分析したものとして、村井敏邦ほか編『検証　付審判事件』（日本評論社、1994年）。

度」の違い（検察官の場合と異なり、有罪判決の得られる高度の見込みまでは必要としていない）も存在しているのかもしれません。後者については、精密司法に修正を迫るものという見方もあり得ますが、重大事件の公判という大きな負担や社会的制裁を被告人に不要に課すことになるとの見方も可能です。

5｜不当な公訴提起に対する抑制の論理　共通5

　検察官の公訴提起に対する抑制について、現行刑訴法は訴訟条件を欠く公訴提起を無効とすることを予定しています。訴訟条件を欠く公訴提起があった場合、裁判所は、手続を**形式裁判**（有罪判決・無罪判決といった公訴提起の理由の有無を判断する実体裁判ではなく、いわば「門前払い」する判断）によって処理します。この形式裁判としては、裁判所の管轄に属さない場合の「管轄違いの判決」（329条）、公訴時効が完成している場合などにおける「免訴判決」（337条）、同一の裁判所に同じ事件につき公訴提起された場合や公訴提起の手続がその規定に違反したため無効である場合などにおける「公訴棄却の判決」（338条）、そして、公訴が取り消された場合や被告人が死亡した場合などにおける「公訴棄却の決定」（339条）が挙げられます。

　では、明文で規定されていない不当・違法な公訴提起を無効とする余地はないのでしょうか。この点、刑訴法が明文で規定していない訴訟条件（**非類型的訴訟条件**）を解釈によって導き出し、検察官による不当・違法な公訴提起は非類型的訴訟条件を欠くことを理由に無効であるとの見解（**公訴権濫用論**）が主張されてきました。この不当・違法な公訴提起（公訴権濫用）の例としては、①犯罪の嫌疑なき起訴、②違法捜査に基づく起訴、そして、③検察官の訴追裁量を逸脱した起訴が挙げられます[12]。

　このような刑訴法の形式裁判に関する諸規定を解釈して非類型的訴訟条件

---

[11] いわゆる明石歩道橋事件（最決平28・7・12刑集70巻6号411頁）、福知山脱線事件（大阪高判平27・3・27判時2292号112頁）、陸山会事件（東京高判平24・11・12東高刑時報63巻1～12号234頁）など。川崎英明『刑事司法改革と刑事訴訟法学の課題』（日本評論社、2017年）135頁以下も参照。

[12] ①に関する国家賠償請求の判例として、最判昭53・10・20民集32巻7号1367頁、違法捜査に基づく公訴提起に関する判例として、最判昭和41・7・21刑集20巻6号696頁。これらの問題について、三井Ⅱ80頁以下、川出・公訴4頁以下など。

を導き、これを欠く公訴提起を無効（公訴棄却、免訴）とする思考プロセスに加え、やや抽象的な規定である338条4号「公訴提起の手続がその規定に違反したため無効であるとき」などを根拠に、これに当たる公訴提起を不当・違法と評価し無効とする思考プロセスが主張されることになりました。以下では、③を中心にその具体的な思考プロセスを検討します。

6 ｜ 訴追裁量逸脱と公訴提起の適法性 共通6

　検察官の訴追裁量を逸脱した公訴提起を無効とすべきとする見解は、1960年代に入ってから、公安労働事件や公職選挙法違反事件において被告人側から主張されはじめました。訴追裁量逸脱の例としては、公訴提起が検察官の「悪意」に基づく場合（特定の政治活動の弾圧など）、不平等な差別的起訴（同種の事案で特定の被告人のみが起訴されるなど）、そして起訴猶予すべき軽微な事案をことさら公訴提起している場合などが挙げられていました。

　訴追裁量逸脱と公訴提起の有効性との関係について初めて判断を示した判例が、最決昭55・12・17刑集34巻7号672頁です。事案は、いわゆる水俣病の患者である被告人Xが、他の患者や支援者とともに、被害補償の話し合いを求めてチッソ本社に赴いた際、同社内への立ち入りを阻止しようとするチッソ従業員らと小競り合いになり、従業員4名に対し加療1週間から2週間を要する傷害を負わせたとして公訴提起されたというものです。第一審では、「罰金5万円、執行猶予1年」の有罪判決が下されました。これに対し、Xは控訴し、本件公訴提起は検察官の公訴権濫用に当たるから、公訴棄却（控訴棄却ではありません）すべきと主張しました。同事件以前にも、同様の小競り合いがあった際に、チッソ従業員らがXらに傷害を負わせた事件について不起訴処分がなされていたという事実があったためです。これを受けた控訴審は、「検察官において、意図的に、又は、著しい怠慢により、法の下の平等に反する偏頗な公訴の提起がなされたような場合は、右の処分は無効というべきである」などとしたうえで、「被告人に対する訴追はいかにも偏頗、不公平」といわざるを得ず248条に反し無効であるとして、338条4号により公訴棄却しました（東京高判昭52・6・14刑集30巻3号341頁）。これに対する検察官の上告を受けた最高裁は、次のように判示しました（下線・丸数字は引用者）。

> ①検察官は、現行法制の下では、公訴の提起をするかしないかについて広範な裁量権を認められているのであつて、公訴の提起が検察官の裁量権の逸脱によるものであつたからといつて直ちに無効となるものでないことは明らかである。②たしかに、右裁量権の行使については種々の考慮事項が刑訴法に列挙されていること（刑訴法248条）、検察官は公益の代表者として公訴権を行使すべきものとされていること（検察庁法4条）、さらに、刑訴法上の権限は公共の福祉の維持と個人の基本的人権の保障とを全うしつつ誠実にこれを行使すべく濫用にわたつてはならないものとされていること（刑訴法1条、刑訴規則1条2項）などを総合して考えると、検察官の裁量権の逸脱が公訴の提起を無効ならしめる場合のありうることを否定することはできないが、③<u>それはたとえば公訴の提起自体が職務犯罪を構成するような極限的な場合に限られるものというべきである</u>。

　昭和55年決定は、②部分の諸規定を法的根拠として、検察官の有する訴追裁量を完全な自由裁量ではなく覊束裁量（248条などにより示される客観的基準により行使される裁量）としています。そして、この基準に従っていない公訴提起は「検察官の訴追裁量の逸脱」となるとされています（①部分）。

　客観的基準を踏まえた裁判所の審査により訴追裁量の逸脱と評価される場合、当該公訴提起は「不当」（違法ではありません）と評価されます（昭和55年決定は、あてはめ部分で本件公訴提起が「不当」かどうかを検討しています）。問題は、その審査の考慮事項です。昭和55年決定は、あてはめ部分で、（ア）本件犯行の軽微性、（イ）本件の公訴権発動の不公平性を検討しています。（ア）については、犯行そのものの態様は必ずしも軽微なものとはいえないとし、（イ）については、248条が列挙する考慮事項を根拠に「犯罪事実の外面だけによっては判断することができない」とし、「審判の対象とされていない他の被疑事件について公訴権の発動の当否を軽々に論定することは許されない」とされています。ここでは、他事件の訴追状況やその外形面で比較する本件控訴審判決の手法は退けられています。

　さらに、昭和55年決定は、訴追裁量の逸脱と評価される場合でも、それは無効な公訴提起を直ちに意味しないとします。昭和55年決定は、1条、248条、検察庁法4条、規則1条2項を根拠として、「検察官の訴追裁量の

逸脱が公訴の提起を無効ならしめる場合のありうること」を認めつつも、「それはたとえば公訴の提起自体が職務犯罪を構成するような極限的な場合に限られる」と大幅に限定しました。「訴追裁量の逸脱」（不当な公訴提起）のうち、「公訴の提起自体が職務犯罪を構成するような極限的な場合」やそれに匹敵する場合のみ、違法な公訴提起であり無効となるとされたのです（③部分）。「職務犯罪を構成するような極限的な場合」の例としては、職権濫用や収賄を伴って検察官が軽微な犯罪の公訴提起や差別的な公訴提起を行った場合が挙げられます。もっとも、このように大幅に限定する根拠は明示されていません。また、後述の最決平28・12・19を踏まえれば、無効と評価される場合は、338条4号に準じて公訴棄却されることになるでしょう。

このように昭和55年決定は、②部分の諸規定を根拠として、本件犯行の軽微性や本件の公訴権発動の不公平性などを考慮しながら「検察官の訴追裁量の逸脱」が存在したかどうかを判断し、これが肯定されると「公訴の提起自体が職務犯罪を構成するような極限的な場合」やそれに匹敵する場合に、当該公訴提起を違法・無効（338条4号）とする論理を採用したといえます。

なお、昭和55年決定は、公訴棄却とした控訴審判決を失当とする一方で、本件の極めて特異な背景事情等を理由に、控訴審判決を破棄して第一審判決を復活させなければ「著しく正義に反する」（411条）ことにはならないとして、検察官の上告を棄却しました。「控訴審の判断を失当としたのに、検察官の上告も棄却しているの？」との違和感があるかもしれませんが、公訴提起を無効とすることは問題としつつも、本件公訴提起自体は「不正義」である（控訴審判決にも理はある）と、最高裁は考えたのかもしれません。そうすると、本件公訴提起は「不当」との評価も可能であったように思われます。

また、最決平28・12・19刑集70巻8号865頁は、慢性的な統合失調症に加え、脳委縮による認知機能の障害が重なり訴訟能力が欠けた被告人について、検察官による公訴取消しがない場合（339条1項3号参照）でも、「被告人に訴訟能力がないために公判手続が停止された後、訴訟能力の回復の見込みがなく公判手続の再開の可能性がないと判断される場合、裁判所は、刑訴法338条4号に準じて、判決で公訴を棄却することができると解するのが相当」としました。公訴権濫用とは直接関係しませんが、検察官による公訴提起・追行に対する解釈論による抑制を認め、その根拠条文を示した点、そして検察官の公訴提起・追行を打ち切る裁判所の権限を認めた点で重要です。

7 │ 公訴提起に対する抑制の論理　展開1

　昭和55年決定については、公訴提起が無効となる場合を認めたものの、その範囲が過度に限定されているとの批判がなされています[13]。被告人に対する捜査・訴追が平等原則（憲法14条）に反するかが問題とされた最判昭56・6・26刑集35巻4号426頁は、「被告人に対する不当な差別や裁量権の逸脱等はなかった」として、公訴提起を無効とする理由はないとしています[14]。また、公訴権濫用が認められた事例は1件のみ（山口簡判平2・10・22判時1366号158頁）ですし、同判決も控訴審の広島高判平3・10・31高検速報（平成3年）128頁により破棄されています。

　このような判例の論理に対し、公訴提起を無効とする範囲を広げるべきとの見解も示されています。たとえば、昭和55年決定以前から示されていた見解として、類型・非類型を問わず訴訟条件違反を広く「公訴権濫用」の問題としてとらえ、「起訴猶予すべき事実の不存在」を訴訟条件とするものがあります。この見解は、捜査段階では準司法官的地位にある検察官が警察・被疑者の主張を吟味して公訴提起するかどうかを綿密に選別すべきという「訴訟的捜査観」を前提とし、嫌疑と情状に関する選別を尽くす検察官の義務が果たされていないことが上記の訴訟条件違反を意味するとします。そして、「起訴猶予すべき事実」が存在するときの公訴提起は、公訴時効と同様に具体的刑罰権の実現の必要がない場合に当たり、337条4号により免訴判決がなされるべきとします[15]。

　また、起訴猶予に関する訴追裁量は一定の類型化・形式化が可能であるから、これに対する裁判所による審査も可能であるとして、その適用範囲を原則として「不法意図に基づき軽微な犯罪を訴追した場合」とすべきとする見解[16]、公訴提起を被告人の応訴を強制する処分であることを前提に、被告人にはこの応訴強制を批判し対抗する主体的な防御手段が保障されなければな

---

13) 昭和55年決定については、渡部保夫「判解」解説昭和55年度（刑）、川崎英明「判批」百選（8版）86頁以下、川出・公訴11頁以下など。
14) 三井Ⅱ86頁以下など。
15) 井戸田侃『公訴権濫用理論』（学際書房、1978年）85頁以下、さらに同『刑事訴訟法要説』（有斐閣、1993年）24頁以下、124頁以下。
16) 三井Ⅱ91頁。田宮編489頁も参照。

らないという観点から、訴訟条件を「検察官の違法・不当な応訴強制から被告人の権利・利益を守るバリア」とする見解[17]などが示されています。後者の見解は、338条4号を根拠として、被告人の権利・利益を侵害する違法・不当な応訴強制（憲法上の平等権を侵害する公訴提起、比例原則を侵害する軽微事件の公訴提起など）を無効とすべきとします。

そして、訴訟条件論としての公訴権濫用論から離れて、裁判所の固有権などの別の観点・根拠から、被告人の受ける不利益だけでなくさまざまな要因を考慮しながら、より広く手続打切り論として議論すべきとの見解も示されています[18]。これらの理論的動向は、不当な公訴提起について、検察官による訴追権限の濫用というよりも、裁判所により抑制・打ち切るべき違法・不当な公訴提起あるいは被告人の権利に対する不当・違法な侵害としてとらえようとする点で特徴があるといえます。

8 ｜ 一罪の一部起訴や再度の公訴提起 共通7

検察官は、公訴提起の際に提出する起訴状に、刑事裁判における審判・証明の対象となる訴因を設定する権限（**訴因設定権限**）が認められています（256条。詳細は16章）。この訴因設定権限に基づき、検察官は実体法上一罪（単純一罪、包括一罪、そして科刑上一罪）となる犯罪事実について、その一部の事実のみを訴因として設定することもできるのかが問題となります（複数の窃盗品のうち一部のみについて公訴提起すること、実体法上一罪である牽連犯にあたる住居侵入・窃盗のうち、住居侵入は起訴猶予処分とし、窃盗については公訴提起することなどです）。

判例は、公職選挙法違反事件について、「検察官は立証の難易等諸般の事情を考慮して」一部の事実のみを起訴することについて許されるとします（最決昭59・1・27刑集38巻1号136頁）。さらに、判例は、常習特殊窃盗罪

---

17) 川崎英明「公訴権濫用論の意義」争点（3版）104頁、白取238頁も参照。
18) 指宿信『刑事手続打切りの研究』（日本評論社、1995年）、同『刑事手続打切り論の展開』（日本評論社、2010年）、岩崎正「刑事手続打切り論についての一考察（1）〜（3・完）」阪大法学64巻2号（2014年）〜64巻6号（2015年）、同「証拠の喪失・廃棄に関する訴訟手続濫用法理と手続打切り論」阪大法学66巻1号（2016年）101頁以下など。

（盗犯等防止法2条）との評価も可能な複数の窃盗行為について、検察官が常習性の発露という面を除きそれぞれ単純窃盗として公訴提起した事例において、「検察官は、立証の難易等諸般の事情を考慮し、常習性の発露という面を捨象したうえ、基本的な犯罪類型である単純窃盗罪として公訴を提起し得ることは、当然である」とします（最判平15・10・7刑集57巻9号1002頁）。検察官は、その訴因設定権限に基づき、一罪を構成する事実のうち一部の事実について公訴提起することができるというのが、判例の論理といえます。なお、判例は、犯罪が成立しうる複数の事実のうち、処罰が相当と判断した1つの犯罪事実を取り出して訴因とすることについて、検察官は、その訴因設定権限に基づき、1つの犯罪事実を取り出して訴因設定できること、裁判所による審判は設定された訴因に拘束されることも認めています（最大判平15・4・23刑集57巻4号467頁）。通説も、検察官は訴因設定権限を有すること、検察官には起訴猶予の権限が認められていることなどを理由に、一部起訴を適法とします[19]。

　最後に、再度の公訴提起の適法性について検討します。検察官は、第一審の判決があるまで、公訴提起を取り消すことができます（257条）。公訴が取り消された場合、裁判所は、決定で公訴を棄却しなければなりません（339条1項3号）。この公訴取消しによる公訴棄却決定が確定したのち、同じ事件を再度公訴提起することが許されるのは、「あらたに重要な証拠を発見した場合」に限られます（340条）。この規定については、何人も「同一の犯罪について、重ねて刑事上の責任を問はれない」とする憲法39条後段に反する疑いがあるとの見解[20]や、「公訴の取消しに二重の危険たる一事不再理効を原則と認め、重要な新証拠の出現の場合を例外として、一種の『再審』を認めた規定と解すべき」（このように解さない限り違憲のおそれがある）との見解[21]が存在します。さらに、公訴棄却の裁判には再度の公訴提起を禁止する効果はないという判例（最大判昭28・12・9刑集7巻12号2415頁）や通説の理解を前提に、再度の公訴提起を「無条件に」許容することは不当に被告人

---

19) 田宮170頁、三井Ⅱ152頁以下など。さらに、古江170頁以下。これに対し、白取226頁以下。
20) 白取227頁など。
21) 田宮裕『注釈刑事訴訟法』（有斐閣、1980年）395頁。

を「二重の危険」にさらすから、これを一定の場合に限定すべきとする見解も存在します[22]。

2016年刑訴法改正により、即決裁判手続の申立てが却下された場合や即決裁判手続による審判を行う決定が取り消された場合で、一定の要件を満たすときには、新証拠の発見のような制限がない再度の公訴提起が認められました（350条の26）。この改正の趣旨としては、即決裁判手続の申立て後の被告人側の否認や同意の撤回などによる通常の公判手続も想定した「念のための捜査」が行われてきたことが、捜査それ自体の簡易化・迅速化、さらには即決裁判手続の利用を妨げる要因の1つとされたところ、同改正により捜査にいつでも戻れることを認めることで、この要因を除去することが挙げられます[23]。もっとも、起訴後の再捜査がそもそも許容されていること、340条に関する上記の問題点が拡大することなどからすれば、同改正には疑問があります[24]。他方で、起訴前の身体拘束期間が最大限利用された場合など、「念のための捜査」がすでに行われている場合には、本条を適用できないとする見解も主張されています[25]。

9 ｜ 公訴権論の現状と課題　共通8

冒頭で述べたように、検察官の公訴権をめぐる議論（**公訴権論**）は、具体的な根拠条文に基づく法律論になじみにくい部分があります。それゆえ、抽象的な内容が多く、理解が難しい部分もあります。他方で、検察官の公訴権行使は捜査や公判の在り方を左右していることから、公訴権論は捜査や公判の在り方を左右する「大きな議論」につながりやすい側面も有します[26]。

以上の特徴などを背景として、公訴権論に関する複数の重要な研究が示さ

---

22) 大コメ8巻330頁以下〔田口守一〕など。
23) 法制審議会「新たな刑事司法制度」特別部会11回28頁〔川出敏裕幹事〕、酒巻匡「刑事訴訟法の改正――新時代の刑事司法制度（その2）」法教434号（2016年）80頁など。
24) 後藤昭「刑訴法等改正案の全体像」法時88巻1号（2016年）6頁、新屋達之「自白事件を簡易迅速に処理するための方策」川崎英明ほか編『刑事司法改革とは何か』（現代人文社、2014年）221頁以下など。
25) 川崎英明ほか編『2016年改正刑事訴訟法・通信傍受法　条文解析』（日本評論社、2017年）194頁以下〔石田倫識〕。

れ、検察の在り方検討会議における議論や複数の刑訴法改正がなされてきました。もっとも、綿密な捜査・取調べの徹底、それに基づく「有罪の確信」という起訴基準と起訴猶予の積極的活用による公訴提起という「精密司法」の基本的要素は、現在も維持されたままです。民主主義・自由主義国家において、専門家である検察官による「公平かつ慎重な判断」という理由のみで、その判断を尊重すべきかについては検討が必要でしょう。これに加えて、公訴提起に権利侵害の側面があるとすれば、解釈論だけでなく、訴追に当たっての考慮事項や裁判所による審査の根拠規定の創設などの立法も検討されるべきでしょう。

また、起訴猶予の積極的活用については、高齢者や知的障がい者など、福祉的支援を必要とする被疑者・被告人に対し、起訴猶予の判断までに、福祉的支援のニーズと支援策を調査し、その結果により起訴猶予処分を行い、刑事手続から離脱させたのち、支援へと円滑につなごうとする試みが行われています。もっとも、検察官がその主体となることは、捜査機関による詳細な情状調査などにつながる可能性もあること、無罪推定原則や適正手続主義などと整合しないといった指摘もなされています。この「司法」と「福祉」の連携・融合状況についても、さらに検討が必要でしょう[27]。

---

26) たとえば、石田倫識「起訴基準の再検討」探究 93 頁以下は、起訴基準を見直すことで刑事手続全体の見直しを図るべきとします。

27) 葛野尋之「高齢者犯罪と刑事手続」刑雑 53 巻 3 号（2014 年）395 頁以下、「特集　司法と福祉との連携」刑弁 85 号（2016 年）33 頁以下、「特集　刑事手続と更生支援」法時 89 巻 4 号（2017 年）4 頁以下、刑事立法研究会編『「司法と福祉の連携」の展開と課題』（現代人文社、2018 年）などを参照。

第 15 章

協議・合意制度の構造と手続

第 15 章の目標
①新設された協議・合意制度について概観する。
②協議・合意制度に関する適法性判断について学ぶ。
③協議・合意制度の問題点について検討する。

1 │「司法取引」と検察官の訴追裁量 　共通1

　検察官は、公訴の提起・追行について広範な裁量（**訴追裁量**）を有しています（第 14 章）。この訴追裁量は、公訴を提起・追行するか否か（247 条、248 条、257 条など）だけでなく、「罪となるべき事実」の内容や罪名など、公訴提起・追行の具体的内容（256 条、312 条など）にも及びます（第 16 章）。
　この検察官の訴追裁量と関係する問題の 1 つが、いわゆる「**司法取引**」です。一般に、司法取引とは、国家機関と被疑者・被告人との間における、刑事手続の各段階での利益・不利益の衡量のうえでの一定の合意の成立（取引）と、その合意内容を前提とした事件処理の過程と定義されます[1]。この司法取引は、「**自己負罪型取引**」と「**捜査・訴追協力型取引**」に分けられます。前者は、被疑者・被告人自身が犯罪事実を自認し、迅速な処罰実現に協力することと、検察官による寛大な求刑や公訴の一部取り消しなどの寛大な処分

---

1) 宇川春彦「司法取引を考える (1)」判時 1583 号 (1997 年) 40 頁以下。「司法取引を考える (1) ～ (17・完)」判時 1583～1627 号 (1998 年) は、日本における司法取引に関する初の本格的研究といえます。

とを取引するものです。後者は、被疑者・被告人が第三者に対する事件の捜査・訴追に証拠・情報を提供するなどの協力することと、検察官による上記のような寛大な処分とを取引するものです[2]。

　日本では、司法取引に関する明文規定がこれまで存在しておらず、司法取引制度の導入や制度内容について激しく議論されてきました。そのなか、2016年刑訴法改正により導入された「**協議・合意制度**」は、一種の司法取引を導入したものとも評価され、いわゆるカルロス・ゴーン事件などを契機に社会の大きな注目も浴びています。本章では、同制度を概観したうえで、同制度に基づく手続の適法性判断や同制度の問題点について検討します。

2 ｜ 協議・合意制度の構造　共通2

[1] 協議・合意制度の趣旨

　2016年刑訴法改正の1つの目的は、「刑事手続における証拠の収集方法の適正化及び多様化並びに公判審理の充実化を図る」ため、可視化を通じた被疑者取調べの適正化と、被疑者取調べに依存しない供述収集方法を多様化することにありました。後者の「**供述収集方法の多様化**」の方策の1つとして、協議・合意制度は創設されました[3]（350条の2から350条の15）。協議・合意制度の目的は、一定の事件につき、検察官の訴追裁量（248条）を根拠とする恩典との取引というかたちで、取調べ以外の方法により被疑者・被告人の供述などを収集・確保することにあります（もっとも、後述する求刑に関する協議・合意については、検察官の訴追裁量で説明できるかについて疑問も残ります）。

　なお、「供述収集方法の多様化」の方策として、「**刑事免責制度**」（157条の2、157条の3）も導入されています。同制度は、検察官が請求する場合に、裁判所の決定によって、証人の自己負罪拒否特権を消滅させて、当該証人尋問において証言を強制する制度です。この獲得された証言やこれを手掛かり

---

2) アメリカやドイツにおける司法取引制度も踏まえ協議・合意制度を概観する概説書として、田口172頁以下。同頁以下の脚注（2）から（8）では、司法取引や協議・合意制度に関する諸文献が紹介されています。
3) 法制審議会・新時代の刑事司法制度特別部会（以下、「特別部会」）「時代に即した新たな刑事司法制度の基本構想」（2013年）4頁および11頁、第25回議事録10頁〔龍岡資晃委員〕など。

として得られた証拠は、証人自身の刑事事件で不利益な証拠とすることはできません（派生的使用免責）[4]。同制度は、一方的に証言を強制する制度ですので、協議・合意制度とは異なり「取引」を前提としません。もっとも、刑事免責制度については協議・合意制度と異なり適用事件の限定がないため、協議・合意制度の対象犯罪以外の場合や協議・合意制度がなんらかの理由で利用できない場合に用いることも可能です。

[2] 協議・合意手続の主体

協議・合意手続の主体は、①検察官と②特定の犯罪に係る事件の被疑者・被告人です（350条の2）。そして、③弁護人も協議には必ず関与し（350条の4）、協議に基づく合意についても弁護人の同意が必要です（350条の3第1項）。②にいう特定の犯罪は、一定の財政経済犯罪と薬物銃器犯罪とされていますが（350条の2第2項）、死刑または無期の懲役・禁錮に当たる罪は除外されます（同項柱書）。このような事件の限定は、他の証拠収集の手段が類型的に少ないという必要性の観点、取引になじみやすいという理由、そして被害者を含む国民の理解を得やすいという理由（重大な事件に関する取引は理解を得にくい）からなされています[5]。

[3] 協議・合意の対象・内容

協議・合意制度では、合意の対象や内容が限定されています。まず、協議・合意が可能な対象は、「特定の犯罪に係る他人の刑事事件」（以下、「標的事件」とします）に限られます（350条の2第1項）。この特定の犯罪は、上記②と同様です（350条の2第2項）。なお、被疑者・被告人が「自身の刑事事件」について協議・合意する制度（「自己負罪型取引」）は、法定されていません。組織犯罪の首謀者などの検挙・処罰に資するものではないこと、被疑者・被告人の「ごね得」を招き、結果として被疑者に大きく譲歩せざるを

---

[4] 同制度については、酒巻匡「刑事訴訟法等の改正――新時代の刑事司法制度（その2）」法教434号（2016年）70頁以下、川崎英明ほか編『2016年改正刑事訴訟法・通信傍受法条文解析』（日本評論社、2107年）42頁以下〔笹倉香奈〕、田口181頁以下、後藤昭「日本型司法取引とは何か」法セミ756号（2018年）24頁以下など。

[5] 第189回国会衆議院法務委員会25号5頁〔林真琴法務省刑事局長〕。

得なくなり、事案の真相の解明や真犯人の適正な処罰を困難にすることなどが、その理由とされています[6]。2016年刑訴法改正により創設されたのは、捜査・公判協力型の協議・合意制度です。

次に、協議・合意が可能な内容は、標的事件についての被疑者・被告人による一定の**協力行為**の提示・提供、これに対する検察官による一定の**恩典**の提示・提供に限られています。被疑者・被告人の協力行為は、標的事件について、(a) 捜査機関による取調べに際して「真実の供述をすること」、(b)「証人として尋問を受ける場合において真実の供述をすること」、そして、(c) 捜査機関による証拠収集に関して「証拠の提出その他必要な協力」とされています（350条の2第1項第1号）。

これに対し、検察官による恩典は、「被疑者・被告人の特定犯罪の事件」について、(a) 公訴提起・追行に関するもの（「公訴を提起しないこと」、「公訴を取り消すこと」）、(b) 公訴提起・追行の内容に関するもの（「特定の訴因及び罰条により公訴を提起し、又はこれを維持すること」、「特定の訴因若しくは罰条の追加若しくは撤回又は特定の訴因若しくは罰条への変更を請求すること」、論告〔293条1項〕において「被告人に特定の刑を科すべき旨の意見を陳述すること」）、そして、(c) 検察官の求める審判の形式に関するもの（「即決裁判手続の申立てをすること」、「略式命令の請求をすること」）とされています（350条の2第1項第1号）。このような恩典を検察官が提供できる根拠としては、検察官の訴追裁量（248条）が挙げられます。検察官は、被疑者・被告人による標的事件への協力行為を、248条の「犯罪後の情況」として被疑者・被告人に有利に考慮し、訴追裁量の行使により恩典を提供できるとされるのです（もっとも、求刑に関する協議・合意については、その根拠や求刑・量刑の下げ幅などについて訴追裁量で説明できるか、疑問も残ります）[7]。以上の合意の構造を、

---

[6] 特別部会「時代に即した新たな刑事司法制度の基本構想」（2013年）12頁など。

[7] 吉川崇「『刑事訴訟法等の一部を改正する法律』の概要」刑ジャ49号（2016年）74頁以下、酒巻匡「刑事訴訟法等の改正——新時代の刑事司法制度（その1）」法教433号（2016年）46頁。また、量刑理論や刑事司法制度の公正性や透明性、検察官の訴追裁量権から検討するものとして、佐藤隆之「平成28年刑事訴訟法改正による『合意制度』の導入について」東北ローレビュー5号（2018年）57頁以下、当事者の一定の処分権に由来するものとして、田口176頁など。さらに、最高検察庁新制度準備室「合意制度の当面の運用に関する検察の考え方」法律のひろば71巻4号（2018年）48頁以下。

図 15-1 協議・合意制度における合意の構造

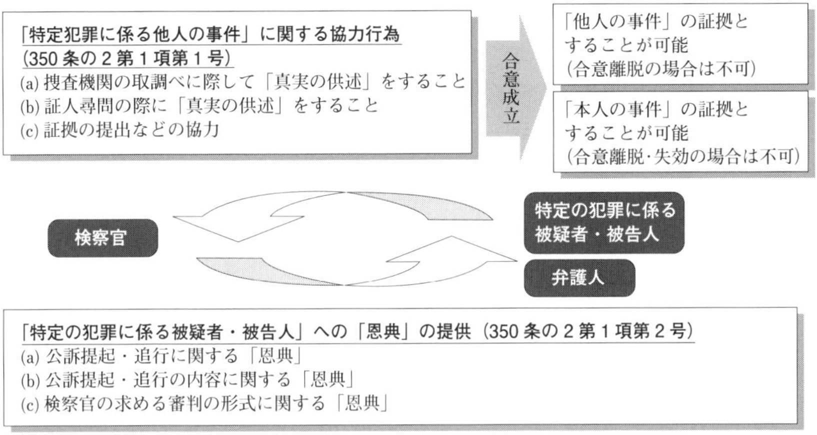

図 15-1 としてまとめておきます。

3 協議・合意手続の流れ 共通3

[1] 協議手続

　協議・合意手続の主体となりうる者のいずれかから協議の申入れがなされ、これを相手側が受け入れることによって協議は開始されます。この協議には弁護人の関与が必要です（350条の4）。弁護人の関与の趣旨は、合意に応じるか否かの判断において被疑者・被告人が自己の利害を自由かつ合理的に判断できるようにすること、そして被疑者・被告人により行われる供述の信用性を一定程度担保することにあるとされます[8]。

　協議の内容は、（ア）被疑者・被告人からの協力行為の提示、（イ）検察官による標的事件に関する被疑者・被告人の供述聴取（350条の5項第1項第1文）とこれによる被疑者・被告人の有する情報の信用性などの検討、（ウ）検察官による恩典の提示、（エ）両当事者間における合意内容などに関する意見交換などからなります[9]。このうち（イ）は、協議手続の一部であり、

---

8) 第189回国会衆議院法務委員会35回26頁以下〔林真琴法務省刑事局長〕、川出敏裕「協議・合意制度および刑事免責制度」論ジュリ12号（2015年）67頁以下など。

取調べとは区別されますが、黙秘権の告知が必要とされています（350条の5第1項第2文）。協議過程に関する記録作成について明文規定はありませんが、「自由な意見交換などの協議の機能を阻害しないとの観点をも踏まえつつ、日時、場所、協議の相手方及び協議の概要に関する記録を作成し」、被疑者・被告人の事件と標的事件の公判終了まで保管する旨が衆議院で付帯決議されています[10]。

なお、「司法警察員が送致し若しくは送付した事件又は司法警察員が現に捜査していると認められる事件について」、その被疑者と協議を行おうとする場合、検察官は、あらかじめ司法警察員と協議しなければなりません（350条の6第1項）。このような協議への警察の関与（350条の6第2項も参照）は、日本独自の制度とされます[11]。もっとも、この警察の関与については、検察官の訴追裁量や当事者の処分権という制度の根拠づけとの関係については理由を含め十分説明されていないといえます。

[2] 合意の成立・不成立

協議を経て、検察官は、被疑者・被告人の協力行為（350条の2第1項1号）により「得られる証拠の重要性、関連する犯罪の軽重及び情状、当該関係する犯罪の関連性の程度のその他の事情を考慮して、必要と認めるとき」、恩典（350条の2第1項2号）を提供する内容の合意をすることができます（350条の2第1項柱書。さらに350条の2第3項により、協力行為や恩典の提供に付随する行為なども合意内容に含めることが可能です）。

検察官と被疑者・被告人との合意は、検察官、被疑者・被告人および弁護人が連署した書面によって合意内容を明らかにすることでなされます（350条の3第2項）。この合意には弁護人の同意が必要です（350条の2第1項）。合意内容書面の詳細について規定は存在しませんが、（ⅰ）被疑者・被告人の事件を特定する内容、（ⅱ）標的事件を特定する内容、（ⅲ）被疑者・被告人がすべき協力行為の内容、そして、（ⅳ）検察官が提供すべき恩典が、具体的な事案に即して記載されます[12]。この合意内容書面は、被疑者・被告人

---

9) 条解1334頁など。
10) さらに、第189回国会衆議院法務委員会35回13頁以下〔上川陽子法務大臣〕も参照。
11) 川出・前掲注8）67頁、後藤・前掲注4）26頁以下。

の事件や標的事件の公判で証拠調べ請求されます（350条の7、350条の8）。

　他方で、協議途中などにおいて、被疑者・被告人側が恩典を不十分と判断した場合や検察官が必要性を認めないときなど、合意が成立しない場合も当然存在します。この場合、被疑者・被告人の協議における供述は、証拠とすることはできません（350条の5第2項）。これは、合意不成立の場合も供述を証拠とすることが可能になると、被疑者・被告人が協議・合意制度の利用をためらうことになるとの理由に基づくものです。もっとも、協議における供述に基づいて得られた証拠（派生的証拠）の利用は制限されない点に注意が必要です。派生的証拠の利用まで制限すると、被疑者・被告人が協議で意図的にさまざまに供述し、多数の派生的証拠の利用を封じるという悪用の危険などが理由とされます[13]。これに対し、検察官がその後の捜査に活用することのみを目的として供述を得て、直ちに合意不成立とする場合など、公正さを欠く協議・合意制度の利用の場合には、派生的証拠の利用が制限されることもありうるでしょう。

[3] 合意の成立と離脱・失効

　合意した当事者は、合意内容に拘束されるため、合意に基づく協力行為の実施や恩典の提供を行う義務を負います。もっとも、裁判所には合意内容に従う義務はありません（350条の10第1項第2号を参照）。

　協力行為の実施や恩典の提供が行われない場合など、一方の当事者に合意違反があった場合、反対当事者は合意から**離脱**することができます（350条の10第1項第1号）。離脱があった場合、合意は効力を失い、両当事者が合意内容に従う義務はなくなります。また、検察官による合意違反の公訴提起・追行に対しては、判決による公訴棄却や訴因変更などの不許可という対応が予定されています（350条の13）。これらは、検察官による合意履行やその実効性を担保するとの政策的観点から設けられたものです。

　離脱は、合意に基づく行為が行われた後でも可能です。検察官による恩典の提供があったものの裁判所が認めなかった場合（350条の10第1項第2号。検察官の求刑より重い刑を裁判所が言い渡した場合など）、被疑者・被告人が

---

12) 第189回国会衆議院法務委員会25号6頁〔林真琴法務省刑事局長〕。
13) 特別部会第1作業分科会第3回会議26頁〔川出敏裕幹事〕など。

行った標的事件に関する供述や証拠が真実でないことが明らかになった場合などがこれに当たります（350条の10第1項第3号）。離脱があった場合、協議で被疑者・被告人が行った供述と合意に基づく協力行為により得られた証拠に加えて、これらに基づいて得られた証拠（派生的証拠）も、被疑者・被告人の刑事事件及び標的事件の証拠とすることはできません[14]。

　離脱以外にも、合意の効力が失われる場合があります。「公訴提起をしないこと」（350条の2第1項第2号イ）を恩典とする合意に基づいて検察官が現に不起訴とした事件について、検察審査会が、起訴相当議決（検察審査会法39条の5第1項第1号）、不起訴不当（同条同項第2号）、または起訴議決（同法41条の6第1項）をした場合には、当該合意は**失効**します。この場合に当該事件について公訴提起がなされたとき、協議で被告人が行った供述と合意に基づく協力行為により得られた証拠に加えて、これらに基づいて得られた証拠（派生的証拠）も、合意した被告人の刑事事件において証拠とすることはできません（350条の12第1項）。もっとも、被告人による供述や証拠が虚偽であった場合などは、この限りではありません。

　離脱の場合と異なり、失効の場合は、協議で被告人が行った供述と合意に基づく協力行為により得られた証拠や派生的証拠は「標的事件」において証拠とできます。失効との関係では、不起訴の約束との引き換えで被疑者・被告人が供述などをするとき、当該被疑者・被告人は当該供述などが自身の刑事事件の公判で用いられるとはまったく考えていないことが想定されます。この場合に、検察審査会の議決による公訴提起後、被告人の公判で当該供述などを用いることは実質的にみて公正性を欠くことになるので、当該証拠の利用は制限すべきとされているのです。他方で、第三者との関係では、この意味での公正性を考慮する必要はなく、検察官による合意履行を担保する政策的観点から証拠利用の制限が必要といえないとされています[15]（350条の12第2項）。以上の手続を図15-2にまとめておきます。

---

14) 第189回国会衆議院法務委員会18号5頁以下〔林真琴法務省刑事局長〕。

15) その理由として、第189回国会衆議院法務委員会18号5頁以下〔林真琴法務省刑事局長〕。

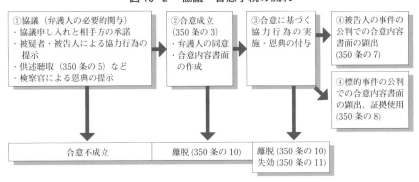

図15-2　協議・合意手続の流れ

4 協議・合意手続と適法性判断 共通4

　協議・合意手続について、その適法性判断が問題となりうる点を若干検討します。第1に、「非対象事件」について被疑者・被告人との協議・合意が行われた場合です。まず、非対象事件について捜査・公判協力型協議・合意を行うことは違法と評価され、その結果得られた供述などを証拠とすることは否定されます[16]。これに対し、自己負罪型取引を行った場合はどうでしょうか。たとえば、協議・合意制度は対象犯罪や合意の内容などについて刑訴法で厳格に法定されているのに対し、そのように法定されていない自己負罪型取引による合意は違法とする見解が存在します[17]。自己負罪型取引は、複数の問題を理由に立法化が見送られたこと、自己負罪型取引においても虚偽供述により適正な事実認定が妨害される危険や他人との犯罪事実を含む供述の危険（巻き込みの危険）が存在するにもかかわらず、虚偽供述防止の担保規定（弁護人の必要的関与など）が存在しないことなども考慮すれば、この見

---

16) 第190回国会参議院法務委員会9号16頁〔岩城光英法務大臣〕、19頁〔林真琴法務省刑事局長〕は、証拠能力否定の理由として、「法軽視の態度が顕著であると言わざるを得ないこと」、「仮にこのような証拠を許容したとすれば同様の事態が繰り返されるおそれが大きいこと」を挙げます。さらに、後藤昭「2015年刑訴法改正法案における協議・合意制度」総合法律支援論叢8号（2016年）15頁以下。

17) 第190回国会参議院法務委員会9号16頁〔岩城光英法務大臣〕、19頁〔林真琴法務省刑事局長〕。

解が妥当といえます。この見解によれば、自己負罪型取引は、350条の2以下の趣旨に反する違法なもので、その結果得られた供述や派生的証拠も排除すべきこともあり得ます（憲法31条・38条2項、刑訴法1条・319条1項など）。

これに対し、現行法は自己負罪型取引になんら言及していないことなどを理由に、自己負罪型取引自体が直ちに違法となるわけではないとの見解もあり得ます。この見解においては、検察官による不起訴の約束は利益誘導であるため、虚偽自白を誘発するおそれが高いことなどを理由に、不起訴約束による自白を証拠とできないとする判例（最判昭41・7・1刑集20巻6号537頁）[18]などを考慮して、当該自己負罪型取引が虚偽供述を誘発する恐れが高いといえる場合には、その結果得られた供述は「任意性がない」として排除可能（憲法38条2項、刑訴法319条1項）となるのです。さらに、この見解では当該供述に基づき得られた派生的証拠それ自体は違法とは評価できませんし、その証拠自体には虚偽の危険は認められませんので排除できないとなりそうです（第24章で述べるように、自己負罪型取引を用いた不当な証拠収集を抑止するために、派生的証拠も排除するという論理もあり得ます）。

第2に、被疑者・被告人の事件と標的事件との関連性判断です。検察官が合意する際の考慮事項として、「当該関係する犯罪の関連性の程度」が挙げられています（350条の2第1項柱書）。この趣旨としては、検察官が勾留中の被疑者との間で合意をして、留置施設の同房者からなんら関連の無い事件について犯行告白を聞いた旨の供述を得るなどの危険が高くなるといった懸念を踏まえ、協議・合意制度が利用可能な場合を、基本的に「共犯事件など、両犯罪の間に関連性が認められる場合であることを示す」ことにあります[19]。「関連性の有無及び程度」ではなく「関連性の程度」とされたことからすれば、この文言は両事件の関連性が存在することを前提に、その程度を判断すべきことを意味すると解すべきです。この理解を前提とすれば、関連性の無い事件について行われた合意は違法と評価されることになります[20]。

第3に、協議の開始時期の問題です。上述のように、協議は取調べと明確

---

18) 後藤・前掲注16）16頁、川崎ほか・前掲書注4）65頁〔福島至〕など。
19) 第189回国会衆議院法務委員会35号3頁〔林真琴法務省刑事局長〕。
20) 後藤・前掲注16）5頁など。なお、逐条989頁〔伊丹俊彦〕。

に区分され、弁護人の関与が必要です（350条の4）。それゆえ、弁護人がいないところで検察官が被疑者・被告人と協議すると、その時点で違法と評価されます。このこととの関係で、検察官による取調べと協議の区分が問題となります。協議手続の始期は、協議の申し入れや持ちかけを行った時点と理解できます。この理解によれば、検察官による取調べ中にいきなり被疑者・被告人が協議を申し入れた場合などは、弁護人不在の違法な協議手続が開始されたことを意味することになります。この場合は、検察官が被疑者・被告人に、弁護人と相談して協議申し入れについて検討することを即座に求めるべきでしょう。検察官が、その取調べ中に被疑者・被告人に直接協議を持ちかけることも、弁護人不在の違法な協議手続の開始を意味することになります[21]。もっとも、その結果得られた供述などが常に排除されるべきかについては、さらに検討が必要です（協議開始時における供述拒否権の不告知の場合に関する適法性判断も同様に検討が必要です）。

　第4に、協議・合意に基づき獲得された供述の信用性（証拠としての価値）についても慎重な検討が必要です。協議合意制度は、虚偽供述防止策として、協議への弁護人の必要的関与（350条の4）、合意書面の証拠調べ請求義務（350条の8）、虚偽供述の処罰（350条の15）を設けていますが、これにより供述が常に信用されるわけではなく、公判審理における慎重な信用性判断が必要です。合意の存在や内容、協議過程に加え、裏づけ証拠の有無などの検討といった厳格な信用性判断が必要であるとの主張がなされています[22]。

5 ｜ 協議・合意制度の問題点　共通5

　協議・合意制度に対しては、立法段階から複数の批判が示されてきました。その以前も、そもそも刑事手続に司法取引を導入することについては、さまざまな意見が示されてきました。たとえば、犯罪や刑罰が国家的な関心事で

---

21) 後藤・前掲注16）7頁など。
22) 後藤・前掲注16）18頁、加藤克佳「司法取引と刑事弁護」佐藤博史編『捜査と弁護』（岩波書店、2017年）234頁以下、佐藤・前掲注7）65頁。さらに、協議・合意制度における虚偽供述防止に関する研究として、南迫葉月「協議・合意制度における虚偽供述の防止についての研究（1）〜（5・完）」法学論叢180巻4号〜181巻5号（2017年）。

ある結果として、刑事訴訟では実体的真実主義(刑事裁判では、できるかぎり絶対的な客観的事実に接近しようとすべきという考え)が根本的な原理であるとし、当事者による処分にすべてを任せる制度は刑事裁判の本質に反するとする見解が主張されます[23]。協議・合意制度は、当事者による合意が有罪・無罪の判断を直ちに左右するものではありません。しかし、この見解によれば、両当事者の取引により真相を解明しようとすること自体(「真実」とは異なる訴因の設定など)を批判されることになるでしょう。

次に、刑事手続において透明性や公正性を確保すべきという観点から司法取引を検討する見解が挙げられます。日本では、検察官などが寛大な刑罰や身体拘束からの解放という「利益」を提示し、これに対し被疑者・被告人は自白や損害回復を求められるという「非公式」「暗黙裡」の「取引」が従来から存在するとされています[24]。この見解は、このような現状認識を前提に、日本の刑事手続の制度や運用(被疑者取調べや身体拘束、訴追裁量の行使など)が、不透明かつ不当な圧力のもと被疑者・被告人に「自己決定」や「取引」を求めること(身体拘束から解放されるために自白するなど)につながっていることを問題視するものといえます。この見解は、刑事手続における適正かつ公正な自己決定や取引が可能となるように、取調べを含む捜査段階からの弁護人の関与や事前の証拠開示などにより、手続や被疑者・被告人の権利の保障を充実させることなども主張します。この見解によれば、上記のような透明性・公正性の確保された手続が保障されるのであれば、司法取引の導入は可能ということになるでしょう。

また、この見解は、協議・合意制度についても、被疑者・被告人の自己決定が可能な「公正な取引」を保障するものか、さらには虚偽供述を防止できる方策が十分であるかを問題視します。たとえば、虚偽供述防止策として設けられている協議への弁護人の必要的関与(350条の4)、合意書面の証拠調べ請求義務(350条の8)、虚偽供述の処罰(350条の15)のみは、第三者を

---

23) 團藤88頁以下、209頁以下、佐藤欣子『取引の社会』(中央公論新社、1974年)94頁以下など。

24) 安原浩「司法取引とアレイメント」法セミ565号(2002年)85頁以下、「特集 刑事弁護の中の取引」刑弁39号(2004年)20頁以下、加藤克佳「日本の刑事裁判と合意手続」刑ジャ22号(2010年)2頁以下など。

共犯者として巻き込む虚偽供述などを十分防止できないとの批判が示されています。そのうえで、協議開始の段階で証拠開示を被疑者・被告人側に行うこと、被疑者・被告人の供述を標的事件の公判において証拠とする場合に犯人性を証明する他の証拠（補強する証拠）を必要とすること、協議に至るまでの取調べや協議・合意過程を録音・録画することなどの提案がなされています[25]。

この見解に対し、協議・合意制度は「供述収集方法の多様化」を目的としており、その導入自体は被疑者取調べや身体拘束制度の適正化と直接結びつけられていない[26]と主張することも可能です。このような見解[27]においては、協議・合意制度は、取調べでは供述確保が困難な場合に用いられる保険的な供述確保手段として位置づけられることになります。このように考えると、被疑者取調べ以上に協議・合意制度を透明化・適正化する必要はないということも可能です。このような観点から、協議・合意制度における虚偽供述の予防策で基本的に十分とする見解[28]や、法律上の義務づけがなくとも協議・合意の過程を録画するなどの運用に至る可能性を認めたり、捜査機関は構造的に裏づけ証拠の収集に努めるべき立場に置かれることになるとする見解[29]は主張されているのかもしれません[30]。

---

25) 髙田昭正ほか「対談・司法取引とアレインメント」法セミ566号（2002年）88頁以下、笹倉香奈「刑の減免制度、捜査・公判協力型協議・合意制度」川﨑英明ほか編『刑事司法改革とは何か』（現代人文社、2014年）165頁以下、同「刑訴法改正と共犯者供述による立証」法時88巻1号（2016年）18頁以下、緑大輔「日本における近時の「司法取引」の議論をめぐって」刑雑54巻1号（2014年）129頁、白取祐司ほか編『日本版「司法取引」を問う』（旬報社、2015年）、後藤・前掲注16）17頁以下、郷原信郎「美濃加茂市長事件」法セミ756号（2018年）35頁、後藤昭ほか「パネルディスカッション――日本型司法取引とその課題」法セミ756号（2018年）36頁以下など。

26) 緑・前掲注25）132頁など。

27) 宇川春彦「司法取引を考える（17・完）」判時1627号（1998年）38頁以下など。

28) 宇川春彦「供述証拠の収集を容易にするための手段」法時86巻10号（2014年）22頁以下、川出・前掲注8）68頁以下など。

29) 池田公博「刑訴法改正案における協議・合意制度」法時88巻4号（2016年）68頁以下など。池田公博「供述証拠の獲得手法」法教398号（2013年）12頁以下も参照。

30) もっとも、最高検察庁新制度準備室・前掲注7）55頁は、自由な協議が阻害されることなどを理由に基本的に録音・録画になじまないとします。

もっとも、被疑者取調べと異なり、協議・合意手続には恩典を背景とする検察官への迎合の危険性や第三者の巻き込みの危険性があることからすれば、被疑者取調べ以上の透明化・適正化は必要というべきでしょう。また、「供述収集方法の多様化」をよりよく実現するためには、虚偽供述の危険を可能な限り排除し供述の信用性をめぐる争いなどを未然に防止する制度構築が必要ともいえます。そうすると、この立場においても、証拠開示などの手続保障は必要だということは可能でしょう。協議・合意制度は、供述収集方法の多様化や取引的手法の導入などの点で、日本の刑事手続のあり方を変化させる可能性を有するものといえます。

　協議・合意制度については、検察官の訴追裁量（248条）といった訴訟法的観点だけでなく、求刑に関する協議・合意について刑罰論や量刑理論といった実体法的観点からの検討も必要でしょう（求刑や量刑を下げる理論的根拠や導かれる下げ幅など）[31]。同制度の意味や影響、さらには問題点について、本章の内容なども踏まえて、さらに検討してみてください。

---

31) 土井和重「捜査・公判協力型協議・合意制度の刑罰論的な基礎付けについて──ドイツの王冠証人制度に関する議論を参考にして」法律論叢91巻1号（2018年）195頁以下など。さらに稲谷龍彦「企業犯罪対応の現代的課題（1）～（5）DPA/NPAの近代刑事司法へのインパクト」法律論叢180巻4号（2017年）～184巻5号（2019年）。

第 16 章

訴因論の思考プロセス1
——訴因の特定

第 16 章の目標
①訴因制度について概観する。
②訴因論に関する思考プロセスを身につける。
③訴因の特定・明示について思考プロセスを活用する。

1 │ 起訴状記載事実の内容とその意味 　共通1

　検察官による公訴提起は、書面である起訴状を提出することで行われます（256 条 1 項）。その記載内容は、256 条 2 項によって、「**被告人の氏名その他被告人を特定するに足りる事項**」（1 号）、「**公訴事実**」（2 号）、そして「**罪名**」（3 号）とされています（その他の記載事項については、規則 164 条）。

　1 号は、公訴提起の対象となる「人」を特定するものです。「当事者主義」を採用する刑事裁判における当事者である被告人を特定するものともいえます[1]。2 号および 3 号は、裁判所に対して検察官が審判を求める刑事事件の具体的内容に関するものです。当該事件の具体的事実が特定の犯罪構成要件に該当することを理由として裁判所に審理を求めるという検察官の意思表示が起訴状に示されるべきことが、求められているのです。

　256 条は、これらの情報を刑事裁判にとって不可欠な事項とし、これらを提示する義務を検察官に課しています。それゆえ、これらの記載事項が示さ

1）　酒巻 251 頁以下、宇藤ほか 219 頁以下など。

れていない公訴提起は、違法とされる可能性があります。問題は、これらの記載事項が具体的に記載されていない公訴提起の適法性判断です。本章では、これらの記載事項のうち「公訴事実」に焦点を当てて検討を進めます。

2 │「公訴事実」や「訴因」の記載　共通2

　256条3項は、「公訴事実は、訴因を明示してこれを記載しなければならない」とし、起訴状の「公訴事実」（という起訴状の記載欄）に、「訴因」を「明示」し「記載しなければならない」とします。では、この「訴因」とはなにを意味するのでしょうか。具体例も交えて考えていきましょう。

> 訴因の記載例1「被告人は、令和元年3月31日を期限として、斎藤司から金100万円を借りていたにもかかわらず、返済していない。」

　みなさんが裁判官として、この起訴状を見た場合、「これは刑事裁判だよな……なにを判断すればいいのか」と思うことでしょう。刑事裁判である以上、その前提となる検察官の意思表示は「被告人の行為は犯罪であること」を内容としなければなりません。339条1項2号は、「起訴状に記載された事実が真実であっても、何らの罪となるべき事実を包含していないとき」、裁判所は決定で公訴棄却しなければならないとします。検察官の意思表示である訴因は犯罪が成立する事実、すなわち、**「特定の犯罪構成要件をすべて満たす具体的事実」**として明示されなければならないのです。

　「犯罪構成要件をすべて満たす具体的事実」とは、構成要件該当事実、違法性を基礎づける事実、責任を基礎づける事実、処罰条件に該当する事実、そして未遂犯や共同正犯・教唆犯・従犯に該当する事実を意味します。「訴因を明示するには、……罪となるべき事実を特定してこれをしなければならない」（256条3項）のうち「罪となるべき事実」は、「特定の犯罪構成要件をすべて満たす具体的事実」と理解されます（後述の最決平26・3・17も参照[2]）。それゆえ、訴因に関する議論は実体刑法の観点・知識も重要なので

---

[2] 条解513頁、逐条547頁［中村功一］なども参照。

す[3]。では、次の訴因記載例は適切でしょうか。

> 訴因の記載例2 「被告人は、殺意をもって人を殺害したものである。」

　この訴因は、刑法199条の犯罪構成要件をすべて満たす事実を示すものであり、犯罪が成立することを内容とする意思表示ともいえます。もっとも、この訴因は、次のような問題を有します。第1に、この起訴状の提出を受けた裁判所の視点からの問題点です。たとえば、起訴状記載の被告人について、この起訴状提出以前に殺人事件の無罪判決が確定していた場合が挙げられます。有罪判決・無罪判決、そして免訴判決が確定したとき、これと「同一の事件」について再度の公訴提起は許されません（**一事不再理**：憲法39条、刑訴法337条1号）。しかし、この訴因では、少なくとも被害者が特定されない限り、無罪判決の事件と「同一の事件」かどうかが判断できません。

　次に、記載例2の訴因による公訴提起が複数なされている場合が挙げられます。同一の被告人に対して同一の事件の公訴提起が複数なされた場合、禁止されている二重起訴に該当し、最初の公訴提起のみが有効となります（338条3号、339条1項5号）。しかし、記載例2の訴因では、その判断は困難です。

　このように一事不再理や二重起訴の禁止の観点などからは、訴因の内容は「特定の構成要件をすべて満たす具体的事実」であることに加えて、「公訴提起している事件」（審判を求めている「事件」）と「それ以外の事件」（すでに判決の確定している「事件」や他に公訴提起されている「事件」）とを特定・区分できる程度に具体的でなければなりません。つまり、公訴提起（審判）の対象として、**「1つの犯罪事実」**（「1つ」に「特定」された「特定の犯罪構成要件をすべて満たす具体的事実」）が、訴因として明示されるべきなのです。

---

3) 実体刑法の観点から訴因に記載すべき主要事実を確定しようとする試みとして、樋口亮介「性犯罪の主要事実確定基準としての刑法解釈」法時88巻11号（2016年）59頁以下、同「注意義務の内容確定基準」高山佳奈子ほか編『山口厚先生献呈論文集』（成文堂、2014年）195頁以下、同「注意義務の内容確定プロセスを基礎に置く過失犯の判断枠組み（1）～（3）」曹時69巻12号（2017年）、70巻1号、同2号（2018年）など。さらに、鈴木茂嗣『二元的犯罪論序説』（成文堂、2015年）なども参照。

第2に、防御活動を行う被告人や弁護人の視点からも問題があります。記載例2の訴因では、犯行の日時や場所、殺害方法が明らかにされていないので、アリバイ主張が非常に困難になるなどの問題が生じます。

　このように訴因の内容としては、「罪となるべき事実」（特定の犯罪構成要件をすべて満たす具体的事実）が記載されてさえいればよいわけではありません。だからこそ、256条3項は、「訴因」の記載内容（「明示」すべき内容）として、「罪となるべき事実」（「特定の犯罪構成要件をすべて満たす具体的事実」）、そして、これを「特定」するための事実である「日時、場所及び方法」などの記載を要求しているのです。なお、問題のない訴因の記載例としては、以下のものが挙げられます。

訴因の記載例3「①被告人は、⑤令和元年7月20日、⑥京都市伏見区深草塚本町所在の龍谷マンション556号室である自室において、②斎藤司（当時40歳）に対し、③殺意をもって、⑦その頸部をひも状のもので強く締め付け、よって、同所において、⑧同人を頸部圧迫による窒息により④死亡させて殺害したものである。」

---

　①「主体」、②「客体」、③「故意・過失」、そして④「結果」は「罪となるべき事実」であり、⑤「日時」、⑥「場所」、⑦「方法」、⑧「死因」は、「罪となるべき事実」を「特定」するための「日時、場所及び方法」などと整理できます。このように、一般的な訴因は、「誰が」（犯罪の主体）、「いつ」（犯罪の日時）、「どこで」（犯罪の場所）、「誰に対して」（犯罪の客体）、「どのような方法で」（犯罪の方法）、「なにをしたのか」（犯罪行為や結果）を中心として記載すべきとされています（六何の原則）。

　問題となるのは、これらの事実をすべて具体的に記載できない場合に、どの事実をどの程度まで記載すれば、当該訴因は256条3項の要請を満たす適法な訴因となるかです。このこととの関係で重要なのが、256条3項が「罪となるべき事実」の記載だけでなく、その「特定」を要求している趣旨です。上述したように、256条3項の趣旨としては、裁判所の視点や被告人・弁護人側の視点が関わってきそうです。以下では、訴因として最低限「明示」（記載）すべき事実の内容とこれを導く思考プロセスを学びましょう。とり

あえず、ここまで学んだ内容をまとめておきます。

> （ア）検察官は、起訴状に「訴因」を「明示」（記載）しなければならない（256条3項）。
> （イ）「訴因」の記載内容としては、特定の犯罪構成要件をすべて満たす「罪となるべき事実」だけでなく、これを「1つの犯罪事実」に「特定」するための「日時、場所及び方法」などの事実も挙げられる（256条3項）。
> （ウ）一般的に、「訴因」は「六何の原則」に従い「明示」される。
> （エ）256条3項の適法性判断が問題となるのは、256条3項の挙げる事実をすべて具体的に記載できない場合である。

3 ｜ 刑事裁判における「訴因」の機能 　共通3

　訴因は「審理や判決の対象（**審判対象**）」といわれます[4]。その意味は、検察官と被告人側という当事者の視点、そして裁判所の視点から理解することが重要です。
　第1に、証明の対象としての訴因の機能です。検察官は、自身の主張事実である訴因について、証拠を提出し、有罪判決に必要な「合理的疑いを超えた証明」を目指し立証活動を行うのです。
　第2に、防御・反証の対象としての訴因の機能です。被告人側は、検察官の立証に対する反論（たとえば、検察官が申請した証人の証言が信用できないことを他の証拠や反対尋問で明らかにすること）や検察官の主張とは矛盾する事実（アリバイの存在など）により反証などを行います。この反論・立証活動も、訴因記載事実を前提として、検察官による証明に「合理的疑い」が存在すること（有罪の証明は成功していないこと）を示すために行われます。
　第3に、審判対象としての訴因の機能です。裁判所は、訴因についてのみ

---

[4] かつては、このような理解の当否自体について激しい議論がありました（審判の対象論）。この議論については、團藤196頁以下、平野龍一『訴因と証拠』（有斐閣、1981年）65頁以下など。さらに、この議論を詳細に説明するものとして、高田189頁以下、青木孝之「訴因と公訴事実」学説と実務82頁以下。

審理し判決を下す権限と責務を有します。裁判所が審判の請求を受けた事件について判決をしない、あるいは審判の請求を受けない事件について判決をした場合（378条3号）、判決への影響の有無に関わらず、控訴審は直ちに原判決を破棄しなければなりません（397条1項）。つまり、裁判所は、「審判の請求を受けた事件」（訴因として記載されている事実）について審理し判決を下す責務・権限を有し、「審判の請求を受けない事件」（訴因として記載されていない事実）についてはその責務・権限を有しないのです。訴因は、裁判所による審判の範囲を限定する効力（**訴因の拘束力**）を有するのです（もっとも、訴因記載事実すべてに拘束力が及ぶかについてはさらに検討が必要です。詳細は第17章）。

　このように訴因制度においては、検察官が訴因として明示していない事実には審理が及びません。このことは、裁判手続の進行の主導権を被告人と検察官という当事者が有する「**当事者主義**」の帰結の1つです。もっとも、審理の状況などに応じて、検察官は一定の範囲で（「公訴事実の同一性を害しない限度において」〔312条1項〕）、訴因の追加、撤回または変更（これらを合わせて「訴因の変更」といいます）を請求することが可能です。これを裁判所が許した場合は、変更後の訴因の範囲内で審理や判決がなされます。

4 ｜ 訴因に関する適法性判断の思考プロセス　共通4

　検察官が主張した訴因の適法性が問題となるポイントは、いくつかあります。第1に、起訴状に記載された訴因そのものに関する問題です。256条3項は、訴因の「明示」について、「できる限り日時、場所及び方法を以て」、「罪となるべき事実」を「特定してこれをしなければならない」とします。256条3項の要請に反し、訴因（罪となるべき事実）が特定されていない場合は、違法と評価されます。その場合、338条4号により公訴提起そのものが無効となります。もっとも、訴因が特定されていない場合でも直ちに公訴提起が無効となるわけではなく、裁判長が検察官に対し訴因に関する「釈明」を求め（規則208条1項）、検察官が釈明により訴因を特定することもできます（訴因の「補正」）。これが「**訴因の特定**」の問題です。

　第2に、訴因変更手続についてです。訴因の変更は、「公訴事実の同一性を害しない限度」（312条1項）を超えることは許されません。仮に、行われ

た訴因の変更が、この限度を超えていた場合（殺人から窃盗というように、まったく異なる訴因へと変更された場合）、その訴因変更は違法・無効となります。これが「**訴因変更の可否**」の問題です（訴因と訴因の比較の問題です）。

第3に、裁判所が訴因と異なる事実を判決において認定した場合です。上述のように、裁判所による審理や判決は検察官の主張する訴因に拘束されますので、訴因変更手続を経ない限り、訴因と異なる事実を認定することは許されません。他方で、裁判所は常に訴因記載事実に限り認定できないのかが問題となります。たとえば、「被告人は……右手拳で被害者を殴打し」という訴因について、訴因変更手続を経ることなく、裁判所が「被告人は……左手拳で被害者を殴打し」という事実を認定し有罪判決を下す場合も違法となるのでしょうか。この場合、当該審理において「訴因を変更する必要があったのか」が問題となります。訴因変更が必要であったにもかかわらず、訴因とは異なる事実を認定した場合、違法な事実認定となります。訴因と有罪判決で認定された事実とのズレが「大きい」場合は、不告不理原則違反として絶対的控訴理由（378条3号）に、ズレが「小さい」場合は訴訟手続の法令違反として相対的控訴理由（379条）となります。そして、ズレが「ない」場合は適法な事実認定となります。このズレが「大きい」、「小さい」、そして「ない」をどのような基準で評価するかが問題となります（訴因と裁判所の心証や認定との比較の問題です）。これが「**訴因変更の要否**」の問題です（第17章）。

本章では、第1の「訴因の特定」に関する基本的な思考プロセスとその活用方法を学びます。この思考プロセスの具体的内容は、256条3項の趣旨として訴因の機能を示し、これを踏まえて、256条3項が要請する「訴因の特定」の内容を導くというものです。この思考プロセスは、第3の「訴因変更の要否」の問題とも共通するものです。他方で、第2の「訴因変更の可否」は、訴因変更の限界として「公訴事実の同一性」（312条1項）が設定されている趣旨を踏まえ、その解釈を示すという思考プロセスをとります。

5 | 訴因の特定に関する判例法理1　共通5

256条3項は、「訴因を明示するには、できる限り日時、場所及び方法を以て罪となるべき事実を特定してこれをしなければならない。」とします。

「訴因」を「明示」するに当たっては、「日時、場所及び方法」などの事実の記載をもって、「罪となるべき事実」を「できる限り」「特定」しなければならない、という条文構成になっています（特定されるべきなのは「罪となるべき事実」ですが、本書では「訴因の特定」という用語で説明します）。

256条3項を解釈するためには、同項が「訴因」の明示の際に「罪となるべき事実」を「特定」すべきとする趣旨の理解が重要です。この問題に関する判例としては、まず最大判昭37・11・28刑集16巻11号1633頁が挙げられます[5]。同判例は、「被告人は、昭和27年4月頃より同33年6月下旬までの間に、有効な旅券に出国の証印を受けないで、本邦より本邦外の地域たる中国に出国したものである」という訴因が問題となった事例（白山丸事件）に関するものです。この訴因について、犯罪の「日時」について約6年という長期間が設定され、出国の「場所」は「本邦」とされるのみで、そして、密出国の「方法」も具体的に示されていないという問題点が、被告人側から指摘されました。この事例につき、最高裁は次のように判示しました（下線・丸数字、振り仮名は引用者）。

---

①刑訴256条3項において、公訴事実は訴因を明示してこれを記載しなければならない、訴因を明示するには、できる限り日時、場所及び方法を以て罪となるべき事実を特定してこれをしなければならないと規定する所以のものは、裁判所に対し審判の対象を限定するとともに、被告人に対し防禦の範囲を示すことを目的とするものと解されるところ、②犯罪の日時、場所及び方法は、これら事項が、犯罪を構成する要素になつている場合を除き、本来は、罪となるべき事実そのものではなく、ただ訴因を特定する一手段として、できる限り具体的に表示すべきことを要請されているのであるから、犯罪の種類、性質等の如何により、これを詳らかにすることができない特殊事情がある場合には、前記法の目的を害さないかぎりの幅のある表示をしても、その一事のみを以て、罪となるべき事実を特定しない違法があるということはできない。

---

5) 同判例については、川添萬夫「判解」解説昭和34年度（刑）396頁以下、渕野貴生「判批」判例学習120頁以下、川出・公訴45頁以下など。

以上のように、昭和37年判決は、256条3項の趣旨を示したうえ（①部分）で、訴因記載事実である「罪となるべき事実」と「日時、場所、方法」のうち、後者については幅のある表示（概括的記載）をしても256条3項違反とならない場合がある（②部分）とします。以下、具体的に説明します。

　第1に、昭和37年判決は、256条3項にいう訴因特定・明示の趣旨として、「裁判所に対し審判の対象を限定する」こと（**識別機能**）と「被告人に対し防禦の範囲を示すこと」（**防御対象明示機能**）の2つを挙げています（①部分）。「**識別機能**」は、裁判所の視点からとらえた訴因の特定・明示の趣旨です。審判対象である訴因が特定・明示されることにより、裁判所は審理すべき犯罪事実とそうでない犯罪事実を区別することが可能となるのです。「**防御対象明示機能**」は、被告人や弁護人の視点からとらえた趣旨です。訴因の特定・明示により、被告人・弁護人が反論や反証を行い「合理的疑い」の存在を示すべき対象が特定・明示されるのです。これらの2つの機能を果たしている訴因が、256条3項の要請を満たす特定された訴因となるのです。

　第2に、訴因の記載内容のうち、犯罪の「日時、場所及び方法」といった事実は、基本的に「罪となるべき事実」そのものではなく、「ただ訴因を特定する一手段として、できる限り具体的に表示すべきことを要請されている」とされていることです（②部分）。ここでは、256条3項の趣旨を満たすためには、「罪となるべき事実」の特定は必要不可欠であるのに対し、それ以外の「日時、場所及び方法」は「できる限り具体的に表示すべき」ことが要請されるにとどまる（「特定」の対象ではない）とされています。そして、「できる限り具体的に表示すべき」場合について、昭和37年判決は、「犯罪の種類、性質等の如何により、これを詳らかにすることができない特殊事情がある場合」（当時日本との外交関係がなかった国への出国で、その具体的顛末について確認することが極めて困難であったという特殊事情がある場合）には、幅のある「日時、場所及び方法」などの記載も許容されるとしています。

　昭和37年判決の論理は、以下のようにまとめることが可能でしょう。

①256条3項が訴因の特定・明示を要求している趣旨は、訴因の有する識別機能と防御対象明示機能が果たすことにある。
②①の趣旨を踏まえると、訴因記載事実である「罪となるべき事実」と

> 「日時、場所及び方法」のうち、後者の記載は、基本的に「罪となるべき事実」を特定する一手段と解されるから、幅のある記載（概括的記載）も許容される。

6 ｜ 訴因の特定に関する判例法理2
──「罪となるべき事実」の特定 共通6

　昭和37年判決は、その後の判例法理の基盤を作った重要な判例ですが、いくつか不明確な部分も含んでいます。まず、識別機能と防御対象明示機能との関係です。いずれの機能を優先するかで、必要となる訴因の特定の程度が変わってくるからです。たとえば、防御対象明示機能が重要であるとすれば、「日時、場所及び方法」（アリバイなど）も特定されるべきことになります。次に、この問題とも関係しますが、訴因の機能と「罪となるべき事実」と「日時、場所及び方法」という訴因記載事実との関係です。「罪となるべき事実」を特定すべきことは当然として、「日時、場所及び方法」を特定しなくとも許容される場合（訴因の両機能が果たされる場合）が存在するのかが問題となるからです。これらの疑問も踏まえて、判例法理を確認しましょう。

　第1に、識別機能と防御対象明示機能の関係です。結論からいうと、判例は、訴因の第一次的機能を「審判対象の画定」（識別機能）としています。昭和37年判決は明示していませんが、最決平13・4・11刑集55巻3号127頁は、訴因特定の機能が密接に関連する「訴因変更の要否」の問題について、まず「審判対象の画定という見地」から検討すべきとしました。判例は、訴因の特定の問題について第1に識別機能の観点から検討しているのです。

　では、判例は防御対象明示機能を考慮していないのでしょうか。判例は、識別に必要な事実が記載される「反射効果」として、防御対象明示機能が果たされると考えています。昭和37年判決は、あてはめ部分において、起訴状朗読などの後に行われる冒頭陳述（296条）によって、防御対象明示機能も果たされていることを理由に「被告人の防御に実質的な障碍を与えるおそれはない」とします。判例は、訴因の明示以外の方法（冒頭陳述に加え、公判前整理手続における「証明予定事実記載書面」の提出（316条の13）、起訴状に

対する求釈明（規則208条）、審理の過程における争点の顕在化措置など）によっても、防御対象明示機能は果たされることを考慮しているのでしょう[6]。このように判例は、識別機能は訴因のみによって果たされるのに対し、防御対象明示機能は訴因以外の方法でも果たされること（代替手段の存在）なども理由として、識別機能と、その「反射効果」としての防御対象明示機能を訴因の機能としていると理解できます（これを超える防御対象明示機能は、訴因のみが果たすべき機能ではないとされるのです）。もっとも、あくまで「反射効果」ですので、その機能が十分果たされているかについて独立の検討は必要ないとされているのでしょう。以上のように、判例は、256条3項にいう訴因の特定の適法性判断について、「他の犯罪事実との識別可能か」という識別機能を中心とする思考プロセスを採用しています。

第2に、判例は、訴因の識別機能と「罪となるべき事実」、そして「日時、場所及び方法」の記載との関係をどのように考えているのかについて検討します。最決平26・3・17刑集68巻3号368頁[7]は、傷害罪の訴因の記載が問題となった事例について、「罪となるべき事実は、その共犯者、被害者、期間、場所、暴行の態様及び傷害結果の記載により、他の犯罪事実との区別が可能であり、また、それが傷害罪の構成要件に該当するかどうかを判定するに足りる程度に具体的に明らかにされているから、訴因の特定に欠けるところはない」（圏点引用者）とします。この判示は、次のように理解できるでしょう。

まず、訴因が識別機能を果たすためには、「特定の犯罪構成要件をすべて満たす具体的事実」、つまり「罪となるべき事実」の記載が前提とされています。訴因が「刑事」裁判所に対し審判を求める検察官の意思表示であることからも当然のことといえます。

次に、「罪となるべき事実」はただ記載されているだけは足りず、「他の犯罪事実との区別」が可能でなければならない（「罪となるべき事実」が「1つの犯罪事実」〔他の犯罪事実と区別された犯罪事実〕といえる程度に特定されてい

---

[6] これらの措置については、家令和典「訴因の特定と訴因変更の要否」実例Ⅱ25頁以下、加藤克佳「演習刑事訴訟法」法教431号（2016年）134頁以下など。

[7] 同判例については、辻川靖夫「判解」解説平成26年度（刑）75頁以下、芦澤政治「判批」百選（10版）100頁以下、川出・公訴58頁以下など。

なければならない）ことです[8]。これに反する訴因は、その識別機能を果たしておらず256条3項に反していると評価されるのです。

問題は、具体的にどの程度の訴因の特定が「1つの犯罪事実」と評価されるかです。これは犯罪類型によって異なるでしょう。その区分の1つの重要なポイントは、1回の犯罪事実しか想定できない犯罪類型かどうかです。たとえば、殺人や傷害致死、過失致死などは、被害者が特定されていれば1回しか想定できません。最決平14・7・18刑集56巻6号307頁は、「当時の証拠関係に照らすと、被害者に致死的な暴行が加えられたことは明らかであるものの、暴行態様や傷害の内容、死因等については十分な供述等が得られず、不明瞭な領域が残っていた」として、「暴行態様、傷害の内容、死因等の表示が概括的なものであるにとどまる」訴因について、「当時の証拠に基づき、できる限り日時、場所、方法等をもって傷害致死の罪となるべき事実を特定して訴因を明示したものと認められる」とします[9]。平成14年決定においては、1人の被害者の死亡は一度しか想定できないことを理由として、「特定の被害者に対する致死的暴行」の訴因という「1つの犯罪事実」に関する訴因であると判断されているのです。このように1回の犯罪事実しか想

---

8) 田口226頁以下。従来、判例の論理は、「他の犯罪事実との識別」が可能であれば、当該訴因は明示されているとするという見解（識別説）によっていると理解されてきました（中山隆夫「訴因の特定」三井誠ほか編『新刑事手続Ⅱ』〔悠々社、2002年〕185頁以下、平木正洋「判解」解説平成14年度（刑）148頁など）。もっとも、後述するように、判例は識別されればよいと考えているわけではなく、特定の犯罪構成要件をすべて満たす具体的事実が記載されているかという点も考慮しています（「識別説」もこのことは暗黙の前提としていると思われます）。また、近年では、判例は、本文のような「罪となるべき事実の摘示」という識別とは個別の要請も認めているという理解が有力化しています。この点、堀江慎司「訴因の明示・特定について」研修737号（2009年）3頁以下、川出敏裕「訴因の構造と機能」曹時66巻1号（2014年）1頁以下など。さらに、共謀共同正犯における「共謀」の訴因の記載について、識別説の問題点を指摘するものとして、後藤昭「訴因の記載方法からみた共謀共同正犯論」浅田和茂ほか編『村井敏邦先生古稀祝賀記念論文集 人権の刑事法学』（日本評論社、2011年）453頁以下など。

9) 同判例については、平木・前掲注8）141頁以下、中川孝博「判批」法セミ579号（2003年）110頁、井上和治「判批」ジュリ1299号（2005年）175頁以下など。氏名などの被害者特定事項（290条の2）と「罪となるべき事実」との関係について、酒巻匡「被害者氏名の秘匿と罪となるべき事実の特定」岩瀬徹ほか編『刑事法・医事法の新たな展開（下巻）』（信山社、2014年）449頁以下など。

定できない犯罪類型については、「特定の犯罪構成要件をすべて満たす具体的事実」（罪となるべき事実）の記載に加えて、客体などを一定程度具体化すれば、256条3項の要請を満たす「1つの犯罪事実」に対する訴因（識別機能を果たす訴因）と評価されることになります[10]。

これに対し、多くの犯罪類型は同一構成要件に当たる犯罪事実を複数行うことが可能なものです（窃盗、傷害、薬物使用など）。この場合、「日時、場所及び方法」といった事実を加えることによって、「1つの犯罪事実」に対する訴因といえる程度に特定することが必要です[11]。たとえば、昭和37年判決は何度も繰り返すことが可能な密出国事件に関するものでした。そのため、「日時、場所及び方法」などを一定程度記載することによって「どの密出国事件を訴追する訴因なのか」を特定する必要が生じます。昭和37年判決の事案では、奥野健一裁判官の補足意見が「本件公訴事実は、本件起訴状の記載と検察官の冒頭陳述による釈明とを綜合考察するときは、被告人が昭和33年7月8日中国から白山丸に乗船し同月13日に本邦に帰国した事実に対応する出国の事実、すなわち右帰国に最も接着、直結する日時における出国の事実を起訴したものと解すべきである。然らば、右帰国に対応する出国の事実は理論上ただ1回あるのみであつて、2回以上あることは許されないのであるから、本件公訴事実たる出国の行為は特定されており、その日時、場所、方法について明確を欠くといえども、なお犯罪事実は特定されていると言い得べく、本件起訴を以つて、不特定の犯罪事実の起訴であつて刑訴256条に違反する不適法なものということはできない」とするように、被告人による本件密出国という犯罪が1回しか想定できず、「1つの犯罪事実」に特定された訴因と評価可能であったことが重要です。

このように判例法理によれば、256条3項の趣旨である識別機能（訴追される「1つの犯罪事実」の「特定」）を前提に、①「罪となるべき事実」（特定の犯罪構成要件をすべて満たす具体的事実）の特定・明示、②「日時、場所及び方法」などによって「罪となるべき事実」が識別可能な程度に特定されることが要求されます[12]。そして、その特定・明示は「絶対に」必要であって、

---

10) 酒巻279頁以下、川出・公訴54頁以下など。
11) 川出・前掲注8) 6頁以下、酒巻280頁以下、川出・公訴56頁以下、宇藤ほか223頁以下など。

これの欠ける訴因は256条3項に反すると評価されるのです。

7 │ 訴因の特定に関する判例法理3 ──「罪となるべき事実」以外の事実の記載 共通7

　これに対し、防御対象明示機能のみを果たす「日時、場所及び方法」などの事実の記載については、絶対に必要とはされていません。昭和37年判決は、「犯罪の種類、性質等の如何により、これを詳らかにすることができない特殊事情がある場合」（当時日本との外交関係がなかった国への出国で、その具体的顛末について確認することが極めて困難であったという「特殊事情」がある場合）には、幅のある「日時、場所及び方法」などの記載であっても、許容されるとします。

　その後の判例は昭和37年判決を引用していませんが、この論理を実質的には引き継いでいるとされます。平成14年決定は、死体が白骨化しているなど、死因などに関する証拠がほとんど存在していないという事情を前提としているものと考えられます[13]。このように解すると、判例では、犯行の具体的顛末に関する確認が困難である場合に加え、犯行の「日時、場所及び方法」を立証する証拠の収集が困難である場合も考慮されていることになるでしょう[14]。

---

12) 川出・公訴54頁以下、下津健司「訴因の特定、変更──裁判の立場から」新展開下165頁以下、宇藤ほか223頁以下、井上和治「訴因の特定」法教460号（2019年）22頁以下など。これに対し、平成26年決定が構成要件該当事実の具体性にも言及していることを踏まえて、「『罪となるべき事実』として有罪心証を抱きうる程度に、具体的な事実を訴因として記載しているか否かにも配慮しているようにも読めます」とするものとして、緑206頁。

13) 平木・前掲注8）154頁など。

14) これに対し、判例の論理を、証拠収集の困難という「特殊事情」それ自体を理由に、訴因の記載の具体性を緩和してよい趣旨と理解する立場もあり得ます。しかし、「特殊事情の存在」は、訴因の特定・明示が困難な原因・背景にすぎません。訴因の識別機能は、どのような背景・理由があろうとも、絶対的に満たされなければなりません。それゆえ、識別にとって必要な事実は、特殊事情があろうと常に具体的に記載されなければなりません。他方で、それ以外の事実については、特殊事情も考慮して、「できる限り」（256条3項）具体的に記載すればよいということになるのです。この点、酒巻278頁以下など。

では、このような事情が存在しない場合に、防御対象明示機能のみを果たす「日時、場所及び方法」などの事実を記載しない訴因は、256条3項に反するのでしょうか。どのような事情が存在しようとも、識別機能を果たしていない訴因が256条3項に反することは明らかです。他方で、防御対象明示機能のみを果たす「日時、場所及び方法」などを概括的に記載することや記載しないことが、直ちに256条3項に反するとはいえないでしょう。このように、判例法理においては、防御対象明示機能のみを果たす「日時、場所及び方法」などの具体的記載は、被告人側の防御との関係で「相対的に必要なもの」（「可能な限り」具体的に記載すべきもの）とされているといえます。判例は、上記のような事情の存在により「日時、場所及び方法」を具体的に記載できないとしても、識別機能が果たされている訴因であれば256条3項の要請を満たすと考えていると理解できます[15]。

8 訴因の特定に関する判例法理のまとめ 共通8

6および7の内容をまとめたものを、表16-1としておきます。

表16-1 訴因の機能と記載事実の内容・性質、特定・明示の程度の関係

訴因の機能	訴因記載事実	特定の程度
識別機能とその反射効果としての防御対象明示機能	「罪となるべき事実」	特定が絶対に必要
	「日時、場所及び方法」など	
（識別機能とは独立した）防御対象明示機能		記載が相対的に（可能な限り）必要

そして、これらの整理を踏まえた、訴因の特定について判例法理が採用する思考プロセスを簡単にまとめておきます。

(ア) 256条3項が求める訴因の特定・明示の程度は、256条3項の趣旨

---

[15] 判例は、「特殊事情」がないのに「日時、場所及び方法」を概括的に記載した場合は256条3項に反すると考えているものとして、田宮178頁以下、三井Ⅱ161頁以下、渕野貴生「判解」判例学習120頁以下、白取257頁以下など。

（訴因の機能）を踏まえて理解されるべきである。

（イ）訴因の機能は、「審判対象の画定機能（識別機能）」である。訴因の「防御対象明示機能」は、その反射効果にとどまる。それゆえ、訴因の特定・明示という256条3項の要請が満たされるかどうかは、「特定の構成要件該当事実をすべて満たす事実が示されているか」と「他の犯罪との識別は可能か」（「1つの犯罪事実」に対する訴因といえるか）という観点から検討がなされることになる。

（ウ）以上を踏まえると、「罪となるべき事実」と識別機能に必要な「日時、場所及び方法」などの事実を具体的に記載することは絶対に必要である。これに対し、識別に必要といえない「日時、場所及び方法」など事実の具体的記載は絶対に必要なものではなく、相対的に必要なもの（「可能な限り」具体的に記載すべきもの）である。それゆえ、識別機能が果たされている限り、「犯罪の種類、性質等の如何により、これを詳らかにすることができない特殊事情がある場合」や犯行の「日時、場所及び方法」を立証する証拠の収集が困難な場合、「日時、場所及び方法」などの概括的記載は256条3項の要請を満たしている。

　もっとも、訴因の特定に関する判例を、上記の論理ですべて説明できるかについては、さらに検討が必要です[16]。その問題となる判例が、最決昭56・4・25刑集35巻3号116頁です[17]。本件の訴因は、「被告人は、法定の除外事由がないのに、昭和54年9月26日ころから同年10月3日までの間、広島県高田郡a町内及びその周辺において、覚せい剤であるフエニルメチルアミノプロパン塩類を含有するもの若干量を自己の身体に注射又は服用して施用し、もつて覚せい剤を使用したものである。」というものでした。この訴因について、最高裁は、「本件公訴事実の記載は、日時、場所の表示にある程度の幅があり、かつ、使用量、使用方法の表示にも明確を欠くところがあるとしても、検察官において起訴当時の証拠に基づきできる限り特定したものである以上、覚せい剤使用罪の訴因の特定に欠けるところはないというべ

---

16) 緑203頁以下、酒巻282頁以下などを参照。

17) 同判例の評釈として、金築誠志「判解」解説昭和56年度（刑）103頁以下、酒巻匡「判批」刑事判例評釈集43巻302頁以下、後藤昭「判批」百選（8版）100頁以下など。

き」としました。

　この訴因について、「覚醒剤自己使用罪は、単独で隠れて行われるのが通常で、『日時、場所及び方法』などに関する証拠の収集・確保が困難だという『事情』があるから幅のある訴因でもいいではないか」という感想を抱いた人もいるでしょう。しかし、本件は訴因記載の期間中に複数回の犯罪行為が行われた可能性を否定できない点で、上記の判例と異なります。そうすると、被告人による他の犯罪行為（他の自己使用罪）と識別できていない時点で、256条3項違反で公訴棄却すべきともいえます。

　もっとも、昭和56年決定が上記訴因は256条3項に反しないとする以上、判例法理によれば、この訴因も訴因記載の期間内の「1つの犯罪事実」のみを訴追するものと解すべきことになります。実務では、次のように説明されています。第1に、被告人から検出された覚醒剤については、訴因記載事実に加え、検察官が冒頭手続などにおいて「被告人の尿から検出された覚醒剤の使用のうち、採尿に最も近い時期の使用1回を起訴する趣旨である」旨の釈明をすることによって、「1つの犯罪事実」（1つの自己使用行為）の特定を行うという説明です（最終一行為説）。第2に、訴因記載の期間における「少なくとも1回の自己使用行為を起訴する趣旨の訴因」であると理解し審理を進めるという説明です（最低一行為説）[18]。

　以上の説明については、一事不再理効や訴因変更の可否との関係で問題点も指摘されています[19]が、判例法理を前提に、覚醒剤自己使用罪について256条3項の要請を満たす「1つの犯罪事実」に対する訴因を特定しようとする点では一致します。

9 ｜ 訴因の特定に関する学説の思考プロセス　展開1

　以上の判例の論理に対し、学説では「**防御説**」も有力です。防御権説は、

---

[18] 最終一行為説として、中山・前掲注8）190頁以下など。最低一行為説として、香城敏磨『刑事訴訟法の構造』〔信山社、2005年〕283頁以下など。さらに、下津健司「訴因の特定、変更――裁判の立場から」新展開下165頁以下。

[19] 高田212頁以下、後藤昭「判批」百選（8版）101頁、酒巻284頁など。なお、高田212頁以下は、幅のある期間内に「尿中から検出された覚せい剤をただ1回だけ使用したものである」旨を必ず起訴状に明記すべきとする「ただ1回行為説」を主張します。

訴因の機能のうち、「防御対象明示機能」を重視すべきとして、被告人側の反論・反証といった防御活動が可能な程度に訴因は特定されていなければならないとする見解です。この見解は、「罪となるべき事実は現実の事実であると共に具体的な事実である。したがって日時、場所も赤（また）その要素をなすといわなければならない。方法に至ってはなおさらである。罪となるべき事実から方法を抜き去ったのでは、罪となるべき事実はまったく抽象的な事実となってしまうであろう」（振り仮名は引用者）[20]として、「日時、場所及び方法」なども「罪となるべき事実」であるとします。以上のように、防御説は、256条3項の「できる限り」を「できるだけ正確・厳格に」と解釈し、「日時、場所及び方法」なども含めて訴因は「可能な限り正確・厳格に」特定すべきとするのです[21]。この見解によれば、昭和56年決定や平成14年決定などが適法とした訴因の記載は、アリバイの主張が困難など被告人の防御活動を可能とするものとはいえず、256条3項の要請に反するとされます[22]。もっとも、この見解に対しては、防御活動を可能とする特定の程度が不明確であるなどの批判がなされています[23]。

　識別機能を重視するか、防御対象明示機能を重視するかという従来の見解の対立軸を超えて、訴因の機能として「他の犯罪事実との識別」に加え、「裁判所に合理的疑いを超えて確信を抱かせるに足る最低限の具体的事実の摘示」を挙げる見解も有力になっています[24]。この見解は、この機能について「罪となるべき事実」の記載により果たされると理解します。その解釈論上の根拠としては、公判においては、訴因における「罪となるべき事実」（256条3項）が証明されるかが審理され、その証明が「合理的疑いを超え

20）　平野・前掲書注4）104頁。
21）　防御説を主張するものとして、小田中聰樹『ゼミナール刑事訴訟法（上）』（有斐閣、1987年）133頁以下、三井Ⅱ160頁以下、白取254頁以下など。
22）　高田198頁以下。
23）　中山・前掲注8）186頁、田口226頁など。
24）　堀江・前掲注8）3頁以下、川出・前掲注8）1頁以下など。もっとも、両説には、「罪となるべき事実の摘示」という要請を、「識別機能」や「防御対象明示機能」とは別個の観点によるものとする（川出説）か、訴因の審判対象設定機能に根拠づけられるものとする（堀江説）かで、相違があります。この点、堀江慎司「訴因変更の要否について」『三井誠先生古稀祝賀論文集』〔有斐閣、2012年〕591頁注3）、古江191頁以下など。

て」なされた場合に、有罪判決における「罪となるべき事実」(335条1項)として記載される関係にあるので、両者の「罪となるべき事実」には同様の特定性・具体性が要求されることが挙げられます。

この見解は、「罪となるべき事実」について、(a) 裁判所に対して特定の構成要件に該当する事実の存在につき合理的疑いを超える心証を抱かせうる程度に具体性を持ったものであり、かつ、(b) 他の犯罪事実との識別が可能であるという2つの要件を満たす訴因は、上記の訴因の諸機能(256条3項の趣旨)を満たすとします。さらに、256条3項は、防御上の利益の保障という観点から、「可能な限り」「日時、場所及び方法」などの具体的記載を要求したものと理解されます。この見解の特徴は、その機能を踏まえて「罪となるべき事実」と「日時、場所及び方法」を区分し、256条3項の解釈に反映させている点にあります。もっとも、この見解に対しては、「起訴状の記載から訴因の事実が認定できる見込みを問うものであれば、立証や心証の問題を取り込んでいるのではないか」などの批判が示されています[25]。

訴因の特定・明示については、近年も議論がなされているところです。たとえば、アメリカ法や256条3項後段の沿革なども踏まえ、個別化されているならば、検察官が刑罰権発動の根拠となると判断し選び取った構成要件の充足、そして、それが肯定された場合には重要な量刑事実の存否について、裁判官や裁判員に心証を得させる程度の事実の記載(検察官が欲する結論の記載)で足りるという考え、訴因は立証の目標であることを踏まえ、検察官の欲する考えを裏づけるための立証の目標まで事実を記載すべきいう考えがありうるとする見解が注目されます[26]。

また、識別機能を重視する見解について、「手続が進むまで防御の準備ができなくともあきらめろと言っているに等しい」との問題を指摘し、256条3項の「できる限り」の要請について、「防御説のように将来起こるであろ

---

[25] 稗田雅洋「訴因の特定」新争点116頁以下。さらに、笹倉宏紀「『訴因の特定』に関する試論」研修830号(2017年)12頁以下は、「嫌疑の引継ぎを否定し、訴因はあくまでも検察官の主張でしかないという共通理解により整合的であろうとするなら、証明の結果としての有罪認定の可能性に着目した立論は避けるべきであろう」とします。この見解に対する批判として、堀江慎司「訴因の明示・特定について——補論」研修850号(2019年)3頁以下。

[26] 笹倉・前掲注25)3頁以下。

う防禦上の不利益に対処するのではなく、起訴状送達時点で生じうる不利益に対処するための要請」とする見解も主張されています。この見解は、「情報を出し渋ることなく、防御を迫ることになりうる全ての範囲を起訴状で告知し、防御の準備を直ちに開始できるようにしなければならない」とします。さらに、この見解は、判例法理のように「日時、場所及び方法」が場合によって識別に必要な事実となりうることについて、「何が審判対象となるかは不意打ち認定された時に初めて判明するという制度は不公正である。やはり日時・場所・方法も含めた事実全てを『罪となるべき事実』と捉え、全てを審判対象と解さなければならない」とします[27]。防御対象明示機能を前提に訴因の特定に関する論理を再構成する見解といえるでしょう。

　訴因制度は、昭和刑事訴訟法制定の際に、当事者主義の訴訟構造の柱として導入されたものです。そのこともあって、訴因制度の意義や訴因の機能は、日本における当事者主義採用の歴史的意義（特に被疑者・被告人の主体性の保障）と密接に結びつけて議論されてきた側面があります。特に、訴因の防御対象明示機能が強調されてきたことの背景には、そのような経緯もあるといえます。もっとも、被疑者・被告人の主体性保障と結びついた防御対象明示機能を、訴因によってどの程度果たすべきかについては検討の余地があるでしょう。たとえば、（現行法は採用していませんが）公判前の段階で捜査機関が保管する証拠をすべて開示する制度（事前全面証拠開示）など、防御活動に必要な情報を提供する制度が存在する場合、防御権説を採用する必要性は低くなると思われます。また、検察官の主張すべき事実である訴因の特定・明示の程度は、捜査機関が収集すべき情報の量と密接に関連します。あまりに厳格な訴因の特定・明示を求めることは、徹底した捜査活動を求めることにつながりますし、検察官に被疑者の防御活動にも資する捜査活動を徹底するよう求めることにつながります。しかし、そうすると、より綿密な取調べや捜査段階における検察官の裁判官的な地位を正当化することにもなり、当事者主義の柱である被疑者・被告人の主体性保障と矛盾する危険性も有することになり得ます。被疑者の防御活動に資する情報については、訴因として収集・明示すべき最低限の基準として位置づけるのではなく、あくまでその収集の成果の開示対象と位置づける方が当事者主義とも整合するということ

---

27)　中川 116 頁以下。

も可能です。このように訴因における防御対象明示機能を果たす事実には、上述の防御対象明示のためのものと防御に資する情報を提供するためのものがあったともいえます。そうすると、あくまで証拠開示制度などのさらなる充実が前提となりますが、判例法理や検察官が欲する結論の記載でよいとする見解などの「シンプルな訴因論」は妥当な解決策といえるかもしれません。防御に資する情報が十分であれば一定のシンプルな訴因でも防御対象は十分に示されている場合もあるでしょうし、必要な場合に被告側から訴因の変更を求めることも可能となるからです。

　本章では、訴因の意義や機能、そしてこれを踏まえた訴因の特定に関する適法性判断を検討しました。訴因制度自体が非常に抽象的な概念に関わるうえに、主張される議論としても多くの見解が存在するので、訴因は理解が難しい領域といえます（教える側としても毎回頭を抱えています。本章の長さがそれを物語っているといえます）。上述のように、学説は、当事者主義の訴訟構造との関係で、訴因制度の意義や機能にあまりに多くのものを込めてきたことも、その理由かもしれません。次章では、本章の内容を踏まえ、訴因変更の要否について扱います。

第 17 章

訴因論の思考プロセス 2
——訴因変更の要否

第 17 章の目標
①訴因変更の要否に関する判例の思考プロセスを身につける。
②訴因変更の要否に関する判例法理を活用する。
③訴因変更の要否に関する学説の思考プロセスを身につける。

1 ｜「訴因の拘束力」と訴因の変更 共通 1

　検察官は、起訴状に訴因を明示しなければなりません（256 条 3 項）。そして、刑訴法は、この訴因を設定する権限（256 条 3 項）と訴因を変更する権限（312 条 1 項）を、検察官のみに認めています。それにもかかわらず、裁判所が訴因に記載されていない事実を自ら審理・判決できることになると、実質的には裁判所も訴因設定・訴因変更権限を有していることになり、当事者である検察官のみが訴因設定・訴因変更権限を有するという現行法の構造（**当事者主義**）に反します[1]。以上のことから、訴因は、裁判所による審判の範囲を限定する効力（**訴因の拘束力**）を有すると理解されています（もっとも、後述の通り、判例は、訴因記載事実すべてに訴因の拘束力が及ぶとは考えていません）。また、検察官に訴因設定権限や訴追裁量権が認められていることの

---

1) 最大判昭 40・4・28 刑集 19 巻 3 号 270 頁、最決昭 43・11・26 刑集 22 巻 12 号 1352 頁など。さらに、平野龍一『刑事訴訟法の基礎理論』（日本評論社、1964 年）73 頁以下、松尾上 174 頁、酒巻 266 頁以下など。

帰結の一つとして、検察官が犯罪事実の**一部起訴**をすること（複数の罪が成立しうる事実のうち一部の犯罪事実のみの起訴、一罪を構成する事実のうち一部のみの起訴など）も適法とされます[2]。

さらに、検察官は、審理の状況などに応じて、「公訴事実の同一性を害しない限度において」（312条1項）、訴因の追加、撤回または変更（これらを合わせて「**訴因の変更**」といいます）を請求できます。これを裁判所が許した場合、変更後の訴因の範囲内で審理や判決がなされます。裁判所が訴因に記載されていない事実を心証として得た場合は、その旨を検察官に対し求釈明すること（規則208条1項）などにより訴因変更請求を促す対応が可能です。

では、裁判所が訴因変更手続を経ずに、訴因に記載されていない事実について審理し判決することは、すべて違法となるのでしょうか。上述の基本的な説明を踏まえると、「訴因の拘束力」が重要なキーワードとなりそうです。本章は、訴因記載事実とは異なる事実を、裁判所が判決において有罪認定した場合の適法性判断（**訴因変更の要否の問題**）について検討します。

2 │ 訴因変更の要否と「事実のズレ」 共通2

第16章で学んだように、訴因は、特定の犯罪構成要件をすべて満たす事実である「罪となるべき事実」とこれを特定するための「日時、場所及び方法」などの具体的事実を内容とします（256条3項）。訴因は、検察官が審判を請求する具体的な犯罪事実を記載したものです（**事実記載説**[3]）。そして、この事実記載説の論理を前提に、学説や判例は、訴因を変更すべきだったか否かを判断する際に、訴因記載「事実」と判決で認定された「事実」に着目すべきとする点では一致しています。

問題となるのは、どのような事実がズレていれば、訴因を変更すべきだったと判断されるかです。学説や判例は、あらゆる事実のズレが訴因変更の必

---

2) 最決昭59・1・27刑集38巻1号136頁、最大判平15・4・23刑集57巻4号467頁、最判平15・10・7刑集57巻9号1002頁など。さらに、田口守一「訴因と審判の範囲」新争点130頁以下、川出敏裕「判批」百選（10版）90頁以下など。これに対し、白取226頁など。

3) 事実記載説が登場するまでの経緯については、田宮195頁など。

要性を導くとは考えていません。訴因記載事実と少しでも異なる事実を認定する場合、常に訴因変更手続を経るべきとすると、刑事裁判は連続する訴因変更によって長期化・混乱し、被告人の防御上の利益を害することもあるからです。そこで、学説や判例は、訴因記載事実と判決で認定された事実との間に、訴因の機能から見て「重要な事実のズレ」があるかどうかを訴因変更の要否を判断基準とする思考プロセスを採用しています。では、訴因の機能から見た「重要な事実のズレ」とは、具体的にどのようなものなのでしょうか。これは訴因の機能（第16章）や拘束力と密接にかかわる問題です。

なお、訴因変更の要否の問題は、裁判所が訴因変更手続を経ることなく、訴因記載事実と異なる事実を認定した判決の当否について、被告人側が上訴理由として争うことで顕在化します。それゆえ、訴因変更の要否の問題は、「訴因変更を行う必要があったのか」（上訴審で振り返る）というかたちで問われます。また、事実認定を行う裁判所は、訴因変更の要否に関する判例法理を踏まえて訴因変更が必要と判断する場合に、その旨を検察官に対し求釈明（規則208条1項）するなどして、訴因変更請求を促します。さらに、判例法理を踏まえて、検察官が自ら訴因変更請求を行う場合もあるでしょう[4]。

3 訴因変更の要否に関する判例法理 共通3

[1] 平成13年決定とその基本的な思考プロセス

訴因変更の要否の問題について、現在の判例法理を示したのが最決平13・4・11刑集55巻3号127頁です[5]。本件では、「被告人は、Yと共謀の上、前同日（昭和63年7月24日）午後8時ころから午後9時30分ころまでの間、

---

4) 実務の状況については、細谷泰暢「訴因変更の要否」廣瀬健二編『刑事公判法演習』（立花書房、2013年）47頁以下、國井恒志「訴因変更の要否の基準——条文と学説と実務の関係を中心に」学説と実務94頁以下など。

5) 平成13年決定については、池田修「判解」解説平成13年度（刑）57頁以下、大澤裕「訴因の機能と訴因変更の要否」法教256号（2002年）28頁以下、大澤裕＝植村立郎「共同正犯の訴因と訴因変更の要否」法教324号（2007年）80頁以下、加藤克佳「訴因変更の要否と判例法理」『鈴木茂嗣先生古稀祝賀論文集（下）』（成文堂、2007年）337頁以下、井上弘通「判批」百選（8版）102頁以下、三井誠「判批」百選（9版）98頁以下、渕野貴生「判批」判例学習123頁以下、川出・公訴84頁以下など。

青森市安方2丁目所在の共済会館付近から前記（産業廃棄物）最終処分場に至るまでの間の道路に停車中の普通乗用車内において、殺意をもって、被告人が、Vの頸部を絞めつけるなどし、同所付近で窒息死させて殺害した」（括弧内は引用者）という訴因について、第一審裁判所が、「被告人は、Yと共謀の上、前同日午後8時ころから翌25日未明までの間に、青森市内又はその周辺に停車中の自動車内において、Y又は被告人あるいはその両名において、扼殺、絞殺又はこれに類する方法でVを殺害した」（下線は引用者）と認定したことが問題となりました。

　まずは、訴因記載事実と裁判所の認定事実のズレを確認しましょう。第1に、「日時」、「場所」、そして「方法」がズレています。第2に、下線部の実行行為者もズレています。本件では、このようなズレについて、訴因変更手続を経る必要があったのではないかが問題とされたのです。最高裁は、実行行為者のズレについて、次のように判示しました（下線・丸数字は引用者）。

　　訴因と認定事実とを対比すると、前記のとおり、犯行の態様と結果に実質的な差異がない上、共謀をした共犯者の範囲にも変わりはなく、そのうちのだれが実行行為者であるかという点が異なるのみである。①そもそも、殺人罪の共同正犯の訴因としては、その実行行為者がだれであるかが明示されていないからといって、それだけで直ちに訴因の記載として罪となるべき事実の特定に欠けるものとはいえないと考えられるから、訴因において実行行為者が明示された場合にそれと異なる認定をするとしても、審判対象の画定という見地からは、訴因変更が必要となるとはいえないものと解される。とはいえ、②実行行為者がだれであるかは、一般的に、被告人の防御にとって重要な事項であるから、当該訴因の成否について争いがある場合等においては、争点の明確化などのため、検察官において実行行為者を明示するのが望ましいということができ、検察官が訴因においてその実行行為者の明示をした以上、判決においてそれと実質的に異なる認定をするには、原則として、訴因変更手続を要するものと解するのが相当である。しかしながら、③実行行為者の明示は、前記のとおり訴因の記載として不可欠な事項ではないから、少なくとも、被告人の防御の具体的な状況等の審理の経過に照らし、被告人に不意打ちを与えるものではないと認め

> られ、かつ、判決で認定される事実が訴因に記載された事実と比べて被告人にとってより不利益であるとはいえない場合には、例外的に、訴因変更手続を経ることなく訴因と異なる実行行為者を認定することも違法ではないものと解すべきである。

　平成13年決定は、実行行為者に関するズレがあるにもかかわらず、「訴因変更は必要なかった」と判示しました。その論理の基本的な思考プロセスは、以下のようにまとめることができます。

---

①訴因記載事実のうち「審判対象の画定のために必要不可欠な事項」（識別の観点から「罪となるべき事実」の特定に必要不可欠な事項）について異なる事実を認定する場合は訴因変更が絶対に必要である（①部分）。
②訴因記載事実のうち①以外の事実（「一般的に防御上重要な事項」）について異なる事実を認定する場合、「原則として」訴因変更が必要である（②部分）。
③もっとも、②の場合は、「訴因の記載として不可欠の事項ではないから、少なくとも、被告人の防御の具体的な状況等の審理の経過に照らし、被告人に不意打ちを与えるものではないと認められ、かつ、判決で認定される事実が訴因に記載された事実と比べて被告人にとってより不利益であるとはいえない場合には、例外的に、訴因変更手続を経ることなく訴因と異なる実行行為者を認定することも違法ではない。」（③部分）

　これを見て第16章の内容を思い出した人もいるでしょう。平成13年決定は、訴因の機能を踏まえて訴因変更の要否について具体的な判断を行った重要な判例です。以下では、その基本的な思考プロセスを各段階①②③ごとに確認しましょう。

[2]「審判対象の画定のために必要不可欠な事項」と訴因変更の要否
　平成13年決定は、訴因記載事実と認定された事実とでズレている事実が、**「審判対象の画定のために必要不可欠な事項」**（「罪となるべき事実」とこの特定

に必要不可欠な事項）に当たる場合、訴因変更は「絶対に」必要である（訴因変更手続を経ない認定は常に違法となる）という適法性の判断基準を示しています（①部分）。

　第16章で学んだように、判例法理によれば、訴因記載事実のうち、「審判対象の画定のために必要不可欠な事項」（「罪となるべき事実」とこれを特定するために必要不可欠な事実）は、特定の構成要件に該当する具体的事実（罪となるべき事実）を示し、他の犯罪事実との「識別」を行うという機能を果たす（「1つの犯罪事実」に対する訴因であることを示す）ものです。この機能を踏まえると、「審判対象の画定のために必要不可欠な事項」と異なる事実の認定は、検察官が設定した「特定の構成要件に該当する事実」、そして「他の犯罪事実と識別された犯罪事実」（「1つの犯罪事実」に対する訴因）について、権限のない裁判所が変動させたこと（検察官が訴追意思を有しない「犯罪事実」を認定すること）を意味します。つまり、裁判所が検察官の訴因設定・変更権限、そして訴因の拘束力を侵害していることになるのです。

　以上の理由から、訴因の拘束力が及ぶ「審判対象の画定のために必要不可欠な事項」について、訴因記載事実と異なる事実を認定することは、常に訴因変更を必要とされます。そして、訴因変更手続を経ないままの事実認定は、「審判の請求を受けない事件について判決をしたこと」（378条3号）という絶対的控訴理由に当たる違法と評価されます。この控訴を受けた控訴審裁判所は、判決に影響を及ぼすことが明らかであるか否かに関わらず、直ちに原判決を破棄しなければなりません（397条1項）。

　なお、「実行行為者は誰か」は、犯罪構成要件のうち「主体」に関する問題なのだから、これを「審判対象の画定のために必要不可欠な事項」としない平成13年決定はおかしいとの疑問を持つ人もいるかもしれません。本件では、殺人の共謀共同正犯が問題となっています。その結果、被告人の共謀への関与が認められ、共謀に関与した者のいずれかにより実行行為が行われていると認定可能な場合は、共謀に関与した者のうち実行行為者が誰であっても、共謀に関与した者は「正犯」とされます。つまり、被告人について、その関与の「方法」がどうであれ、被告人によるVの殺人の共謀共同正犯（刑法199条、60条）という「1つの犯罪事実」に関する訴因であることには変わりはないのです（刑法60～62条は、刑法各則の規定する限縮的正犯概念に対し処罰範囲を拡張する規定〔構成要件の修正形式〕とされます[6]）。

267

[3]「審判対象の画定のために必要不可欠でない事項」と訴因変更の要否

次に、平成13年決定は、訴因記載事実と認定された事実でズレている部分が、「審判対象の画定のために必要不可欠でない事項」（「一般的に防御上重要な事項」）に当たる場合について、「原則として」訴因変更を要するという適法性の判断基準を示しています（②部分）。

第16章で学んだように、「罪となるべき事実」の「特定」に必要とはいえない「日時、場所及び方法」などの事実（「審判対象の画定に必要不可欠でない事項」）の明示（記載）は、訴因の識別機能との関係では必要不可欠とはいえません（記載しないことが直ちに256条3項に反するとはいえません）。とはいえ、「審判対象の画定に必要不可欠でない事項」は、防御対象の明示（争点明確化など）との関係では、適法性判断は別として相対的に必要なものです。そして、「審判対象の画定に必要不可欠でない事項」が訴因として明示された場合、その記載事実と異なる事実を認定するためには、「原則として」訴因変更手続を必要とするとされています（訴因として明示されていない場合は、訴因変更手続は必要ないということになるでしょう）。

このような論理は、あいまいな部分を含んでいるとの印象をみなさんに与えるかもしれません。以下、詳しく説明します。まず、防御対象として明示されている訴因記載事実と異なる事実を認定することの違法性についてです。このような事実の認定は、被告人にとって「不意打ち」を意味する場合があり得ます。もっとも、この「不意打ち」をイメージしにくいという人が少なからずいます。この「不意打ち」とは、「被告事件について陳述する機会」（291条4項）、意見を陳述する権利（293条2項）、証拠の証明力を争う権利（308条）などを被告人に行使させるべきであった事実について、これを行使させることなく「不意打ち」的に認定することを意味し、訴訟手続の法令違反（379条）に当たるとされます（学生のみなさんは、試験範囲として告知されたもの以外のものが出題された場合をイメージして下さい）。

もっとも、上述したように「審判対象の画定に必要不可欠でない事項」に関する訴因記載事実と異なる事実の認定は、検察官の訴因設定・変更権限やら訴因の拘束力の侵害を意味しません[7]。そして、第16章で学んだように、

---

6) 山口厚『刑法総論〔第3版〕』（有斐閣、2016年）305頁、西田典之＝橋爪隆補訂『刑法総論〔第3版〕』（弘文堂、2019年）350頁など。

「審判対象の画定に必要不可欠でない事項」の機能（防御対象明示機能）は、冒頭陳述（296条）などの他の方法でも代替可能です（公判前整理手続における「証明予定事実記載書面」の提出（316条の13）、起訴状に対する求釈明（規則208条1項）。さらに、審理の過程における釈明や冒頭陳述内容の変更による争点の顕在化措置など）[8]。とすると、「審判対象の画定に必要不可欠でない事項」が訴因に記載されたとき、代替手段により防御対象が明示されており、訴因記載事実と異なる事実についても現実に反論・反証などを行っていた場合（「被告人の防御の具体的な状況等の審理の経過に照らし、被告人に不意打ちを与えるものではない」場合）で、かつ、「判決で認定される事実が訴因に記載された事実と比べて被告人にとってより不利益であるとはいえない場合」（防御の利益が実質的に侵害されていない場合）には、「例外的に」訴因変更手続を経なくとも、訴因記載事実と異なる事実を認定することに違法性はないということが可能となるのです（③部分）。

少し長くなりましたが、判例は、「審判対象の画定に必要不可欠でない事項」に関する訴因記載事実と異なる事実の認定について、他の手段により防御対象が明示されているか、または重い量刑などの不利益はないかという観点から検討しているといえます（「不意打ち」か「不利益」のいずれかが認められれば、訴因変更は必要となります）。この不意打ちや不利益の判断は、具体的な審理状況を考慮するものです（その内容については、後述します）。

4 | 判例法理とその活用 共通4

判例は、訴因記載事実について、「審判対象の画定のために必要不可欠な事項」（「罪となるべき事実」とその特定に必要な事実）とそれ以外の「審判対象の画定に必要不可欠でない事項」に区分し、それぞれの果たす機能（識別機能と防御対象明示機能）、そして、訴因の拘束力の有無を踏まえて、訴因変

---

[7] この点、「一般的に防御上重要な事項」には、防御権保障の観点だけでなく、審判対象設定という観点も関連していることを指摘するものとして、堀江慎司「訴因変更の要否について」『三井誠先生古稀祝賀論文集』（有斐閣、2012年）600頁以下。

[8] もっとも、判例が完全に代替可能と考えているかについては、そうと言い切れないでしょう（緑261頁以下など）。

更の要否について異なる判断基準を用いるべきとしました。その思考プロセスをまとめておきます。

訴因変更の要否に関する判例の思考プロセス

①訴因の機能である「審判対象の画定」という見地を前提とすると、訴因記載事実のうち、「審判対象の画定のために必要不可欠な事項」について、認定事実との間にズレがある場合は、訴因変更が常に必要となる。なぜなら、上記事項は、検察官により設定された、特定の構成要件に該当し、他の犯罪とは識別された「1つの犯罪事実」を示すものであり、訴因変更手続を経ることなく、当該事実と異なる事実を裁判所が認定することは、検察官の訴因設定・変更権限や訴因の拘束力を害し、「審判の請求を受けない事件について判決をしたこと」(378条3号) に当たるからである。
②訴因に明示されている「審判対象の画定に必要不可欠でない事項」について訴因記載事実と異なる事実を認定する場合、「原則として」訴因変更が必要である。なぜなら、そのような認定は、被告人の防御の機会を奪う不意打ちあるいは不利益なもので、訴訟手続の法令違反 (379条) となるからである。
③しかし、②の場合でも、被告人の防御の具体的な状況等の審理の経過に照らし、被告人に不意打ちを与えるものではないと認められる場合 (他の手段で防御対象が明示されている場合) 、かつ、判決で認定される事実が訴因に記載された事実と比べて被告人にとってより不利益であるとはいえない場合 (防御の利益が実質的に侵害されていない場合) には、「例外的に」訴因変更は必要でない。

　この判例の思考プロセスを活用して、いくつかの具体的適用について検討しましょう。
　第1に、「審判対象の画定にとって必要不可欠な事項」の「ズレ」にどのようなものが具体的に含まれるかです。その「ズレ」に該当する例としては、犯罪構成要件が変動するような事実のズレ (正犯から教唆犯・幇助犯への変動などの主体に関する変動、窃盗から強盗や公然わいせつから強制わいせつなどの行為・結果の変動) や他の犯罪事実との識別にとって必要な事実のズレ (被

害者や被害品などの変動）が挙げられます。

　第2に、訴因記載事実のうち一部の事実を認定すること（縮小認定）と訴因変更の要否との関係です。通説・判例は、縮小認定について訴因変更を要しないと考えてきました。たとえば、最判昭26・6・15刑集5巻7号1277頁は、強盗の訴因について恐喝の事実を認定した事例について、「元来、訴因又は罰条の変更につき、一定の手続が要請される所以は、裁判所が勝手に、訴因又は罰条を異にした事実を認定することに因つて、被告人に不当な不意打を加え、その防禦権の行使を徒労に終らしめることを防止するに在るから、かかる虞れのない場合、例えば、強盗の起訴に対し恐喝を認定する場合の如く、裁判所がその態様及び限度において訴因たる事実よりもいわば縮少された事実を認定するについては、敢えて訴因罰条の変更手続を経る必要がないものと解するのが相当である」と判示しています。

　その他の判例としては、殺人の訴因について同意殺人の事実を認定した事例（最決昭28・9・30刑集7巻9号1868頁）、殺人未遂の訴因について傷害の事実を認定した事例（最判昭29・8・24刑集8巻8号1392頁）、強盗致死の訴因について傷害致死の事実を認定した事例（最判昭29・12・17刑集8巻13号2147頁）、そして傷害の訴因について暴行を認定した事例（最決昭30・10・19刑集9巻11号2268頁）が挙げられます。強盗（刑法236条）の成立要件の1つである被害者の反抗を抑圧するに足りる強度の暴行脅迫という訴因記載事実を認定することはできないけれども、被害者を畏怖させた行為を認定できるという場合、「罪となるべき事実」にズレ自体は存在します。しかし、検察官により黙示的・予備的に併せて主張されていた「罪となるべき事実」を認定している（訴因記載の事実と異なる事実の認定ではなく、訴因の記載通りの認定の一態様である）と評価できる場合は、検察官が設定した訴因の拘束力と「1つの犯罪事実」に対する訴追意思を害するわけではないから、訴因変更の必要は生じないとされるのです。もっとも、この「大は小を兼ねる」から訴因変更は不要という説明は、罪名の単純な比較でなされるものではなく、あくまで訴因記載事実を比較するものであることには注意が必要です。たとえば、昭和29年12月17日判決は、「本件において強盗致死罪の訴因に対し、財物奪取の点を除きその余の部分について訴因に包含されている事実を認定し、これを傷害致死罪として処断しても」訴因変更の必要はなかったとします。それゆえ、罪名の大小関係があれば、常に黙示的・予備的に併せて主張

された「罪となるべき事実」の認定となるわけではないのです。

また、「審判対象の画定に必要不可欠でない事項」についての縮小認定（訴因記載の「令和元年7月20日午後1時から午後8時頃」という犯行時刻について、「令和元年7月20日午後2時から午後5時ころ」と認定した場合など）は、防御対象は明示されているのですから、原則として訴因変更は不要です（被告人の防御の具体的な状況等の審理の経過に照らして被告人に不意打ちを与える場合は、訴因変更の必要が肯定されることになるでしょうが、この場合の縮小認定は防御活動の結果によることが多いでしょうから、例外にとどまるでしょう）[9]。

第3に、過失犯の訴因と訴因変更の要否との関係です。過失犯の訴因における「罪となるべき事実」としては、①注意義務を課す根拠となる具体的事実、②注意義務の内容（具体的に履行すべき措置）、③注意義務に違反する具体的行為（過失の態様）を記載することが必要とされています[10]。たとえば、最決昭46・6・22刑集25巻4号588頁の訴因記載事実は下記の通りですが、上記の3つの事実に整理してみましょう（下線・丸数字は引用者）。

被告人は、①自動車の運転業務に従事しているものであるが、昭和42年10月2日午後3時35分頃普通乗用自動車を運転し、A町方面からB方面に向つて進行し、千葉県安房郡c町de番地先路上に差掛つた際、前方交差点の停止信号で自車前方を同方向に向つて一時停止中のA（当34年）運転の普通乗用自動車の後方約0.75米の地点に一時停止中前車の先行車の発進するのを見て自車も発進しようとしたものであるが、②かゝる場合自動車運転者としては前車の動静に十分注意し、かつ発進に当つてはハンドル、ブレーキ等を確実に操作し、もつて事故の発生を未然に防止すべき業務上の注意義務があるのに、③前車の前の車両が発進したのを見て自車を発進させるべくアクセルとクラッチペダルを踏んだ際当時雨天で濡れた靴をよく拭かずに履いていたため足を滑らせてクラッチペダルから左足を

---

[9] 酒巻296頁以下、古江214頁、加藤克佳「演習刑事訴訟法」法教433号（2016年）150頁以下。なお、三井Ⅱ200頁。さらに、縮小認定の理論について批判的な見解として、中川133頁以下など。

[10] 石井一正「訴因変更の要否に関する最高裁判例の新基準について」判タ1385号（2013年）78頁など。

> 踏みはずした過失により自車を暴進させ未だ停止中の前車後部に自車を追突させ、因つて前記Aに全治約2週間を要する鞭打ち症、同車に同乗していたB（当44年）に全治約3週間を要する鞭打ち症の各傷害を負わせた。

　このうち、特に③が「審判対象の画定に必要不可欠な事項」である構成要件要素に該当するかが、実体刑法の過失犯論との関係で問題となります。過失の態様を構成要件要素として理解すると、訴因記載事実と異なる事実を認定する場合は、訴因変更が必要となります。これに対し、構成要件要素ではないと理解すると、「審判対象の画定に必要不可欠でない事項」のズレとして考えることになるわけです[11]。昭和46年決定は、上記の訴因について訴因を変更することなく、「交差点前で一時停止中の他車の後に進行接近する際ブレーキをかけるのを遅れた過失」を認定した事例に関するものでした（③にいう過失の態様のズレ）。昭和46年決定は、「両者は明らかに過失の態様を異にしており、このように、起訴状に訴因として明示された態様の過失を認めず、それとは別の態様の過失を認定するには、被告人に防禦の機会を与えるため訴因の変更手続を要するものといわなければならない」とします。被告人の防御の機会の観点から検討していることからすれば、判例は過失の態様を「審判対象の画定に必要不可欠でない事項」と考えているといえそうですが、その論理は明示されていません（さらに、最決平15・2・20判時1820号149頁も参照）。この論理を前提とすれば、過失の態様は故意犯における犯罪の「方法」に当たると理解されていることになります。なお、①の変動については、最決昭63・10・24刑集42巻8号1079頁が「審判対象の画定に必要不可欠でない事項」として判断していると理解できます。

　しかし、このような③に関する理解については、判例が過失を「注意義務違反」であると理解している（最判昭42・5・25刑集21巻4号584頁）ことと整合するか疑問が生じます[12]。この判例からすれば、過失の態様は過失の構成要件要素であって、過失の態様に当たる事実は「審判対象の画定にとって必要不可欠な事項」に該当するといえるからです。そうすると、特定の過失犯に関する構成要件（刑法209条の過失傷害、刑法210条の過失致死罪、刑法

---

11) この問題について、大澤＝植村・前掲注5) 94頁、川出敏裕「訴因の構造と機能」曹時66巻1号（2014年）23頁以下、古江210頁以下、緑259頁以下、川出・公訴96頁以下など。

211条1項の業務上過失致死傷罪など）そのものに変化はなくとも、過失の態様に変化があれば常に訴因変更が必要であるともいえそうです。

　このような疑問を解消するためには、過失の態様に関する事実のすべてが、常に過失犯に関する「特定の構成要件に該当する事実」であるかについて改めて考えることが必要です。なぜなら、過失の態様に関する事実が特定の構成要件に該当することを示すために必要な「最低限の事実」に常に当たるとは限らないからです。たとえば、昭和46年決定の場合、業務上過失致傷（刑法211条1項）の構成要件に該当する事実の記載としては、被告人に課せられていた業務上の注意義務である「自動車ハンドル・ブレーキ等を確実に操作し事故の発生を未然に防止すべき業務上の注意義務」（道交法70条を参照）とこれに反する具体的行為（ハンドル・ブレーキ等の操作ミス）の記載で十分ともいえます。そのうえで、客体の特定などによりA運転の普通乗用車の後部に衝突させ、AとBに傷害を負わせた業務上過失致死傷という「1つの犯罪事実」は特定されているといえるのです。このような訴因について裁判所が認定した異なる過失態様の事実は、「1つの犯罪事実」たる「同じ」業務上の注意義務に反する行為といえます。そうすると、昭和46年決定の事例は、訴因の拘束力の及ぶ「審判対象の画定にとって必要不可欠な事項」を変動させた事実認定とはいえないでしょう。これに対し、異なる注意義務（道交法28条の追い越しに関する注意義務など）とこれに違反する異なる具体的行為を認定する場合、同じ刑法211条に関する行為とはいえ、異なる「罪となるべき事実」を認定しているというべきです。

　このように過失犯の場合は、構成要件要素である注意義務自体が当該刑法各則規定以外の規定から導かれることが重要です。以上をまとめると、判例は、異なる過失の態様の認定について、注意義務の発生根拠の変動を伴わない場合は「審判対象の画定に必要不可欠でない事項」の認定の場合として処理（昭和46年決定はこれに当たります）し、注意義務の発生根拠の変動を伴

12）　なお、過失犯の処罰根拠を結果の具体的な予測可能性とする旧過失犯論からすると、客観的な注意義務の内容を記載する必要はなく、たとえば「漫然と」と記載すれば足りることになるでしょう（平野134頁の脚注1）など）。さらに、宇藤崇「過失犯の訴因における『罪となるべき事実』の記載——訴因の明示・特定をめぐる議論の一断面」曹時67巻6号（2015年）15頁以下も参照。

う場合は「審判対象の画定にとって必要不可欠な事項」の認定の場合として処理すると考えていると評価できます[13]。

第4に、「審判対象の画定に必要不可欠でない事項」の具体的内容と訴因変更の要否との関係です。その代表例としては、犯罪の日時、場所、方法、過失犯の注意義務発生の根拠となる事実（上述の①）、共謀の日時・場所、犯行の動機などが挙げられます[14]。訴因に記載されたこれらの事実のズレについては、被告人の防御の具体的な状況等の審理の経過に照らし、被告人に不意打ちかつ不利益といえない場合は、例外的に訴因変更手続を経る必要はありません。この判断は具体的な審理状況を考慮するものです。その具体的判断を学ぶためには、実際の裁判所の判断を検討することが重要です。

平成13年決定のあてはめを見ると、訴因に記載されていない事実（本件では、実行行為者はYである可能性もあること）について、(a) 公判審理における争点の内容（被告人とYとの間で被害者を殺害する旨の共謀が成立していたか、両名のうち殺害行為を行ったものが誰かということが争点となっていたこと）、(b) 証拠調べなどの内容（Yによる実行行為の可能性についても、証拠が取り調べられていたこと）、そして、(c) 防御の具体的状況（上記証拠についても、弁護人は信用性を争っていたこと）などを挙げて、「第1審判決の認定は、被告人に不意打ちを与えるものとはいえず、かつ、訴因に比べて被告人にとってより不利益なものとはいえない」としています。(a) 〜 (c) の「具体的状況」を事後的な観点から検討した結果、被告人による反論・反証はなされていた（不意打ちはなかった）とされ、かつ「実行行為者である」から「実行行為者であった可能性がある」というズレは、より重い量刑をもたらすといえないから不利益もないとされ、訴因変更は不要とされているのです。

次に、最決平24・2・29刑集66巻4号589頁[15]を検討します。本件では、現住建造物等放火事件について、その放火方法に関して、被告人が「本件ガ

---

13) 宇藤・前掲注12) 23頁以下なども参照。
14) 加藤・前掲注5) 359頁など。
15) 平成24年決定については、岩崎邦生「判解」解説平成24年度（刑）163頁以下、豊崎七絵「判批」法セミ688号（2012年）136頁以下、笹倉宏紀「判批」重判平成24年度（2013年）181頁以下、宇藤崇「判批」判例セレクト2012［Ⅱ］（2013年）38頁以下、池田公博「判批」新・判例解説Watch13号（2013年）159頁以下、川島享祐「判批」論究ジュリ14号（2015年）206頁以下、川出・公訴90頁以下など。

スコンロの点火スイッチを作動させて点火し、同ガスに引火、爆発させて火を放ち」とした訴因について、控訴審裁判所が訴因変更手続を経ることなく、被告人が「何らかの方法により」上記ガスに引火、爆発させたと認定したことが問題となりました。平成24年決定は、平成13年決定を引用したうえで、本件のような訴因と異なる犯罪の「方法」（「審判対象の画定に必要不可欠でない事項」）の認定が、例外的に訴因変更を経る必要のない場合に当たるかを検討しました。

平成24年決定は、(a) 公判審理の争点の内容（第一審・原審の争点は、ガスに引火・爆発した原因は、被告人がガスコンロの点火スイッチを作動させて点火させたことにあるか否かであったこと、さらに、それ以外の行為の可能性などについて、検察官は予備的な主張もしておらず、裁判所も求釈明や証拠調べにおける発問等はしていなかったこと）が検討されています。そのうえで、本件控訴審による事実認定について、「引火、爆発させた行為についての本件審理における攻防の範囲を越えて無限定な認定をした点において被告人に不意打ちを与えるものといわざるを得ない」としました（争点となっていない以上、(b) 証拠調べ等の内容や (c) 防御の具体的状況を検討するまでもなく、不意打ちと認定されたのでしょう）。以上から、平成24年決定は、本件控訴審判決について訴因変更手続を経ない事実認定という違法があるとしました。

もっとも、平成24年決定は、「原判決の認定が被告人に与えた防御上の不利益の程度は大きいとまではいえない」こと、原審においてさらに審理を尽くさせる必要性が高いともいえないこと、原判決の量刑も是認できることを理由として、「上記の違法をもって、いまだ原判決を破棄しなければ著しく正義に反するものとは認められない」とします。このように、判例は、「審判対象の画定に必要不可欠でない事項」に関する訴因変更の要否の問題と判決破棄による事後的な救済の要否の問題を区分して検討しているといえます。

5 | 訴因変更の要否に関する学説の論理 　展開1

[1] 具体的防御説と抽象的防御説

平成13年決定まで、判例法理は識別ではなく防御の利益を訴因変更の要否の基準としていると理解されていました。その具体的基準の設定について、当初の判例は、被告人の防御の具体的状況など訴訟の経過を踏まえて、防御

に具体的な不利益があった場合には、訴因変更が必要であったとする傾向（最判昭29・1・21刑集8巻1号71頁、最判昭29・1・28刑集8巻1号95頁など）にあるとされていました。その後、判例は、訴因記載事実と認定事実を比較して、一般的・抽象的に見て防御に不利益をもたらす可能性のある場合には、訴因変更を必要とする立場（最判昭36・6・13刑集15巻6号961頁、最大判昭40・4・28刑集19巻3号270頁など）を採用したとされています。前期の判例の立場は「**具体的防御説**」、後期の判例の立場は「**抽象的防御説**」と分類され、後者を妥当とする見解が定着していきました[16]。

　もっとも、判例の立場が明らかになる前から、訴因の防御対象明示機能を前提とした立場自体は主張されていました。たとえば、「訴因は基本的には審判の対象であり、その同一性の判断は僅かの喰い違いであるか否かによって決せられなければならないが、機能的には、被告人の防禦の便宜のためのものであるから、その僅かであるか否かの判断にあたっては、この点を考慮すべきであり、被告人の防禦に影響を与えない限り、変更を要しないと解しなければならない」（圏点ママ）とし、さらに312条4項を踏まえて刑訴法は不利益を生ずるおそれのない訴因変更も存在することを前提としているとして、「喰い違いの大小の判断の標準として、一般的に被告人の防禦に影響を与えるものであるか否か、を考慮」する見解があります[17]。この「抽象的防御説」は、現在の学説においても一定の支持を得ています[18]。

　さらに、「具体的防御説」と「抽象的防御説」を対立するものととらえず、両説の視点を活用しようとする見解も有力です（**二段階の防御説**）[19]。この見解は、訴因変更の要否を考えるうえでは防御対象明示の観点が最も重要であるとして、第1段階として、一般的・抽象的な見地から防御に支障が生じるおそれがないかを考慮すべきとします。そして、第2段階として、一般的・抽象的見地から防御に支障をもたらすおそれがない場合でも、具体的な事案・訴訟を踏まえて、具体的な防御の観点から防御に支障がある場合は訴因

---

16) 田宮198頁以下など。
17) 平野龍一『訴因と証拠』（有斐閣、1981年）113頁。近年の抽象的防御説として、高田218頁以下、田口339頁など。
18) 抽象的防御説から、訴因変更の要否について検討するものとして、上口362頁以下など。
19) 三井Ⅱ199頁、白取304頁など。

変更を必要とすべき場合があるとします（たとえば、日時が少し異なっている場合は、第1段階では訴因変更が不要でも、第2段階では、本件犯行時刻やアリバイなどとの関係で防御に支障が生じうるとします）。判例が、訴因記載事実を二分して、その機能や訴因の拘束力の有無を踏まえて、その判断基準を区別しているのに対し、二段階の防御説は訴因記載事実を区分することなく、2段階の判断で訴因変更の要否を判断する点に特徴があるといえます。

　防御説の立場からは、現在の判例法理に対して、「審判対象の画定のために必要不可欠な事項」と「審判対象の画定に必要不可欠でない事項」の具体的内容に不明確な部分があること、抽象的防御説と比較して訴因変更が必要な場面が限定され被告人の防御の利益が害されること、平成13年決定のように実行行為者の明示という防御上重要な事項のズレについて訴因変更を不要とすることは疑問で、従来の最高裁判例との整合性があるかも疑問であるなどの批判が示されています[20]。また、簡便な「訴因変更手続をとることを面倒がり、煩瑣な判断基準を用いて第一審裁判所が孤独に検討し、出した判決が不意打ちだとして控訴され、控訴審が再び煩瑣な判断基準を用いて孤独に検討するという手続過程は、裁判所と当事者のコミュニケーション不全を示す以外の何物でもない。つまり、訴因変更手続をとらないで済ませる必要性も相当性もない」（振り仮名は引用者）とし、訴因と異なる事実認定は一切許されず、異なる事実を認定をする場合はすべて訴因変更が必要とする見解も存在します[21]。

[2] 判例の展開と学説の論理

　防御説に対しては、訴因変更の要否の判断基準である「一般的・抽象的に見て、防御に不利益をもたらす可能性がある場合」が不明確であることに加え、訴因の識別機能という観点が欠けているといった批判がなされていま

---

20) 後藤昭「訴因の記載方法からみた共謀共同正犯」『村井敏邦先生古稀記念論文集　人権の刑事法学』（日本評論社、2011年）453頁以下、小林充「訴因変更の要否の基準」曹時63巻4号（2011年）7頁以下、高田昭正「訴因変更の要否」『三井誠先生古稀祝賀論文集』（有斐閣、2012年）555頁以下、木谷明「訴因変更の要否に関する平成13年判例への疑問」『福井厚先生古稀祝賀論文集　改革期の刑事法理論』（法律文化社、2013年）259頁以下など。

21) 中川132頁以下。

す[22]。また、学説においても、平成13年決定以前の段階から、「罪となるべき事実の記載」を、①審判対象を特定するために必要不可欠な部分と、②その他の部分とに分けて考え、①の変動は常に訴因変更を必要とするが、②の変動は被告人の防御にとって重要であったかどうかを判断し、重要でない場合には変更を要しないとする見解も主張されていました[23]。

　平成13年決定以降の判例法理との関係でも、判例の論理としての抽象的防御説と比べて訴因変更が必要と認められる範囲はそれほど変わらないとか、広がることはあっても狭まることにはならないとの指摘がなされています[24]。このような状況のもと、平成13年決定以降の判例法理を前提とする見解が学説上有力化しているといえます[25]。

　近年、注目されるのが、訴因明示の機能として「他の犯罪事実との識別」に加え「裁判所に合理的疑いを超えて確信を抱かせるに足る最低限の具体的事実の摘示」を提示する見解（第16章参照）から、「審判対象の画定のために必要不可欠な事項」とそうでない事項の区別を、より具体化するものが示されていることです。この見解は、以下の2つのものに分かれます。まず、上記の訴因の機能を踏まえて、「訴因に記載することが不可欠な事実」には、(a) 特定の犯罪構成要件を充足する事実、(b) その構成要件を充足することにつき裁判所に対して合理的疑いを超える心証を抱かせうる程度の具体的事実、そして、(c) 他の犯罪事実との識別を可能とする事実があるところ、「審判対象の画定のために必要不可欠な事項」に (a) (c) は常に含まれ、(b) は「一般的に防御上重要な事項」の問題として扱うべきとする見解で

---

22) 岩瀬徹「訴因変更の要否」百選（6版）88頁。さらに、訴因論との不整合を詳細に検討するものとして、堀江・前掲注7）591頁以下など。

23) 松尾上262頁。さらに、香城敏麿『刑事訴訟法の構造』（信山社、2005年）302頁以下、350頁以下。

24) 大澤＝植村・前掲注5）91頁以下、岩瀬徹「訴因変更の要否」新争点120頁以下など。

25) 松田章「訴因の特定と訴因変更の要否」慶應法学7号（2007年）109頁以下、同「訴因変更と争点顕在化措置の要否」刑ジャ8号（2007年）63頁以下、廣瀬健二『コンパクト刑事訴訟法〔第2版〕』（新世社、2017年）132頁以下など。さらに、大澤・前掲注5）28頁以下は、平成13年決定について、防御説を中心とする議論に対し、「訴因の果たすべき機能から理論的反省を迫った」とし、さらに「本決定が、審判対象の画定という見地を正面に据えたことは、訴因変更の要否について、より明確な判断枠組み構築の可能性を開いたといえる」とします。さらに、酒巻290頁以下。

す[26]。

　これに対し、「審判対象の画定のために必要不可欠な事項」には、「他の犯罪事実との識別に必要な事実」に加えて、「特定構成要件に該当することの確信を裁判所に抱かせるに足る（最低限の）具体的事実（の絞り込み）」も含まれるとする見解も主張されます[27]。この見解は、ある事実の変動が「審判対象の画定に必要不可欠な事項」の変動に当たるか否かは、一義的に決まるわけではなく、犯行の日時、場所および方法なども「確信を裁判所に抱かせるに足る（最低限の）具体的事実（の絞り込み）」に必要不可欠な場合、そして「審判対象の画定のために必要不可欠な事項」の変動に当たる場合があるとされます。他方で、これに当たらない事項については、「できる限り」「罪となるべき事実」を日時などにより特定すべき検察官の義務（256条3項）に基づき絞り込んだ結果、具体的事実を訴因として記載した場合はこれらの事実も審判対象化すると説明されます（この具体的記載の義務づけは、防御権保障の観点だけでなく、審判対象設定の観点からもなされるからです）。そして、防御上重要な影響を持ちうる相当程度の変動であっても、具体的な審理経過に鑑みて不意打ちとならず（防御権保障の観点で問題がない）、かつ認定事実の方が不利益でない場合（審判対象設定の観点で、検察官が訴因により表明した訴追意思の範囲内にある場合）、訴因変更は例外的に不要とされます。

6 ｜ 訴因変更に関する諸問題　共通5

　本章では、第16章で学んだ訴因の機能とこれと関連する記載事項を踏まえながら、訴因変更の要否の問題を検討しました。この問題についても、訴因制度に関する抽象的な概念の操作が中心となることに加え、複数の学説が示されており混乱する部分もあるでしょう。また、判例法理の理解にも難しい部分もあると思います。もっとも、訴因の機能とこれと関連づけられる訴因の記載事項、そして訴因の拘束力の有無との関係を踏まえれば、本章の内容はそれほど難解ではないことが分かると思います。

---

26) 川出・前掲注11）19頁以下など。
27) 堀江・前掲注7）585頁以下。

なお、訴因変更との関係では、いわゆる「訴因変更の可否」も複数の見解が示される重要な問題です。ここでは、検察官による訴因変更請求について裁判所が許容すべき基準である「公訴事実の同一性を害しない限度において」（321条1項）の解釈が重要となります。つまり、「公訴事実の同一性」の範囲内の訴因変更は適法であり、「公訴事実の同一性」の範囲外の訴因変更は上訴審で破棄されるのです（378条3号、397条1項）。学説と判例は、変更前の訴因と変更請求がなされている訴因の記載事実を比較して、この「公訴事実の同一性」の範囲内か否かを判断する点では一致していますが、その「公訴事実の同一性」をどのように解釈するかで対立しています。その見解はさまざまで、本書では紙幅の関係もありその内容を扱うことはできません。重要文献を挙げておきますので、312条1項の趣旨を踏まえて「公訴事実の同一性」に関する判断を行うという現在の共通の思考プロセスについて、ぜひ学んでください（なお、私見は、大澤裕「公訴事実の同一性と単一性（上）（下）」、酒巻297頁以下、松田岳士「刑事訴訟法312条1項について（1）～（3・完）」などの方向性が現時点では妥当と考えます）[28]。

---

28) 最高裁判例として、最判昭33・2・21刑集12巻2号288頁など。②の観点からの判断として、最判昭28・5・29刑集7巻5号1158頁、最判昭29・9・7刑集8巻9号1447頁など。そして、第3の観点からの判断として、最判昭29・5・14刑集8巻8号676頁、最決昭53・3・6刑集32巻2号218頁、最決昭63・10・25刑集42巻8号1100頁など。訴因変更の可否に関する重要文献として、團藤147頁以下、平野・前掲注1）101頁以下、平野135頁以下、田宮編606頁以下、田宮206頁以下、酒巻297頁以下、白取311頁以下、中川136頁以下、宇藤ほか238頁以下など。これらの議論について整理・検討するものとして、大澤裕「公訴事実の同一性と単一性（上）（下）」法教270号（2003年）56頁以下、272号85頁以下、古江221頁以下、高田235頁以下、中谷雄二郎「判批」百選（10版）104頁以下、緑264頁以下、川出・公訴103頁以下など。さらに、松田岳士「刑事訴訟法312条1項について（1）～（3・完）」阪大法学60巻2号（2010年）～63巻5号（2014年）など。

第 18 章

公判前整理手続と証拠開示

第 18 章の目標
①公判前整理手続の概要と流れ、そしてその基本思想を把握する。
②証拠開示制度の制度趣旨と課題を把握し、検討する。

1 │ 公判審理の内容と公判準備 　共通1

　公判審理の主な内容は、訴因記載事実について検察官が立証をし、これに対し被告人側が反論・反証活動を行うこと、そして、これらの活動を踏まえ、事実認定者である裁判官や裁判員が訴因記載事実の存在について「**合理的疑いを超えた証明**」がなされているかを判断し、有罪・無罪判決を下すことにあります（さらに、有罪判決の場合、量刑を判断することも含まれます）。

　この公判審理をより円滑・迅速に行うためには、被告人と検察官、そして裁判所が公判審理の前に十分に準備を行うことが重要です。この準備のための手続を「**公判準備**」といいます。現行刑訴法は公判準備の内容として、①公判を開くための前提となる手続（起訴状の送達、弁護人の選任、公判期日の指定、被告人の召喚・勾引・勾留）、②証拠収集として、公判期日で取り調べることのできない証拠の取調べ、または、公判期日で取り調べるべき証拠の収集、そして、③争点や証拠の整理（訴因の明確化・変更、証拠調べ請求や立証趣旨の明示、証拠決定など）を予定しています。そして、③については、「**事前準備**」（規則 178 条の 2 〜 178 条の 10）と「**公判前整理手続**」（316 条の 2 〜 321 条の 32）が予定されています。本章では、公判前整理手続の概要や手続の流れ、これを支える基本思想、そしてその問題点を主に扱います。

2 | 公判準備の重要性と内容 共通2

　円滑・迅速な公判審理のために準備を行う主な理由としては、現行刑訴法が採用する「**直接・口頭主義**」（裁判所自らが、公判廷で証拠や証人を直接調べて評価し、当事者の口頭弁論に基づいて裁判をするという原則）が挙げられます。公判準備のない公判審理（公判期日ごとに一定以上の期間をおき、少しずつ証拠を取り調べる審理）では、証拠に関する記憶や印象が薄れる結果、裁判官は法廷で聴いた供述よりも調書や公判記録といった書面の内容を重視することになってしまい、法廷外の密室（裁判官室や裁判官の自宅）で書面を読むことで心証形成が行われることになってしまいます。有罪・無罪の判断や量刑の判断は、公判審理においてのみ行われるべきとされます（**公判中心主義**）。この公判審理における訴訟関係人の活動、特に口頭による陳述を重視するためには、公判審理でなされた口頭による陳述・供述から裁判官が心証を形成することが求められるのです。以上のように、公判準備の必要性は、公判審理に関する原則である直接・口頭主義の徹底から根拠づけられます。これに加えて、**裁判員裁判**の場合は、国民の司法参加を実効的なものとし、「わかりやすい裁判」、そして裁判員の負担軽減を実現するためにも、十分な公判準備を経た計画的かつ充実した公判審理が必要とされています[1]。

　十分に公判準備を行うためには、争点や証拠の整理が非常に重要となります。**争点**とは、検察官と被告人側との間で主張が一致しない点（当事者間で対立している点）のうち、判決の結論に影響を及ぼす重要な対立点です。刑事裁判においては検察官の主張する訴因記載事実が証明されるかが重要となりますので、検察官の主張する訴因に記載されている犯罪事実の存否、当該犯罪事実の犯人が被告人であること（犯人性）、そして、量刑にとって重要な事実について当事者間で争いのある部分が主に争点とされます[2]。以下では、具体的な訴因を例に考えましょう。

　被告人は、令和元年7月20日午後3時ころ、京都市伏見区深草塚本町所

---

1) 司法制度改革審議会「司法制度改革審議会意見書」107頁以下など。
2) 山崎学『公判前整理手続の実務』（弘文堂、2017年）54頁以下など。

> 在の龍谷大学所在の斎藤司研究室において、斎藤司（当時41歳）に対し、殺意をもって、その頸部をベルトで強く締め付け、よって、同所において、同人を頸部圧迫による窒息により死亡させて殺害したものである。

　捜査段階では訴因記載の殺害態様を自白していた被告人が、起訴後、否認に転じた場合で、死因に関する鑑定に不審な部分（ベルトで絞めた痕跡とは断定できないなど）がある場合は、犯人性との関係で「本件の殺害態様は訴因記載事実の通りか」という争点が成立し得ます。また、被告人が被害者を殺害したことは事実だが正当防衛（刑法36条）であったと主張している場合は正当防衛の成否が、殺意を否定している場合には殺意の有無が争点となり得ます。さらに、被告人に対する量刑判断も争点となり得ます。

　特に被告人・弁護人が争点を設定するためには、訴因記載事実の内容だけでなく、捜査機関が収集した証拠の状況やその内容、さらには検察官が保管する証拠を把握することが重要です。訴因記載事実との関係で疑問のある証拠が他に存在するかなどを知ったうえで検討しなければ、争点の設定は困難だからです。対立当事者の把握している証拠を事前に知っておくこと（**証拠開示**）は、争点整理を含めた公判準備の重要な柱といえます。

　争点を設定すると、重要なポイントに絞った充実した公判審理が可能となります。その結果、争点を中心として、どのような証拠をどのような順序で調べるべきかを決定することも可能となり、計画的で迅速な、そして充実した公判審理が可能となるのです。

3 ｜ 公判前整理手続の目的と内容　共通3

　2004年刑訴法改正によって新設された公判前整理手続（2016年刑訴法改正により一部改正）は、「充実した公判の審理を継続的、計画的かつ迅速に行う」ことを目的とするものです（316条の2、316条の3）。

　裁判員裁判対象事件は、公判前整理手続に付さなければなりません（裁判員法49条）。それ以外の事件でも、裁判所が「充実した公判の審理を継続的、計画的かつ迅速に行うため必要があると認めるときは」、「検察官、被告人若しくは弁護人の請求により又は職権で」[3]、決定により事件を公判前整理手続

に付すことができます（316条の2第1項）。

　公判前整理手続を主宰するのは、当該事件の審理を担当する受訴裁判所です（316条の2）。さらに、検察官・弁護人の出席も必要です（316条の7）。弁護人の出席が必要的とされるのは、公判前整理手続における争点や証拠の整理のためには、法律の専門的知識が必要不可欠だからです（316条の4、316条の8。さらに、316条の29により、同手続を経た場合、その後の公判審理にも弁護人の関与が必要的とされます）。なお、被告人の出席は必要的ではありません（316条の9）。公判前整理手続の内容は、以下のように整理できます（316条の5）。

事件の争点の整理	①訴因または罰条の明確化（1号） ②訴因または罰条の追加、撤回または変更（2号） ③公判期日における予定主張を明らかにさせ、事件の争点を整理すること（3号）
証拠の整理	①証拠調べの請求をさせること（4号） ②①の証拠について、その立証趣旨、尋問事項等を明らかにさせること（5号） ③証拠調べの請求に関する意見（326条の同意をするかどうかの意見を含む）を確かめること（6号） ④証拠調べをする決定または証拠調べの請求を却下する決定をすること（7号） ⑤証拠調べをする決定をした証拠について、その取調べの順序および方法を定めること（8号） ⑥証拠調べに関する異議申立てに対して決定をすること（9号）
証拠開示	①証拠開示に関する裁定をすること（10号）
審理計画の策定	①被害者の参加の申出に対する決定または当該決定を取り消す決定（316条の33第1項）をすること（11号） ②公判期日の指定、変更その他公判手続の進行上必要な事項を定めること（12号）

3）2016年改正前は、当事者に公判前整理手続の請求権は認められていませんでした。なお、2016年改正の趣旨は、公判前整理手続における証拠開示制度などを利用できないまま公判審理が行われない事態を避けることにあります。もっとも、この請求の却下決定に対して不服申立てが認められないので、「弱い」請求権といえます。

4 | 公判前整理手続と証拠開示　共通4

[1] 公判前整理手続の開始

　事件が公判前整理手続に付された場合、まず、検察官が「**証明予定事実**」を記載した書面を提出しなければなりません（316条の13第1項）。証明予定事実を記載した書面には、公判期日において、訴因記載事実（犯罪構成要件該当事実や犯人性）や量刑に重要な事実について、事件の争点および証拠の整理に必要な事項を具体的かつ簡潔に明示しなければなりません（規則217条の19第1項）[4]。上記訴因を例に考えてみると、下記のような証明予定事実を記載することがあり得ます[5]。

	証拠関係
第1　本件犯行の状況及び本件犯人像 1　本件犯行の状況 　被害者である斎藤司は、令和元年7月20日午後8時ころ、京都市伏見区深草塚本町所在の龍谷大学所在の斎藤司研究室において、死体で発見された。鑑定の結果、その死因は、頸部に巻き付けられていたベルトで締め付けられたことによる、頸部圧迫による窒息死とされ、その死亡時刻は同日午後3時頃とされている。 　本件凶器であるベルトは、斎藤司所有のものではない。 　死体発見当時、上記研究室には鍵がかかっていた。その部屋のドアの鍵は、上記斎藤司研究室近くにある男性用トイレのゴミ箱から発見されている。 2　本件犯人像 　本件凶器であるベルトの所有者が犯人である可能性がある。 　また、斎藤司研究室のドアの鍵を、上記ゴミ箱に捨てた者が犯人である可能性が高いところ、Wが目撃した男性は、本件犯行推定時刻に、上記トイレから走り去っていることからすると、本件犯人の可能性が	甲1、2、8、9 甲7 甲11、12、13

---

4) なお、検察官が請求する証拠のうち、被告人が警察官や検察官に話した内容をまとめた供述調書や被告人の戸籍、前科前歴に関する書類を「乙号証」、それ以外の証拠を「甲号証」といいます。

5) 証明予定事実記載書面を含めた書面の記載に関する実務の考え方や記載例としては、司法研修所刑事裁判教官室『プラクティス刑事裁判』（法曹会、2019年）11頁以下、同『プロシーディングス刑事裁判』（法曹会、2019年）24頁以下、司法研修所編『裁判員裁判において公判準備に困難を来した事件に関する実証的研究』（法曹会、2018年）48頁以下、88頁以下など。さらに、実務の状況について、岡慎一＝神山啓史『刑事弁護の基礎知識〔第2版〕』（有斐閣、2018年）111頁以下、山崎・前掲注2）62頁以下、清野憲一「公判前整理手続の在り方」髙嶋智光編『新時代における刑事実務』（立花書房、2017年）211頁以下、齊藤啓昭「争点整理・求釈明及び審理計画策定の在り方」同上225頁以下など。

高い。	
第2　被告人の犯人性 1　被告人は、本件犯行を否認しているが、以下に記載した間接事実2ないし5により、被告人が本件犯行の犯人であると認められる。	
2　本件凶器であるベルトの所有者が犯人である可能性が高いところ、上記ベルトの所有者は被告人であること	乙3、甲6
3　斎藤司研究室近くの男子用トイレのゴミ箱から発見された同研究室ドアの鍵に付着している指紋が、被告人の指紋と一致していること	甲10、14
4　犯行直後、斎藤司研究室近くにある男子用トイレから走って出てくるのを目撃されていること	
Wは、目撃した男性が被告人であると述べている。	甲15、16
5　被告人には動機があること	
被告人は、約10年、同じ大学の同僚であった斎藤司と、たびたび教育・研究方針で衝突するなど、不快感を募らせ憤りを抱えていた。	甲17、18、乙4
事件の1ヶ月ほど前、被告人は、自身が好意を抱いている女性が、斎藤司と結婚することを知り、友人・知人と酒を飲むたびに、「斎藤なんかこの世からいなくなればいい。殺してやる！」と述べていた。	甲19、20、乙5
事件前日、被告人と斎藤司とが大学内において、激しく口論・けんかをし、被告人が「マジでぶっ殺す！」と斎藤に叫んでいた。	甲21、22、乙6
第3　その他 　以上の事実のほか、被告人の身上経歴、被害者遺族の処罰感情などについても証明する予定である。	甲23、乙1、2
以上	

[2] 検察官による主張と類型証拠開示

　検察官は、証明予定事実を証明するために用いる証拠の取調べを請求し（316条の13第2項）、これらの証拠を速やかに被告人側に開示します。当該開示後、被告人側から請求があったときは、検察官が、速やかに「**検察官が保管する証拠の一覧表**」（2016年改正により新設）を被告人側に交付しなければなりません（316条の14第2項）。

　一覧表制度は被告人側が開示請求をするに当たっての「手がかり」を与え、証拠開示請求を円滑かつ迅速にするためのものです。検察官保管証拠のすべてを明らかにするもの（全面証拠開示）ではないので、証拠物については「品目及び数量」、供述録取書や証拠書類については「標目、作成の年月日及び作成者の氏名（証拠書類については供述者）」を記載するにとどめられ（316条の14第3項）、その内容や要旨などの具体的情報は記載されません[6]。

　証明予定事実および同事実を証明するための証拠が開示されたのちに、検

察官が請求しない証拠に関する2段階の開示が行われます。公判前整理手続の証拠開示制度の重要な内容ですので、この開示について詳細に説明します。

第1段階の開示が、いわゆる「**類型証拠開示**」です（316条の15）。類型証拠開示の趣旨は、検察官の主張および立証の全体像が明らかにされたところで、これに対する被告人側の防御方針の策定を可能とするため、検察官の主張を裏づける証拠が疑わしい可能性があることを示す証拠など（検察官請求証拠と齟齬・矛盾・両立しない証拠など）を開示することにあります。被告人側による防御活動（反論・反証）の主目的は、検察官の主張する訴因記載事実や量刑にとって重要な事実について、「合理的疑い」が存在することを提示することにあります。類型証拠開示は、この意味での防御活動のために類型的に重要かつ必要な証拠を開示するものといえます[7]。

類型証拠開示は、①316条の15第1項第1号〜9号の「証拠の類型のいずれかに該当し」、かつ、②「特定の検察官請求証拠の証明力を判断するために重要であると認められるものについて」、被告人または弁護人から開示請求があった場合において、検察官が、③「その重要性の程度その他の被告人の防御の準備のために当該開示をすることの必要性の程度並びに当該開示によつて生じるおそれのある弊害の内容及び程度を考慮し、相当と認めるときは」、速やかに開示しなければならないとされます。なお、①については、2016年改正により、8号類型が改正（一定の範囲の共犯者の取調べ状況等報告書）、9号類型が追加されています（押収手続記録書面。さらに同条2項も参照）。これら①②③の要件は、上記の類型証拠開示制度の趣旨に基づき設定されたものです。

---

6) 2016年の証拠開示に関する改正については、斎藤司「刑訴法改正と証拠開示」法時88巻1号（2016年）33頁以下、酒巻匡「刑事訴訟法の改正──新時代の刑事司法制度（その2）」法教434号（2016年）74頁以下、川﨑英明ほか編『2016年改正刑事訴訟法・通信傍受法 条文解析』（日本評論社、2017年）162頁以下〔田淵浩二〕など。さらに、山本了宣「証拠の一覧表の現状を改善するための三つの提言──『標目』の解釈論とデータベース的運用の可能性を踏まえて」判時2346号（2017年）4頁以下。

7) 酒巻匡「証拠開示制度の構造と機能」酒巻匡編『刑事証拠開示の理論と実務』（判例タイムズ社、2009年）26頁以下、法制審議会・新時代の刑事司法制度特別部会（以下、「特別部会」）における酒巻匡委員の発言（第11回議事録42頁以下）など。また、川﨑英明ほか編『刑事司法改革とは何か』（現代人文社、2014年）71頁以下なども参照。

上記の証明予定事実を踏まえて考えましょう。たとえば、「第2　被告人の犯人性」を証明するための間接事実4「犯行直後、斎藤司研究室近くにある男子用トイレから走って出てくるのを目撃されていること」を証明するために、Wの供述録取書が証拠調べ請求され、当該調書がすでに開示されているとしましょう（316条の14第1項第2号）。このWの供述録取書という「特定の検察官請求証拠」の「証明力を判断するため」には、Wの供述を録取した他の書面や他の目撃者（W1）の調書などを検討することが「重要」です。当初のWの供述が「自分が見た男性は見覚えのない顔だった」とか、他の目撃者W1が被告人とは異なる人物を見たと供述している可能性（証拠調べ請求されたW供述やこれにより証明されうる事実と齟齬、矛盾し、あるいは両立しない可能性）があるからです。このとき、Wの他の供述調書は316条の15第1項第5号ロの類型に、W1の供述録取書は同6号の類型に該当します。また、「第1　本件犯行の状況及び本件犯人像」の間接事実2「本件犯人像」との関係で、斎藤司研究室のドアの鍵が複数存在する場合は、このトイレから発見された鍵の意味は変化しうることになります。そうすると、当該研究室の他の鍵が存在するかどうかについて、1号類型や9号類型として開示請求されることになるでしょう。さらに、死因に関する鑑定が他に存在する場合、検察官請求の鑑定と齟齬・矛盾・両立しない可能性があるので、4号類型として開示請求されることになります。

　以上の場合、要件①②は満たされ、上記③の要件により開示を否定する理由（重要性や必要性の程度を、証人威迫などの弊害の程度の方が上回っている）がない限り、検察官は開示義務を負います。なお、開示された証拠が直ちに証拠として請求されるわけではありませんので、①②③の開示要件該当性判断にとって証拠能力の有無や証明力・信用性は無関係です[8]。

　被告人側が類型証拠開示を請求する際には、いくつかの事項を示す必要があります。第1に、316条の15第1項各号の類型と開示請求にかかる証拠を識別するに足りる事項です（316条の15第3項第1号イ）。上記の例でいえば、「Wの供述録取書等」、「W1の供述録取書等」、「被害者の死因に関する他の鑑定書」といった記載例が考えられます。290条の3第1項柱書の定義によれば、この識別事項の記載によって、「供述書、供述録取書、録音・録

---

[8]　酒巻・前掲注7）19頁など。

画記録媒体」について開示請求がなされたことになります。第2に、「事案の内容、特定の検察官請求証拠に対応する証明予定事実、開示の請求に係る証拠と当該検察官請求証拠との関係その他の事情に照らし、当該開示の請求に係る証拠が当該検察官請求証拠の証明力を判断するために重要であることその他の被告人の防御の準備のために当該開示が必要である理由」（316条の第3項第1号ロ）の記載です。上記の例でいえば、「検察官は、甲15、16号証によって、Wが目撃した男性が被告人であることなどを証明しようとする。その証明力の判断のために、Wの他の供述録取書等（W1の供述録取書等）の内容を検討する必要がある」といった理由の記載が考えられます[9]。

　実務においては、検察官は、起訴の一定期間後に証明予定事実記載書を提出し、請求証拠の開示（316条の14）とともに、「任意開示」を行っています。たとえば、類型証拠開示請求が想定され、請求されれば開示する証拠については、検察官が当該類型証拠開示請求前に任意開示をすることがあるとされます。また、316条の15第1項各号の類型に該当しないと検察官が判断しても、開示の必要性があり開示に伴う弊害がないと認めるものも任意開示されることがあるとされます[10]。

[3] 被告人側の予定主張の明示と主張関連証拠開示

　類型証拠開示を経ることで、被告人側は、検察官の具体的な主張とこれを支える証拠に加えて、これらの主張と証拠が疑わしい可能性があることを示す証拠などを得ることができます。つまり、検察官の主張や請求証拠に対して、反論や反証を行う準備が相当程度整うことになるのです。上記の理由から刑訴法は、類型証拠開示ののちに、被告人側に対して検察官請求証拠について326条の同意をするかどうかなどの証拠意見（316条の16）のほか、証明予定事実や事実上および法律上の主張（**予定主張**）があるときは、これを検察官および裁判所への明示を求めています（316条の17）。そして、被告人

---

[9] 脚注5）の諸文献に加え、大阪弁護側立証研究会編『実践！弁護側立証』（成文堂、2017年）137頁以下の例示・説明も参考になります。

[10] 酒巻匡ほか「座談会・裁判員裁判の現状と課題」論ジュリ2号（2012年）11頁〔栃木力発言〕、吉村典晃ほか「座談会・裁判員裁判の課題と展望——『裁判員裁判実施状況の検証報告書』を素材として」刑ジャ36号（2013年）12頁〔小川新二発言〕、遠藤邦彦ほか「共同研究・刑事証拠開示のあり方」判タ1387号（2013年）53頁〔遠藤邦彦〕など。

側の証明予定事実については、これを証明するための証拠の取調べを請求し（316条の17第2項）、当該証拠を検察官に開示すべきとします（316条の18）。

上記の証明予定事実例でいえば、「被告人は、公訴事実記載の行為を一切していない」との証明予定事実を示して、事実上の主張として「Wが目撃したのは被告人ではなかったこと」とすることとか、「公訴事実記載の行為及び結果については争わない。しかし、被告人の行為は正当防衛である。」などの証明予定事実を示し、事実上および法律上の主張として、本件行為や結果に関する正当防衛に当たる客観的状況を示して、「上記の行為は被害者の急迫不正の侵害に対し、自らの権利を防衛するため、やむを得ずにした行為であり、正当防衛が成立するものである」とすることが考えられます[11]。

316条の20は、検察官が請求しない証拠の第2段階の開示として、被告人側が明示した主張に関連する証拠の開示を認めています（**主張関連証拠開示**）。この主張関連証拠開示制度の趣旨は、証人威迫や検察官の（再）反論を不可能にする虚偽主張のねつ造などといった具体的弊害を回避しつつ、被告人側が明示した主張や争点に関連する証拠を開示することによって、被告人側の積極的な防御の準備（アリバイ主張など）やさらなる争点整理などを可能とすることにあります[12]。被告人側の防御活動は、検察官の主張する訴因記載事実や量刑にとって重要な事実に対する「合理的疑い」の提示（受動的な防御活動）だけでなく、アリバイ主張などの無罪判決につながりうる事実の提示など（積極的な防御活動）も内容とします。主張関連証拠開示は、この積極的な防御活動に重要かつ必要な証拠を開示するものといえます。

上記の趣旨に基づき、316条の20第1項は、①被告人側が示した「主張に関連すると認められるものについて」、被告人側から開示請求があった場合、②「その関連性の程度その他の被告人の防御の準備のために当該開示をすることの必要性の程度並びに当該開示によって生じるおそれのある弊害の内容及び程度を考慮し、相当と認めるとき」との要件を満たすとき、検察官

---

11) 被告人側の予定主張の記載例としては、坂根真也＝菅野亮「予定主張明示のケース・スタディ」刑弁78号（2014年）31頁以下、司法研修所編・前掲注5）54頁以下、94頁以下、岡＝神山・前掲注5）111頁以下など。

12) 酒巻・前掲注7）17頁、特別部会における酒巻匡委員の発言（第11回議事録42頁以下）など。

は開示義務を負うとします。

　要件①にいう被告人側主張との「**関連性**」の有無および程度については、(a) 開示請求証拠により被告人側が主張した事実が導かれる可能性があること、(b) 証拠から導かれる事実から被告人側が主張した事実が導き出される可能性があること、そして、(c) 被告人側の予定主張が認定されると、検察官の提示する証拠からの認定を妨げる可能性があることといった観点を踏まえて検討すべきとされます[13]。判例も、明示された主張と「一定の関連性」があれば、開示対象となりうるとしていると理解できます（最決平20・9・30刑集62巻8号2753頁。さらに高知地決平21・10・15裁判所ウェブサイトなど）。判例では、自白調書の任意性（319条1項）を争い、警察官による自白強要の威嚇的取調べや利益提示による自白の誘因などが存在した旨の予定主張について、被告人の取調べを担当した警察官作成のメモ（最決平19・12・25刑集61巻9号895頁）、証人の検察官調書あるいはその予定証言の信用性を争う旨の主張について、当該証人の取調べを担当した警察官が作成したメモ（上記平成20年決定）、警察官が被告人の身体を違法に拘束した旨の予定主張について、警察官による当該事件の被告人の保護状況や採尿状況を当該警察官が記載したメモ（最決平20・6・25刑集62巻6号1886頁）について関連性を認めています。上記の証明予定事実例を考えると、「被告人は、本件当時、イタリアンレストラン『T』で食事をしていた」とのアリバイ主張を明示した場合、上記 (a) ～ (c) の観点を踏まえ、このレストランの従業員の供述調書やレシートなどの開示を請求することが可能となります。

　なお、主張関連証拠開示の開示対象については類型による限定はありません。さらに、重要なのが、最高裁の一連の判例（上記の最決19・12・25、最決平20・6・25、最決平20・9・30）により、検察官が保管していない証拠（警察官が取調べを含む捜査の過程で作成し、その過程などが記載されたメモで、警察で保管されているものなど）も、主張関連証拠開示の対象となりうるとされたことです。そして、その判断の基準は、「本件犯行の捜査の過程で作成され、公務員が職務上現に保管し、かつ、検察官において入手が容易なもの」（最決平20・9・30）とされます。争点整理と証拠調べを有効かつ効率的

---

[13] 後藤眞里子「主張関連証拠開示における主張と証拠の関連性の有無及び程度」酒巻編・前掲書注7）271頁以下。

に行うという公判前整理手続における証拠開示制度の趣旨からすると、その開示対象は検察官保管証拠に限定される必然性はないこと、上記の要素を備えた書面等（捜査に関する事実が記載されたもの）は「公的な性質」[14]を有していると評価すべきことが、検察官が保管しているか否かに関わらず証拠開示の対象となることの根拠とされたのでしょう[15]。

[4] 証拠開示に関する裁定

公判前整理手続における証拠開示について両当事者間の争いが生じた場合は、開示方法などの指定、証拠開示命令、証拠の提示といった裁判所による裁定が可能です（316条の25〜316条の27）。

[5] 証拠開示と争点整理

上記の手続などを経て（手続を繰り返すこともあり得ます）、争点や証拠の整理、審理計画の策定が行われます。これらの結果は、公判期日の被告人側による冒頭陳述後、裁判所により、公判前整理手続調書の朗読または要旨の告知によって明らかにされます（316条の31第1項、規則217条の29第1項）。

争点や証拠をどこまで具体化し絞り込むのかについては、明確な基準が存在せず難しい問題です。両当事者の主張に、受訴裁判所が求釈明などを用いて「過度に」介入し主張や証拠を絞り込むことは、受訴裁判所が両当事者の主張や証拠の内容に相当程度に触れることを伴いますし、一定以上の有罪・無罪の見込み等を公判審理前に行うことにもつながりかねません。そして、両当事者の主導的立場と抵触する危険も伴うことからすれば、受訴裁判所に

---

14) 判例による記述は、公文書等の管理に関する法律2条4項や行政機関の保有する情報の公開に関する法律2条2項の「公文書」の定義と似ており、これらの規定を参考に開示が必要な「公的な性質」を有する書面等の基準を導いたとも考えられます。もっとも、53条の2が、これらの法律の適用を除外していることからすれば、これらは参考材料にとどめられていると理解できます。

15) これらの判例については、後藤「判批」重判平成20年度1376号（2009年）211頁以下、角田正紀「取調べメモ等の証拠開示命令請求に関する最高裁決定をめぐって」酒巻・前掲書注7）317頁以下、川出敏裕「公判前整理手続における証拠開示の動向」刑ジャ21号（2010年）40頁以下、斎藤司「判批」判例学習147頁以下、前田巌「判批」百選（10版）124頁など。

よる過度の介入は、**予断排除原則**（256条6項、規則178条の10第1項但書）や公判中心主義だけでなく、**当事者主義**の観点からも問題です。最判平21・10・16刑集63巻8号937頁も、当事者主義を根拠として、「当事者が争点とし、あるいは主張、立証しようとする内容を踏まえて、事案の真相の解明に必要な立証が的確になされるようにする必要がある」とし、当事者が争点化していない事柄についても証拠の取調べを求めるなどの措置を行う義務が、第1審裁判所にあるとまではいえないとしています（その結果、第1審裁判所の証拠採否裁量に控訴審裁判所が介入することにつき、慎重さを求めています）[16]。

公判前整理手続を経た公判審理においては、「やむを得ない事由によって」公判前整理手続において請求することができなかったものを除き、当該公判前整理手続が終わった後に、証拠調べ請求をすることはできません（316条の32第1項）。もっとも、この場合でも、裁判所が必要と認めるときは、職権による証拠調べが可能です（316条の32第2項）[17]。

5 公判前整理手続の諸問題 共通5

公判前整理手続をめぐっては、検察官や裁判所の対応の適法性が問題となるポイントが複数存在します。第1に、被告人が、公判前整理手続で明示されていなかった主張を公判審理で明示しようとする場合、これを裁判所が制限することの適法性です。316条の32第1項は、新たな証拠調べ請求を制限しているにとどまり、証拠調べ請求を伴わない新たな主張（たとえば、被告人質問を通じた被告人の供述による立証）を明文で禁止していません。この

---

[16] この問題について、田口守一『刑事訴訟の目的〔増補版〕』（成文堂、2010年）383頁以下、笹倉宏紀「当事者主義と争点整理に関する覚書」研修789号（2014年）3頁以下、川出敏裕「公判前整理手続の在り方について」研修831号（2017年）3頁以下、緑231頁以下、司法研修所編・前掲注5）、「特集 否認事件における公判前整理手続のあり方」刑弁99号（2019年）8頁以下なども参照。

[17] 公判前整理手続後における証拠調べ請求に関する裁判例として、名古屋高金沢支判平成20・6・5判タ1275号342頁。同判決については、斎藤司「判批」判例学習153頁以下、安藤章「判批」百選（10版）134頁以下。さらに、小倉哲浩「弾劾証拠」実例Ⅲ80頁以下、山崎・前掲注2）339頁以下、岡田悦典「公判前整理手続の手続的地位と証拠請求制限・主張制限──刑訴法316条の32の解釈をめぐって」南山法学41巻1号（2017年）83頁以下、川出・公訴177頁以下など。

問題については、最決平27・5・25刑集69巻4号636頁があります。本件は、当たり屋行為による詐欺事件に対する公判前整理手続において、「本件公訴事実記載の日時において、大阪市西成区の自宅ないしその付近にいた」旨のアリバイ主張を明示していたところ、その後の公判審理における被告人質問で、被告人が「その日時には、自宅でテレビを見ていた。知人夫婦と会う約束があったことから、午後4時30分頃西成の同知人方に行った」旨の供述をし、その内容をさらに具体化しようとしたところ、検察官が異議を申し立て、裁判所が295条1項により、これを制限したというものです。

平成27年決定は、公判前整理手続の趣旨や316条の17から、「……公判前整理手続終了後の新たな主張を制限する規定はなく、公判期日で新たな主張に沿った被告人の供述を当然に制限できるとは解し得ない」としたうえで、①「公判前整理手続における被告人又は弁護人の予定主張の明示状況（裁判所の求釈明に対する釈明の状況を含む。）、新たな主張がされるに至った経緯、新たな主張の内容等の諸般の事情を総合的に考慮し、(316条の17にいう―引用者) 主張明示義務に違反したものと認められ」、「かつ」、②「公判前整理手続で明示されなかった主張に関して被告人の供述を求める行為（質問）やこれに応じた被告人の供述を許すことが、公判前整理手続を行った意味を失わせるものと認められる場合（例えば、公判前整理手続において、裁判所の求釈明にもかかわらず、「アリバイの主張をする予定である。具体的内容は被告人質問において明らかにする。」という限度でしか主張を明示しなかったような場合）には、③新たな主張に係る事項の重要性等も踏まえた上で、公判期日でその具体的内容に関する質問や被告人の供述が、④刑訴法295条1項により制限されることがあり得る」（下線・丸字数字は引用者）としました。

平成27年決定は、①316条の17にいう主張明示義務への違反があると認められ、かつ②公判前整理手続で明示されなかった主張に関して被告人の供述を求める行為（質問）やこれに応じた被告人の供述を許すことが「公判前整理手続を行った意味を失わせるものと認められる場合」（公判前整理手続で策定した審理計画に大幅な変更が必要となる場合）には、裁判所により、③新たな主張にかかる事項の重要性も踏まえ、④295条1項に基づき被告人の新たな主張は制限されることがあり得るとしています。同判示の重要な点は、裁判所による新主張の制限の可能性を認めつつも、(a) 主張明示義務が公判審理における主張制限を直ちに導くものではないこと、(b) 予定主張に関し

て具体的な供述を行うことを制限することはできないこと、(c) 審理計画の大幅な変更が必要となる新主張の明示が認められる場合（証拠調べを伴わない新主張の明示がこれに当たること自体、稀かもしれません）でも、新主張にかかる事項の重要性等を考慮すべきことなど、新主張が制限される場合は限定されるとした点にあります[18]。この判断の背景には、公判前整理手続の時点で過度に具体的なアリバイ主張の明示を義務づけることになると、被告人側に過度の負担を課すことになり、また、その後の補充的な捜査による「アリバイ潰し」が可能となってしまうという懸念・配慮があるのかもしれません。

なお、平成27年決定は、本件について、そもそも主張明示義務違反はなかったとしている点にも注意が必要です（小貫芳信補足意見も参照）。この判示については、平成27年決定自身が主張明示義務違反の例としている「アリバイの主張をする予定である。具体的内容は被告人質問において明らかにする」という予定主張との違いが問題となります。この点については、本件の予定主張は「本件公訴事実記載の日時において、大阪市西成区の自宅ないしその付近にいた」という具体的事実を内容としている（許されない例の予定主張はアリバイの具体的事実を一切含んでいない）ことが重要と思われます。このような具体的事実であれば検察官による検討や審理計画の策定（当該主張について、どのような主張や証拠を示し、調べるかなど）が可能であるから、適切な主張明示であると判断されたのでしょう[19]。

第2に、公判前整理手続後に訴因変更を行うことの適否です。312条1項により、検察官が裁判所に対し訴因変更を請求し、裁判所が「公訴事実の同一性」があると判断した場合には、原則として訴因変更は許可されます。公判前整理手続が創設される前から、この訴因変更をいつ行ってもよいのか自体は問題とされてきました。公判前整理手続の創設前の裁判例は、訴因変更請求までの審理の経過や両当事者の攻防・争点の状況、そして訴因変更を認

---

18) 同決定については、石田寿一「判解」解説平成27年度（刑）195頁以下、石田倫識「判批」法セミ728号（2015年）130頁以下、酒巻匡「判批」論ジュリ22号（2017年）224頁以下、岡慎一「判批」百選（10版）132頁以下、川出・公訴180頁以下。

19) なお、被告人側の予定主張の具体性については議論があります。この点、伊藤栄二＝菅野亮＝植村立郎「公判前整理手続①――争点整理」新展開下67頁以下、山崎・前掲書注2）72頁以下、秋田真志「弁護人の予定主張義務と予定主張のあり方」浦功編著『新時代の刑事弁護』（成文堂、2017年）311頁以下、司法研修所編・前掲書注5）などを参照。

めた場合の審理の見通しを検討し、誠実な訴訟上の権利の行使の要請（規則1条2項）、被告人を長く不安定な地位に置くことによる被告人の防御に対する不利益の有無および程度などといった迅速かつ公正な裁判の要請（憲法37条1項、規則1条1項）に著しく反する場合には、裁判所は訴因変更を許可すべきではないとしてきました（福岡高那覇支判昭51・4・5判タ345号321頁、大阪地判平10・4・16判タ992号283頁）。

　公判前整理手続を経た後の訴因変更について、東京高判平20・11・18判タ1301号307頁は、「充実した公判の審理を継続的、計画的かつ迅速に行うことができるようにする」という公判前整理手続の制度趣旨に照らして、「公判前整理手続を経た後の公判においては、充実した争点整理や審理計画の策定がなされた趣旨を没却するような訴因変更請求は許されない」としました。具体的あてはめとしては「本件は、公判前整理手続では争点とされていなかった事項に関し、公判で証人尋問等を行った結果明らかになった事実関係に基づいて、訴因を変更する必要が生じたものであり、仮に検察官の訴因変更請求を許可したとしても、必要となる追加的証拠調べはかなり限定されていて、審理計画を大幅に変更しなければならなくなるようなものではなかった」として、上記公判前整理手続の趣旨を没却するようなものとはいえないし、「権利濫用にも当たらない」としています（さらに、東京高判平21・8・6判タ1342号64頁など）。

　裁判例は、充実した争点整理や審理計画の策定がなされた趣旨を没却するような訴因変更請求は許されないという観点から、①公判前整理手続においてどの程度詰めた争点および証拠の整理がなされていたか（検察官において訴因変更請求を検討する契機がどの程度あったか）、②訴因変更に伴う新たな証拠調べの負担の程度、③（裁判員裁判の場合、計画的な審理の実現の必要性がより高くなるため）裁判員が関与する事件か否か、④訴因変更請求がなされた時期などを総合考慮して、その許否を決定すると考えているといえます[20]。

　これは、従来の裁判例の論理に公判前整理手続の趣旨を加味したものといえますが、追加的な証拠調べによってもたらされうる負担については、審理計画の変更の程度が考慮されているものの、被告人の防御に対する不利益の

---

[20] 角田正紀「判批」百選（9版）124頁以下。さらに、稗田雅洋「公判前整理手続と訴因変更命令」実例Ⅱ62頁以下、西野吾一「判批」百選（10版）130頁以下など。

有無や程度などは十分考慮されているのかとの疑問も提示されています[21]。

6 公判前整理手続と証拠開示の今後 展開1

　公判前整理手続については、立法の段階から、いくつかの問題点が指摘されてきました。事前準備とは異なり、主宰者である受訴裁判所が、第1回公判期日前に両当事者の主張や証拠調べ請求に接することになる（さらに、証拠決定や証拠開示の裁定のためにも証拠自体に接することになる）ので、公判開始前に裁判所に予断を抱かせることになり、予断排除原則に反するのではないかという問題[22]、316条の17第1項にいう主張明示義務が憲法38条1項に反するのではないかという問題[23]などです。

　さらに、証拠開示制度のあり方自体も問題とされています。法制審議会・新時代の刑事司法制度特別部会では、公判前整理手続における証拠開示制度について、どのような証拠が収集されたか不明確な状態で開示請求を行うことは困難だとする意見、公正な刑事司法の実現のために原則全面開示とすべきとする意見、証拠は刑事裁判が公正に行われるための公共の財産であるから事前全面開示とすべきとする意見（**公共財産論**）、公判前整理手続における

---

21) 渕野貴生「判批」判例学習143頁以下など。
22) 予断排除原則と抵触しないとするものとして、酒巻匡「刑事裁判の充実・迅速化」ジュリ1198号（2001年）146頁以下、川出敏裕「新たな準備手続の創設」現代刑事法43号（2002年）45頁以下、酒巻381頁以下など。抵触するとするものとして、渕野貴生「裁判員制度と刑事手続改革」法時76巻10号（2004年）30頁以下、白取祐司『刑事訴訟法の理論と実務』（日本評論社、2012年）178頁以下、中川181頁以下など。さらに、後藤昭「公判前整理手続をめぐる二つの検討課題」自由と正義57巻9号（2006年）91頁以下。
23) 憲法38条1項と抵触しないとするものとして、酒巻・前掲注22) 151頁以下、川出・前掲注22) 48頁以下など。抵触するとするものとして、渕野・前掲注22) 34頁以下、石田倫識「被告人の主張明示義務に関する批判的考察」九大法学91号（2005年）1頁以下、白取・前掲注22) 176頁以下など。なお、最決平25・3・18刑集67巻3号325頁は、316条の17の主張明示義務について、「被告人に対し自己が刑事上の責任に問われるおそれのある事項について認めるように義務づけるものではなく、また、公判期日において主張するかどうかも被告人の判断に委ねられているのであって、主張をすること自体を強要するものでもない」と、憲法38条1項違反をいう所論は前提を欠くとしています。同決定について、葛野尋之「判批」判時2235号（2014年）173頁以下、細谷泰暢「判解」解説平成25年度（刑）109頁以下、稲谷龍彦「判批」百選（10版）128頁以下など。

証拠開示制度は、被告人と弁護人性悪説・検察官性善説によってたつ設計思想であるといった意見が示されました[24]。このように、憲法上の権利や公正な刑事裁判（憲法 31 条や憲法 37 条など）、そして公共財産論を根拠に、被告人の証拠開示請求権を導き、原則的な事前開示と例外的な不開示、さらには検察官の開示義務を主張する見解は、学説でも有力に主張されています[25]。

　現行の証拠開示制度の基本思想は、「一方当事者たる検察側の収集した事件に関する証拠・資料を被告人側に再分配することによって、両当事者がこれを共通に利用できる場を設けたうえで、当事者相互が立証活動を展開し、それを事実認定者が公平・中立の立場から判定するという」当事者主義像を踏まえて、「当事者主義の下での証拠開示というのは、それぞれの当事者が自ら証拠を収集することを前提としたうえで、一定の要件の下で、一方の当事者から他方の当事者に分配」するものです[26]。もっとも、この証拠・資料の再分配のあり方は、証拠収集のバランスと密接に関連します。この点、日本では、捜査機関が主宰者のように徹底的に証拠収集することが（良くも悪くも）定着しています。この実務を前提とすれば、検察官の公判審理における主張や立証を前提・手がかりとする証拠開示請求には限界があり、検察官の主張・立証の前提となる証拠収集過程・結果も含めて再分配しなければ、被告人側による防御活動は困難であるともいえます。また、その際には、いわゆる典型的な証拠に加えて、捜査過程に関する記録なども開示対象として明確に意識すべきでしょう。以上の理由から、私見は、憲法 31 条や 37 条、自由権規約 14 条 1 項ないし 3 項が要求する「主体性の保障された公正な手続・裁判を求める被告人の権利」から証拠開示請求権を導きます[27]。

---

24) 特別部会第 11 回議事録 37 頁以下〔小野委員発言、村木委員発言、安岡委員発言〕、同第 15 回会議議事録 26 頁以下〔周防委員発言、小野委員発言、村木委員発言、安岡委員発言、小坂幹事発言〕など。
25) 田宮裕『刑事訴訟とデュー・プロセス』（有斐閣、1972 年）、川﨑英明「証拠開示問題と刑事弁護の課題」刑弁 19 号（1999 年）17 頁以下、松代剛枝『刑事証拠開示の分析』（日本評論社、2004 年）、指宿信『証拠開示と公正な裁判〔増補版〕』（現代人文社、2014 年）など。これらの見解について、十分な根拠が示されているとはいいがたいとするものとして、岡慎一「証拠開示制度」論ジュリ 12 号（2015 年）73 頁以下など。
26) 川出・前掲注 15) 47 頁、大澤裕「証拠開示制度」法時 86 巻 10 号（2014 年）49 頁など。
27) 斎藤司『公正な刑事手続と証拠開示請求権』（法律文化社、2015 年）。

第 19 章

証拠法の思考プロセス 1
──証拠法の基本的視点

> 第 19 章の目標
> ①証拠法を学ぶ視点を身につける。
> ②証拠の分類とその意味を学ぶ。
> ③証拠能力に関する規律の内容とその意義を学ぶ。

1 │ 証拠法の意義と内容　共通 1

　本章から「**証拠法**」について学びます。証拠に基づき、誤りのないように事実を認定するプロセスは公判審理を支える柱の 1 つです。このプロセスは、刑罰という厳しい処分をもたらしうるものですので、適正な手続をふまえたものでなければなりません（憲法 31 条）。このように誤りのない正確な事実認定、そしてその前提となる捜査手続や公判審理の適正性を確保するための規律を証拠法といいます。

　証拠法の主な内容は、①証拠調べの方法や手続に関する規律、②**証拠の許容性（証拠能力）**に関する規律（証拠とすることが許されるかに関する規律）、そして③証明活動の範囲・性質に関する規律に区別されます[1]。①に関する明文規定としては、「**証人審問権**」を定める憲法 37 条 2 項のほか、証人尋問に関する規律（143 条〜164 条）、証拠調べの方法や手続に関する規律（297 条〜311 条、規則 199 条の 2 〜199 条の 14）などが挙げられます。②に関する明

---

1) 松尾下 1 頁以下、酒巻 459 頁以下など。

文規定としては、いわゆる**自白法則**（憲法 38 条 2 項、刑訴法 319 条 1 項）や**伝聞法則**（320 条〜328 条）が挙げられます。また、具体的な明文の規定のない規律としては、「**関連性**」概念や「**違法収集証拠排除法則**」などが挙げられます。そして、③に関する明文規定としては、317 条（「**証拠裁判主義**」）や 318 条（「**自由心証主義**」）が挙げられます。また、具体的な明文の規定のない規律としては、有罪判決を言い渡す基準である「**合理的疑いを超えた証明**」や「**疑わしきは被告人の利益に**」原則などが挙げられます[2]。

　証拠法は、刑訴法学における重要な領域ですが、複雑な概念が多く抽象的でイメージしづらい部分もあり、苦手とする人も少なくないようです。本章では、具体例も挙げながら、①②に焦点を当てて検討を進めます。

2 │「証明される事実」と証拠法を学ぶ視点　共通2

　以下の、資料・情報は証拠としてよいでしょうか。直感でいいので考えてみましょう。

> （ア）被告人であるＸが、女優Ａの大ファンであるという事実を示す資料
> （イ）被告人であるＸは、自身がＶを殺害したと自白しているという事実を示す資料
> （ウ）警察官Ｋの暴行によって採られたとの事実を示す資料が存在する場合の（イ）の自白

　答えは、「いずれも証拠としてよいかは場合による」です。「それはおかしい。少なくとも、憲法 38 条 2 項や刑訴法 319 条 1 項を見ると、（ウ）の場合の自白は証拠とすることはできないはずだ！」との意見もあるでしょう。しかし、上記の例では「証明の対象となる事実」という最重要の前提が欠けて

---

2) これらの原則や基準については、後藤昭「『疑わしきは被告人の利益に』ということ」一橋論叢 117 巻 4 号（1997 年）573 頁以下、村井敏邦『刑事訴訟法』（日本評論社、1996 年）290 頁以下、中川孝博『合理的疑いを超えた証明』（現代人文社、2003 年）、同「最一小判平成 24・2・13 の意義と射程」刑弁 71 号（2012 年）129 頁以下、白取祐司『刑事訴訟法の理論と実務』（日本評論社、2012 年）199 頁以下、高田 407 頁以下、中川 244 頁以下なども参照。

いるのです。そして、この重要な前提は、証拠法について学ぶ際に、実は見落とされがちなものでもあります。より具体的にいえば、証拠法が、「証拠に基づき、誤りのないように事実を認定するプロセス」に関する規律である以上、証拠の分類や証拠能力の判断基準などをただ暗記するのではなく、当該証拠により証明される「事実」を把握することも重要なのです。そして、このことを前提とすると、証拠法を学ぶ際には以下の2つの重要な視点が存在します。

　第1の視点は、「**当該公判審理で最終的に証明されるべき事実を把握すること**」です。刑事裁判においては、検察官の主張する訴因記載事実が証明や反論・反証の対象となります（さらには、296条の冒頭陳述で示される量刑にとって重要な事実もその対象です。訴因記載事実については第16章）。より具体的には、(a) 訴因に記載されている具体的な「犯罪事実」（特定の犯罪の構成要件該当事実、違法性や有責性を基礎づける事実など）、(b) 当該犯罪事実の犯人が被告人であること（犯人性）です。検察官や弁護人は、これらの証明、そしてその反論・反証のために証拠調べを請求するのです。

　このように刑事裁判において、上記の (a) (b) の事実（これらの事案の判断〔判決〕に必要な事実のうち、証明を要する事実を「**主要事実**」とか「**要証事実**」といいます。以下では、「主要事実」とします）を直接・間接に証明または反証するために証拠は提出されます。特に証拠能力の有無について議論する場合、当該証拠はどのような事実を証明しようとしているかを意識することが絶対に必要です。刑訴法の基本書などにおける証拠能力に関する記述は、「主要事実」と直接・間接に関連しうる証拠であることが、基本的に前提とされていることに注意が必要です。

　第2の視点は、主要事実を前提としながら、「**各証拠はどのような事実を証明するものかを把握すること**」です。規則189条1項は、当事者に当該証拠によって「証明すべき事実」（**立証趣旨**）を具体的に明示して、証拠調べ請求を行うべきとしています。そして、後述のように、証拠調べ請求された証拠は、主要事実を証明することを常に目的としているわけではありません。上記の例でいえば、資料（ア）は、「XはVを殺害した」旨の訴因の場合、主要事実となんら関係のない事実を証明するものであり、当該公判審理で用いることは適切ではありません。他方で、「Xは、女優Aの関連グッズを連続して窃取した」旨の訴因の場合、主要事実である「犯人性」を推認させる

事実（動機の存在）を証明するから、当該公判審理で用いることはできることになります（たとえば、Xは多数の犯行現場付近で目撃されている事実と犯行動機の存在を総合して、Xは犯人である可能性が高いことを認定する場合など）。

次に、資料（イ）は、「Xは、Vを殺害した」旨の訴因の場合、主要事実である「犯罪事実の存在」や「犯人性」を直接証明しうる証拠ですので、当該公判審理で用いることは可能です。そして、この場合、資料（ウ）により、憲法38条2項や刑訴法319条1項により、（イ）の自白を証拠とはできないことになります。他方で、Xによる他事件（窃盗事件など）や別の被告人Yによる事件に関する公判審理において、資料（イ）（ウ）を証拠として用いることはあり得ます。

3｜立証構造と証拠法　共通3

刑事裁判において最終的に証明されるべきは主要事実ですが、提出される各証拠が「常に」主要事実を証明するものとは限りません。刑事裁判における立証の構造は、大きく2つに分けられます。この立証構造を意識することは、上記の2つの視点を証拠法の学びに反映させることに役立ちます。何度も例としてきた訴因記載事実を題材に考えましょう[3]。

> 被告人は、令和元年7月20日午後3時ころ、京都市伏見区深草塚本町所在の龍谷大学所在の斎藤司研究室において、斎藤司（当時41歳）に対し、殺意をもって、その頸部をベルトで強く締め付け、よって、そのころ、同所において、同人を頸部圧迫による窒息により死亡させて殺害したものである。

第1に、主要事実を直接証明する証拠である「**直接証拠**」による立証構造（**直接証拠型立証**）です。この立証構造においては、上記訴因記載事実を内容

---

[3] 立証構造を踏まえた証拠法の考え方については、宇藤ほか346頁以下、司法研修所刑事裁判教官室編『プラクティス刑事裁判』（法曹会、2019年）11頁以下、57頁以下、司法研修所刑事裁判教官室編『プロシーディングス刑事裁判』（法曹会、2019年）4頁以下など。

とする被告人の自白や当該犯行を直接目撃したとするWの供述、そして当該犯罪の状況を撮影していた当該研究室に設置の監視カメラの映像といった直接証拠により、主要事実が証明されるかが問題となります。この場合、直接証拠によって証明される事実（この各証拠によって証明される事実を「**要証事実**」とか「**立証事項**」といいます）は、主要事実（犯罪事実や犯人性、または両者）となります。このような、主要事実や後述の間接事実を直接証明する証拠を「**実質証拠**」といいます。この直接証拠型立証の場合でも、1つの直接証拠のみが提出されるわけではありません。直接証拠が複数提出されることもありうるでしょうし、直接証拠型立証においては直接証拠が信用できるかも重要な争点となり得ます。後者の場合、直接証拠の信用性に関する証拠が提出されることが多くあります。他の証拠の信用性に影響を与える事実（**補助事実**）を証明する証拠を「**補助証拠**」といいます。補助証拠は、他の証拠の信用性を強める「**増強証拠**」と弱める「**弾劾証拠**」に区分されます。

　たとえば、上記訴因記載事実について、当該犯行状況を目撃したWの供述が存在する場合、その信用性を強めるため検察官はWの供述が犯行直後から一貫していることや目撃状況が客観的状況と一致していることを立証するために証拠を提出することが考えられますし、その信用性を弱めるために被告人側は弾劾証拠として「Wは裁判でうそをつき偽証罪に問われかけたことがある」という証拠を提出することが考えられます。直接証拠型立証のイメージを図 19-1 として挙げておきます。

　第 2 に、直接証拠によらない立証構造である「**間接証拠型立証**」です。「**間接証拠**」（情況証拠）とは、主要事実を推認させる事実（**間接事実**）を証明する証拠です。訴因記載例でいえば、「犯行直前（直後）に犯行現場近くで被告人を目撃した」というWの証言や「犯行現場から採取された指紋が被告人のものと一致したこと」を示す証拠は、被告人の犯人性という主要事実を直接証明するわけではありませんが、これを推認させる間接事実を証明することになります（第 18 章の証明予定事実記載書面も参照）。間接証拠により証明される間接事実は、被告人の犯人性を推認させるものに限定されません。犯罪事実の存在の一部（故意の有無など）を示す証拠などもあります。

　上記のW証言は、犯人性という主要事実を推認させる「被告人に犯行の機会があったこと」という間接事実を証明するものです。また、指紋に関する証拠も、犯人性を推認させる「犯行現場に被告人がいたことがあること」と

図 19-1　直接証拠型立証のイメージ

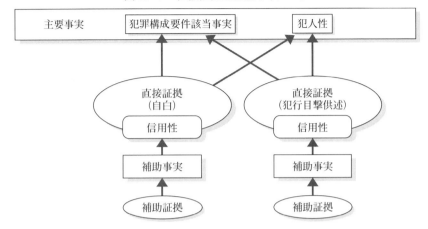

いう間接事実を証明するものです。各証拠とそこから推認される間接事実は、主要事実である犯人性を直接証明するものではありません。しかし、これらの間接事実の総合評価により犯人性が認められることもあり得ます（たとえば、上記の間接事実に加え、被告人には強い犯行動機が認められるとか、凶器に被告人の指紋が付着しているという間接事実が加われば、犯人性はより強く推認されることになります）。

　このような事実認定の思考プロセスを完全に身につけることは、容易なことではありません。以上の記述で伝えたかったのは、刑事裁判において証拠は常に証明される事実（要証事実）を設定して提出され、証拠能力などに関する検討がなされていることを理解すべきこと、そして、要証事実の具体的内容を把握することが重要だということです（規則189条1項も参照）。

　立証構造の区分は、各証拠（事例問題などで証拠能力が問われている各証拠）の要証事実の把握に役立つものです。直接証拠型立証の場合、直接証拠立証の要証事実は「主要事実」、補助証拠の要証事実は「直接証拠が信用できること」となります。間接証拠型立証の場合、各間接証拠の要証事実は「個別の犯罪構成要件該当事実」や「犯人性を推認させる間接事実」となります。間接証拠型立証のイメージ図と間接事実の一例を図19-2で挙げておきます。

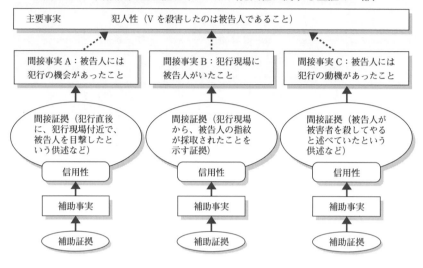

図19-2　間接証拠型立証のイメージ（犯人性に関する立証の一部）

4 │ 証明される事実と証拠の分類　共通4

　検察官や被告人・弁護人は、立証・反証を行うためにさまざまな証拠を提出します。その際、それらの証拠は、その分類ごとに証拠法に関するさまざまな規律を受けることになります。たとえば、刑訴法は、証拠の分類ごとに証拠調べの方法を区分しています。証人・鑑定人・通訳人・翻訳人の法廷における発言によって得られる情報を事実認定の基礎とする「**人証**」は、当事者や裁判所による尋問という方法によって証拠調べが行われます（304条）。次に、証拠書類の記載内容を事実認定の基礎とする「**書証**」は、原則として朗読によって証拠調べが行われます（305条）。もっとも、朗読に代えて要旨告知にするにとどめることも可能です（規則203条の2）。また、その存在や状態を事実認定の基礎とする「**物証**」は、展示（たとえば、法廷で被告人に凶器を示すことなど）によって、取調べが行われます（306条）。

　これらの区分についても、当該証拠によって、どのような事実を証明しようとしているかが関わってきます。たとえば、V殺害の訴因について、被告人の犯人性が争点となっているときに書面（被告人方から発見されたメモ用紙など）を証拠とする場合でも、この書面にVの血液と被告人の指紋が付着し

ているのであれば、被告人の犯人性を証明する物証となります。これに対し、この書面がV殺害の態様を詳細に記録する目撃者の日記であれば、その記載内容によって犯罪成立要件（犯行内容）や犯人性などを証明する書証となるのです。

これに加えて、証拠の分類は証拠能力判断の規律の区分との関係でも重要です。たとえば、明文の規律である伝聞法則（320条1項）の適用の有無を左右する「**供述証拠**」か「**非供述証拠**」かという分類が挙げられます。特定の事実の存否について報告・叙述する人の言葉を、叙述された内容の真実性を証明するための証拠として用いる場合、これは供述証拠とされます（320条1項を参照）。この供述証拠については、伝聞法則の規律が及びます（この場合、321条〜328条の要件を満たさない限り証拠能力は認められません）。供述証拠に当たらない非供述証拠については、伝聞法則は適用されません。この区分も、当該証拠の要証事実の把握が必要となります（第20章）。

以上の証拠の分類は、要証事実を適正かつ正確に認定することを目的として、その証拠調べの方法や証拠能力に関する規律を区分するものです。

5 「厳格な証明」と「自由な証明」 共通5

要証事実による区分は、証拠調べの方法や証拠能力の有無に関する規律の種類だけでなく、その規律が及ぶか否か自体も左右します。

317条は「事実の認定は、証拠による」とします（**証拠裁判主義**）。この原則の歴史的意義は、「証拠」以外の直感や非科学的根拠に基づく事実認定（熱湯に手を入れてそのやけどの具合から犯人性などを認定する古代の「盟神探湯（くかたち）」や室町時代などに行われた「湯起請（ゆきしょう）」など）を禁じることにあります。

同条にいう「事実」は、あらゆる事実を意味するのではなく、「**刑罰権の存否に直接関係する事実**」と「**刑罰権の範囲に直接関係する事実**」を意味するとされます。前者としては、特定の犯罪の構成要件該当事実、違法性や有責性を基礎づける事実（故意・過失などの主観的要素も含む）、処罰条件、そして犯人性が挙げられます。これらは有罪・無罪を左右する事実といえます。後者としては、法律上の刑の加重事由（累犯前科について、最大決昭33・2・26刑集12巻2号316頁）や法律上の刑の減軽・免除事由が挙げられます。これらの317条にいう「事実」を証明するには、「**厳格な証明**」（証拠能力を有

する証拠を、304条以下の適式な方法によって取り調べ、その結果に基づいて事実認定を行うこと）が必要とされます。

これに対し、訴訟条件の存否（形式裁判を言い渡すべき事由の存否）や証拠の証拠能力を基礎づける事実（証拠能力要件を満たす事実）、被告人の心神喪失などの公判手続の停止事由（314条1項）たる事実といった「**訴訟法上の事実**」については、「**自由な証明**」（証拠能力および適式の証拠調べ方法を必要としない証明方法）で足りるとされます。

以上は、通説の理解を前提としたものです[4]。他方で、実務では自白の任意性をはじめとする証拠の証拠能力に関する事実や訴訟条件に関する事実、そして被告人の前科・前歴・性格といった犯罪事実から独立している量刑事情（一般情状）などについても、厳格な証明による運用がなされています[5]。学説上も、厳格な証明による範囲を広くとらえる見解が有力に主張されています[6]。これらの区分に関する思考プロセスは、各証拠の要証事実の重要性（刑罰権の存否や範囲との関連性）によってもたらされるものです。

6 │ 証拠能力に関する規律・総論 　共通6

317条にいう「証拠」としての資格（「厳格な証明」に参加する資格）を有するためには、証拠能力が認められなければなりません。この証拠能力を有するかどうかの思考プロセスは、議論や試験でも重要な位置を占めます。この証拠能力の有無を判断する「観点」としては、次の論理がほぼ定着しています（下線・丸数字は引用者）[7]。

> 法廷における証明の持つ特殊な性質のために、法廷で用いられる証拠に

---

[4] 團藤227頁以下。
[5] 石井一正『刑事実務証拠法〔第5版〕』（判例タイムズ社、2011年）108頁以下など。
[6] この点について、上口409頁以下、緑280頁以下、後藤昭「厳格な証明と自由な証明」後藤昭ほか編『実務体系・現代の刑事弁護2　刑事弁護の現代的課題』（第一法規、2013年）255頁以下など。さらに、両者の概念の有用性に疑問を示すものとして、安廣文夫「刑事証拠法の実質化に向けての若干の覚書」『小林充先生・佐藤文哉先生古稀祝賀刑事裁判論集・下巻』（判例タイムズ社、2006年）565頁以下。
[7] 平野192頁以下。

> は、特殊な制限が加えられる。その制限の理由として、およそ次の3つの
> ものが考えられる。
> 　(1) 自然的関連性　証拠がその証明しようとする事実に対して、必要最小限度の証明力さえも持っていないとき、関連性がないという。関連性のない証拠は、取り調べてもむだであって時間を浪費するにすぎないから、証拠能力が認められない。ただし、(2)(3)の場合と異なり、排除決定を怠っても、判決に影響を及ぼすことはない。
> 　(2) 法律的関連性　証拠として必要最小限度の証明力はあるが、他方、その証明力の評価を誤らせるおそれもあるものもある。その証明力を確めるため、法は明文で一定の要件を要求している場合がある。反対尋問、任意性などがこれである。しかし、このような明文がない場合でも、排除すべき場合がある……。これらの場合は、法律的に見て関連性がない場合であり、(1)の自然的関連性と同じではないが、両者は本質的に異なるものではない。
> 　(3) 証拠禁止　法廷における証明は、適正な手続によって行われなければならない。したがって、関連性のある証拠でも、これを用いることが、手続の適正を害すると思われるときは、その証拠は許容されない。証拠の証明力の有無を問わない。違法に取得された証拠がその例である。
> 　勿論、①これらの理由は排他的なものではなく、とくに(2)と(3)とは、同時に適用されることもある。また相互の限界が明白でない場合もある。ただ、②わが法の個々の規定を解釈する場合には、右の3つの異なった観点があることに留意しなければならない。

　ここでも述べられている通り、証拠能力の有無を判断するためには、3つの観点が存在するとされます。第1に、(1)「**自然的関連性（論理的関連性）**」です。何度も説明しているように、刑事裁判における証拠は訴因記載の犯罪事実の有無や量刑にとっての重要事実といった主要事実を最終的に証明するために提出されます。自然的関連性の観点は、当該証拠によって直接証明しようとする事実が主要事実と直接・間接に関連していることを前提とするのです。このように自然的関連性は、当該証拠と当該証拠が直接証明しようとする事実（要証事実）との「関連性」の有無、そして当該証拠により直接証

明される事実と主要事実との「関連性」(重要性)の有無という2つの「関連性」を内容とします。このどちらかの関連性が否定される場合(必要最小限の事実を推認させる力〔証明力〕「さえも」存在しない場合)、証拠能力は否定されます[8]。第2に、(2)「**法律的関連性**」です。これは、自然的関連性は認められるものの、事実認定に誤りを生じさせる危険(不当な偏見や誤導による事実認定の誤りの危険、争点の混乱など)があるかどうかを検討する観点です。そして、(3)「**証拠禁止**」に該当するか否かです。これは、適正な手続を維持するために証拠能力を認めるかどうかを検討する観点です。本章2～5の説明は、自然的関連性の観点から証拠や立証を説明したものです[9]。

　これらの観点を理解する際には、お互いに排斥し合うものではないこと(①部分)、刑訴法の規定の趣旨を理解する「観点」であること(②部分)に注意が必要です。つまり、すべて機械的に検討すべき要件ではなく、問題となる証拠の証拠能力について検討するポイントを言語化したものと理解されるのです。たとえば、自白法則は、「関連性」や証拠禁止という複数の観点を含む規律であると理解することが可能です[10]。また、証拠能力の有無の判断について刑訴法上に明文の規定(上述のように319条1項や320条～328条など)が存在する場合は、当該規定を解釈し、これを適用すれば足ります[11]。

　もっとも、上記3つの観点は明文規定の趣旨を理解するうえで重要ですし、関連する明文の規定がない類型の証拠の証拠能力を判断する場合にも重要です。たとえば、被告人の犯人性を要証事実とする科学的証拠や、「起訴されている犯罪と同種前科を被告人は有している」旨の証拠などの証拠能力を判断する際には、自然的関連性や法律的関連性という観点を用いて検討することが必要です(第20章)。

---

8) 大谷直人「証拠の関連性」争点〔新版〕192頁以下、光藤Ⅱ136頁、宇藤ほか358頁など。さらに、この点について平野説を踏まえ詳細に分析するものとして、笹倉宏紀「『証拠の関連性』をめぐるもうひとつの『つまづきのもと』──『証拠の関連性』に関する平野龍一博士の説明について」慶應法学41号(2018年)169頁以下。

9) 笹倉宏紀「証拠の関連性」法教364号(2011年)26頁は、「証拠とは、ある事実の存在または不存在について判断する根拠となる資料をいう。つまり、証拠の概念には元々関連性という要素が含まれている」とします。

10) 以上の点について、笹倉・前掲注9) 26頁以下、緑284頁以下なども参照。

11) 宇藤ほか351頁。

7 │「関連性」概念の再検討 展開1

　自然的関連性と法律的関連性は、証拠と当該証拠により証明される事実との結びつきの程度を問うという部分では共通しています。法律的関連性がない（類型的に事実誤認の危険が存在する）ということは、結局、事実誤認の危険性を上回るほどの証明力がないことを意味するからです。このことも踏まえると、自然的関連性と法律的関連性は、「正確な事実認定を確保する」という共通の目的のために、異なる角度から証拠能力の有無を判断するための1つの観点である（両者を統合する視点を「**関連性**」とします）とも理解できます（上記の平野博士の指摘でも、自然的関連性と法律的関連性は「本質的に異なるものではない」とされています）。

　この理解によると、「関連性」の観点は、(a) 当該証拠が直接証明しようとする事実（要証事実）を推認させる力（証明力）の有無の検討、(b) この要証事実は主要事実との直接・間接の関連性（重要性）の有無の検討を内容とするものです[12]。そして、(a)(b)においては、ともに論理的な関連性の有無と事実認定を誤る危険性の有無や程度が検討されることになります。この理解によれば、証拠能力を検討する観点は、この「関連性」と正確な事実認定の確保とは別の観点である「適正な手続の維持」などの目的を踏まえて証拠能力の有無を判断するための観点である「証拠禁止」という2つ観点だと整理されるのです[13]。

---

[12]　この点、笹倉・前掲注9）26頁以下、川出・捜査267頁以下、長沼範良ほか『刑事訴訟法〔第5版〕』（有斐閣、2017年）273頁以下、宇藤ほか358頁、緑286頁など。さらに、成瀬剛「科学的証拠の許容性（5・完）」法学協会雑誌130巻5号（2013年）14頁以下も参照。

[13]　酒巻484頁は、証拠能力を判断する観点を、「証拠の証明力と関係する観点」と「証拠の証明力とは無関係に……、刑事手続に関係する価値（例、被疑者・被告人の基本権の保障、法の適正な手続の要請）の顕現や、一定の政策目的（例、将来における違法捜査の抑制、司法府の無瑕性・廉潔性〔judicial integrity〕の外観の維持）」を達成するための手段として、証拠としての適格を剥奪しその利用を禁止する場合」という2つであるとします。

8 | 証拠能力の検討と「証拠調べの必要性」 展開2

　実務では、証拠能力を検討する複数の観点や証拠能力に関する明文規定を踏まえて証拠能力が認められる場合でも、裁判所が当事者による証拠調べ請求を却下すべき場合があるとされます。それが「**証拠調べの必要性**」がない場合です。この証拠調べの必要性は、裁判員制度との関係で裁判官を中心に強調されている観点です。これは、特に裁判員が混乱・誤解しないようにすること（裁判員法51条など）や審理期間の長期化の防止などを目的として、同一の立証趣旨の証拠が重複して請求された場合で証拠調べの必要性が乏しい証拠の請求、関連性の「弱い」間接証拠の請求、そして、多義的で評価が分かれるなど弁護人の不必要な反証を招くような証拠の請求などを却下しようという観点です[14]。

　もっとも、証拠調べの必要性については、その内容が多義的・曖昧であることに加え、当事者や法律による統制になじみにくい裁判所の証拠採否裁量により判断されるとの問題点が指摘されます。また、証拠調べの必要性の内容とされるものには、正確な事実認定の確保と関連するものも含まれています。これらの要素は、（自然的・法律的）関連性として考慮すべきでしょう[15]。

　この問題について、アメリカの議論などを踏まえて、「関連性」（「証拠の要証事実を導く推認力〔relevancy〕」と「要証事実の訴訟の帰趨に与える影響力〔materiality〕」）が認められれば、原則として証拠としての許容性が推定されるところ、許容性阻却事由である「適格性を欠く」とする要件事実が存在しない限りその許容性は否定されないとする見解もあります。この見解の意味は、適格性を欠く場合（不公平な偏見のおそれ、争点の混乱、陪審の誤導、不当な遅延、時間の浪費、重複証拠の不必要な提出）を、ケース・バイ・ケースの

---

14) 司法研修所『裁判員制度の下における大型否認事件の審理の在り方』（法曹会、2008年）48頁以下、司法研修所『科学的証拠とこれを用いた裁判の在り方』（法曹会、2013年）37頁以下、条解639頁以下など。さらに、佐々木一夫「証拠の『関連性』あるいは『許容性』について」『新しい時代の刑事裁判・原田國男判事退官記念論文集』（判例タイムズ社、2010年）183頁以下、島田一＝蛯原意「裁判員裁判における証拠の関連性、必要性判断の在り方」判タ1401号（2014年）125頁など。

15) この点、成瀬・前掲注12）44頁における注33）、笹倉宏紀「当事者主義と争点整理に関する覚書」研修789号（2014年）10頁以下。

判断ではなく定型的・類型的判断によるべきとし、当該証拠の証拠価値とその取調べに伴う弊害とを混同すべきでないことを強調する点にあります[16]。

証拠能力に関する規律はできる限り定型的・類型的に設けられるべきであること、裁判員が証拠能力の判断に関与することもありうること（裁判員法68条3項）などを考慮しても、できるだけ明確な規律に基づき証拠能力判断はなされるべきです。このことからすれば、上記のような論理はもちろん、証拠能力に関する詳細なルールの準則化や立法が必要というべきでしょう。

なお、近年、被疑者取調べの録音・録画の記録媒体を、自白の任意性を判断するための補助証拠ではなく、犯人性などを証明する実質証拠として用いてよいかが重要な問題となっています。301条の2第1項は、録音・録画記録媒体の証拠としての利用方法について、自白の任意性立証しか明文で規定していないからです。この問題について、東京高判平28・8・10東高刑時報67巻1～12号107頁は、被告人の供述内容は被告人の公判廷供述により明らかとなっていること、検察官による犯人性の立証の柱となっているのは共犯者などの供述であり自白ではないこと、被告人が真実を話したかどうかなどを被告人の供述態度だけを見て判断するのは容易でなく、さらに供述態度の評価に重きを置いた信用性判断は直感的で主観的なものとなる危険性があることなどを理由に、録音・録画記録媒体について証拠調べの必要性がないとした原審の証拠決定には合理性があり、裁判所の合理的な裁量を逸脱したものとは認められないとします[17]。この判断は、当該証拠の事実認定を誤らせる危険性などを含めた証拠調べの必要性の観点から検討を加えたものと評価できます。本判決が示した、録音・録画記録媒体の実質証拠としての証拠能力を判断するための考慮事項自体は適切といえます。

---

16) 角田雄彦「『必要性』判断から『許容性判断』への一元化へ」後藤ほか編・前掲書注6）303頁以下、同「証拠の関連性について」刑弁70号（2012年）27頁以下など。

17) 同判決については、石田倫識「判批」法セミ746号（2017年）122頁、中川孝博「判批」法時89巻5号（2017年）164頁以下。さらに、岡慎一「取調べ録音録画記録媒体の証拠利用」刑弁91号（2017年）48頁以下、川出・論点192頁以下。また、録音・録画の記録媒体の実質証拠化に慎重な裁判官の見解として、関洋太「刑事訴訟法改正と実務への影響——裁判所の立場から」法律のひろば69巻9号（2016年）32頁以下、「座談会・新たな刑事司法制度の展望と課題」法の支配184号（2017年）22頁〔福島直之〕、中里智美「裁判官から見た新たな刑事司法制度」法の支配184号（2017年）57頁以下など。

さらに、いわゆる今市事件の控訴審判決である東京高判平30・8・3東高刑時報69巻1～12号56頁は、録音・録画記録媒体の証拠調べの必要性の判断について、裁判所は弁護人の意見を聴き証拠能力の判断をすべきで、仮に証拠能力が認められると判断した場合には、他の調書に加えて、実質証拠とする必要性について検察官に釈明を求めるなどして証拠採用の必要性と相当性を吟味するといったプロセスが必要としています[18]。

　これらの判断内容自体は適切といえるかもしれませんが、挙げられる考慮事項は証拠調べの必要性の観点からではなく、関連性の観点から検討すべきであったと考えます[19]。そして、録音・録画記録媒体の関連性を検討する際には、個別事案ごとに録音録画記録媒体の証拠価値と事実認定を誤らせる危険性などの弊害の大きさを検討することになるでしょう。

　また、本判決は次のような重要な判示もしています。「改正法で定められた録音録画記録媒体の利用方法を超えて、供述内容とともに供述態度を見て信用性の判断ができるというような理由から、取調べ状況の録音録画記録媒体を実質証拠として一般的に用いた場合には、取調べ中の供述態度を見て信用性評価を行うことの困難性や危険性の問題を別としても、我が国の被疑者の取調べ制度やその運用の実情を前提とする限り、公判審理手続が、捜査機

---

18) なお、同判決を検討するものとして、川上拓一「録音・録画記録媒体の取調べについて——東京高裁平成30年8月3日判決を読んで」研修845号（2018年）3頁以下、門野博「今市事件控訴審判決へのいくつかの疑問」判時2389号（2019年）118頁以下、川出・論点197頁以下など。

19) 実質証拠化に関する近年の議論については、石田倫識「録音・録画記録媒体を実質証拠として用いることの許否とその条件」法セミ750号（2017年）27頁以下、川出・論点203頁以下と、そこでの引用文献を参照。これに加えて、安部祥太「裁判員裁判と取調べ録音・録画」法セミ750号（2017年）42頁以下、「特集1・取調べ上映会を許すな！——録画媒体実質証拠化の危機」刑弁91号（2017年）9頁以下、峰ひろみ「被疑者取調べの録音・録画記録媒体活用を巡って」研修842号（2018年）3頁以下、「特集　取調べ録音・録画記録の証拠使用の在り方」刑ジャ60号（2019年）44頁以下など。また、録音・録画記録媒体の証拠調べに関する心理学的検討について、若林宏輔「心理学における取調べ録音・録画の利用の今後」刑弁89号（2017年）138頁以下、同「法律実務家のための心理学入門（第6回）取調べの可視化と心理学」季刊刑事弁護96号（2018年）142頁以下、中田友貴＝若林宏輔＝サトウタツヤ「取り調べ録画動画の提示方法が自白の任意性判断に及ぼす影響」法と心理18巻1号（2018年）70頁以下など。

関の管理下において行われた長時間にわたる被疑者の取調べを、記録媒体の再生により視聴し、その適否を審査する手続と化すという懸念があり、そのような、直接主義の原則から大きく逸脱し、捜査から独立した手続とはいい難い審理の仕組みを、適正な公判審理手続ということには疑問がある。また、取調べ中の被疑者の供述態度を見て信用性を判断するために、証拠調べ手続において、記録媒体の視聴に多大な時間と労力を費やすとすれば、客観的な証拠その他の本来重視されるべき証拠の取調べと対比して、審理の在り方が、量的、質的にバランスを失したものとなる可能性も否定できず、改正法の背景にある社会的な要請、すなわち取調べや供述調書に過度に依存した捜査・公判から脱却すべきであるとの要請にもそぐわないように思われる」。ここで指摘されるように、録音・録画記録媒体の証拠能力の検討は、直接主義や公判中心主義という観点（証拠禁止の観点など）から行うことも可能です。

　なお、上記の東京高判平30・8・3は、被疑者の供述の信用性判断に録画・記録媒体を用いることについても、「前記のように供述が自発的なものかどうかという観点を出ない判断となる可能性があるし、それ以上の検討が行われるとしても、身柄を拘束された状態での被疑者取調べという特殊な環境下でされる自白供述について、これに過度に密着した形で，映像と音声をもって再現される取調べ中の被告人の様子を視聴することにより、真実を述べているように見えるかどうかなどという、判断者の主観により左右される、印象に基づく直観的な判断となる可能性が否定できず、上記のような熟慮（秘密の暴露の有無、客観的な事実や他の証拠との整合性等、第三者にも検証可能な判断指標を重視した上で、内容の合理性、自然性等と併せ多角的に検討し、自白供述から適切な距離を保って、冷静に熟慮すること——引用者注）を行うことをむしろ阻害する影響があるのではないかとの懸念が否定できない」と判示しています。この判断は、録音・録画記録媒体を実質証拠とすることはもちろん、補助証拠として用いることの問題性に関する裁判官の慎重な態度を示すものとも評価できるでしょう。

9 ｜ 証拠法の基本的思考プロセス　共通7

　証拠能力をめぐる議論は、正確な事実認定の確保や適正手続の保持といった観点から、当該証拠を公判審理に持ち込むことが許されるかを検討するも

のです。本章では、主要事実や要証事実を把握する重要性を説明しながら、その観点の具体的内容と重要性を検討しました。

　このうち関連性の観点は、その重要性は認識されつつも現実には十分に活用されてこなかったように思われます。裁判員裁判導入前の時期においては、いわゆる「**精密司法**」のもとで、訴追されている訴因記載の犯罪事実の有無や量刑判断にそれほど関連しない事実を解明するために、広範囲に証拠能力を認めてきたという側面があったといえます。そして、そのような広範囲の証拠を前提に、期日がとびとびの公判審理が進められてきたのです。しかし、裁判員裁判導入に伴い、訴因記載の犯罪事実の有無や量刑上重要な事実に両当事者の主張・立証を限るべきとする「**核心司法**」[20]が目指されることになり、取り調べるべき証拠の範囲を限定する規律として関連性の観点は重要な意味を有することになりました[21]。以上のような問題意識も踏まえて、次章は、「関連性」の観点からいくつかの類型の証拠を検討します。

20）　平野龍一「参審制の採用による『核心司法』を――刑事司法改革の動きと方向」同『刑事法研究　最終巻』（有斐閣、2005年）182頁以下など。

21）　笹倉・前掲注15）3頁以下、司法研修所編『裁判員裁判において公判準備に困難を来した事件に関する実証的研究』（法曹会、2018年）1頁以下など。

第20章

証拠法の思考プロセス2
──「関連性」と証拠能力判断

第20章の目標
①関連性を前提とする証拠能力判断の基本的思考プロセスを身につける。
②同種前科・類似事実について、関連性を前提とする思考プロセスを実際に活用する。

1 | 関連性と証拠能力判断 共通1

　証拠能力の有無に関する判断プロセスは、証拠法に関する基本的な思考プロセスの重要な内容の1つです。そして、この証拠能力判断のコアといえるのが、正確な事実認定を確保することを目的として証拠能力の有無を判断する関連性の観点です。

　本章では、特定の類型の証拠について、関連性の観点から具体的な証拠能力判断の思考プロセスを学びます。関連性の観点から行う証拠能力の判断プロセスは、①当該証拠から直接証明される事実（要証事実）が推認される過程の検討、②当該証拠の要証事実から主要事実（事案の判断（判決）に必要な事実のうち、証明を要する事実）が直接・間接に推認される過程の検討に整理できます。このプロセスの理解は、第21章の伝聞証拠と非伝聞証拠の区別との関係でも重要となります（後述の要証事実や立証趣旨の関係も含めて、第21章で詳細に説明します）[1]。

　①②について、もう少し整理します。これらの過程の検討は、いずれも2つの異なる視点からなされます。第1の視点（論理的視点）は、一般的・類

型的に見て事実を推認させる力（証明力）がないといえるかを検討するものです。具体的には、①では当該証拠から要証事実を推認させる力の有無、②では要証事実から主要事実を推認させる力の有無を検討する視点です。①との関係は、ねつ造された証拠や取り違えられた証拠、根拠のない単なる意見や人のうわさ、そして、いわゆる「ジャンク・サイエンス」や「ニセ科学」に基づく分析などが挙げられます。このような一般的・類型的に見て要証事実を推認させる力「さえも」有しない証拠を取調べることは時間の浪費に過ぎないので、証拠能力は一律に否定されるのです。次に、②との関係では、当該事件の主要事実や争点と関係のない証拠などが挙げられます。これは一定の事実を推認させる力を最低限度は有しているものの、やはり当該公判審理で取り調べることは時間の浪費にすぎず、証拠能力は一律に否定されます。

　①との関係で挙げられる問題が、いわゆる科学的証拠の証拠能力判断です。この問題については、(a) 検査や鑑定の基礎となっている科学的原理が理論的正確性を有していること、(b) 個々の事案における具体的な実施方法などの適正さを検討すべきとする見解が有力です。この見解によれば、(a)(b)のいずれかが否定されれば、要証事実を推認させる力さえも有し得ないことになり、一律に証拠能力は否定されるのです[2]。たとえば、DNA型鑑定（MCT118型）の証拠能力について判示した最決平12・7・17刑集54巻6号550頁は、「その科学的原理が理論的正確性を有し、具体的な実施の方法も、その技術を習得した者により、科学的に信頼させる方法で行われたと認められる」として、その証拠能力を認めています。

---

1) たとえば、川出・捜査267頁以下、宇藤ほか346頁以下など。さらに、成瀬剛「科学的証拠の許容性（5・完）」法学協会雑誌130巻5号（2013年）14頁以下も参照。なお、証拠の関連性に関する学説について検討するものとして、三井Ⅲ37頁以下、大久保隆志「証拠の関連性」リーディングス223頁以下など。さらに、角田雄彦「証拠の関連性について」刑弁70号（2012年）27頁以下。

2) 科学的証拠の証拠能力判断について検討する近年の文献として、三井Ⅲ52頁以下、光藤景皎『刑事証拠法の新展開』（成文堂、2001年）1頁以下、司法研修所編『科学的証拠とこれを用いた裁判の在り方』（法曹会、2013年）、成瀬剛「科学的証拠の許容性（1）～（5・完）」法学協会雑誌130巻1号～130巻5号（2013年）、笹倉香奈「科学的証拠と誤判」探究155頁以下、家令和典「科学的証拠による事実認定」木谷明編『刑事事実認定の基本問題』（成文堂、2015年）361頁以下、徳永光「科学的証拠」法教435号（2016年）15頁以下、笹倉香奈「連載・アメリカの科学的証拠最前線（1）～（3・最終回）」刑弁90号～92号（2017年）など。

第2の視点（事実誤認・弊害を考慮する視点）は、事実認定を誤らせる危険性やその他の弊害などを伴うかを検討するものです。具体的には、①について誤った要証事実を推認させる危険性の有無・程度やその他の弊害の有無・程度、②について当該証拠の要証事実から主要事実を推認する際における誤った事実認定の危険性の有無・程度やその他の弊害の有無・程度を検討する視点です。

　この第2の視点との関係で問題となるものとして、起訴されている犯罪事実と同種の前科が被告人にあること（同種前科）、あるいは同事実と類似の行為を被告人が行ったこと（類似事実）を示す証拠の証拠能力（以下、同種前科と類似事実をあわせて「同種前科等」とします）などが挙げられます。

　これらのうち第2の視点は、当該証拠によって推認されうる事実やその推認過程を意識しなければならない点で、第19章の内容と密接にかかわる問題です。同種前科等により直接・間接に証明されうる事実は、被告人の犯人性、当該犯罪の主観的要素の存在、そして情状事実と類型化できます。本章では、前者2つの類型について、同種前科等から推認されうる事実とその推認過程も踏まえて、その証拠能力判断の思考プロセスを学びましょう。

2 ｜ 同種前科等による犯人性立証とその危険性　共通2

　古くから、同種前科等による犯罪事実の立証は「原則として」許されないとされてきました[3]。その理由としては、同種前科等によって犯人性を推認する過程が事実認定を誤る類型的な危険性を有することが挙げられてきました。本章で身につけるべき基本的な思考プロセスとして、この推認過程とその危険性・弊害を確認しましょう。

　同種前科等から犯人性を推認する場合、基本的には、①同種前科等の存在から「被告人は同種・同様の犯罪を行う性格を有する人物であること」（人格評価）という「間接事実」（要証事実）を推認し、②この「間接事実」（要証事実）から「主要事実」（犯人性）を推認するという「**二重の推認**」を経ることになります。

3）　平野238頁、佐伯千仭「悪性格と類似事実」佐伯千仭編『続・生きている刑事訴訟法』（日本評論社、1970年）298頁以下、田宮326頁以下、松尾下116頁以下など。

この同種前科等から犯人性を推認する過程にどのような危険性があるのでしょうか。第1に、この①②の推認はいずれも成立する確実性が低いといわざるを得ません。それにもかかわらず、事実認定者（裁判官や陪審員、裁判員など）が①②の推認を行いがちであるという一般的・類型的な危険性（**偏見による誤った事実認定の危険性**）が存在します（①②の推認について、違和感なく読んでしまった人は少なくないと思います）。第2に、上記の危険な二重の推認には当たらない「許される推認過程」による場合であったとしても（具体的過程は後述します）、事実認定者は同種前科等の推認力を過剰に評価しがちであるという一般的・類型的な危険性（**誤導による誤った事実認定の危険性**）も存在します。そして、第3に、同種前科等の存在やその推認力をめぐって当事者間で争いが生じると、審理が混乱し、事実認定者の証拠評価も散漫になるため偏見や誤導という危険はさらに大きくなるという弊害も存在します。
　このように同種前科等による犯人性の立証については、二重の推認（被告人の人格評価という要証事実・間接事実を介した推認）に一般的・類型的な危険性・弊害が伴うとされてきました。そして、この同種前科等による犯人性の立証に伴う一般的・類型的に存在する危険性や弊害が、同種前科等の証拠価値（推認力）を基本的に上回っているがゆえに、「原則として」、同種前科等の証拠能力は否定すべきとされてきたのです。もっとも、例外的に同種前科等の証拠価値が上記の危険性や弊害を上回っている場合（例外的に、危険性や弊害が少ない場合や証拠価値が高い場合）には、同種前科等を内容とする証拠に証拠能力を認めることが可能とされてきました。たとえば、同種前科等からの推認過程が被告人の人格評価という要証事実・間接事実を介しない場合（危険性や弊害の少ない二重の推認を経る場合）や、他の証拠による立証との関係で同種前科等による立証の有する危険や弊害が低くなるといえる場合などが挙げられていました[4]。

3 ｜ 同種前科等による犯人性立証と判例法理　共通3

　同種前科等による犯人性立証について、最高裁として初めて判断を示した

---

4) 成瀬剛「類似事実による立証」新争点154頁以下。さらに、宇藤ほか359頁以下、酒巻489頁以下、川出・捜査267頁以下、緑284頁以下、白取381頁以下なども参照。

のが最判平24・9・7刑集66巻9号907頁です[5]。同事件の被告人Ｘは、金品窃取目的で被害者宅に侵入し、現金1000円とカップ麺1個を窃取した上、同方室内の石油ストーブ内の灯油をカーペットに散布して放火したとして、住居侵入、窃盗、現住建造物等放火の罪で起訴されていたところ、このうち放火の犯人性を否定する主張をしていました。これに対し検察官は、被告人に前科（平成3年4月から平成4年5月にかけて行われた15件の窃盗および平成4年3月末から同年6月半ばの間に現住建造物等放火の罪などで、平成6年4月に懲役8月および懲役15年の刑に処せられていた）があり、本件の放火と前科の放火は同様の動機に基づき（灯油を散布して火を放つという）特殊な手段方法で実行されたと主張し、その証明のために、前科の放火の判決書謄本やその捜査中に作成されたＸの供述調書の謄本、さらに本件の捜査で作成された前科の放火の動機に関するＸの供述調書や警察官証人の取調べを請求しました。裁判員裁判による第一審では、上記の証拠のうち、判決書謄本は情状証拠として採用されたものの、その他の証拠の証拠調べ請求は却下され、その後、Ｘは放火について無罪とされました（住居侵入および窃盗については有罪）。これに対し、検察官が控訴したところ、控訴審は、第一審の上記証拠調べ請求却下には判決に影響を及ぼすことが明らかな訴訟手続の法令違反があるとして、第一審判決を破棄し、差し戻しました。同判断について、Ｘは上告しました。最高裁は、次のように判示し、原判決を破棄し、差し戻しました（下線・丸数字は引用者）。

①前科も一つの事実であり、前科証拠は、一般的には犯罪事実について、様々な面で証拠としての価値（自然的関連性）を有している。反面、前科、

---

5) 平成24年判決については、岩崎邦生「判解」解説平成24年度（刑）275頁以下、佐藤隆之「判批」重判平成24年度184頁以下など。後述の平成25年決定を検討したものとして、岩崎邦生「判解」解説平成25年（刑）1頁以下、堀江慎司「判批」重判平成25年度194頁以下など。両決定を含む判例の論理について検討したものとして、野口佳子「同種前科・類似事実による立証」安廣文夫編著『裁判員裁判時代の刑事裁判』（成文堂、2015年）213頁以下、伊藤睦「判批」判例学習206頁以下、川出・捜査267頁以下、大澤裕「判批」論ジュリ17号（2016年）226頁以下、村瀬均「同種前科・類似事実による立証」法教435号（2016年）8頁以下、遠藤邦彦「類似事実に関する証拠の許容性、関連性、必要性の判断基準」判タ1419号（2016年）35頁以下、笹倉宏紀「判批」百選（10版）144頁以下など。

特に同種前科については、被告人の犯罪性向といった実証的根拠の乏しい人格評価につながりやすく、そのために事実認定を誤らせるおそれがあり、また、これを回避し、同種前科の証明力を合理的な推論の範囲に限定するため、当事者が前科の内容に立ち入った攻撃防御を行う必要が生じるなど、その取調べに付随して争点が拡散するおそれもある。②したがって、前科証拠は、単に証拠としての価値があるかどうか、言い換えれば自然的関連性があるかどうかのみによって証拠能力の有無が決せられるものではなく、前科証拠によって証明しようとする事実について、実証的根拠の乏しい人格評価によって誤った事実認定に至るおそれがないと認められるときに初めて証拠とすることが許されると解するべきである。③本件のように、前科証拠を被告人と犯人の同一性の証明に用いる場合についていうならば、前科に係る犯罪事実が顕著な特徴を有し、かつ、それが起訴に係る犯罪事実と相当程度類似することから、それ自体で両者の犯人が同一であることを合理的に推認させるようなものであって、初めて証拠として採用できるものというべきである。

　平成24年判決は、同種前科による犯罪事実の立証について、自然的関連性を認める一方で、「被告人の犯罪性向といった実証的根拠の乏しい人格評価につながりやすく、そのために事実認定を誤らせるおそれがあ」ること、また、「これを回避し、同種前科の証明力を合理的な推論の範囲に限定するため、当事者が前科の内容に立ち入った攻撃防御を行う必要が生じるなど、その取調べに付随して争点が拡散するおそれもある」という危険性・弊害を明確に指摘しています（①部分）。この判示部分は、同種前科による犯罪事実の立証について、被告人の人格評価という要証事実・間接事実を介した二重の推認過程に伴う事実認定を誤らせる危険性・弊害に加え、応訴や不意打ちなどに対応する当事者の負担や訴訟経済（刑事裁判にかかるさまざまなコスト）といった弊害を指摘するものです（もちろん、上述のように争点の拡散などは事実認定を誤らせる危険性も伴うものです）。従来の考えと基本的に同様の論理であるといえます。

　①部分を踏まえて、平成24年判決は「前科証拠は、前科証拠によって証明しようとする事実について、実証的根拠の乏しい人格評価によって誤った

事実認定に至るおそれがないと認められるときに初めて証拠とすることが許されると解するべきである」とします（②部分）。この判示部分は、①部分で指摘される危険性や弊害がない場合には、「例外的に」同種前科による犯罪事実の立証は許されるという論理を示すものです。この論理も従来の考えと基本的に同様といえるでしょう。

では、例外的に同種前科による犯罪事実の立証が許されるのは、具体的にどのような場合なのでしょうか。この点について、平成24年判決は、「前科に係る犯罪事実が顕著な特徴を有し、かつ、それが起訴に係る犯罪事実と相当程度類似することから、それ自体で両者の犯人が同一であることを合理的に推認させるようなもの」とします（以下、『「顕著な特徴が相当程度類似する場合」』とします）。平成24年判決は、本件のように同種前科により「犯人性」を推認する場合でも、同種前科の要証事実（間接事実）が実証性の乏しい人格評価（被告人は同種の犯罪を行う性格を有する人物であること）を介さない推認過程を経る場合は、①部分の危険・弊害が小さいことを理由に、同種前科による犯人性立証は許されるとするのです。

さらに、最決平25・2・20刑集67巻2号1頁は、平成24年判決の論理が、前科だけでなく、併合審理されている（同じ公判審理の対象とされている）被告人の他の犯罪事実についても当てはまるとします（同事件の詳細などは後述します）。このように判例法理は、犯人性の立証を目的とした同種前科や類似事実を内容とする証拠の取調べ請求について、一般的・類型的な事実認定を誤らせる危険性や弊害を理由として原則として却下すべきとしつつ、当該同種前科等による要証事実が危険や弊害が小さいといえる場合には「例外的に」許容すべきとするものです[6]。

4 │「推認過程」に関する判断プロセス　共通4

おそらく、読者のみなさんが混乱するのが、「許される推認過程と許され

---

6) 宇藤ほか359頁以下。遠藤・前掲注5）45頁は、許されない推認過程を伴う同種前科等のような「証拠能力のない証拠や証拠として許容されない証拠を取り調べてはならないことは義務的であって、証拠の必要性、相当性といった裁量的判断ではない点は意識する必要があ」るとします。

ない推認過程というけれども、それはそもそもどのように決められるのか」という点ではないでしょうか。各証拠の要証事実や推認過程は、当該証拠の内容だけでなく、当該事案の立証構造の具体的内容（主要事実の内容、他にどのような証拠や事実が存在するかなど）を踏まえて把握されます。同種前科等から犯人性の認定に至る推認過程の場合も同様です。1つの証拠から推認可能な事実は複数あり得ます。その推認可能な複数事実から、立証の対象である主要事実や他の証拠・事実の状況などを踏まえ、1つの推認可能な事実に限定していくというイメージです。この際の重要な手がかりが、当該証拠の立証趣旨（規則189条1項にいう「証明すべき事実」です。証拠調べを請求する当事者が示す証拠調べ請求の目的とされます）や当該事件の争点です。

　たとえば、Xが通常では入手困難な薬品を用いて着火させるという特殊な犯行方法の放火で、懲役5年の有罪判決を6年前に受けていたとしましょう。同種の特殊な放火の事実でXが起訴され、前記の同種前科が存在する場合、ありうる推認過程としては、下記（a）〜（c）が挙げられます。（a）犯行方法の顕著な特徴が類似していることからXは本件の犯人であること（犯人性）を推認する、（b）Xは本件薬品で容易に着火することを知っていたと推認できるから、本件は失火ではなく故意によるものであったと推認する、（c）Xが同じく入手困難な薬品を用いて着火するという犯行に及んでおり、反省していないと推認する（情状事実）。どの推認を経るといえるかは、どのような争点が存在するか、どのような証拠がそろっているかが密接に関連します。たとえば、故意が争点となっているときに、（a）の推認過程で同種前科を用いる意味はありません。そうすると、（b）の推認過程で用いる趣旨であると判断されるわけです。また、前科と起訴されている事実がともに特殊とはいえない放火の事実で、犯人性が争点となっている場合、当該同種前科は犯人性を立証しようということになります。しかし、その場合は上記判例法理により、原則として証拠能力は否定されることになるのです。

　以上の基本を踏まえて、立証構造ごとに同種前科等による犯人性立証の推認過程と証拠能力判断のプロセスを具体的に検討しましょう。その立証構造は、大きく2つに分けることができます。

図 20-1

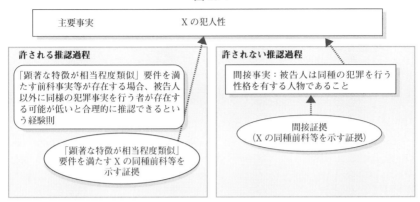

5 │ 同種前科等のみによる犯人性立証と証拠能力判断 共通5

　第1に挙げられるのが、同種前科等のみで犯人性を立証しようとする場合です。この場合、同種前科等による犯人性立証の危険性や弊害はダイレクトに現れることになり、この危険性や弊害が存在しないとか極めて小さい例外的場合に限り、犯人性の立証は許容されることになります。

　平成24年判決は、このような危険性・弊害が小さい例外的場合として、まず、前科と起訴されている犯罪事実の両者の「顕著な特徴が相当程度類似する場合」を挙げています。この場合の同種前科等による犯人性立証を行う場合、当該同種前科等により推認される要証事実は「両者の犯行は同一人物であること」となります。なぜなら、この場合は、両者の犯罪事実の「顕著な特徴が相当程度類似」していることを理由に「被告人以外に同様の犯罪事実を行う者が存在する可能性は低いと合理的に推認できる」という経験則が働くからです[7]。これに対し、「顕著な特徴」が認められない場合や「相当程度類似」しているとはいえない場合、同種前科等による犯人性立証の推認過程は、被告人の人格評価を要証事実とする許されない二重の推認を経ていると判断せざるを得ないのです（**図20-1**も参照）[8]。

---

7) 成瀬・前掲注4）154頁、村瀬・前掲注5）11頁などを参照。

では、「顕著な特徴が相当程度類似する場合」かどうかはどのように判断されるのでしょうか。平成24年判決は、あてはめ部分で、「窃盗の目的で住居に侵入し、期待したほどの財物が窃取できなかったために放火に及ぶということが、放火の動機として特に際だった特徴を有するものとはいえないし、また、侵入した居室内に石油ストーブの灯油を撒いて火を放つという態様もさほど特殊なものとはいえず、これらの類似点が持つ、本件放火の犯行が被告人によるものであると推認させる力は、さほど強いものとは考えられない」とします。このように判例は、前科と起訴された犯罪事実の犯行の手段・方法・態様を比較して、その特徴が顕著といえるか、顕著といえるとして、両者が相当程度類似しているかに着目して、「被告人以外に同様の犯罪事実を行う者が存在する可能が相当に低い」といえるかを判断しています。
　もちろん、両者の犯行手段等の特殊性が類似しているからといって、直ちに両者の「顕著な特徴」が「相当程度類似」していることにはなりません。たとえば、両者の間に20年の隔たりがある場合、札幌市と福岡市という場所的隔たりがある場合は、被告人以外による犯行可能性も高くなるといえるからです。「顕著な特徴が相当程度類似している場合」（被告人以外に同様の犯罪事実を行う者が存在する可能性が相当に低いこと）の判断は、犯行の手段・方法・態様の特殊性に加え、犯行の日時・場所、犯行後の事情、行為者の人相や体格なども含めた総合的な検討を内容とするのです（複数犯行の場合は、さらに、それらの間の共通性や相互の関連性なども考慮されます）[9]。
　前科と起訴された事件は、犯行の日時が近接していないのが通常であること、同様の犯罪事実を行う者が他に存在する可能性が相当に低いことが同種前科等のみで示されるのは稀であることなどを踏まえると、同種前科等のみによる犯人性立証が許容される場合は非常に限られるでしょう（特殊な道具やきわめて猟奇的な殺害方法による連続的犯行のような場合に限られるでしょう）[10]。
　次に、平成24年判決は、犯人性を推認させる事実として、「単に前刑放火

---

[8] 同種前科等による犯人性立証の推認過程を明示するものとして、岩崎・前掲注5（平成25年度）21頁以下など。
[9] 遠藤・前掲注5）46頁など。
[10] 酒巻491頁、村瀬・前掲注5）11頁以下、宇藤ほか362頁、など。

と本件放火との間に強い類似性があるというにとどまらず、他に選択の余地がないほどに強固に習慣化していること、あるいは被告人の性格の中に根付いていること」が認められるかも検討しています。判例は、被告人の犯罪性向が「他に選択の余地がないほどに強固に習慣化していること、あるいは被告人の性格の中に根付いている」といえる場合にも、同種前科等による犯人性立証も許されるとの論理を採用しているのです。この場合の推認過程は、被告人の人格評価という要証事実ではなく、当該同種前科等により推認される「両者の犯行は同一人物であること」との要証事実を介するものです。そして、この場合には、「被告人以外に同様の犯罪事実を行う者が存在する可能が低いと合理的に推認できる」という経験則が働きます[11]。もっとも、犯罪性向の強固な習慣化などが正確に把握できるかについては疑問も残ります（この問題をめぐって争点が拡散することもありうるでしょう）。このことも考慮すると、この推認過程が認められる場合も限られるというべきです[12]。

6 ｜ 他の間接証拠・間接事実との総合評価による犯人性立証と証拠能力判断 共通6

　第 2 に挙げられるのが、犯人性を一定程度推認可能な「他の間接事実・間接証拠」と総合して犯人性を立証しようとする場合です。たとえば、犯行現場に被告人の毛髪を含む数名の人物の毛髪が存在したとか、犯行の直前または直後に犯行現場付近で被告人と似た人物が目撃されていたなどの犯人性を立証しうる間接証拠が存在する状況（犯人である可能性のある者の範囲が一定程度絞られている場合）で、さらに同種前科等を内容とする証拠が請求された場合が考えられます[13]。

　この立証構造において犯人性を強く推認できる間接事実や間接証拠が他に存在する場合は、同種前科等による立証は許される可能があります[14]。なぜ

---

11) この点を詳細に検討するものとして、成瀬・前掲注 4 ）155 頁、岩崎・前掲注 5 ）（平成24 年度）335 頁以下、川出・捜査 276 頁、笹倉・前掲注 5 ）147 頁など。
12) 伊藤・前掲注 5 ）210 頁など。
13) 堀江・前掲注 5 ）195 頁以下など。
14) この点を詳細に検討するものとして、笹倉・前掲注 5 ）146 頁以下など。

なら、犯人性を強く推認させる他の間接証拠・間接事実の存在は、同種前科等の立証による誤った事実誤認の危険性などを低下させることになるからです（たとえば、他の証拠で犯人の可能性がある者が数名に絞られた場合、そのうち1名に起訴された犯罪事実と同種の前科がある場合など）。また、この場合、同種前科等は、被告人の人格評価ではなく、「犯人の可能性がある者のうち、被告人には同種の前科があること」という要証事実（犯人性を推認させる補助的な事実）を推認させ、この要証事実から犯人性を推認するという過程を経ることになるとの説明も可能です。

　もっとも、判例は、このような他の間接証拠が存在する場合における前科事実等による犯人性立証を明確に認めていません。最高裁は、上記のような推認過程も結局被告人の人格評価を介在させていると考えたのかもしれません。また、すでに犯人性を推認させる複数の間接証拠が存在するにもかかわらず、危険性や弊害の伴う同種前科等による犯人性立証をあえて行う必要性が高いとまではいえないと考えているのかもしれません。

7 ｜ 短期間・連続の同種の犯罪事実と犯人性立証　展開1

　上記の立証構造に対し、短期間に複数の類似犯罪が連続的に行われたという間接事実を総合的に評価して犯人性を立証する場合はどうでしょうか。この点を詳細に論じているのが、平成25年決定の金築誠志補足意見です。平成25年決定の事案は、被告人は、約1年間の間に行われた計20件の住居侵入・窃盗（未遂を含む）・現住建造物放火により起訴されたところ、このうち10件の住居侵入・窃盗、2件の住居侵入・窃盗・現建造物放火についてはそのまま認め、さらに1件の住居侵入・窃盗・現住建造物放火について住居侵入・窃盗の限度で認めていましたが、残る7件の住居侵入・窃盗・現住建造物放火について否認していました。上記のうち10件の放火は約4ヶ月の間に連続的に行われたものであり、かつ、各放火発生前の一定時間内（最大限約10時間内）に被告人がその住宅で窃盗を行ったことが他の証拠により認められるものでした（この10件のうち、2件の放火について被告人は自認しています）。本件では、被告人が否認する7件の住居侵入・窃盗・現住建造物放火の犯人性が争点となりました。

　上述のように、平成25年決定は、このような類似事実が併合審理されて

いる事案についても平成24年判決の論理が適用されるとしました。なぜなら、類似事実の存在から犯人性を立証する場合でも、被告人の人格評価という間接事実を推認し、この間接事実から被告人の犯人性を推認するという許されない二重の推認を経ることになるからです。このことを前提に、法廷意見は、前科事実および被告人が自認している各事実における複数の「特徴」は「さほど特殊なものではなく、これらは、単独ではもちろん、総合しても顕著な特徴とはいえないから、犯人が被告人であることの間接事実とすることは許されない」などとしています。

もっとも、単に類似の事実が複数起訴されているだけでなく、本件のように多数の類似犯罪事実が短期間に連続的になされた行為が起訴され、そのうち一部の犯罪事実についてすでに被告人の犯人性が認められる場合も、この判例法理を同じように適用すべきかはさらに検討すべき問題です。この点について、短期間に多数の類似犯罪事実が連続的になされたとの事実がすでに立証され、さらに、そのうちの一部について被告人の犯人性が立証されている場合（被告人が認めている場合も含む）、「当該複数の犯罪事実すべてを被告人以外の者が行った可能性は低い」という経験則が働くとして、「当該類似犯罪事実の一部の犯人である被告人は、その他の類似犯罪事実すべての犯人であること」という間接事実を推認させるという説明（たとえば、すでに犯人性が立証されているABC事件の犯人と犯人性が争われているD事件の犯人が同一であるという説明）は可能とする見解があります（本決定における金築誠志補足意見も参照）。この場合、被告人の人格評価という間接事実を介在した推認ではないので、事実認定を誤らせる危険やその他の弊害は小さいと説明されるのです[15]。

確かに、平成25年決定は、このような推認過程を明確に否定していません。もっとも、上記の推認プロセスの説明については、近接する同様の犯罪事実の存在から同様の犯罪事実すべてを被告人が行ったとは必ずしもいえない（その推認力は常に強いとはいえない）という批判もなされています。この批判を前提とすると、場所的・時間的に近接する犯罪事実が存在すれば、直ちに同種前科等による立証が許容されるわけではなく、上記間接事実の犯人性の推認力が一定程度以上認められる場合（被告人以外の者が当該複数の犯罪

---

15) 成瀬・前掲注4）155頁、川出・捜査280頁など。

事実すべてを行った可能性が相当に低いという場合）などに限られることになります。このように理解する場合、結局、同種前科等を証拠とする必要性などにも疑問が生じることになります[16]。

8 ｜ 同種前科による犯罪の主観的要素の立証 共通7

　同種前科等によって起訴されている犯罪の主観的要素を立証する場合について検討します[17]。たとえば、他の証拠により犯人性は十分に立証されているが、特定の犯罪構成要件のうち主観的要素（故意など）を立証する証拠が十分でない場合、同種前科等により立証することは許されるのでしょうか。

　この点が問題となったのは、最決昭41・11・22刑集20巻9号1035頁です。本件では、Xが、書面や言動で社会福祉のための募金を装って金銭を詐取したという詐欺事件について、Xには本件と同様の手段による詐欺罪の前科があるという事実を証拠として用いることが許されるかが問題となっていました。本件控訴審は、上記同種前科の存在から、「本件行為もその態様に照し詐欺罪を構成するものであることの認識があったと思われる」として、本件詐欺罪の故意がXにあったとしました。これに対し、被告人が、このような立証は許容されないとして上告したところ、最高裁は次のように判示しました。

> 犯罪の客観的要素が他の証拠によつて認められる本件事案の下において、被告人の詐欺の故意の如き犯罪の主観的要素を、被告人の同種前科の内容によつて認定した原判決に所論の違法は認められない。

　この判示について、犯罪の客観的要素が他の証拠によって認められる場合に、同種前科等によって故意などの犯罪の主観的要素を立証することを「常に」許容するものと理解するのは妥当ではありません。過去に被告人が類似

---

16) 遠藤・前掲注5）44頁など。
17) この問題に関する重要な論文として、成瀬剛「類似事実による主観的要件の立証——性犯罪事件における性的目的の立証を素材として」『井上正仁先生古稀祝賀論文集』（有斐閣、2019年）545頁以下。

の詐欺行為を故意で行ったから、今回も詐欺行為を故意に行ったのだろうという推認は、結局、被告人の人格評価を要証事実とする許されない二重の推認と同様といえるからです（同種前科等の存在から被告人の人格評価を推認し、そこから本件における故意の存在を推認する過程）。

昭和41年決定が許容した推認過程は、同種前科等を内容とする証拠から、①「被告人は社会福祉のための募金を装って寄付金を集めれば、相手方は錯誤に陥って金銭を交付するであろうことを認識していたこと」という間接事実を推認し、ここから、②「被告人は自己の行為が欺罔行為であることを認識していたはずである」ことを推認し、③被告人には詐欺の故意があったと推認するものと説明できます[18]。なお、この推認過程を経ていると説明するためには、同種前科と起訴された犯罪事実について、罪名が同種というだけでは足りず、特定の書面や言動で社会福祉のための募金を装うという犯罪の方法・態様も類似していることが必要です。

9｜要証事実と推認過程を踏まえた証拠能力判断　共通8

本章で学んでほしかった第1の内容は、同種前科等による立証の性質（危険性や弊害）とこれを踏まえた証拠能力判断です[19]。そして、第2に、証拠能力判断にとって、当該証拠の要証事実やこれを踏まえた推認過程を前提とすることが重要ということです。本章の内容が示唆するように、証拠調べ請求された証拠の要証事実は、問題となる証拠の媒体（書面や言葉など）や内容だけでなく、その証拠によって直接・間接に証明されうる主要事実の内容（犯人性や犯罪の主観的要素など）、他の証拠や事実としてどのようなものが存在するかによって変わります。関連性の観点から行う証拠能力判断は、当該証拠の内容に加えて、問題となる主要事実を把握し（事例問題などでは、「争

---

18) 佐藤隆之「判批」重判平成18年度195頁以下。さらに、成瀬・前掲注5）155頁、川出・捜査282頁以下など。他に許される推認過程を示すものとして、秋吉淳一郎「判批」百選（8版）134頁以下、辻裕教「判批」百選（9版）140頁以下など。同種前科から殺意を認定した裁判例として、大阪高判平17・6・28判タ1192号186頁以下。

19) これまで証明力の観点から検討されてきた性犯罪被害者の供述について、関連性の観点から問題とすべき部分があるとするものとして、成瀬剛「性犯罪被害者の性的経歴に関する証拠」法時88巻11号（2016年）80頁以下。

点」や「検察官は……を証明するため」、「○○という立証趣旨で」などと書かれている部分がヒントになります)、この主要事実を直接・間接に証明するために当該証拠からどのような要証事実が推認されるのかという推認過程の検討が必要となります。

　このような作業は容易ではありません。まずは、典型的な要証事実や推認過程をベースに学ぶことから始めましょう。刑訴法の教科書などでは、「……を要証事実とする場合」とか「……を立証する場合」として、典型的な要証事実の類型ごとに、その推認過程やこれを踏まえた証拠能力判断が示されています。これらは、長年の経験の蓄積を踏まえて、問題となりやすい情報の媒体・内容や要証事実・推認過程の類型ごとの証拠能力判断のプロセスを示したものといえます。これらを丸暗記するだけでなく、その背後の論理（要証事実や推認過程の意味）も踏まえると、事例問題などに示された立証構造や問題となる証拠の要証事実を把握する能力が身につくと思います。

　要証事実と推認過程を把握して行う証拠能力判断という思考プロセスは、「伝聞証拠」と「非伝聞証拠」の区分（320条にいう**伝聞法則**が適用されるか否かの判断）との関係で、非常に重要です。第21章は、この問題を扱います。

第 21 章

証拠法の思考プロセス3
──伝聞証拠と非伝聞証拠の区分

第 21 章の目標
①刑訴法 320 条 1 項の趣旨を踏まえたうえで、その適用範囲を理解する。
②要証事実を把握して、刑訴法 320 条 1 項の適否を判断する思考プロセスを身につける。
③いくつかの個別事例について、刑訴法 320 条 1 項の適否を判断する思考プロセスを活用する。

1 │ 刑訴法 320 条 1 項から導かれる法的規律 共通1

　320 条 1 項は、「公判期日における供述に代えて書面を証拠とし、又は公判期日外における他の者の供述を内容とする供述を証拠とすることはできない」とします。この文言から分かるように、320 条 1 項は、「供述」（**供述証拠**）の証拠能力を規律するものです。この規律を「**伝聞法則**」といいます。

　320 条 1 項の文言のみに着目すれば、同規定により証拠能力が否定される対象は、公判審理外でなされた供述を「書面」や「第三者の供述」というかたちで持ち込むことすべてであるように見えます。もっとも、学説や実務は、そのようには理解していません。たとえば、検察官や被告人側が、メモや日記などの書面、さらには第三者の供述内容を供述する証人（「X さんは『……』といっていました」とするWの供述）などのように、320 条 1 項に一見当たりそうな証拠を取調べ請求しようとする場合、この証拠調べ請求は 320 条 1 項を理由に常に却下される（証拠能力が否定される）わけではありませ

ん。この証拠能力が肯定される論理としては、大きく2つが挙げられます。

第1に、320条1項が証拠能力を否定する「**伝聞証拠**」に当たらない（**非伝聞証拠**）から、証拠能力が認められるという論理です。この伝聞証拠と非伝聞証拠の区分は、320条1項の趣旨とその対象である「伝聞証拠」の理解により決定されます。第19章で述べたように、証拠法による証拠能力の規律対象の区分は、当該証拠の「**要証事実**」によって決定されます。320条1項は供述証拠の証拠能力を規律するものですが、メモや日記のような文書が常に「供述証拠」となるわけではなく、要証事実との関係で「**非供述証拠**」となる場合もあります。「非供述証拠」については、320条1項の規律は及ばないので、同規定に基づき証拠能力が否定されないのです。

第2に、320条1項により証拠能力が否定される場合でも、321条以下の例外規定（**伝聞例外規定**）により証拠能力が認められるという論理です。

以上のように320条1項の適用が形式的に問題となりそうな証拠（書面など）の取調べ請求については、第1に320条1項の適用を受けるか、受けるとして、第2に、321条以下の伝聞例外規定の適用を受けるかという思考プロセスによって検討する必要があるのです。

本章では、第1の問題（伝聞証拠と非伝聞証拠の区分）について検討します。この問題を十分に理解するためには、「**立証構造**」や「**証拠構造**」を前提とする要証事実の把握が必要不可欠です（第19・20章）。以下では、このことも踏まえて、320条1項の趣旨とその規制対象である供述証拠の性質、そして、その区分方法について学びましょう。

2 ｜ 刑訴法320条1項の趣旨とその内容 　共通2

320条1項の規律対象を理解するためには、この規定がどのような根拠で、どのような類型の証拠を規律しようとしているのかを理解することが重要です。320条1項が明文で規律対象とするのは、①「公判期日における供述に代えて書面を証拠と」すること（供述代用書面）、②「公判期日外における他の者の供述を内容とする供述を証拠とすること」（第三者供述）の2つの類型です。すなわち、「公判期日外」における「供述」を、①②のルートで証拠化すること（たとえば、W1の捜査段階の「供述」を、①調書という方法や②第三者であるW2の供述で証拠化すること）を禁止しているのです。このように、

320条1項の趣旨を理解するためには、「供述」が対象とされている理由、そして「供述」のうち「公判期日外」のものが対象とされている理由が重要です[1]。

まず、320条1項が「供述」を対象としている理由を考えましょう。「供述」の定義に関する明文の規定はありません。通説は、「供述」を「特定の事実の存否について報告・叙述する人の言葉を、叙述された内容の真実性を証明するための証拠として用いるもの」（供述証拠）と解釈します[2]。いきなり長くなり戸惑う人もいるかもしれませんが、第19章の内容も思い出してください。この定義は、当該情報の媒体や内容に加え、当該証拠の要証事実を示したものにすぎません。つまり、320条1項にいう「供述」は、特定の事実の存否について報告・叙述する人の言葉（情報の媒体・内容）のうち、当該供述内容の真実性を要証事実とするもの（供述内容通りの事実を証明する）とされているのです。

なぜ、320条1項は「供述」を対象としているのでしょうか。その理由は、「供述」（供述証拠）は類型的に事実認定を誤らせるおそれが高いことにあります。人がある事実（出来事）について供述する場合、以下の過程を経ます。

> ある事実（例：XはVをナイフで刺した）→ W1の知覚→ W1の記憶→ W1の叙述→他者へ伝達

このように、ある事実が、人の供述を経て外部に顕出される場合、当該事実をインプット（知覚・記憶）し、アウトプット（叙述）するという過程を経ます。そして、これらの過程には、類型的に誤りの入る危険性が存在します。なぜなら、「知覚」における誤り（見間違い、聞き違いなど）、「記憶」における誤り（記憶違い、記憶の減退、記憶の混合など）、「叙述」における誤り（意識的に嘘を言う危険、言葉の不正確性など）が発生する可能性が常に存在するからです。このように「供述」（供述証拠）は、事実認定を誤らせるおそ

---

1) この点、後藤・伝聞2頁以下、17頁以下、秋山敬「伝聞証拠と非伝聞証拠の判断基準」学説と実務135頁以下など。
2) 大澤裕「伝聞証拠の意義」争点（3版）182頁以下など。

れが類型的に高い証拠とされるのです。そして、この「供述」（供述証拠）に該当しない証拠（非供述証拠）は、320条1項の規律対象となりません。

　次に、320条1項が、このように事実認定を誤らせる類型的な危険性のある「供述」のうち、「公判期日外」のものに限り証拠能力を否定する理由を考えましょう。刑訴法は、当該「供述」を行う者（原供述者）を、公判期日において当該「供述」をさせるという制度を採用しています（304条など）。この制度は、以下の4つの措置で供述証拠が有する事実認定を誤らせる類型的危険性を除去することを1つの目的とします。第1に、原供述者に対して、対立する当事者が反対尋問を行うことです（反対尋問については、304条2項、規則199条の4および5）。反対尋問によって、知覚・記憶・叙述について誤りの危険がないかのチェックが可能となるのです（目撃した距離や障害物の有無、記憶違いの有無、被告人との利害関係など）[3]。第2に、公判期日の証人尋問前に、当該証人に真実を述べるなどの宣誓をさせること（154条、規則117条、規則118条）、宣誓をした証人には尋問前に偽証罪の警告（規則120条）をすることです。第3に、事実認定者である裁判官や裁判員が、原供述者の供述態度（表情や供述する様子など）を直接観察することです。第4に、裁判所が当該供述の引き出される過程（供述の形成過程）を観察することです。

　以上の措置（反対尋問など）を経ることによって、「類型的には」、当該供述証拠には事実認定を誤らせる危険性がなくなり、証拠能力を認めることが可能となります。これに対し、320条1項が証拠能力を否定している伝聞証拠（「公判期日外」の「供述」証拠）は、上記の措置を経ないので、依然として類型的な危険性を伴います。①「公判期日における供述に代えて書面を証拠と」することに対する上記の措置は不可能です。また、②「公判期日外における他の者の供述を内容とする供述」についても、公判期日で証言したW2さんに、「W1さんはどのような距離で目撃したのでしょうか。その時の明るさは？　視界に障害物などなかったのでしょうか？」と反対尋問しても、「私には、わかりません。W1さんに直接聞いてください」となります。

　以上のように、320条1項が「供述」のうち「公判期日外」のものを証拠能力禁止の対象としている根拠からすると、320条1項にいう伝聞法則は、

　3）　弁護人による反対尋問の技術については、岡慎一＝神山啓史『刑事弁護の基礎知識〔第2版〕』（有斐閣、2018年）153頁以下など。

「正確な事実認定を確保するための規律」であると理解できそうです[4]。

このような理解においても、反対尋問などを経た供述証拠や伝聞例外にあたる供述（伝聞法則との関係で問題のない証拠）が排除されることは当然あり得ます。たとえば、後述する憲法37条2項前段が保障する被告人の証人審問権を根拠として、検察官申請の証人による供述を排除すべきという論理が考えられます。検察官が請求した証人が公判期日で検察官による主尋問を受けたものの、弁護人による反対尋問前に死亡した場合、上記の伝聞法則との関係では証拠能力が認められます。もっとも、この場合、被告人側による反対尋問の機会は失われていることから、憲法37条2項違反を理由に証拠能力を否定すべきという論理があり得ます[5]。これに対し、被告人側請求の証人について弁護人による主尋問後に死亡した場合は、被告人の権利である憲法37条2項前段は適用されず、320条1項の問題にとどまるので、その供述の証拠能力を否定することは困難でしょう。

3 ｜ 刑訴法320条1項と証人審問権・直接主義 展開1

320条1項の伝聞法則が、「正確な事実認定を確保するための規律」であること自体については争いがないといえるでしょう。もっとも、320条1項の趣旨がこれに尽きるかについては、争いがあります。

第1に問題となるのが、憲法37条2項前段にいう**証人審問権**との関係です。憲法37条2項前段は「すべての証人に対して審問する機会」を被告人に保障しています。被告人側による「審問」（反対尋問）を経ていない「供述」の証拠能力が否定されるのは、正確な事実認定の確保ができないという理由だけでなく、この憲法37条2項の証人審問権に反するとの理由からも説明できそうです[6]。最高裁判例には、証人審問権と伝聞法則が一定程度結びついていることを示唆するものもあります（最判平7・6・20刑集49巻6号741頁）。もっとも、その具体的内容は示されていません。

---

4) 伝聞法則を「正確な事実認定に資する目的の証拠法則」とするものとして、酒巻535頁。さらに、堀江慎司「証人審問権の本質について（6・完）」法学論叢142巻2号（1997年）1頁以下も参照。

5) この点、緑295頁以下、宇藤ほか375頁など。

第2に問題となるのが、**直接主義**（事実認定者は直接取り調べた証拠に基づいて裁判を行うべきとする原則）との関係です。この直接主義によれば、人の供述を証拠とするためには、裁判所が法廷で供述を聞くべきであって、書面に記載された供述を用いることは禁止されることになります。直接主義は、書面に記載された供述の利用禁止という点で伝聞法則と共通するのです。さらに、刑訴法が供述証拠の証拠能力を肯定するために事実認定者による供述態度の直接観察を予定しているのは、直接主義に基づく事実認定者による直接観察自体の意義も認めているとも説明できるでしょう。そして、捜査機関の有罪心証が一方的に反映されている危険性を有する供述調書の利用を禁止することで、捜査段階の嫌疑（有罪心証）を公判審理へ引き継ぐことを防ぐという点でも、両者は共通します。

　以上のことからすると、320条1項の伝聞法則は、「正確な事実認定を確保するための規律」だけでなく、憲法37条2項前段の証人審問権の趣旨や直接主義の趣旨とも関係する複雑な規律であるとも理解できそうです。もっとも、このような理解に対しては、憲法37条2項前段が被告人の権利を保障しているのに対し、320条1項が検察官・被告人の区別なく及んでいることを説明できない、伝聞法則は当事者主義と関連する規律であるのに対し、直接主義は事実認定者の観点からの事実認定に関する職権主義的な規律という点で大きく異なるといった批判があり得ます。

　このように320条1項の伝聞法則の趣旨については、さまざまな理解が示されているところです[7]。伝聞法則の主要な趣旨が「正確な事実認定の確保」にあることには争いはありません。問題は、証人審問権や直接主義が具体的

---

[6] 320条1項を憲法37条2項前段の証人審問権に由来するものとする見解として、平野203頁以下、同『訴因と証拠』（有斐閣、1981年）227頁以下、光藤Ⅱ203頁以下、高田327頁以下など。この見解は、伝聞証拠を「事実認定をする裁判所の前で反対尋問を経ない供述証拠」とします（平野203頁。田口423頁以下も参照）。さらに、後藤・伝聞17頁以下も参照。

[7] 近年の議論を詳細に検討する近年の文献として、松田岳士『刑事手続の基本問題』（成文堂、2010年）1頁以下、大谷祐毅「刑事裁判における公判外供述の証拠使用と証人を審問する権利の役割(1)～(5・完)」法学協会雑誌136巻2号～10号（2019年）。さらに、小山雅亀「伝聞法則の再構築」村井敏邦ほか編『刑事司法改革と刑事訴訟法』（日本評論社、2007年）814頁以下、伊藤睦「伝聞法則」リーディングス265頁以下、緑293頁以下、後藤・伝聞17頁以下なども参照。

に伝聞法則の趣旨にどのように影響すると理解するかです。証人審問権や直接主義の意義は、いずれも供述を証拠化する「場」を公判審理とし、証拠化する方法を限定している（被告人側の関与や事実認定者の供述態度の直接観察）点で共通しています。これらの「場」や方法の限定は、それ自体が供述を証拠化する手続の公正性を保障するものであると同時に、「正確な事実認定の確保」を目的とするものといえるでしょう。このことを重視すれば、320条1項の伝聞法則は、公判における「正確な事実認定を行うための特定の手続」（供述を証拠化する「場」や方法）を前提とする「正確な事実認定を確保するための規律」（正確な事実認定を確保するための手続的規律）と考えられます。正確な事実認定が確保されていればよいのではなく、当該目的を達成するための手続も重要と考えていると理解するわけです。たとえば、321条1項2号の「国外にいる」の伝聞例外要件が形式的に満たされている場合、「正確な事実認定の確保」のみを趣旨とすれば証拠能力を認めてよいということになるでしょう。これに対し、正確な事実認定を確保する手続も重要とすれば、証人審問権の保障のあり方次第（国外にいることになった経緯）で要件は充足されないと321条1項2号の要件を解釈することもありうるのです。このように、私見は伝聞法則を「正確な事実認定を確保するための実体的・手続的規律」（正確な事実認定を確保するための実体的要件と手続的側面を規律するもの）と理解します[8]（なお、以下では、多数説に従い、伝聞法則を「正確な事実認定を確保するための規律」として説明します）。

4 ｜ 刑訴法320条1項の趣旨と伝聞証拠の定義　共通3

320条1項の内容や趣旨を踏まえ、同規定により証拠能力が否定される伝聞証拠は「公判期日外の供述を内容とする供述または書面で、当該公判期日外供述の内容の真実性を証明するために用いられるもの」と定義されます[9]。上述のとおり、供述証拠（類型的に事実認定を誤らせる危険性が高い証拠）のう

---

[8] この理解については、松田・前掲書注7）1頁以下や大谷・前掲注7）などを参照。
[9] 田宮363頁以下、松尾下44頁。近年の文献として、大澤・前掲注2）182頁、酒巻530頁、緑297頁、宇藤ほか374頁など。

ち、公判期日外の供述を内容とする供述または書面（類型的な危険を除去できていない証拠）とされるのです。

　この定義との関係でも、重要なのは「当該公判期日外供述の内容の真実性を証明するために用いられるもの」という部分です。この「供述の内容の真実性を証明するため」とは、「供述の内容通りの事実が存在したことを証明するため」（当該供述の要証事実が「当該供述の内容通りの事実が存在したこと」である場合）ということです。ある人の言葉の内容を用いる際に、その内容を構成する「特定の事実」という情報が正確にインプット（知覚・記憶）・アウトプット（叙述）されているかが問題となる場合に、正確な事実認定を確保するための規律である伝聞法則が適用されるのです。

　問題は、どのような場合が「供述の内容の真実性を証明するため」に当たるかです。この判断を行うためには、当該証拠の「要証事実」の把握が必要です。第19・20章では、この要証事実を「当該証拠により直接証明される事実」としてきましたが、以下で、その把握方法をより詳細に検討しましょう。まずは、ここまでの内容をまとめておきましょう。

320条1項の伝聞法則の趣旨と伝聞証拠の定義に関する思考プロセス

① 320条1項により証拠能力が否定される「伝聞証拠」に当たるか否かの判断は、320条1項の趣旨から検討する必要がある。
② 320条1項にいう「供述」とは、「供述証拠」（「特定の事実の存否について報告・叙述する人の言葉を、叙述された内容の真実性を証明するための証拠として用いるもの」）を意味する。この供述証拠は、知覚・記憶・叙述という過程を経るところ、各過程には誤りの入る危険がある。その誤りの入る危険を除去する措置として、刑訴法は、反対尋問、宣誓や偽証罪処罰の警告、裁判所による供述態度や供述の形成過程の直接観察を予定している。
③ 320条1項は、「供述証拠」のうち「公判期日外」のもの（伝聞証拠）の証拠能力を否定している。なぜなら、伝聞証拠は、上記の措置を経ておらず、類型的に事実認定を誤らせる危険を有するからである。以上のことからすると、320条1項は、「正確な事実認定の確保」のため、類型的に事実認定を誤らせる危険の高い供述証拠のうち、上記の危険除去措置を受けてないものを排除することを定めたものと理解される。つまり、320条

> 1項により排除される「伝聞証拠」とは、「公判期日外の供述を内容とする供述または書面で、当該公判期日外供述の内容の真実性を証明するために用いられるもの」と解される。
> ④「供述内容の真実性を証明するための証拠」となるかどうかは、当該証拠の要証事実との関係で決定される。

5 │ 要証事実を把握する 共通4

　320条1項に形式的に該当する証拠（第三者の言葉や書面）が証拠調べ請求された場合、問題となるのは当該証拠の要証事実が「当該供述通りの事実が存在したこと」となるかです。この要証事実は、「具体的な訴訟の過程で、その証拠が立証するものと見ざるを得ないような事実」[10]と定義されます。この定義が示すように、要証事実は当該証拠の内容だけでなく、当該事案における主要事実や立証構造の具体的内容を踏まえて把握されるのです。当該証拠から推認可能な複数の事実を、主要事実（事案の判断〔判決〕に必要な事実のうち、証明を要する事実）や立証構造などから要証事実として限定していくイメージです。具体的には、公訴提起されている犯罪の成立要件や犯人性などの主要事実の内容、問題となっている証拠以外にどのような証拠や事実が存在するか、そして、本件の立証構造は「直接証拠型」か「間接証拠型」かなどの検討が重要です。この作業により、どの主要事実に関する証拠や事実が十分あるいは不十分なのかという判断がなされます（第19・20章も参照）。

　もっとも、要証事実の内容が常に明確とは限りません。そこで、重要なヒントとなるのが当該公判における「主要事実」と「争点」です。なぜなら、問題となっている証拠は、多くの場合、この争点に関する証拠として請求されていると考えられるからです（それゆえ、事例問題の場合、問題文で本件の争点が明示されている場合は、これが大きなヒントになります）。

　また、証拠能力を判断する場面は、具体的な証拠調べに入る前の段階（事

---

10) 三好幹夫「伝聞法則の適用」大阪刑事実務研究会編『刑事証拠法の諸問題（上）』（判例タイムズ社、2001年）67頁。

件の内容はなにもわかっていない段階）に限られません。裁判所は、ときとして証拠の採否を留保して、証拠調べを進めることもあるのです。伝聞証拠も、立証構造や他の証拠との関係が一定程度判明した段階（一定の心証が形成されている段階）での証拠能力の判断もありうる点には注意が必要です[11]。

　この要証事実の把握と関連して、学習者の混乱させるのが「**立証趣旨**」という用語です。両当事者は、証拠調べを請求する際、当該証拠調べの目的として立証趣旨（規則189条1項にいう「証明すべき事実」）を明らかにしなければなりません。当事者主義という訴訟構造を前提とすれば、当事者の意図する立証趣旨[12]が裁判所を拘束するとの考え方も十分ありうるところです。しかし、日本の多数説や判例は、裁判所は当事者の主張する立証趣旨に必ずしも拘束されることなく、当該証拠から事実を認定することも許されるとします[13]。それゆえ、原則として当事者の設定した立証趣旨を尊重しつつ、立証趣旨に従って事実を認定すると意味がない（関連性がない）という場合は、例外的に裁判所が「実質的な」要証事実を把握できるとされています[14]。

　問題文の検討などでは、「立証趣旨」や「……を証明するため」という記

---

11)　三好・前掲注10）67頁は、「要証事実の把握には、どの点に関する証拠が十分で、どの点についての証拠が不足しているというように、他の証拠の質量や裁判官の心証も関係しているのであるから、最終的には証拠調べが相当進展した時点でなければ、正確にこれを把握できない場合があることも否定できない」とします。

12)　石井一正『刑事実務証拠法〔第5版〕』（判例タイムズ社、2011年）81頁は、「立証趣旨」は、「通常、その証拠から請求者が立証しようとする主要な事実を簡潔に表示することによって明らかにされている」とします。なお、立証趣旨の例については、井戸俊一「立証趣旨・証人尋問」廣瀬健二編『刑事公判法演習』（立花書房、2013年）294頁以下など。

13)　最決平17・9・27刑集59巻7号753頁など。立証趣旨の拘束力をめぐる議論については、杉田宗久『裁判員裁判の理論と実践〔補訂版〕』（成文堂、2013年）99頁以下など。

14)　芦澤政治「判解」解説平成17年度（刑）346頁以下、成瀬剛「判批」重判平成27年度179頁など。また、「立証趣旨」に意味がないと裁判所が判断したとき、裁判所は当事者に対し立証趣旨の変更について求釈明（規則208条1項）したうえで、これに当事者が応じない場合は、当該証拠調べ請求を却下することになりうることを示唆する見解として、川出敏裕「演習刑事訴訟法」法教389号（2013年）153頁。さらに、「立証趣旨」に意味がない裁判所が判断したときは、裁判所が実質的な要証事実を設定するのではなく、その証拠の取調べ請求について、320条1項との関係を問うまでもなく、関連性が欠けるとして却下すればよいとするものとして、宮村啓太「伝聞証拠」法教435号（2016年）32頁以下。

述が明示されている場合には、原則として、これを要証事実として把握することになるでしょう。もっとも、実務家はともかく、学習者にとってはやや抽象的な立証趣旨（「書面の存在」とか「被害再現状況」、「犯行再現状況」など）が示されている場合、要証事実の把握が困難な場合もあり得ます。その場合は、立証趣旨を踏まえてより具体的な要証事実を把握すること（内容をより具体化すること）が求められます。その具体的な要証事実を把握する際には、当該公判審理の主要事実や事件の争点から逆算して要証事実を把握すべきことになります。さらに、立証趣旨を文字通り理解すると主要事実や争点との関係で意味がない場合などでは、上記のプロセスで実質的な要証事実の把握が必要となります。立証趣旨がまったく示されていない場合も、同様のプロセスで判断することが求められます[15]。

6 | 伝聞証拠と非伝聞証拠を区分する思考プロセス 共通5

　320条1項の趣旨と伝聞証拠の定義を踏まえた伝聞証拠と非伝聞証拠を区分する思考プロセスは、3段階に分けられます。第1に、問題となっている証拠の要証事実を把握するプロセスです（本章5を参照）。第2に、当該要証事実が「当該公判期日外供述の内容の真実性を証明するために用いられるもの」に当たるかを判断するプロセスです。要証事実が「当該公判期日外供述の内容の真実性」（供述の内容通りの事実の存在）以外の事実である場合、正確な事実認定の確保を趣旨とする伝聞法則の規律対象外となるため、非伝聞証拠となります。第3に、要証事実が「当該公判期日外供述の内容の真実性」である場合でも、当該公判廷外供述が要証事実との関係で原供述者の知覚・記憶・叙述の全過程を経ていないといえる場合には、非伝聞証拠となり得ます。

---

15) 要証事実の把握方法については、三好・前掲注10) 67頁、宇藤ほか378頁、古江333頁以下、緑298頁以下、後藤・伝聞7頁以下など。これに対し、宮村・前掲注14) 32頁は、裁判所による実質的な「要証事実」の把握は可能であるか疑問も残るとして、「要証事実は当事者が設定した立証趣旨どおりであることを前提として、その立証趣旨どおりの要証事実であるとした場合にその証拠の関連性が認められるかを厳格に判断する方法も考えられる」とします。現行刑訴法が当事者主義を訴訟構造として採用していること、事実認定者には裁判員も含まれうることを踏まえるならば、この見解は妥当といえるでしょう。

基本的にこれらの思考プロセスを活用すれば、伝聞証拠と非伝聞証拠の区分は可能となります。学説や実務は、長年の検討を経て「行為の言語的部分」とか「精神状態の供述」などのさまざまな証拠について、上記の思考プロセスを類型化しています。以下では、その類型を踏まえて学びましょう。

7 │ 伝聞証拠と非伝聞証拠を区分する　共通6

　非伝聞証拠の類型としてよく挙げられるものを、上記の思考プロセスを活用して検討しましょう。たとえば、Xによる龍谷大学教授の斎藤司に対する名誉毀損罪（刑法230条）が訴因となっている公判審理において、「Xは、『私は、斎藤司が痴漢をしたのを見ました』といっていました」とW3が供述した場合、このW3供述は伝聞証拠でしょうか。この場合、主要事実（構成要件該当事実）との関係では、Xの発言の要証事実は「原供述者Xが斎藤司に対し名誉毀損行為を行ったこと」となります（第1プロセス）。この要証事実との関係では、当該発言の内容が真実であろうとなかろうと、Xがその発言をした事実自体が、名誉毀損罪の構成要件該当事実や犯人性を立証することになります。それゆえ、上記の第2プロセスの段階で、W3供述のうちXの発言部分は非伝聞証拠と判断されます。これは、**「供述をしたこと自体が犯罪事実を構成する場合」**とされる類型です（犯罪事実を構成する供述〔犯罪行為〕を目撃・耳撃した場合です）。

　これに対し、被告人斎藤司による強制わいせつ罪（刑法176条）が訴因の公判審理で、W3が上記と同じ供述を行ったとしたら、要証事実は「斎藤司が痴漢を行ったこと」という主要事実となります（第1プロセス）。この場合は、原供述者Xの供述内容の真実性（斎藤司による痴漢行為が存在したか否か）が問題となり、Xの知覚・記憶・叙述の過程を経たものと評価できますので、伝聞証拠となります（第2・第3プロセス）。

　もう1つ具体例を踏まえて考えましょう。Xに対する訴因がYへの贈賄罪（刑法198条）とされる公判審理において、「Xは『この度はお世話になります』と述べながら、Yに金銭を渡していました」とW4が証言した場合です。この場合、W4の証言中のXの発言「この度はお世話になります」は、形式的には320条1項の禁止する伝聞証拠に当たりそうです。当該公判審理においては、上記Xの発言はXY間における金銭のやりとりがXによる贈賄か

否かを判断するために重要です。そうすると、上記Xの発言の要証事実は、「XはYに贈賄としてYに金銭を渡したこと」となるといえます（第1プロセス）。もっとも、この場合、Xの発言はXの行為の意味（賄賂として金銭を渡したこと）を明らかにするにとどまり、「当該供述の内容通りの事実の存在」を要証事実とはしません（第2プロセス）。別の観点でいうならば、Xに当該発言内容の存否を確認する必要はなく、W4に目撃・耳撃した内容を確認すれば、上記要証事実を推認できるのです。以上のことから、上記Xの発言は非伝聞証拠となります。これが「**行為の言語的部分**」とされる類型です。

このような非伝聞証拠の類型としては、その他、(a) 供述の信用性を弾劾するため、その供述と矛盾する供述（ただし、自己矛盾供述に限り他者供述と矛盾する供述は含みません。この点については、最判平18・11・7刑集60巻9号561頁）、(b) 供述内容とは関わりのない事実を推論する情況証拠として用いる場合（被告人が犯行直前に精神異常であったことを推認させるために、被告人Dが「俺は人間をやめるぞ！斎藤ーっ！！」と叫んでいたのを聞いたとするW5の証言を用いる場合など）が挙げられます。

これらの類型に共通しているのは、人の言葉をその内容の真実性とは別の事実の立証に用いている点にあります（第2プロセスで、非伝聞証拠とされる類型といえます）。これを、人の言葉の「**非供述的用法**」といいます[16]。

8 | 現在の精神状態の供述は非伝聞証拠か？　共通7

「言葉の非供述的用法」が非伝聞証拠であることに争いはありません。これに対し、やや議論があるのが「**現在の精神状態の供述**」（原供述者の供述時の精神状態の供述）の扱いです。これは、原供述者が自身の精神状態（好き・嫌い、意図など）を述べた発言を、「原供述者が供述時に当該供述どおりの精神状態であったこと」を証明するために用いる場合を指します（「供述時の精神状態」である点に注意が必要です）。原供述者が被告人である場合は、故意の有無、自身の所持品などが違法薬物であることの認識、そして、犯人性を

---

16) 言葉の非供述的用法について詳細に検討するものとして、大澤・前掲注2）182頁以下、堀江慎司「伝聞証拠の意義」新争点（2013年）166頁以下および同169頁の「参考文献」、川出・捜査359頁以下、後藤・伝聞33頁以下など。

根拠づけうる間接事実（犯行計画や動機など）などが要証事実として考えられます。被害者などの第三者が原供述者である場合には、公訴提起されている犯罪に関する被害者の同意の有無を推認させる間接事実など（たとえば、刑法177条の強制性交等罪における同意の有無）が要証事実として考えられます。

Vを被害者とする殺人の訴因で、被告人Xの殺意の有無が争点となっている公判審理で、「当該事件直前、『俺はVのことが殺したいくらい憎い！』とXは叫んでいました」とW6が公判審理で供述した場合を考えてみましょう。この場合、要証事実は、殺意の存在を推認させる間接事実である「XはVを殺したいくらい憎んでいたこと」となります（第1プロセス）。そして、この要証事実との関係では、原供述者Xが、供述当時に当該供述通りの精神状態であったことを証明するために用いられます（第2プロセス）。

このように考えると、「現在の精神状態の供述」は伝聞証拠ではないかということになりそうです。しかし、第3プロセスの検討では、「現在の精神状態の供述」は供述証拠一般の場合と違って知覚・記憶の過程が欠けており、叙述の過程のみを経ているという特徴を有しています（憎いといった感情を知覚・記憶してその場で発言することは考えられないからです）。このような第3プロセスの特徴をどのように評価するかが問題となります。

有力な見解（**非伝聞説**）は、知覚・記憶の過程を経ていないから事実認定を誤らせる危険性は低いこと、叙述の過程の正確性（叙述の真摯性）はすべての証拠に共通する一般的な「関連性」の問題であり、原供述者の証人尋問などを経なくとも確認できること（原供述を聞いたとする証人に対する当時の状況や原供述者の表情などの質問、書面の内容や記述の態様、前後の記述内容の検討により真摯性をチェックできること）、そして伝聞証拠とするとこれを証拠とする明文の伝聞例外規定がなく、また伝聞例外とするために不文の伝聞例外を解釈で導くのは妥当ではないことなどを理由として、「現在の精神状態の供述」を供述証拠としつつも非伝聞証拠とします[17]。

もっとも、「精神状態の供述であれば全部非伝聞でいいのだ」と理解しな

---

17) 鈴木茂嗣『刑事訴訟法〔改訂版〕』（青林書院、1990年）204頁以下、田宮372頁、金築誠志「伝聞の意義」百選（5版）179頁以下、三好・前掲注10）68頁以下、酒巻535頁以下など。もっとも、非伝聞説の問題性を適切に指摘するものとして、後藤・伝聞44頁。

いように注意しましょう。この見解においても、「過去の精神状態の供述」を内容とする供述や書面（犯行日時の後に、「あのとき、あいつを殺してやろうと決めたんだ」という被告人Xの供述を聞いたとするW7の公判期日での供述など）は、自身の過去の精神状態を記憶し、これを思い出して叙述しており、「本当にそのように思っていたか」が問題となるため、伝聞証拠となります。

　この問題に関する判例として、最判昭30・12・9刑集9巻13号2699頁が挙げられます。この事件は、被告人XによるVの強姦致死が訴因とされた公判審理において、「Vは、私に『Xにつけられていけない』……『あの人はすかんわ。いやらしいことばかりするんだ』と言っていた」旨の証人（Vの知人）の証言（具体的には、原供述者Vの発言部分）が問題となりました。本件ではXの犯人性が争点の1つであったことがうかがわれます（昭和30年判決は、上記Vの知人の証言の要証事実を「かねてVと情を通じたいとの野心を持っていたこと」とか「犯行自体の間接事実たる動機の認定」としています）。

　本件控訴審は、上記Vの発言について「被害者が、同女に対する被告人の野心にもとづく異常な言動に対し、嫌悪の感情を有する旨告白した事実に関するものであり、これを目して伝聞証拠であるとするのは当らない」と判示しました。ところが、昭和30年判決は、これを批判的にとらえ、「同証言が右要証事実（犯行自体の間接事実たる動機の認定）との関係において伝聞証拠であることは明らか」としました。控訴審は、「あの人はすかんわ」というVの発言部分をVの「供述時の精神状態の供述」（要証事実は、「VはXに対し嫌悪の情を有していたこと」）と判断したのでしょう。このような要証事実の把握は、XによるVの強制性交等罪（刑法177条）における性交等に対する同意の有無が争点となる場合は十分あり得ます。しかし、本件の争点が犯人性だとすれば、この要証事実には意味がありません（VがXに嫌悪の情を有していたとしても、Xが犯人かどうかとは無関係だからです）。

　昭和30年判決は、問題のVの原供述の要証事実は「VはXにつけられていた」や「XはVにいやらしいことばかりしていた」であると考え、この事実から「かねてVと情を通じたいとの野心を持っていたこと」と推認し、さらに犯人性を支える間接事実たる動機を推認するのが本件の推認過程だと判断したのでしょう。この推認過程においては、「Xにつけられている」とか「いやらしいことばかりする」というVの原供述の内容の真実性が要証事実です（第2プロセス）。これらの供述内容通りの事実が存在しなければ、動機

347

などを推認することはできないからです。そして、Vの知覚・記憶・叙述を経ていることも確認できます（第3プロセス）。以上の理由から、昭和30年判決は、上記Vの発言部分を伝聞証拠であると判断したのでしょう[18]。

なお、上記の非伝聞説に対しては、「現在の精神状態の供述」を伝聞証拠と解すべきとの立場（伝聞説）から複数の批判がなされています。この伝聞説は、正確性の確認方法は原供述者本人に対する証人尋問などと同視することはできないこと、叙述の過程で誤りが入る危険性が存在する以上、伝聞証拠とすべきと主張します。私見も、伝聞説が妥当と考えます[19]。

9 │ 犯行計画メモは非伝聞証拠か？　共通8

次に、伝聞証拠と非伝聞証拠の区分に関する発展的問題である「犯行計画を記載した書面（犯行計画メモ）」を題材に、本章で学んだ思考プロセスを活用しましょう。Vを被害者とする殺人事件の訴因の公判審理における、「……という計画でVを襲撃する」という被告人X作成のメモ（ただし、「犯行前に」Xが作成したメモであることは他の証拠により立証されていることが前提です）を題材に考えましょう。

まず、この公判審理の争点がXの犯人性である場合を検討します。この場合、上記のX作成のメモの要証事実は、犯人性を推認させる間接事実となります。たとえば、「Xは、本件犯行前に犯行計画を有していたこと」（犯行計画）とか「Xは、犯行前にVに対する敵意を有していたこと」（犯行動機）などが考えられます（第1プロセス）。次に、第2・第3プロセスを検討すると、有力説の立場によれば「現在の精神状態の供述」であるから非伝聞証拠となります。なぜなら、Xが、本件犯行前に当時の精神状態である「犯行計画」

---

[18] 昭和30年決定については、伊藤睦「判批」判例学習210頁、川出・捜査361頁以下、酒巻537頁以下、高田343頁以下など。

[19] 大谷直人「伝聞法則について」『刑事裁判の理論と実務　中山善房判事退官記念』（成文堂、1998年）259頁以下、光藤Ⅱ209頁以下、堀江慎司「『心理状態の供述』について」三井誠ほか編『鈴木茂嗣先生古稀祝賀論文集（下）』（成文堂、2007年）451頁以下、伊藤・前掲注18）210頁以下、高田336頁以下、緑302頁以下、後藤・伝聞43頁以下など。もっとも、その他の推論過程も考えられるところです。参考文献も前提として、ぜひ検討してみてください。

や「動機」を記載したメモであって、叙述の過程のみを経た非伝聞証拠といえるからです。なお、大阪高判昭57・3・16判時1046号146頁や東京高判昭58・1・27判時1097号146頁は共謀共同正犯の事案ですが、その前提として単独犯の犯行計画メモについて、「人の意思、計画を記載したメモについては、その意思、計画を立証するためには、伝聞禁止の法則の適用はないと解することが可能である。それは、知覚、記憶、表現、叙述を前提とする供述証拠と異なり、知覚、記憶を欠落するのであるから、その作成が真摯になされたことが証明されれば、必ずしも原供述者を証人として尋問し、反対尋問によりその信用性をテストする必要はないと解されるからである」(東京高判昭58・1・27)と、上記の論理と同様の判示をしています。もっとも、この犯行計画メモについても、犯行後に作成されたものである場合などは伝聞証拠に該当します。

この応用編として、複数の者が関与する共謀共同正犯の訴因の公判審理で、その共謀の有無が争点となる場合、共謀メモ(共謀においてなされた各参加者の発言や決定事項などが記載されたメモ)の証拠能力判断が問題となります[20]。たとえば、X・Y・Zが銀行から現金を強取した強盗罪の訴因の公判審理において、Zが作成した共謀による犯行計画メモ(Zが犯行前に作成したものであることが立証されていることを前提とします)を題材に考えてみましょう。この場合も、上記の単独犯の犯行計画メモと同様に、「現在の精神状態の供述」として非伝聞証拠であるといえそうです。もっとも、ここで注意しなければならないのは、この共謀による犯行計画メモから推認可能なのは、あくまで作成者であるZの計画や意図に限られるということです。「XやYも計画に同意」とZが記載していても、この部分はZによる知覚・記憶・叙述を経ており、XやYが計画に同意したという事実が存在したこと自体が問題となるので、この記載部分は伝聞証拠となります。

共謀の犯行計画メモから共謀関与者全員の計画や意図を推認するためには、当該メモが参加者全員の意図や計画を記載したものと評価できることが必要です。そのため、当該メモ以外の証拠から、当該共謀の過程において参加者

---

[20] 共謀メモについて検討するものとして、脚注16)の文献のほか、堀江慎司「伝聞証拠の意義」刑ジャ31号(2012年)41頁以下、高田347頁以下、下津健司「伝聞の意義」百選(10版)182頁以下、後藤・伝聞46頁以下など。

全員が共通の意図・計画を形成し、その内容が当該メモに記載されたことが立証される必要があります。たとえば、共謀関与者や共謀の場面を目撃した者が、「1人が『みんな、これで決まりだな』というと、その場にいた者は『もちろんだ！』と言いました」などと証言した場合などが挙げられます。

上述の東京高判昭58・1・27は、共謀のうえ、被害者らを監禁し、謝罪を要求して暴行・脅迫を加え、傷害を負わせ、慰謝料の名目で金員を喝取したとした訴因の公判審理で、恐喝に関する事前共謀の有無が争点となった事例において、「(25) 確認点——しゃ罪といしゃ料」との記載のあるノートの証拠能力について判断しています。同判決は、上述のように犯行計画メモは「現在の精神状態の供述」として非伝聞証拠であるとしたうえで、「そしてこの点は個人の単独犯行についてはもとより、数人共謀の共犯事案についても、その共謀に関する犯行計画を記載したメモについては同様に考えることができる」としつつ、「この場合においてはその犯行計画を記載したメモについては、それが最終的に共犯者全員の共謀の意思の合致するところとして確認されたものであることが前提とならなければならない」としています。上述の論理と同様と評価できます（近年の裁判例として、東京高判平20・3・27東高刑事報59巻1～12号22頁）。

10 │ 犯行計画メモは「現在の精神状態の供述」か？ 展開2

犯行計画メモについては、「現在の精神状態の供述」とは別の推認過程で非伝聞証拠とすることも可能とされます。この見解は、「現在の精神状態の供述」という推認過程の問題点を指摘します。なぜなら、犯行計画メモを「現在の精神状態の供述」とする場合、メモ作成者の作成当時の意思内容を推認可能であるとしても、犯人性を支える計画や意思を立証するとは必ずしもいえないからです（犯行計画メモ作成時期と犯行時期のずれが大きい場合など）。この問題は、共謀の存在を立証する場合にさらに大きくなります。つまり、メモ作成者と他の謀議参加者らの意思内容とのズレが時間の経過や個々人の認識などの差異によってより大きくなる可能性があるなど、ある種の「擬制」を伴うとされるのです[21]。

---

21) 堀江・前掲注20) 38頁以下、後藤・伝聞44頁以下など。

これと別の推認過程は、犯行計画メモを物証ととらえるものです（**言葉の非供述的用法**）。この推認過程が可能なのは、犯人性が争点とされ、他の証拠により本件犯行の客観的内容が証明されている場合です。他の証拠により証明されている本件犯行の客観的内容と被告人作成の犯行計画メモの内容が、その種類・程度・範囲において偶然とは考えられないほど一致している場合、この犯行計画メモは、「本件犯行の」計画メモであることが推認されます。この場合、当該メモの存在自体が本件犯行と被告人とを結びつける物証となり、当該メモの内容の真実性は問題となりません。

　このように、この本件犯行に関する犯行計画メモがXにより作成されたことについて他の証拠により証明されている場合、物証たる本件犯行計画メモはXの犯人性を推認させる証拠（非供述証拠・非伝聞証拠）といえます。この場合、犯行計画メモの要証事実は、「Xは本件犯行の計画について知っていたこと」となります。そして、この要証事実から、「Xは本件犯行になんらかの関与をしていたこと」というXの犯人性を支える間接事実が推認されるのです。この推認過程は、作成者不明の場合でも、「本件犯行の」犯行計画メモは本件犯行に関する証拠であることが推認されるので、本件メモと被告人を結びつける証拠や事実（被告人宅や所持品から発見された、被告人の指紋や体液が付着しているなど）があれば成立します[22]。通常は付着することがないであろう被害者の毛髪や指紋が付着している物証に、被告人の指紋や体液が付着している場合と同様であると考えるわけです。

　この推認過程は、共謀の存在を立証する場合にも応用可能です。本件犯行の客観的内容と大部分一致している本件犯行の犯行計画メモとの結びつきが他の証拠や事実により立証された者（指紋や体液が付着しているといった場合）は、本件の共謀や本件犯行に何らかの関与をしていると推認できることになります。この場合も、この犯行計画メモの要証事実は、「指紋等を付着させた者が本件犯行の計画について知っていたこと」や「指紋等を付着させた者は本件犯行になんらかの関与をしていたこと」という、その共謀への関与を示す間接事実を推認させることになるのです。

---

[22] 堀江・前掲注19) 41頁以下、宇藤ほか384頁以下。さらに、酒巻匡「伝聞証拠をめぐる諸問題 (3)」法教306号 (2006年) 65頁以下なども参照。

第 22 章

証拠法の思考プロセス 4
——伝聞例外規定の活用

> 第 22 章の目標
> ①伝聞例外規定の思考プロセスを身につける。
> ②伝聞例外規定の思考プロセスを実際に用いる。
> ③伝聞例外規定の思考プロセスを応用する。

1 │ 刑訴法 320 条 1 項と刑訴法 321 条以下の関係　共通 1

　形式的に 320 条 1 項に当たる証拠（書面や証人が供述する第三者の言葉）の証拠能力判断については、第 1 に 320 条 1 項の**伝聞法則**が禁止する「**伝聞証拠**」に該当するか否かの判断、第 2 に 321 条以下の伝聞法則の例外（**伝聞例外**）に該当するか否かの判断を行うのが、第 21 章で学んだ思考プロセスです。本章では、この伝聞例外に関する思考プロセスを学びましょう。

　伝聞・非伝聞証拠の区別と異なり、伝聞例外か否かの判断は 321 条以下の明文規定の要件を解釈し、事実を評価したうえであてはめる作業が必要です。そして、この要件の解釈のためには、伝聞例外規定の趣旨を理解することも必要となります。以下では、伝聞例外規定の趣旨を理解したうえ、321 条 1 項 3 号などの具体的規定を題材として、伝聞例外規定を用いた証拠能力判断を実際に行います。

2 | 伝聞例外規定を活用する思考プロセス 共通2

　321条以下の伝聞例外規定の要件の大部分は、ある基本思想に基づき法定されたものです。そのため、この基本思想を理解することが321条以下の要件を操作する思考プロセスを身につける近道となります。320条1項が伝聞証拠の証拠能力を原則として否定する主な趣旨の1つは、「**正確な事実認定の確保**」にあります（第21章）。事実認定を誤らせる類型的な危険を有する「供述証拠」のうち「公判期日外」のもの（伝聞証拠）は、その危険を除去する措置（証人尋問や供述態度の直接観察など）が欠けているからです。

　もっとも、刑事裁判における事実認定に必要な供述証拠は、公判期日における証人尋問によって常に得られるわけではありません（証人が死亡している場合など）。また、伝聞証拠の一切の排除は、公判廷供述よりも正確な事実認定に役立ちうる書面など（後述の検証調書など）を過度に排除することになり、むしろ、その趣旨に反して正確な事実認定を阻害することにもなりかねません。それゆえ、321条以下は、正確な事実認定の確保を主な趣旨として伝聞証拠に証拠能力を認める例外要件を定めているのです。

　また、320条の趣旨が正確な事実認定の確保にあることからすれば、証人尋問などの措置を経ていない場合であっても、正確な事実認定が確保できるのであれば、当該公判期日外の供述（伝聞証拠）に証拠能力を認めてもよいということになります。証人尋問以外に正確な事実認定を確保する方法としては、当該公判期日外の供述が特に信用できるような客観的情況（「**特に信用すべき情況**」とか「**特信情況**」、「**特信性**」とよばれます。以下「特信情況」とします）でなされたことが挙げられます。もっとも、公判審理における供述を要請する伝聞法則の趣旨や証人審問権・直接主義の趣旨からすれば、公判期日外における供述の真実性・信用性を特信情況の存在により担保する方法はあくまで例外というべきです。そうすると、例外的に当該伝聞証拠を用いる「必要性」が求められることになります。また、正確な事実認定を誤らせる類型的な危険が供述の類型ごとに異なることからすれば、その要求される必要性の程度も類型ごとに異なることになります。

　このように伝聞例外の要件を支える基本思想は、伝聞例外として証拠を用いるために、事実認定を誤らせる危険を有する公判期日外の供述を証拠とすべき高い必要性の存在と、当該危険がないといえるほどの高い特信情況の存

在を求めています。この基本思想のもと、321条以下の伝聞例外規定は、必要性と特信情況という共通した要件を法定しているのです。

3 ｜ 伝聞例外の諸類型と伝聞例外規定の趣旨 共通3

　321条以下を見ると、規定ごとに必要性の要件と特信情況の要件が異なることが分かります。これは、供述の類型ごとに事実認定を誤らせる類型的な危険の程度が異なることにより、これを証拠とする必要性、そして事実認定を誤らせる危険がないといえるほどの特信情況の程度が異なるからです。

　たとえば、321条1項1号の定める裁判官の面前でなされた「被告人以外の者」による供述の調書（**裁判官面前調書**」。「裁面調書」、「1号書面」ともよばれます）は、裁判官の面前であることを理由に、類型的に事実認定を誤らせる危険が低いので、その必要性の要件は緩く設定され（あるいは不要とされ）、特信情況は要件とされていないのです。また、321条2項前段は、上記の理由に加えて供述の際に供述者に対する尋問の機会が保障されていることから、より緩やかな要件とされているのです。321条1項における各要件の違いについては、**表22-1**を参照してください。

表22-1　刑訴法321条1項の類型と要件

規定	類型	必要性	特信情況
1号	裁判官面前調書	供述不能（「供述者の死亡、精神若しくは心身の故障、所在不明若しくは国外にいるため公判準備若しくは公判期日において供述することができないとき」）	特になし
		自己矛盾供述の場合（「供述者が公判準備若しくは公判期日において前の供述と異なった供述をしたとき」）	
2号	検察官面前調書	前段：供述不能（1号と同様）	特になし（合憲的解釈として、本号後段の相対的特信情況要件が準用されるとの見解も存在する）
		後段：自己矛盾供述の場合（「公判準備若しくは公判期日に	相対的特信情況（「公判準備又は公判期日における供述よ

		おいて前の供述相反するか若しくは実質的に異なった供述をしたとき」）	りも前の供述を信用すべき特別の情況の存する時に限る。」）
3号	1号・2号以外の調書（警察官面前調書など）	供述不能（1号・2号と同様）＋「その供述が犯罪事実の存否の証明に不可欠であるとき。」	絶対的特信情況（「その供述が特に信用すべき情況の下にされたものであるときに限る。」）

　これに対し、321条1項2号の定める検察官の面前でなされた供述の調書（「**検察官面前調書**」。「検面調書」、「2号書面」ともよばれます）や裁判官・検察官以外の者の面前でなされた供述の調書（3号書面。たとえば、司法警察職員の面前で作成された「**警察官面前調書**」（員面調書）など）は、裁判官面前調書に比べ必要性や特信情況の程度が高く設定されています。これらの書面が事実認定を誤らせる類型的な危険が高いことを踏まえたものといえます。

　刑訴法は、事実認定を誤らせる危険の程度について、その供述過程に関与する主体だけでなく、当該供述の情報の性質なども考慮しています。321条2項後段の定める裁判所・裁判官の**検証調書**、321条3項の定める捜査機関の**検証調書**、そして**鑑定書**（321条4項）は、供述過程に関与する主体（裁判所・裁判官、捜査機関、専門家）に加え、内容となる情報の性質も考慮して伝聞例外の一類型とされたものです。たとえば、検証調書は、検証の対象が場所や物の状態など、それ自体中立的な対象に関するものであり、事実認定の誤りが入る危険が低いこと、そして、検証内容について検証した者に供述させるより、検証調書の方がより一般的に正確かつ詳細であること（たとえば、犯行現場の状況を供述で再現するより、絵や写真つきの検証調書による再現の方が正確かつ詳細である）などを理由として、321条1項の各供述調書に比べ要件は緩やかです[1]。鑑定書も、ほぼ同様の理由から法定されています。

　さらに、323条の定める特に信用すべき情況のもとで作成された書面（公務文書や業務文書）も、その内容となる情報の性質から、高い特信情況が類型的に認められることなどを理由に緩やかな伝聞例外要件とされています。

　以上は、被告人以外の者の供述を内容とする書面に関する伝聞例外規定を説明したものです（なお、被告人以外の者である証人の供述に、別の「被告人以

---

1) 条解864頁以下など。

外の者」の伝聞に当たる供述の内容が含まれている場合〔証人W1が「そのとき、（目撃者である）W2さんは私に向かって、『……』と言ったのです」と供述した場合〕は、324条2項が適用されます）。これに対し、被告人の供述を内容とする書面については322条が適用されます（なお、被告人以外の者である証人の供述に、被告人の伝聞に当たる供述の内容が含まれている場合〔証人W3が「そのとき、被告人は私に向かって、『……』と言ったのです」と供述した場合〕は、324条1項が適用されます）。322条1項は、被告人の供述調書について、①「被告人に不利益な事実の承認を内容とするものであるとき」（犯罪事実の承認〔自白〕だけでなく、犯罪事実の認定とつながる間接事実を認める供述を内容とするとき）、あるいは②「特に信用すべき状況の下にされたものであるときに限り」証拠能力を認めるとします（ただし、①については任意性が必要とされます）。特に①の要件は、必要性や特信情況と無関係のように見えますが、人は刑事責任上自己に不利益となる事実を、嘘をついてまで認めることはないという経験則により類型的に高い信用性を認めていると理解できます。なお、②としては、被告人に有利な事実を内容とする供述や犯罪事実の認定には影響しない中立的内容の供述（被告人の身上関係や前科前歴に関する供述など）が挙げられます。

　以上の類型（321条1項から4項、322条、そして323条の定める書面に加え、324条の定める供述〔**伝聞供述**〕）は、基本的に「正確な事実認定の確保」という観点から法定された例外といえます。これに対し、326条は、「検察官及び被告人が証拠となることに**同意**した書面及び供述」は、書面作成時または原供述時の情況を考慮し相当と認められる場合には、321条から325条の規定にもかかわらず証拠能力が認められるとします。同意によって証拠能力が認められる理由については複数の見解が存在しますが、いずれにせよ「正確な事実認定の確保」以外の観点（当事者による訴訟行為など）から説明される点が特徴的です[2]。さらに、327条の「**合意書面**」（当事者合意のうえで、文書の内容または公判期日に出頭すれば供述することが予想されるその供述の内容を書面に記載した場合）も、320条1項に関わらず証拠とすることができます。

　なお、328条で定められている「証明力を争う証拠（**弾劾証拠**）」については、伝聞例外の規定か、あるいは、証拠の非伝聞的用法を認める旨を確認する規定（弾劾証拠の非伝聞性を確認する規定）なのかという議論があります（最判平18・11・7刑集60巻9号561頁は、後者の規定として理解します）[3]。

4 ｜ 刑訴法321条以下の伝聞例外規定を活用する　共通4

　321条以下の伝聞例外規定を用いた証拠能力判断は、326条を除き、各規定における必要性要件と特信情況要件を解釈すること、これらの要件を満たす書面または第三者供述であるかを検討することを内容とします。それでは、モデルケースを用いて伝聞例外規定を実際に活用しましょう。

> 　XによるV殺害を訴因とする公判において、当該事件の翌日に被告人Xの知人W4によってなされた供述を司法警察職員Kが録取し作成した書面（W4の署名がなされている）を、検察官は証拠調べ請求した。この書面には、W4が目撃した被告人Xによる犯行内容が記載されていた。なお、W4は、第1回公判期日が開始する直前、交通事故で死亡している。

　伝聞例外規定を活用するプロセスは、検討すべき規定の選択、そして当該規定に基づく証拠能力判断という2段階からなります。まず、伝聞例外規定の選択プロセスは、具体的には以下のように活用されます。

　第1に、当該証拠調べ請求に対する対立当事者の「同意」の有無の確認です（公判前整理手続を経る場合は316条の16、それ以外の場合は規則190条1項

---

2) 326条にいう同意の趣旨の理解について、反対尋問権放棄とする見解（平野219頁など）、当事者による証拠能力を付与する訴訟行為とする見解（松本芳希「刑訴法326条の同意」平野龍一＝松尾浩也編『新実例刑事訴訟法Ⅲ』〔青林書院、1998年〕5頁以下など）、伝聞証拠の証拠能力について伝聞性を理由に責問する権利を放棄する訴訟行為とする見解（大澤裕「刑訴法326条の同意について」曹時56巻11号〔2004年〕1頁以下）があります。さらに、馬渡香津子「刑訴法326条の同意」実例Ⅲ21頁以下、井上弘通「326条の意義と機能」新争点174頁以下など。

3) 同判例については、芦澤政治「判解」解説平成18年度（刑）398頁以下、成瀬剛「判批」ジュリ1380号（2009年）136頁以下、高田404頁以下、江見健一「判批」百選（10版）198頁以下。さらに、328条に関する近年の議論として、光藤Ⅱ251頁、堀江慎司「刑訴法328条再論」法学論叢164巻1＝6号（2008年）419頁以下、笹倉宏紀「328条の意義」新争点176頁以下、後藤昭「供述の証明力を争うための証拠」『三井誠先生古稀祝賀論文集』（有斐閣、2012年）659頁以下、高野隆「証人尋問・被告人質問と供述調書――弁護の立場から」新展開下267頁以下など。

および2項などを参照)。この同意があれば、321条以下の要件を満たすか否かに関わらず証拠能力が認められるからです。実務において同意は、当事者間に争いのない事実の認定を中心に活用されています[4]。

　第2に、原供述者の確認です。対立当事者が不同意である旨の意見を示した場合で、かつ当該書証の証拠調べを請求した者がその請求を撤回しない場合、321条から323条の伝聞例外規定の要件が満たされるかが検討されます。これらの伝聞例外規定を適用する場合、具体的にどの条文に基づき証拠能力の有無を判断するかが問題となります。その際、まず「原供述者はだれか」の検討が必要です。原供述者が被告人であれば、322条か323条が問題となります。原供述者が被告人以外の者であれば、321条か323条が問題となります。「モデルケース」では、被告人以外の者であるW4が原供述者ですので、321条か323条により検討すべきことになります。

　第3に、書面の性質や内容とされる情報の性質による適用すべき規定の判断です。この場合、書面の題名やタイトルという形式面で判断してはならない点に注意が必要です。「モデルケース」の書面は323条や321条2項から4項に該当しないことは明らかです。そうすると、321条1項1号から3号のいずれかの規定により証拠能力を判断すべきことになります。

　321条1項各号との関係では、第4に供述を行った状況の確認が必要です。「モデルケース」は、司法警察職員Kの面前で行われた供述が問題となっているので、裁判官や検察官以外の場合に関する321条1項3号により判断す

---

4) もっとも、近年は、被告人側が被告人の自白調書の証拠調べに同意した場合でも、裁判所が当該自白調書の採否を留保したうえ、被告人質問を先行して実施し、自白調書と同内容の供述がなされた場合は検察官に自白調書の請求を撤回させ、異なる供述がなされた場合には、弁護人の意見も聴いたうえで自白調書を採用するかを判断するという運用がなされています(被告人質問先行型審理)。これに関する議論として、清野憲一「『被告人質問先行』に関する一考察」判時2252号(2015年)3頁以下、森下弘「『被告人質問先行』に関する一考察を受けて——清野論文に対する批判的検討：主に弁護人の立場から」判時2263号(2015年)3頁以下、岡慎一＝神山啓史「『被告人質問先行』に関する一考察を受けて——『裁判員裁判』の審理のあり方：ダブルスタンダードは維持されるべきか」判時2263号(2015年)8頁以下、田淵浩二「被告人質問先行型審理と検察官の取調べ請求権」判時2331号(2017年)134頁以下、清野憲一「裁判員裁判における証人尋問・被告人質問の在り方」髙嶋智光編『新時代における刑事実務』(立花書房、2017年)255頁以下、「特集　公判の命運を左右する被告人質問」刑弁98号(2018年)9頁以下など。

べきことになります。

　以上のように、原供述者や書面や情報の性質、そして供述の状況を踏まえて適用すべき規定が選択されます。これで第1段階のプロセスは終了です。第2段階のプロセスは、当該規定に基づく証拠能力判断です。この判断は、選択された伝聞例外規定の要件が満たされるかの検討を内容とします。

　第1に、選択された規定が321条1項各号や322条1項の場合、問題となる書面が「**供述書**」（供述者が自ら作成した書面）か「**供述録取書**」（原供述者の供述を別の者が書き留めた書面）かの判断です。供述録取書の場合、原供述者の「**署名若しくは押印**」が証拠能力肯定の要件となるからです。「モデルケース」では、W4の供述を司法警察職員Kが書き留めた書面ですので供述録取書に当たるところ、当該供述録取書にはW4の署名がなされていますので、さらに、その他の要件の検討に進むことが可能となります（署名・押印がない時点で証拠能力は否定されます）。

　署名・押印は重要な要件です。署名・押印が必要とされていない供述書との違いは、供述録取書の伝聞過程が二重であること（**再伝聞**）にあります。供述書が原供述者の供述過程（知覚・記憶・叙述）を経て書面化されるのに対し、供述録取書は、原供述者の供述過程に供述録取者（取調官など）の供述過程も加わります。321条1項や322条1項が署名・押印を供述録取書の証拠能力の要件としていることには、原供述者が、作成された供述録取書の記載内容を確認し、自己の供述を正確に録取したものであること（供述録取者の知覚・記憶・叙述に誤りは入っていないこと）を確認する意味があるのです。供述録取書の二重の伝聞過程のうち供述録取者の供述過程を解消し、自身の供述書と同様にみなすための要件といえます（下記の**図22-1**も参照）。

図22-1　供述書と供述録取書の供述過程

供述書の場合
特定の事実→ 供述者の知覚・記憶・叙述 →供述書
供述録取書の場合
特定の事実→ 供述者の知覚・記憶・叙述 →供述→ 供述録取者の知覚・記憶・叙述 →供述録取書 　　　　　　　　　　　　　　　　　　　　　　↑ 　　　　　　　　　　　　　　　署名・押印により解消される供述過程

第2に、伝聞例外規定の各要件の検討です。以下では、「モデルケース」に沿って321条1項3号の要件を実際に検討しましょう。**表22-1**でも整理したように、321条1項3号の要件は、①**供述不能**、②**証明にとっての不可欠性**（当該供述が犯罪事実の存否の証明に欠くことのできないこと）、そして③**絶対的特信情況**の存在です。

　①供述不能要件は、「供述者の死亡、精神若しくは身体の故障、所在不明若しくは国外にいるため公判準備若しくは公判期日において供述することができないとき」とされています。321条1項1号、同2号前段、そして同3号に共通する必要性要件でもあります。「モデルケース」では、W4は死亡しているので、供述不能要件を満たしています[5]。

　②不可欠性要件も、必要性の観点から設定された要件です（なお、321条1項1号や同2号には存在しない要件です）。ここでは、単に犯罪事実の存否に関連する程度では足りず、当該書面に記載された供述を証拠とすると否とによって、事実認定（犯罪事実や重要な量刑事実の認定）に著しい差異を生じさせる可能性が必要とされます（東京高判昭29・7・24高刑集7巻7号1105頁など）。「モデルケース」の供述録取書については、本件訴因の立証のコアともいえる場合などには、この不可欠性の要件が満たされます。

　③は、正確な事実認定の確保の観点から設定された要件です。この要件を検討する際に注意すべきなのは、「供述内容の信用性・証明力」ではなく、「供述時の外部的・客観的事情」が検討対象だということです（当該供述内容を検討することは、証拠能力判断と証明力判断を混同することにつながりかねないからです）。この外部的・客観的事情としては、(a) 虚偽が入り込む可能性の有無・程度（利害関係などの虚偽供述をする動機の有無や供述の情況、取調べの状況、そして、私人作成の日記や書面についてはその保管状況など）、(b) 知覚、記憶の条件、記憶の正確性（供述を行った時期など）、(c) 供述経過（複数の

---

5) 321条1項2号にいう供述不能要件に関する重要判例としては、証人が証言を拒否した場合に関する最判昭27・4・9刑集6巻4号584頁や東京高判平22・5・27高刑集63巻1号8頁、出入国管理法による退去強制と「国外にいるため」要件や憲法37条2項前段との関係に関する最判平7・6・20刑集49巻6号741頁や東京地判平26・3・18判タ1401号373頁などがあります。なお、後者の諸判例を検討するものとして、池田耕平「判解」解説平成7年度（刑）239頁以下、川出・捜査381頁以下、伊藤睦「判批」判例学習218頁以下、河原俊也「判批」百選（10版）186頁以下など。

供述が存在する場合、変遷の有無や程度）などが挙げられるほか、外部的事情を推知できる限りで、供述内容との関係で、(d) 供述内容と客観的事実との符合、(e) 供述内容の合理性なども考慮可能とされます（最判昭30・1・11刑集9巻1号14頁も参照）[6]。絶対的特信情況要件を満たすためには、司法警察職員の面前で任意に供述したというだけでは足りません。特信情況が肯定される例としては、立証の対象となっている事件・出来事の進行中あるいは直後に衝動的・自然的になされた発言や、臨終間際に行われた供述などが挙げられます。このように、絶対的特信情況が認められるためには、証人尋問などの事実認定を誤る危険を除去する措置を行う必要はないといえるほどの客観的状況の存在が必要なのです。

「モデルケース」では、被告人の知人という事情が存在します。これは、(a) と関連しそうですが、直ちに絶対的特信情況があるとはいえません（むしろ、虚偽の供述を行う動機もあるといえるかもしれません）。他方で、事件の翌日になされたという事情は、信用性を高めるとの評価も可能ですが、決定的とまではいえないでしょう。このように考えると「モデルケース」のW4供述録取書は、321条1項3号にいう絶対的特信情況の要件が欠けるため、証拠能力を否定されることになります。

なお、検察官面前調書に関する321条1項2号後段の特信性要件は、「**相対的特信情況**」であることに注意が必要です。相対的特信情況は、検察官面前調書と公判期日等における供述とを比較して、(ア) 当該検察官の面前での供述について、通常よりも高い信用性を認められる情況が存在するか、そして (イ) 公判期日等の供述に通常よりも信用性を著しく低下させるような情況が存在するかを検討することになります。前者の例としては、臨終間際の供述などが挙げられます。後者の例としては、日時の経過による著しい記憶の減退、心身の故障による記憶の減退・変化、被告人や関係者からの威迫・買収・懇願など、被告人やその関係者との利害関係（大阪高判昭25・12・23高刑判特15号106頁、最決昭27・6・26刑集6巻6号824頁など）、そして、供述者自身に関する事情の変化を理由とする事実の隠蔽などが挙げられます。

このように伝聞例外規定を活用する基本的思考プロセスは、伝聞例外規定

---

6) 特信情況要件の詳細については、日野浩一郎「供述書・供述録取書」廣瀬健二編『刑事公判法演習』（立花書房、2013年）157頁以下、条解858頁以下、川出・捜査37頁以下など。

の選択プロセスと選択した伝聞例外規定の要件の検討プロセスを内容とします。その際には、伝聞例外規定の趣旨を踏まえて、321条以下の各類型の要件の趣旨（必要性や特信情況の有無・程度など）を理解することも重要です。そして、各要件該当性を検討するうえでは、具体的な事実を評価してあてはめることも必要です。

5 │ 伝聞例外規定を応用する 共通5

　この基本的思考プロセスを踏まえながら、捜査機関作成の検証調書を題材として応用編を検討しましょう。検証調書に関する321条3項の要件は、その供述者（検証調書の作成者）が、「公判期日において証人として尋問を受け、その真正に作成されたものであることを供述したとき」とされています。また、任意処分として物や場所の性状を把握する「実況見分」の結果を記載した書面についても、検証と性質は異ならないという理由から、本項により証拠能力が判断されています（最判昭35・9・8刑集14巻11号1437頁）。

　検証や実況見分（以下、まとめて「実況見分」とします）は、犯行現場の状況などを五官の作用により認識し証拠化するものであるため、その結果たる検証・実況見分調書（以下、「実況見分調書」とします）はいくつかの特徴を有します。第1に、犯行現場の状況などの完全な文字化・言語化は困難であるため、図や写真が調書に添付されることです。第2に、その場所や物を検証の対象とした動機・理由の説明がなければ、当該実況見分調書は証拠としての意味を有しない（関連性を有しない）ということです。多種多様な情報を含んでいるのが実況見分調書の特徴といえるでしょう。

　たとえば、「実況見分調書」というタイトルの調書に、複数の写真が添付されているとします。1枚目の写真にはある人物が地面を指差ししている姿が、2枚目の写真にはその地点から見える風景が撮影されています。この写真だけでは、どの場所の状況を、どのような目的で撮影したのか不明です。1枚目の写真に「立会人W5は、『私は、この地点で犯行を目撃しました。』と説明した。」という説明文が付され、2枚目の写真に「立会人W5は、『私は、1枚目の写真の地点から、この方向を見ていました。』と説明した。」という説明文があって、この写真の意味がようやく分かるのです。そして、W5の犯行を目撃できたかどうかが争点となる公判審理において、上記調書

が請求された場合、「W5が犯行現場を目撃した場所の状況」を要証事実とする検証調書であると判断されることになるのです。その結果、この調書は、321条3項によって証拠能力を判断すべきことになります。

　読者の中には、「確かに321条1項各号とは違うけど、どこが応用編なの？」と思った人もいるでしょう。問題はここからです。実況見分調書は多種多様な情報の集合体です。そして、「実況見分調書」というタイトルの文書に含まれるからといって、すべて321条3項によって判断してよいわけではなく、「それぞれの情報の要証事実」次第で、1つの調書の一部分については他の伝聞例外規定によって証拠能力を判断すべき場合があるのです。このように、1つの調書について1つの伝聞例外規定により判断する場合を基本編とするならば、各情報（各供述部分）について伝聞例外規定を使いこなす点で応用編なのです。その格好の題材が実況見分調書です（あくまで題材であって、応用編の思考プロセスは他の類型の調書についても応用可能です）。

　実況見分調書に含まれる情報のうち、個別に伝聞例外規定の選択を左右しうるものの第1が、写真などに付されている説明文です。先に挙げた実況見分の現場における「指示・説明」は、実況見分の動機・経過であり実況見分の一部といえます（これを「**現場指示**」といいます）。それゆえ、実況見分の一部である指示・説明部分も含めて、実況見分調書は321条3項により証拠能力が判断されます。この指示・説明を踏まえて、実況見分調書作成者が認識した客観的状況を記載した（この指示・説明なしでは実況見分調書は意味をなさない関係にある）ものと評価できるからです。実況見分の際の立会人の指示・説明は、実況見分の1つの手段にすぎず、これを実況見分調書に記載するのは実況見分の結果を記載することにほかならないとする最判昭36・5・26刑集15巻5号893頁も、この趣旨であると理解できます。

　もっとも、実況見分の現場における立会人の「発言」は、常に実況見分の一部である現場指示に当たるわけではありません。実況見分の現場においても、立会人である被告人や第三者に対して、実況見分とは無関係の供述を求め録取することは十分あり得るからです。たとえば、上記の実況見分の際に、検証を行っていた司法警察職員が、立会人W5に対し、「では、あなたが目撃した犯行状況の内容を話してください」と述べ、立会人W5が「はい。私は、この場所から、XがVをナイフで刺すところを見たのです……」と述べ、これが実況見分調書に説明文として記載されている場合はどうでしょうか。

このW5の発言部分は、犯人性が争点となっている場合は、「W5の供述（実況見分現場での「説明」）通りの犯行が存在したこと」を立証することになります。この場合は、実況見分の現場においてなされたW5の「供述」（**現場供述**）を、実況見分調書の作成者が実況見分調書に「書き留めた」ものと評価できそうです。そうすると、この発言部分は実況見分調書の一部ではなく、供述録取書として扱うべき（この発言がなくとも実況見分調書は実況見分調書としての意味を有する）ということになります。

このように実況見分調書記載の立会人等の発言部分は、実況見分の一部（321条3項）と評価されることもあれば、供述録取書部分（321条1項各号、322条1項）と評価されることもあります。その区分の基準は、場所や物の状態などのそれ自体中立的な対象に関連する説明といえるか（当該発言なくして実況見分として意味を有するか）です。321条3項の要件が緩やかなのは、中立的なものを対象とするため事実認定を誤る危険性がそれほど高くないからです。この「中立的な対象に関する説明」かどうかの区分は、当該発言部分がどのような証拠として用いられるのか（どのような要証事実が把握されるか）によってなされるのです。なお、犯罪捜査規範105条は、実況見分調書作成の際に、立会人の「指示説明の範囲をこえて記載することのないように注意しなければならない」（第1項）とし、指示説明の範囲を超えて「特にその供述を実況見分調書に記載する必要がある場合には、刑訴法第198条第3項から第5項までおよび同法第223条第2項の規定によらなければならない」（第2項）とします。

このような思考プロセスを明示した判例が、最決平17・9・27刑集59巻7号753頁です[7]。この事件は、電車内の痴漢事件に関する第1審公判において、検察官が、立証趣旨を「被害再現状況」として、被害者が被害状況を再現した結果を記録した実況見分調書と、立証趣旨を「犯行再現状況」として、被告人が犯行状況を再現した結果を記録した写真撮影報告書を証拠調べ請求したというものです。この実況見分調書には、警察署の通路で、長椅子

---

[7] 平成17年決定については、芦澤政治「判解」解説平成17年度（刑）338頁以下、池田公博「判批」百選（9版）180頁以下、伊藤睦「判批」判例学習226頁以下、川出・捜査431頁以下、田野尻猛「判批」百選（10版）190頁以下など。また、同決定以降の諸問題を検討するものとして、宮村啓太「伝聞証拠」法教435号（2016年）29頁以下など。

の上に被害者と犯人役の女性警察官が並んで座り被害を受けた状況を再現し、これを別の警察官が見分・記録したもので、その状況を撮影した写真や被害者の「説明文」が記載されていました（写真撮影報告書は、被告人による犯行再現の状況を記録したものです[8]）。平成17年決定は、両書証の証拠能力について以下のように判示しました（下線・丸数字は引用者）。

> ①前記認定事実によれば、本件両書証は、捜査官が、被害者や被疑者の供述内容を明確にすることを主たる目的にして、これらの者に被害・犯行状況について再現させた結果を記録したものと認められ、立証趣旨が「被害再現状況」、「犯行再現状況」とされていても、実質においては、再現されたとおりの犯罪事実の存在が要証事実になるものと解される。②このような内容の実況見分調書や写真撮影報告書等の証拠能力については、刑訴法326条の同意が得られない場合には、同法321条3項所定の要件を満たす必要があることはもとより、再現者の供述の録取部分及び写真については、再現者が被告人以外の者である場合には同法321条1項2号ないし3号所定の、被告人である場合には同法322条1項所定の要件を満たす必要があるというべきである。③もっとも、写真については、撮影、現像等の記録の過程が機械的操作によってなされることから前記各要件のうち再現者の署名押印は不要と解される。

平成17年決定は、①部分で、立証趣旨とは異なる、実質的な要証事実を「再現されたとおりの犯罪事実の存在」としたうえで、②部分で、両書証の証拠能力判断について、「321条3項所定の要件を満たす必要があることはもとより、再現者の供述の録取部分及び写真については、再現者が被告人以外の者である場合には同法321条1項2号ないし3号所定の、被告人である場合には同法322条1項所定の要件を満たす必要があるというべき」としています。上述の思考プロセスと同様といえるでしょう。

　まず、①部分は、立証趣旨とは異なる実質的な要証事実を裁判所が把握することを認めたものです。立証趣旨と（実質的な）要証事実との関係などに

---

[8] 本件両書証の具体的内容については、芦澤・前掲注7）349頁以下などを参照。

ついては第21章で説明しています。では、なぜこのような実質的な要証事実が把握されたのでしょうか。本件第1審の判決などを踏まえると、本件の被告人は公判審理で自身の手の甲が被害者の手かどこかに当たっていたことは認めつつも、自分から触ったりはしていないと否認しています。他方で、被害者は公判審理において本件の被害状況などについて証言しています。このように被告人の犯人性が争点となっている状況で、被害状況に関する被害者の公判証言が存在していることを踏まえると、本件の両調書により犯行・被害の「再現状況」のみを立証する必要性は乏しいといわざるを得ません（これに対し、自白の存在する事件について犯行の概括的な態様に争いはない場合において、「罪となるべき事実」や情状事実をより正確に把握する目的で犯行の具体的態様を裁判官に示すときなどは、別かもしれません）。以上のことから、両書証が立証すると見ざるを得ないような事実（実質的な要証事実）は「再現されたとおりの犯罪事実の存在」であると、最高裁は考えたのでしょう[9]。

「再現されたとおり犯罪事実の存在」という要証事実との関係では、両書証は、犯行・被害再現状況（たとえば、被告人と被害者の位置関係や距離、両者の体勢などの中立的な対象）を内容とするものではなく、被害者や被告人による「動作も交えた供述」を「録取」した調書（供述録取書）と評価されることになります。②部分が両書証の証拠能力判断について、321条1項2号や3号、そして322条1項を挙げているのは以上の論理に基づきます。具体的には、再現者（原供述者）が被告人以外の者である場合は321条1項2号または3号、そして被告人である場合には322条1項が伝聞例外規定として選択され、そして、両書証が「供述録取書」（被害内容・犯行内容に関する供

---

[9] 本件両書証に関する供述過程については、宮村・前掲注7）31頁以下。また、その後の判例（最決平27・2・2判時2257号109頁）により、最高裁は裁判所が実質的要証事実を把握すべき場面を、「立証趣旨に従うとおよそ証拠としては無意味になるような例外的場合」に限るとする一般的理解（芦澤・前掲注7）346頁）より広く捉えていると窺えるとする見解も存在します。その背景としては、「再現時の現場の状況や位置関係・距離という立証事実に多少の意味（自然的関連性）はあるとしても、事実認定者（特に裁判員）が再現者による供述の側面を無視するのは困難であるから、再現状況報告書が再現されたとおりの犯罪事実の存在の認定に用いられる危険の大きさに鑑みて、実質的な要証事実に設定し直すべきという判断があるのかもしれない」とされます（成瀬剛「判批」重判平成27年度179頁）。

述を録取した書面）であることから署名・押印が必要とされているのです。以上の論理に基づき、供述録取部分（説明文の部分）は、署名・押印が欠けているため証拠能力を有しないとされています。

　以上のように、平成17年決定は要証事実を踏まえて１つの調書に含まれる各情報について証拠能力を判断するプロセスを示すものとして重要です。このプロセスとの関係で、平成17年決定は、「321条３項所定の要件を満たす必要があることはもとより」と判示している理由も重要です（②部分）。この判示部分は、両書証について、供述録取書であるとともに、供述録取の際に存在した長椅子やその位置関係（再現がなされた場所の状況）などを内容とする実況見分調書としたものといえます。つまり、立会人（被告人や被害者）の知覚・記憶・叙述とは無関係に、再現がなされた場所の状況を捜査機関が五官の作用により認識し、その結果を調書に記載したと評価したといえるのです。平成17年決定は、本件のような再現調書について、供述録取書に加え、実況見分調書としての性格も有すると考えたのでしょう[10]。この論理を前提とすれば、犯行現場の状況を再現せずに、被告人や被害者の動作による犯行・被害再現のみを行った場合は、321条１項２号・３号、322条１項により証拠能力判断を行えば足りるという結論になるのかもしれません。

　説明文に関する説明が長くなってしまいました。実況見分調書に含まれる情報のうち、伝聞例外規定の選択を左右しうるものの第２は写真です。この点についても、平成17年決定は、再現写真それ自体も「供述録取書」と評価するなど重要な判示をしています。このような判示には違和感を持つ人もいるでしょう。なぜなら、「犯行の状況等を撮影したいわゆる現場写真は、

---

10)　このような考えに対し、198条５項が署名・押印について被疑者の選択権を保障していることなどを理由として、署名・押印の意義として、自己の供述が正確に録取されたことを確認するためであることに加え、当該書面を証拠とすることを供述者が承認したことを明らかにするためのものとする見解も存在します（正木祐史「被疑者取調べの『可視化』」法時84巻９号〔2012年〕10頁以下、伊藤睦「取調べ可視化と証拠法」法時85巻９号〔2013年〕69頁以下、葛野尋之『刑事司法改革と刑事弁護』〔現代人文社、2016年〕164頁、白取祐司「取調べの録音・録画と実質証拠化問題」井田良ほか編『浅田和茂先生古稀祝賀論文集（下巻）』〔成文堂、2016年〕145頁以下など）。この見解によれば、署名・押印が想定されない被疑者取調べの録音・録画記録媒体は、被告人側の同意がない限り証拠能力を有しないことになります。

非供述証拠に属し、当該写真自体又はその他の証拠により事件との関連性を認めうる限り証拠能力を具備するものであって、これを証拠として採用するためには、必ずしも撮影者らに現場写真の作成過程ないし事件との関連性を具備させることを要するものではない」（最決昭 59・12・21 刑集 38 巻 12 号 3071 頁）とする判例が存在するように、「写真＝非供述証拠」と考えられるからです（この判例の論理はビデオ映像などにも及ぶと理解されています）。しかし、この判示は「犯行の状況等」そのものを撮影した写真やビデオに関するものです（カメラが目撃者の役割を果たしている）。これに対し、平成 17 年決定は、被告人や第三者の「供述」を対象とするものです（カメラは供述録取者の役割を果たしている）。たとえば、被疑者取調べを録音・録画した記録媒体（301 条の 2 第 1 項など参照）は非供述証拠となるわけではありません（これが認められれば、伝聞例外はほぼ死文化することになります）。このことからも分かるように、「供述」や「供述」と評価される再現動作やその様子を写真・ビデオ撮影した場合、その写真や映像は「供述」の「録取」（記録化）と評価されるのです。もっとも、一般の供述録取書とは異なり、「供述」を「録取」した写真やビデオは、その撮影・現像が機械によって行われていることから、その録取・記録・現像（知覚・記憶・叙述）の過程に誤りは入る危険性は低いといえます。それゆえ、③部分は、写真について録取の正確性を担保する署名・押印は必要ないとしているのです[11]。

6 │ 公判中心主義と調書の利用　共通6

　伝聞例外の解釈が緩やかになされると、多くの調書が公判審理に持ち込まれることになります。そのような事態は、正確な事実認定の確保にとって多くの支障を生むだけでなく、捜査手続の結果である調書が公判審理の結果を左右することになりかねません。調書の多用は、正確な事実認定の確保だけでなく、刑事手続の中心を公判審理とすべきとする**公判中心主義**と緊張関係を有するものなのです（第 12 章も参照）。ところが、従来の日本の刑事裁判では調書が多用され、「**調書裁判**」であるとの批判もなされてきました[12]。
　近年は、**裁判員裁判**導入に伴い、裁判員に「分かりやすい」刑事裁判や立

　11）　このような理解をとるものとして、池田・前掲注 7）181 頁、川出・捜査 434 頁以下など。

証のために、調書ではなく証人尋問を多用する運用がなされるようになってきているとされています[13]。もっとも、調書裁判の問題は「分かりにくさ」だけではなく、公判中心主義や憲法37条2項前段の**証人審問権**などと密接に関係することを忘れてはいけません。たとえば、検面調書に関する321条1項2号（特に前段）の合憲性・妥当性を疑問視する見解が複数存在することは、そのことを示唆しているといえます[14]。このような調書の利用のあり方や問題点、証拠法に関する立法論、さらに、本章で扱えなかった伝聞例外規定についても、本章の内容を踏まえながらしっかり学んでもらえればと思います[15]。

---

12) 調書裁判を批判的にとらえる著名な文献として、平野龍一「刑事訴訟法の診断」平場安治ほか編『団藤重光博士古稀祝賀論文集・第4巻』（有斐閣、1985年）407頁以下など。

13) この点について、伊藤雅人「刑訴法321条1項2号書面の請求と訴訟活動」実例Ⅲ41頁以下、西田眞基「証拠調べの在り方―裁判の立場から」新展開下219頁以下、菊池則明「証人尋問・被告人質問と供述調書―裁判の立場から」新展開下288頁以下。さらに近年の書証による立証について、築雅子「裁判員裁判における立証の在り方」髙嶋編・前掲書注4）241頁以下なども参照。

14) 違憲説として、江家義男『刑事証拠法の基礎理論〔補訂版〕』（有斐閣、1952年）110頁以下など、2016年刑訴法改正をめぐる議論において、同規定の見直しなどを求める見解として、後藤昭委員の発言（法制審議会・新時代の刑事司法制度特別部会第9回議事録28頁）。さらに、同特別部会「時代に即した新たな刑事司法制度の基本構想」（2013年）34頁以下なども参照。

15) 伝聞例外規定について詳細に説明する近年の文献として、後藤昭『伝聞法則に強くなる』（日本評論社、2019年）、工藤昇編著『事例でわかる伝聞法則』（弘文堂、2019年）など。

第 23 章

証拠法の思考プロセス 5
——違法収集証拠排除法則の活用

> 第 23 章の目標
> ①違法収集証拠排除法則の根拠について学ぶ。
> ②違法収集の排除基準の意味と内容について学ぶ。
> ③違法収集証拠排除法則を活用する。

1 ｜「証拠禁止」という観点 ｜共通1｜

　同種前科等や伝聞法則（第 20～22 章）は、「**正確な事実認定の確保**」を主目的とする証拠能力判断の規律でした。本章では、「**違法収集証拠排除法則**」（以下、「排除法則」とします）を素材としながら、「正確な事実認定の確保」とは異なる証拠能力に関する規律とその思考プロセスを学びましょう。

　排除法則は、「**関連性**」（正確な事実認定の確保）の観点から証拠能力が認められるとしても、違法な手続によって収集された証拠について証拠能力を否定しうるという規律です。その根拠としては、憲法上の権利や原則の保障・維持（被疑者・被告人に対する憲法上の権利の保障や**適正手続**の維持）や、一定の政策目的（**司法の廉潔性**〔司法に対する信頼など〕の保持、**将来における違法捜査の抑制**）の実現が挙げられます。この排除法則は、証拠能力判断に関する観点の1つである「**証拠禁止**」の一類型です。排除法則の根拠が示唆するように、証拠禁止は、正確な事実認定の確保以外の憲法の保障や政策目的の実現のために証拠能力を規律するものです。

　「正確な事実認定の確保」の観点には、事実認定を誤らせる一般的・類型

的な危険が存在するから証拠能力を否定するという明確かつ説得的な論理が存在します。これに対し、証拠禁止の観点の場合、憲法の保障や政策目的の実現のためにとりうる手段は証拠能力の否定に限られません。それゆえ、証拠禁止の観点においては、排除法則を「支えうる」一般的・抽象的な「根拠」（違法捜査に対応すべき根拠）に加えて、実際に証拠能力を否定する手段をとるべき「根拠」とその「基準」を示すことも必要となります。排除法則を含む証拠禁止について学ぶ際には、①排除法則を「支えうる」全般的な根拠の検討・確認、そして、②その目的に資する手段のうち証拠排除という手段をとるべき根拠や基準の検討・確認という思考プロセスを理解することが必要です。

また、違法捜査によって収集された証拠それ自体の価値（証明力）に変化はないことからすれば、違法に収集された証拠には事実認定を誤らせる危険はありません。それゆえ、証拠禁止の観点は、刑訴法の目的の1つである正確な事実認定や刑罰法令の適用実現の基礎である事案の真相の解明と正面から衝突する可能性を有します。そうすると、証拠排除・禁止の基準設定は、より慎重に行うべきことにもなりそうです。

学説や判例は、排除法則について、排除すべき根拠や範囲について議論を蓄積してきました。本章でそのすべてを学ぶことは困難ですが、具体的事例における排除法則の活用を目標として、排除法則の根拠論とこれを踏まえた排除基準に関する思考プロセスを学びましょう。排除法則を学ぶ際には、もちろん判例の論理を学ぶことが重要ですが、その意味や問題点を十分に理解するためにも学説の蓄積に触れることが他のテーマ以上に重要です。本章のテイストが、他の章とは若干異なるのは以上の理由によります。

2 ｜ 学説における排除法則の根拠と排除基準 ｜共通2｜

現在、日本では排除法則の存在は一般的に承認されています。当初、有力に主張された見解は、アメリカの判例・学説を詳細に分析したうえで、「違法に収集された証拠を許容すると、審判の公正を害するし、デュー・プロセスにも反する」という「理論的根拠」と、「違法捜査の抑制」という「政策的根拠」（違法行為を行った捜査官に対する処罰や損害賠償に比べ違法捜査抑制に有効であること）を提示していました。そして、このような根拠論を踏まえて、

排除基準との関係で、①裁判所に証拠排除か警察職員の訴追の選択をさせる方法、②違反の程度が重大なとき（たとえば、憲法 31 条違反）に限り証拠を排除する方法、③刑訴法の解釈、そして裁判所の政策決定として、「違法な方法によって取得された証拠を排除するという立場を思いきってとる方法」（圏点ママ）という選択肢が提示されていました[1]。この見解は、理論的根拠と政策的根拠を挙げつつ、証拠排除を含むさまざまな手段を示すものといえます。この見解を踏まえながら、その後の有力説は、同様の 2 つの根拠論から排除の基準として、刑訴法の「押収・捜索の手続上の単純な瑕疵があったような単に訓示規定に違反するにすぎない場合には、『排除に足る』違法とはいえない」とし、憲法 35 条の令状主義に違反して得られた証拠について証拠能力を否定すべきとしました[2]。この見解は、上記の見解と同様の根拠論を前提としながら、証拠排除という手段をとるべき場合（基準）を、憲法 35 条違反の存在（憲法 35 条の実効的な保障の実現）と憲法 35 条違反の捜査の抑制という両者の根拠が重なりあう場合に設定したものといえます。

　これに対し、現在の通説的見解は証拠排除に関する領域を 2 つ挙げます。第 1 に、被告人に対する適正手続を保障するため、証拠収集手続に「後続の訴訟手続全体を一体として不当なものとするほどの実質を有する違法が存在し、従って、その結果たる証拠を利用して被告人を処罰することが、基本的な『正義の観念』に反することになると認められる場合」（圏点ママ）は、法律上当然に証拠が排除されなければならないとします（**絶対的排除**の領域）。そして、これに該当しない場合でも、「**司法の無瑕性**」（司法の廉潔性）や違法捜査抑制の見地から、手続違反の程度、手続違反がなされた状況、手続違反の有意性、手続違反の頻発性、手続違反と当該証拠獲得との因果性、証拠の重要性、そして事件の重大性といった事項を考慮し、利益衡量して排除すべきかどうかを判断する場合も存在するとします（**相対的排除**の領域）[3]。なお、「司法の無瑕性」を根拠とする証拠排除の論理は、裁判所が違法な捜査手続により収集された証拠を許容することは捜査機関による違法捜査を是認することを意味し、その結果、司法に対する国民の信頼が損なわれるから証

---

1) 平野龍一『捜査と人権』（有斐閣、1981 年）134 頁以下。
2) 光藤景皎『刑事訴訟行為論』（有斐閣、1974 年）267 頁以下。
3) 井上正仁『刑事訴訟における証拠排除』（弘文堂、1985 年）403 頁以下。

拠排除を必要とするものです。

　この通説的見解は、基本的な「正義の観念」に反すると認められる場合には証拠排除という手段をとるほかないこと、そして、「司法の無瑕性」の保持や「違法捜査抑制の見地」といった政策目的を実現する手段は複数存在するので、上記の諸事項を考慮して判断して証拠排除という手段を採用すべきかを詳細に検討するものといえます。

　以上の日本の議論状況は、いくつかの特徴を有しています。まずは、有力説の特徴です。第1に、有力説は排除法則の根拠として、憲法31条の「デュー・プロセス」の実効的な保障の実現という理論的根拠と違法捜査抑制という政策的根拠を挙げていることです[4]。第2に、憲法31条という根拠（刑事手続に関する憲法規範の要請やその実効的な保障）から、憲法規範に反する「重大違法」の有無という排除の基準が導かれていることです。第3に、憲法から導かれる理論的根拠は排除法則の必要性を根拠づけると同時に、排除の基準（憲法31条、これを具体化した規範である憲法35条に反する違法）を画定する機能を有していることです。有力説は、排除法則の根拠と排除基準を「憲法規範に反する重大違法」で一致させる見解であるといえます。このような見解を「**絶対的排除説**」といいます（また、排除の基準を違法性とする点で、**違法基準説**ともいいます）[5]。

　これに対し、通説的見解は、相対的排除の領域も認め、この領域について、司法の廉潔性の保持や違法捜査抑制という政策的根拠が示され、証拠排除という手段をとるべきか否かの判断の際に、違法性も含めたさまざまな要素を総合考慮すべきことが示されている点で特徴的です。

　このように、日本の学説においては、「憲法規範違反という排除法則の根拠論と直結する重大違法という排除基準」と「政策的根拠という排除法則の根拠論とその手段の1つとしての総合考慮の排除基準」という構図が存在したといえます。確かに、有力説自身が示唆するように、憲法規範を根拠とすることが重大違法基準と直結するわけではありませんし、憲法から離れて政策的根拠のみに依拠すること（裁判所の政策的決定に委ねること）が常に相対的排除につながるわけではありません。また、根拠論や基準論が排除範囲の

　4）　排除法則の根拠論の詳細については、田宮397頁以下、高田252頁以下など。

　5）　違法基準説を採用するものとして、上口519頁以下など。

広狭と直結するわけでもありません。しかし、日本では、憲法論としての排除法則と違法性という基準を直結させること、政策論としての排除法則の採用と総合考慮の相対的排除との間に、論理的な親和性があると理解されていたことは確認できます。このような理論的構図の理解は、次の「判例法理としての排除法則」の意味や特徴を把握することに役立ちます。

3 │ 判例法理としての排除法則の根拠論 共通3

　判例法理としての排除法則を最初に示したのは、最判昭53・9・7刑集32巻6号1672頁です[6]。この事件では、職務質問に伴う所持品検査として、P巡査が、被告人の承諾なく、その上着内ポケットから取り出した証拠物（〔検査の結果、ビニール袋入りの覚せい剤が入っていた〕ちり紙の包み、プラスチックケース入りの注射針）の証拠能力が問題となりました。これに対し、昭和53年判決は、以下のように判示しました（下線・丸数字は引用者）。

---

　①違法に収集された証拠物の証拠能力については、憲法及び刑訴法になんらの規定もおかれていないので、この問題は、刑訴法の解釈に委ねられているものと解するのが相当であるところ、刑訴法は、「刑事事件につき、公共の福祉の維持と個人の基本的人権の保障とを全うしつつ、事案の真相を明らかにし、刑罰法令を適正且つ迅速に適用実現することを目的とする。」（同法1条）ものであるから、違法に収集された証拠物の証拠能力に関しても、かかる見地からの検討を要するものと考えられる。ところで、②刑罰法令を適正に適用実現し、公の秩序を維持することは、刑事訴訟の重要な任務であり、そのためには事案の真相をできる限り明らかにすることが必要であることはいうまでもないところ、証拠物は押収手続が違法であつても、物それ自体の性質・形状に変異をきたすことはなく、その存在・形状等に関する価値に変りのないことなど証拠物の証拠としての性格にかんがみると、その押収手続に違法があるとして直ちにその証拠能力を

---

[6] 昭和53年判決については、井上・前掲書注3）539頁以下、中川孝博「判批」判例学習239頁以下、小木曽綾「判批」百選（10版）204頁以下、川出・捜査440頁以下など。

<u>否定することは、事案の真相の究明に資するゆえんではなく、相当でないというべき</u>である。しかし、他面において、③事案の真相の究明も、個人の基本的人権の保障を全うしつつ、適正な手続のもとでされなければならないものであり、ことに憲法35条が、憲法33条の場合及び令状による場合を除き、住居の不可侵、捜索及び押収を受けることのない権利を保障し、これを受けて刑訴法が捜索及び押収等につき厳格な規定を設けていること、また、憲法31条が法の適正な手続を保障していること等にかんがみると、④証拠物の押収等の手続に、憲法35条及びこれを受けた刑訴法218条1項等の所期する令状主義の精神を没却するような重大な違法があり、⑤これを証拠として許容することが、将来における違法な捜査の抑制の見地からして相当でないと認められる場合においては、その証拠能力は否定されるものと解すべきである。

　昭和53年判決は、違法収集証拠排除法則を採用すべきことを明言しました。問題は、採用された排除法則の根拠論とその排除基準です。昭和53年判決は、いくつかの読み方が可能な判示をしています。

　まずは、排除法則の根拠論について確認しましょう。昭和53年判決は排除法則の根拠について、憲法ではなく、「刑訴法の解釈に委ねられている」として1条を挙げ（①部分）、そして将来の違法捜査抑制（⑤部分）にも言及しています。上記の学説の構図も考慮すると、判例は憲法規範ではなく、政策的根拠から排除法則を導いていると理解できそうです。

　もっとも、③部分では、「事案の真相の究明も、個人の基本的人権の保障を全うしつつ、適正な手続のもとでされなければならない」とされ、憲法31条や憲法35条が挙げられています。また、④部分では、排除基準について「憲法35条及びこれを受けた刑訴法218条1項等の所期する令状主義の精神を没却するような重大な違法」としています。憲法規範という根拠論から重大違法という排除基準を導いているようにも読めますし、違法捜査抑制という政策的根拠と重大違法という基準は論理必然的な関係にない[7]（たと

7）三井誠「所持品検査の限界と違法収集証拠の排除（下）」ジュリ680号（1978年）109頁など。さらに、判例は「将来の事件における適正手続確保を念頭に置いたものである可能性が高い」とするものとして、中川・前掲注6）242頁。

えば、軽微な違法行為が頻発している場合も、違法捜査抑制の観点から証拠排除することは可能です）とすると、判例法理は憲法論も考慮して排除法則を根拠づけているとも評価できそうです。この評価からすると、判例は「背後に司法の廉潔性を据えた上で、一方で真実発見も絶対的な原理でないことを示す適正手続の要請、他方で機能的・実践的な概念である違法捜査抑止といういわば三位一体で構成されたもの」ともいえそうです[8]。この理解は、重大違法という基準は、主に前者から導かれると読むわけです。

　このように判例の読み方は複数ありうるところですが、判例法理の一般的な理解は、①⑤部分を重視し、判例は排除法則の根拠として政策的根拠「のみ」を採用しているとします[9]。つまり、③部分について憲法31条や35条の趣旨に照らして刑訴法を解釈したもの、④部分について司法の廉潔性が害される場合を提示したもの、そして、重大違法の基準は違法捜査抑制というより司法の廉潔性の保持から導かれていると理解するのです[10]。このように、判例法理としての排除法則の根拠論は、司法の廉潔性保持および違法捜査抑制という政策的根拠、そして1条によるものと理解するのが一般的です。

4 ｜ 判例法理としての排除法則の排除基準　共通4

　次に、政策的根拠という排除法則の根拠から導かれる排除基準について確認します。判例は、排除基準として「憲法35条及びこれを受けた刑訴法218条1項等の所期する令状主義の精神を没却するような重大な違法」（④部分）と「これを証拠として許容することが、将来における違法な捜査の抑制の見地からして相当でないと認められる場合」（⑤部分）という2つの基準を挙げています。この判示について、いずれか一方が満たされれば排除法則は適用されるとの理解も有力です[11]。しかし、多くの見解は、「違法があり、……」（④部分）という判示を理由に、両者が満たされた場合にのみ排

---

[8] 三井誠「違法収集証拠の排除（4）」法教266号（2002年）132頁。

[9] 判例法理としての排除法則を「政策的な証拠法則」とするものとして、西次郎「判解」解説昭和53年度（刑）396頁以下。

[10] 井上・前掲注3）554頁、川出・捜査442頁、緑321頁など。

[11] 井上・前掲注3）557頁、田口399頁など。

除法則が適用されると理解します[12]。つまり、司法の廉潔性保持の根拠から「令状主義の精神を没却するような重大な違法」という基準が、違法捜査抑制の根拠から「違法捜査の抑制の見地からして相当でないと認められる場合」という基準が導かれると理解するのです。このような基準論は、学説の構図からするとやや違和感があるともいえます。なぜなら、政策的根拠から令状主義という憲法規範に反する重大違法が導かれているからです。また、両者の基準の関係をどう理解するかも問題となります。

多数説は、判例法理について、両者の基準が満たされる場合（両者の根拠が妥当する場合）には、事案の真相の解明などの対立利益を考慮しても、証拠を排除する必要性が一般的・類型的に優先する（複数ありうる手段のうち証拠排除という手段をとるべき必要性が一般的・類型的に認められる）から、原則として一律に証拠排除すべきものと理解します。この判例法理の理解においては、違法捜査抑制基準のみが満たされる場合には違法捜査抑制の必要性は認められるものの、証拠排除の必要性までは認められないことが大部分となります。判例は、この場合には違法捜査抑制の効果を有しうる「違法捜査の宣言」で足りると考えているのでしょう（**図 23-1** も参照）。もっとも、違法捜査であるとの宣言に十分な違法捜査抑制の効果があるかについては検討の余地がありそうです[13]。

では、重大違法基準のみが認められる場合はどう判断されるのでしょうか。判例が司法の廉潔性の保持から重大違法基準を導いているとすると、司法の廉潔性を害するほどの重大違法が認められる捜査については、その抑止の必要性も高いといえます。そうすると、重大違法性基準が満たされる場合には、

---

12) 田宮 402 頁以下、三井誠「違法収集証拠の排除（1）」法教 263 号（2002 年）152 頁、光藤 I 157 頁など

13) 証拠排除によらず実効的な違法捜査抑制を目指すのであれば、違法宣言以外にもさまざまな違法捜査抑制の方策（違法行為を行った警察官などに対する訓練プログラム受講の義務づけや罰金制度に加え、外部の監督や違法捜査の記録・公表制度、法令遵守に対する奨励の整備など）が用意されるべきともいえそうです。この点、ダニエル・J・ソロブ（赤坂亮太ほか訳）『プライバシーなんていらない！？』（勁草書房、2017 年）150 頁以下など。排除法則の抑制効果について疑問を示すものとして、坂根真也「違法収集証拠の排除──弁護の立場から」新展開下 411 頁以下。さらに、稲谷龍彦「証拠排除法則について」『井上正仁古稀祝賀論文集』（有斐閣、2019 年）677 頁以下。

違法捜査抑制基準も満たされているといえるでしょう。昭和53年判決以降の判例実務が一元的に「令状主義の精神を没却するような重大な違法の有無」のみを認定しているという指摘[14]は、妥当といえます。

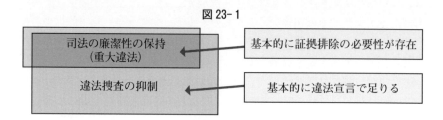

図 23-1

違法捜査抑制基準を前提とする判断は、個別にさまざまな事情を総合考慮し排除の必要性を決定するという困難な総合判断という作業を伴います。判例は、司法の廉潔性保持および違法捜査抑制という政策的根拠を前提として、排除の必要性が認められる場合を一定程度明確化・類型化するため、違法捜査抑制だけでなく重大違法を基準としたと理解できます[15]。判例は政策的根拠から令状主義という憲法規範に反する「重大違法」を導くという、学説の構図との関係ではやや違和感のある論理を採用しました。判例法理としての排除法則は、相対的排除論を前提として、憲法規範ではなく、排除基準の一定の明確化という「政策的根拠」から、重大違法基準の観点を取り込んだということができます。言い換えるならば、違法捜査抑制基準を前提として、違法性の認められる捜査活動については違法宣言などの対応を行い、それらの違法捜査のうち司法の廉潔性保持から導かれる重大違法が認められるものに限り、排除法則の適用という証拠法上の対応をすべきという論理を採用したものといえます。2つの排除根拠は並列のものではなく、違法捜査抑制基準は裁判所が対応すべき捜査活動を画定するためのもの、重大違法基準は排除法則によって対応すべき範囲を画定するためのものといえます。

---

14) 田宮404頁、加藤克佳「違法収集証拠排除法則」法教245号（2001年）41頁など。
15) この点、井上・前掲書注3）555頁、宇藤ほか420頁以下。さらに、古江392頁以下、川出・捜査442頁以下なども参照。

5 | 判例法理としての排除法則の具体的あてはめ 共通5

次に、判例が上記基準を適用する際に、どのような要素や事情を考慮しているかを検討します。抽象的な根拠論や基準論のみでは具体的事例に対応・解答することは難しいからです。昭和53年判決のあてはめは次の通りです。

> 被告人の承諾なくその上衣左側内ポケットから本件証拠物を取り出したB巡査の行為は、①職務質問の要件が存在し、かつ、②所持品検査の必要性と緊急性が認められる状況のもとで、必ずしも諾否の態度が明白ではなかつた被告人に対し、①所持品検査として許容される限度をわずかに超えて行われたに過ぎないのであつて、もとより③同巡査において令状主義に関する諸規定を潜脱しようとの意図があつたものではなく、また、①他に右所持品検査に際し強制等のされた事跡も認められないので、本件証拠物の押収手続の違法は必ずしも重大であるとはいえないのであり、これを被告人の罪証に供することが、違法な捜査の抑制の見地に立つてみても相当でないとは認めがたいから、本件証拠物の証拠能力はこれを肯定すべきである。

以上のあてはめから、判例が、自身の提示した排除根拠や排除基準との関係で、どのような要素や事実を重要と考えているか読み解きましょう。

まず、昭和53年判決は、重大な違法性の有無を認定する際に、主に(a)手続違反の程度、(b)手続違反の状況、そして、(c)捜査機関の意図という3つの要素を検討しています[16]。まず、(a)については、①部分の諸事情が挙げられています。これは、適法な手続からの逸脱の程度、侵害された権利・利益の重要性やその侵害の程度を考慮したものと整理できます。次に、(b)については、②部分の諸事情が挙げられています。これは、適法な手続を行うことの困難性を考慮したものといえます。そして、(c)については、「同巡査において令状主義に関する諸規定を潜脱しようとの意図があつたものではなく」という事情（③部分）が考慮されています。その後の判例も、

---

16) 判例が検討する要素・事実を分析したものとして、中川・前掲注6）242頁以下など。

職務質問や任意処分の違法性などが問題となった事例について、同様の事情を考慮しています（最判昭61・4・25刑集40巻3号215頁、最決昭63・9・16刑集42巻7号1051頁、最決平6・9・16刑集48巻6号420頁、最決平7・5・30刑集49巻5号703頁など。詳しくは、原文を確かめてください。あてはめの重要な教材です）。

　さらに、最判平15・2・14刑集57巻2号121頁や最決平21・9・28刑集63巻7号868頁は、(a)〜(c)の要素・事情を検討したうえで、「その証拠収集過程に重大な違法があるとまではいえず、その他、これらの証拠の重要性等諸般の事情を総合する」とします。「証拠の重要性等」は、手続の重大違法ではなく、違法捜査抑制の必要性を判断する要素（あるいは排除判断に関する独立の考慮要素）とされています。

　以上を整理します。裁判所は、判例法理としての排除法則を実際に適用すべきかを検討する際、重大な違法との関係では、(a) 手続違反の程度（要件や手続からの逸脱の程度、強制の有無・程度）、(b) 手続違反の状況（嫌疑の程度、対象者の態度、周囲の状況などを踏まえた必要性・緊急性の程度）、そして、(c) 捜査機関の意図（計画性や違法性の認識の有無など）を検討しているといえます。次に、違法捜査抑制との関係では、(d) 獲得された証拠の重要性などを検討しています。

　各要素・事情をあてはめる際の留意点について、若干説明します。まず、(a)について、最決昭63・9・16は、「警察官において、法の執行方法の選択ないし捜査の手順を誤つたものにすぎず、法規からの逸脱の程度が実質的に大きいとはいえない」とします[17]。この判示は、捜査機関の判断の誤りが重大違法と一切結びつかないとするものではありません。これは、適法な手続によって当該証拠を収集することが現実には可能であったが、捜査機関の判断の誤りによって当該証拠が収集されたと評価可能な場合には、手続違反の程度は実質的に大きいとはいえないと判断するものです。次に、(b)については、問題となる処分が警職法上の処分や任意処分である場合は、(a)の「手続違反の程度」とかなり重複することになります。これらの処分の場合、必要性や緊急性はその適法性判断の要素だからです（第2章〜第4章）。

　そして、(c)は排除判断の中核である重大違法を肯定する重要な要素とさ

---

[17] この点について、酒巻502頁、川出・捜査444頁など。

れています（初めて証拠排除した判例である平成 15 年判決は、(c) の存在を重視しています)。平成 15 年判決は、問題となる証拠収集手続「後」も含めた諸事情（警察官が、手続的違法を糊塗するため、虚偽の記載や虚偽の証言を行っているといった、「本件の経緯全体を通して表れたこのような警察官の態度」）から、(c) を推認しているという理解が有力です[18]。

裁判所が捜査機関による意図的な法の無視を容認すれば、司法に対する信頼などが大きく損なわれると考えると、捜査機関の意図を司法の廉潔性保持と結びついた重大違法を強く推認させる要素とすることには理由があるといえます。もっとも、平成 15 年判決の有力な理解には、収集後に捜査機関が手続的違法を糊塗するのは、「故意による場合」だけでなく「過失による場合」もあり得るから、(c) を直ちに推認できないのではないかとの批判もあります。平成 15 年判決の別の理解としては、警察官による手続的違法を糊塗するための虚偽記載や虚偽証言そのものについて、令状主義を形骸化し、さらには司法に対する信頼を大きく損なうと評価したという論理があり得ます[19]。この理解によれば、平成 15 年判決は、上記判示部分を (c) としてではなく、(a)「手続違反の程度」として考慮したことになります。もっとも、この評価においても、判例が (c) を重視していることには変わりありません。

いずれにせよ、判例が (c) を証拠排除の不可欠の要素としているのであれば疑問です。(c) の不存在は客観的違法の程度の低下を意味しませんし[20]、(c) の欠ける違法も司法の廉潔性保持や違法捜査の抑制の必要性を肯定しうるからです[21]。

---

6 ｜ 違法手続と証拠との「因果関係」 共通6

ここまでの説明は、違法な証拠収集手続によって「直接に」証拠が獲得さ

---

[18] 朝山芳史「判解」解説平成 15 年度（刑）42 頁以下、中谷雄二郎「違法収集証拠の排除」新展開下 401 頁など。
[19] 池田公博「判批」ジュリ 1338 号（2007 年）212 頁以下。さらに、緑 328 頁以下、緑大輔「違法収集証拠排除法則と捜査機関の後行行為」刑弁 97 号（2019 年）45 頁以下など。
[20] 宇藤ほか 420 頁以下など。
[21] 小田中聰樹『ゼミナール刑事訴訟法（下）演習編』（有斐閣、1988 年）176 頁以下、光藤 I 157 頁以下、髙田 259 頁以下、白取 394 頁など。

れた場合に関するものです。これに対し、(ア)重大違法が認められる証拠収集手続（先行手続）の後に、それ自体は「適法な」証拠収集手続（後行手続）により獲得された証拠、(イ)重大違法が認められる証拠収集手続によって獲得された証拠（第1次証拠）に基づき獲得された証拠（第二次証拠）の証拠能力については、どう考えるべきでしょうか。

　この点、重要となる判例が最判平15・2・14[22]です。本件では、(ⅰ)被告人に対し、窃盗事件について逮捕状が発付されていたにもかかわらず、警察官らは、これを持たずに被疑者宅に赴き、逮捕状の提示（201条1項）や逮捕状の緊急執行（201条2項による73条3項準用）によらずに被告人を逮捕しました。そして、(ⅱ)当該逮捕後の留置中に、警察官らは被告人に任意に尿を提出させ、これを鑑定したところ、覚せい剤成分が検出されたので、その旨の鑑定書が作成されました。(ⅲ)この尿の鑑定書を疎明資料として、被告人に対する覚せい剤取締法違反（窃盗事件ではない点に注意が必要です）の被疑事実で、被告人方を「捜索すべき場所」とする捜索差押許可状が発付されました。警察官らは、すでに発付されていた「窃盗事件」についての捜索差押許可状の執行と併せて、被告人方を捜索し、ビニール袋入り覚せい剤を差し押さえ、その鑑定書を作成しました。本件では、(ⅱ)の手続により得られた尿の鑑定書、(ⅲ)の手続により得られた覚せい剤およびその鑑定書の証拠能力が争われました。この事案は、上記に(ア)に該当する類型といえますが、整理すると下記のようになります。

　先行手続：窃盗に関する違法な逮捕（「令状主義の精神を没却するような違法性」を有するか？）
　後行手続その1（ⅱ）任意の採尿による被告人の尿（これ自体は適法）→これをもとに尿の鑑定書（覚せい剤が検出）（第1次証拠）
　後行手続その2（ⅲ）第1次証拠をもとに被告人方を捜索（これ自体は適法）→覚せい剤の差押え（第2次証拠）

22）　平成15年判決については、朝山・前掲注18）21頁以下、池田・前掲注19）212頁以下、大澤裕＝杉田宗久「違法収集証拠の排除」法教328号（2008年）65頁以下、高田266頁以下、中川孝博「判批」判例学習246頁、合田悦三「判批」百選（10版）208頁以下など。

まず問題となるのが、(ⅰ)の逮捕手続（先行手続）の違法性の有無および程度です。平成15年判決は、次のように判示します（下線・丸数字は引用者）。

> 本件逮捕には、逮捕時に逮捕状の呈示がなく、逮捕状の緊急執行もされていない（逮捕状の緊急執行の手続が執られていないことは、本件の経過から明らかである。）という手続的な違法があるが、それにとどまらず、警察官は、その手続的な違法を糊塗するため、前記のとおり、逮捕状へ虚偽事項を記入し、内容虚偽の捜査報告書を作成し、更には、公判廷において事実と反する証言をしているのであって、本件の経緯全体を通して表れたこのような警察官の態度を総合的に考慮すれば、本件逮捕手続の違法の程度は、令状主義の精神を潜脱し、没却するような重大なものであると評価されてもやむを得ないものといわざるを得ない。①<u>このような違法な逮捕に密接に関連する証拠を許容することは、将来における違法捜査抑制の見地からも相当でないと認められるから、その証拠能力を否定すべきである</u>……。

平成15年判決は、(ⅰ)の逮捕手続について重大違法を認めています。もっとも、当該手続によって直接獲得された証拠はないので、その後に得られた第1次証拠と第2次証拠の証拠能力が問題となります。平成15年判決は、①部分のように「このような違法な逮捕に密接に関連する証拠を許容することは、将来における違法捜査抑制の見地からも相当でないと認められるから、その証拠能力を否定すべき」とします。判例は、重大違法が認められる証拠収集手続と「密接に関連する証拠」についても、司法の廉潔性保持と違法捜査抑制という政策的根拠から排除するとの論理を採用したのです。

次に、平成15年判決による第1次証拠・第2次証拠の証拠能力判断について確認しましょう。まず、(ⅱ)の手続により得られた尿の鑑定書（第1次証拠）について、平成15年判決は、「本件採尿は、本件逮捕の当日にされたものであり、その尿は、上記のとおり重大な違法があると評価される本件逮捕と密接な関連を有する証拠であるというべきである。また、その鑑定書も、同様な評価を与えられるべき」とし、その証拠能力を否定しました。

次に、(ⅲ)の手続により得られた覚せい剤（第2次証拠）について、次のように判示します。

> 本件覚せい剤は、被告人の覚せい剤使用を被疑事実とし、被告人方を捜索すべき場所として発付された捜索差押許可状に基づいて行われた捜索により発見されて差し押さえられたものであるが、②上記捜索差押許可状は上記(2)の鑑定書を疎明資料として発付されたものであるから、証拠能力のない証拠と関連性を有する証拠というべきである。
> しかし、③本件覚せい剤の差押えは、司法審査を経て発付された捜索差押許可状によってされたものであること、逮捕前に適法に発付されていた被告人に対する窃盗事件についての捜索差押許可状の執行と併せて行われたものであることなど、本件の諸事情にかんがみると、本件覚せい剤の差押えと上記(2)の鑑定書との関連性は密接なものではないというべきである。したがって、④本件覚せい剤及びこれに関する鑑定書については、その収集手続に重大な違法があるとまではいえず、その他、これらの証拠の重要性等諸般の事情を総合すると、その証拠能力を否定することはできない。

　この判示部分は、第1次証拠の場合に比べ、平成15年判決のより具体的な判断を示すものです。その内容を整理します。まず、平成15年判決は、①証拠収集手続について排除に値する重大違法が認められるかどうかを判断しています（①部分）。この①の段階で、排除に値する重大違法が認められる場合、②当該重大違法の証拠収集手続が証拠能力の問われる証拠獲得と「関連性」を有するかが判断されています（②部分）。②の段階で「関連性」が認められる場合には、③重大違法の証拠収集手続と証拠能力が問われる証拠獲得との間に「**密接な関連性**」が認められるかどうかが判断されています（③部分）。そして、④「密接な関連性」が認められる場合は、証拠の重要性などの諸事情も総合考慮し排除すべきかどうかが判断されています（④部分）。

　このように判例は、4段階で証拠排除すべきかを検討しているといえます。ここで重要なのが、判例が「関連性」と「密接な関連性」を使い分けている

ことです。②の「関連性」判断は、重大違法の証拠収集手続が問題となる証拠獲得の「原因の1つ」といえるかという形式的な判断です。これに対し、③の「密接な関連性」判断は、この原因（重大違法の手続）と結果（証拠の獲得）との関係（因果関係）の強弱やその他の原因の有無を検討するものです。

　③の「密接な関連性」判断について、平成15年判決は、「本件覚せい剤の差押えは、司法審査を経て発付された捜索差押許可状によってされたものであること」（③部分）を考慮します。この事実を考慮する意味は明示されていませんが、当該証拠の獲得が実現しない蓋然性の有無（因果関係の強弱）を考慮したものと考えることができます。本件の場合、令状審査の際に捜査の違法性のチェックがなされるなどして令状請求が却下される蓋然性があったことを理由に、因果関係は弱いと判断したといえます。このように判例は、当該証拠の獲得が実現しない蓋然性が認められれば「密接な関連性」はない（因果関係は弱い）と評価しているといえます（因果関係を弱める事情の有無を検討する「**希釈法理**」ともよばれます）。

　さらに、平成15年判決は、「密接な関連性」の判断において、「逮捕前に適法に発付されていた被告人に対する窃盗事件についての捜索差押許可状の執行と併せて行われたものであること」も考慮しています。これは、問題となる証拠獲得の原因として、他の「適法な証拠収集手続」が存在したかを検討するものといえます（「**独立入手源の法理**」ともよばれます）[23]。

　このように平成15年判決は、「密接な関連性」（因果関係）判断として、当該証拠の獲得が実現しない蓋然性の有無（因果関係を弱める介在事情の有無）や証拠獲得の原因となりうる他の適法な証拠収集手続の存在（証拠獲得と因果関係を有する他の事情の有無）を検討していると評価できます。最決平21・9・28が「本件覚せい剤等は、司法審査を経て発付された各捜索差押許可状に基づく捜索において発見されたものであり、その発付に当たっては、本件エックス線検査の結果以外の証拠も資料として提供されたものとかがわれることなどの諸事情にかんがみれば」としているのも同趣旨といえます。

　このように判例は、重大違法の証拠収集手続と問題となる証拠との間に「密接な関連性（因果関係）」が存在するかを検討するものといえます（**因果**

---

[23] 「密接な関連性」を否定した理由を検討したものとして、朝山・前掲注18) 48頁以下。これに批判的な見解として、大澤＝杉田・前掲注22) 79頁以下など。

関係論)。そして、因果関係が認められる場合、証拠の重要性などの諸事情も加味して総合考慮し、排除すべきかを検討することになるわけです[24]。私見も、このように判例法理を理解することが妥当と考えます。この因果関係論を踏まえれば、当該証拠が重大違法の証拠収集手続により「直接」獲得されたかどうかに関係なく、統一的な説明が可能になると思われます。①問題となる手続に「重大違法」が認められるかどうか、②当該手続により「直接」獲得された証拠については基本的に「因果関係」が認められるので原則排除する、③そうでない場合は、「因果関係」の有無を検討するということになるからです。その論理を一覧にしたものが下図です。なお、このような論理は、「毒樹の果実論」とも呼ばれますが、その内容としては複数のものが示されていますので注意が必要です。この点については、脚注25を見てください[25]。

1. 総論
①排除法則の根拠
・違法手続によって証拠物の価値には変化がないから、違法な手続があったからといって直ちにその証拠能力は否定されるべきではない。
・もっとも、事案の真相の究明も、個人の基本的人権の保障を全うしつつ、適正な手続のもとでされなければならないものであり、ことに憲法35条を受けて刑訴法が捜索及び押収等につき厳格な規定を設けていること、また、憲法31条が法の適正な手続を保障していることなど(司法の廉潔性保持と違法捜査の抑制という政策的根拠(1条))から、一定の基準を満たす証拠は排除されるべきである。

---

[24] 川出敏裕「いわゆる『毒樹の果実論』の意義と妥当範囲」芝原邦爾ほか編『松尾浩也先生古稀祝賀論文集・下巻』(有斐閣、1998年)513頁以下。さらに、酒巻505頁以下、緑325頁以下、宇藤ほか424頁以下。

[25] なお、この因果関係論は「毒樹の果実論」とよばれることもあります。日本の「毒樹の果実論」は、重大違法手続により獲得された第1次証拠を「毒樹」とし、これに基づき発見された第2次証拠を「果実」と位置づけ排除を検討すべきとします。これに対し、アメリカの「毒樹の果実論」や本書のいう「因果関係論」は、重大違法手続を「毒樹」とし、これと「関連性」を有する証拠を「果実」とします。そのうえで、その因果関係の有無や強さなどを検討し、排除すべきかを検討します(緑326頁における脚注8など)。

②排除すべき基準
・令状主義の精神を没却するような違法性と違法捜査の抑制の必要性の両者が満たされる場合である。両者の基準は、令状主義の精神を没却するような違法性が存在する場合には、基本的に両者が満たされる関係にある。この重大違法が存在するかどうかの判断は、(a) 違法の有無とその程度、(b) 違法捜査後の事情も含めて推認される違法の有意性（捜査官の主観的意図）、(c) 証拠の重要性などを総合考慮してなされる。

2．各論

①当該重大な違法性を有する手続により「直接」得られた証拠は原則排除される（昭和53年判決の場合）。
②直接の手続ではない場合、以下のことが検討されるべきである（平成15年判決の場合）。
(a) 先行手続と証拠との関連性の判断：事実関係として関連しているか（関連性のない場合は排除しない）
(b) 形式的関連性あり→因果関係（密接な関連性）に関する判断（重大な違法の手続と証拠との因果関係）へ
(c) 因果関係を弱める事情の存在の有無→希釈法理（適法な令状審査、対象者の自発的な提出などがあれば因果関係が弱いと評価）
(d) 因果関係を弱める・否定する事情の存在の有無→独立入手源の法理（別の適法な手続で当該証拠を入手できた場合、因果関係は弱い、あるいはないと評価）
③以上を踏まえて、因果関係が否定される場合、当該証拠は排除されない。

上記の判例による因果関係の判断に対しては、捜索・差押えの令状審査の際に、疎明資料の獲得に関する捜査の違法性のチェックは困難ではないかという疑問もあり得ます。特に、本件のような被疑者宅の捜索は、基本的に嫌疑の存在が認められれば令状が発付されること（222条1項による102条1項準用）からすれば、疎明資料の収集手続そのものに違法がある場合ならともかく、その先行する手続の違法性に令状審査を行う裁判官が気づくことは考えにくいからです。この批判からすれば、令状審査における違法性のチェックは因果関係の判断に影響しないことになります。

7 │「違法な手続」による証拠獲得へのこだわり？ 展開1

　判例法理を因果関係論として理解することについては批判もあります。なぜなら、平成 15 年判決や平成 21 年決定は、結論部分で「その収集手続に重大な違法があるとまではいえず」と判示しているからです。重大違法の証拠収集手続と獲得された証拠との因果関係を問題とするのであれば、問題となる証拠を収集した手続自体の違法性を問う必要はありません。この判示からすると、判例は因果関係論ではなく、問題となる証拠を直接収集した手続が違法と評価できなければ排除しないと考えているとも理解できそうです。

　最判昭 61・4・25 は、警察官が被告人の同意を欠いたまま被疑者宅に立入り、その後、被告人の退去の申出に応じず警察署に留め置き（先行手続）、尿を任意提出させたところ、この尿から薬物反応が出た（後行手続）という事例に対するものです。最高裁は、先行する「一連の手続と採尿手続は、被告人に対する覚せい剤事犯の捜査という同一目的に向けられたものであるうえ、採尿手続は右一連の手続によりもたらされた状態を直接利用してなされていることにかんがみると、右採尿手続の適法違法については、採尿手続前の右一連の手続における違法の有無、程度をも十分考慮してこれを判断するのが相当」としました。

　この判示は、①先行手続に重大違法があるかを検討し、これが認められる場合、②その程度を考慮しながら、先行手続の違法性が（それ自体は適法な）後行手続にも「承継」されるかを検討し、違法承継が認められる場合には、③その違法性の程度が令状主義の精神を没却するような重大なものであり、後行手続により獲得された証拠を許容することが、違法捜査抑制の見地から相当かを検討するものといえそうです。そして、平成 15 年判決や平成 21 年決定も含めて判例は、②の後行手続にも違法が承継されるかどうか判断するために「密接な関連性」の有無を検討していると理解できそうです[26]。

　なお、昭和 61 年判決や最決平 8・10・29 刑集 50 巻 9 号 683 頁は、違法承継の判断において、先行手続と後行手続が「同一目的」に向けられていること、そして先行手続によってもたらされた状態を「直接利用」してなされ

---

[26]　このように判例を理解するものとして、大澤裕「判批」百選（8 版）141 頁、辻川靖夫「違法収集証拠の証拠能力」実例Ⅲ 141 頁以下、中川・前掲注 22）248 頁以下。

ていることが不可欠の要素としているようにも理解できます。ただし、その後の最決平6・9・16や平成15年判決、そして平成21年決定は、このような要素を検討していません（そもそも平成15年判決における先行手続は窃盗、後行手続は覚せい剤自己使用罪に向けられたものであり、「同一目的」性は認められません）。そうすると、「同一目的」や「直接利用」は、「密接な関連性」の有無を検討する際の一要素として位置づけられていると理解できます。

このように判例法理を「違法承継論」として理解する場合、上記②の段階で、先行手続と後行手続との間の「密接な関連性」（違法承継）の有無を検討する点（「因果関係論」では、重大違法の証拠収集手続と問題となる証拠との因果関係の有無・程度を検討します）、そして、③について後行手続に承継された違法性が重大か否かを検討する（「因果関係論」では、重大違法の手続との因果関係が肯定されるかを検討します）ことになります。

判例のいう「密接な関連性」を、「因果関係」と理解するにせよ、先行手続の違法を後行の証拠収集手続に「承継」させる基準と理解するにせよ、重大違法となりうる手続を確定し、証拠能力が問われる証拠に至るまでに介在する証拠や手続を整理したうえで「密接な関連性」を判断することが必要となることに変わりはありません。

この分析との関係で、上述の（ア）重大違法が認められる証拠収集手続（先行手続）の後に、それ自体は「適法な」証拠収集手続（後行手続）により証拠が獲得された事案、（イ）重大違法が認められる証拠収集手続によって獲得された第1次証拠に基づき第2次証拠が獲得された事案という分類は参考になるでしょう。また、判例は、（ア）について「違法承継論」を、（イ）について「毒樹の果実論」を使い分けているとする見解も存在しますが、その使い分けの理論的根拠は十分明らかではありません[27]。

---

27) 朝山・前掲注18) 41頁以下、合田・前掲注22) 208頁以下、古江410頁以下。裁判所は両者に各々固有の存在意義を認めており、先行手続に違法のある事例のうち、直接の証拠収集手続それ自体に違法がない場合は毒樹の果実論が相対的な優位に、それがない場合は違法の承継論が固有の意義を発揮すると考えていると整理するものとして、井上和治「違法性の承継論と毒樹の果実論」『井上正仁先生古稀祝賀論文集』（有斐閣、2019年）699頁以下。

8 | 排除法則の諸問題 共通7

　排除法則との関係では、被告人以外の者の権利を侵害して得られた証拠について、被告人は「申立適格」を有するか、違法収集証拠について被告人側が同意した場合は証拠能力を認めるべきかなどの問題も存在します。ここでは検討できませんが、いずれにも排除法則の根拠論が強く関連する問題といえます。

　排除法則の適用範囲は、新たな捜査手段が生みだされるたびに問題となります。その違法性の有無や内容・程度の評価が問題となり、さらにその濫用の危険性などを踏まえて違法捜査抑制の必要性も検討しなければならないからです[28]。近年では、GPS監視捜査など秘密に個人情報などを取得する捜査との関係が問題となっています。秘密の情報取得捜査により得られた情報（被疑者の位置情報など）は、証拠としての重要性自体が基本的に低いことからすれば、訴追側にとっての証拠排除のダメージは低いため、当該証拠の排除による違法捜査の抑止効は大幅に限定されます。このような秘密の監視捜査については、他の違法捜査抑止システムを構築するだけでなく、当該違法捜査との因果関係を緩やかに解して政策的に排除の範囲を広げることなどの方策も検討することが必要なのかもしれません[29]。

---

28) 近年の裁判例を検討するものとして、川出・捜査464頁以下、水野智幸「違法集証拠」法教435号（2016年）38頁、井上・前掲注27）699頁以下など。また、近年問題となっている強制採尿令状執行前の被疑者留め置きとの関係で排除法則を検討するものとして、安東章「違法収集証拠排除法則の展開（覚せい剤事犯における被疑者の留め置きを中心として）」高嶋智光編『新時代における刑事実務』（立花書房、2017年）145頁以下、川出・論点56頁以下など。

29) なお、名古屋高金沢支判平29・9・26裁判所ウェブサイト、大阪高判平29・12・6LEX/DB25549149、旭川地判平31・3・28裁判所ウェブサイトなどは、重大違法を有するGPS捜査との「密接な関連性」を否定して、その後採取された証拠物の証拠能力を肯定しています。これに対し、「密接な関連性」を有する他の証拠を排除したものとして、東京高判平30・1・12 LEX/DB25549824、東京高判平30・3・22判時2406号78頁。この点、半田靖史「違法収集証拠の証拠排除と判断基準」学説と実務166頁以下も参照。

第 24 章

証拠法の思考プロセス 6
——自白法則と自白排除

第 24 章の目標
①自白法則の対象となる「自白」の定義について学ぶ。
②自白法則の根拠から、その排除基準を導く思考プロセスを身につける。
③自白法則以外の自白排除に関する思考プロセスを身につける。
④自白排除とその派生証拠に関する具体的判断を概観しながら学ぶ。

1 │ 自白の証拠能力を検討する視点 共通1

　自白は、歴史的に犯罪事実を認定するための主要な証拠とされてきました（「証拠の女王」としての自白）。日本においても、被疑者取調べなどにより得られた自白は公判審理における立証の中心的役割を果たしています（第12章など）。そして、その重要性ゆえに、自白を獲得する手続（被疑者取調べなど）やその証拠能力の判断については、一定の規律が設けられています。現行法は、被疑者取調べを含む自白獲得手続に対する規律として、黙秘権やその告知（憲法38条1項、刑訴法198条2項、311条1項、291条4項）、さらには被疑者取調べの録音・録画制度（301条の2）などを認めています（第12章）。これに加えて、現行法は証拠法を通じた被疑者取調べなどの事後的規律も認めています。その中心が「**自白法則**」（憲法38条2項、刑訴法319条1項）と「**補強法則**」（憲法38条3項、刑訴法319条2項）です。本章では、自白の証拠能力に関する規律について学びます。
　自白の証拠能力に関する主な規律とされるのが自白法則です。自白の証拠

能力に関する規律の特徴は、明文の根拠規定が存在すること、複数の観点が関係しうることにあります。さらに、自白の証拠能力判断の観点としては、自白法則以外にも存在することが近年有力に主張されています。その意味では、自白の証拠能力判断は、これまで学んできた証拠法に関する観点の理解や応用能力も試される問題ともいえます。

以下では、今回の証拠能力判断の対象となる「自白」の意義を確認したうえで、自白の証拠能力に関する規律の内容と基準について学びましょう。なお、補強法則は、有罪認定について自白以外の他の証拠（補強証拠）を要求するものですが、本書では扱うことができません。

2｜自白法則の根拠規定と「自白」の意味　共通2

自白の証拠能力に関する明文規定としては、憲法38条2項と刑訴法319条1項があります。

> 憲法38条2項「強制、拷問若しくは脅迫による自白又は不当に長く抑留若しくは拘禁された後の自白は、これを証拠とすることができない。」
> 刑訴法319条1項「強制、拷問又は脅迫による自白、不当に長く抑留又は拘禁された後の自白その他任意にされたものでない疑のある自白は、これを証拠とすることができない。」

両者の規定を比較すると、319条1項の方が証拠能力の否定される範囲を広く規定しているように見えます。そのため、319条1項は憲法38条2項の規律対象を拡張しているという理解も存在しますが、通説・判例は両者の適用範囲を同一と理解します[1]。

---

1) 最大判昭45・11・25刑集24巻12号1670頁は、不任意「自白を証拠に採用することは、刑訴法319条1項の規定に違反し、ひいては憲法38条2項にも違反する」とします（さらに、團藤250頁、田宮346頁以下なども参照）。これに対し、319条1項は憲法38条2項を拡張したものと理解するものとして、松尾下42頁。また、同判決は「心理的強制」の事案に関するもので、必ずしも不任意自白の許容がすべて憲法38条2項違反になるわけではないとするものとして、上口497頁における脚注3。

両者の規定にいう「自白」とは、「自己の犯罪事実の全部または主要部分を認める被告人の供述」を意味します。たとえば、構成要件に該当する行為を行ったことを認める一方で、違法性阻却事由・責任阻却事由（正当防衛の成立など）を主張する被告人の供述も、この「自白」に当たります。この解釈は、319条3項が「起訴された犯罪について有罪であることを自認する場合」も「自白」に含まれるとすることを根拠とします。同3項に基づき、刑訴法にいう「自白」は「有罪であることの自認」以外の被告人の供述も含むといえるからです[2]。

　このような「自白」の定義は、事例などを検討する際に、問題となる供述の主体を検討する視点（当該供述を証拠としようとする「事件」や「公判審理」の被告人によるものか否かの検討）や供述内容を検討する視点（当該事件についてどこまで供述しているかなど）などを提供する点で重要です。

　自白が証拠として公判審理に提出されるルートは、2つに分けられます。第1に、被告人が公判廷において被告人質問（311条3項）などにより自白した場合です。この場合、憲法38条2項と刑訴法319条1項の自白法則、そして319条2項の補強法則が適用されます[3]。自白法則を根拠に証拠能力を争う場合、後述のように任意性の有無が問題となります。任意性の存在についての立証責任は検察官にあります（第2のルートの場合も同様です）。

　第2に、①被疑者が自白内容を記載した日記やメモなどの書面、②捜査段階で捜査機関などが被疑者の自白内容を録取した書面が、証拠調べ請求された場合です（この内容を整理したものが**表24-1**です）。この場合については、319条1項だけでなく、322条1項を根拠とする検討も可能です（319条2項も当然適用されます）。319条1項の文言からも分かるように、①②についても319条1項の直接適用は否定されません。それゆえ、自白調書について任意性が争われている場合も、319条1項を直接の根拠として**任意性**を検討することも可能なのです。

---

2) 田宮343頁、光藤Ⅱ172頁など。反対説として、松尾下35頁、酒巻508頁など。
3) なお、最大判昭23・7・29刑集2巻9号1012頁と最大判昭24・6・29刑集3巻7号1150頁は、公判廷における自白は憲法38条3項の「本人の自白」に含まれず、補強証拠は必要ないとし、319条2項は「憲法の趣旨を一歩前進」させたものとされています。補強法則については、高田301頁以下、川出・捜査338頁以下など。

322条1項を根拠に検討する場合、まず「供述書」と「供述録取書」の区分が重要となります。上記①は「被告人が作成した供述書」です。そして、上記②は「被告人の供述を録取した書面」となり、「被告人の署名若しくは押印」が必要です（第22章）。①②の自白は、322条1項にいう「被告人に不利益な事実の承認を内容とする書面」に当たるので、任意性（319条1項準用）の検討が必要です。「自白」について伝聞例外要件も含め検討する場合は、322条1項を根拠とすることが必要です。なお、322条1項は、「その承認が自白でない場合」にも任意性（319条1項準用）の検討を要求しています。この場合としては、間接事実のみを認める供述や自己の犯罪事実の主要でない部分を認める供述が挙げられます（殺害を否認しながら、凶器とされるナイフと同型のナイフを所持していた事実を認める場合など）。なお、この意味の「承認」は、自白に当たらず補強法則は適用されません。

表24-1　公判期日外の被告人の供述と証拠能力に関する規律の区分

「被告人の不利益な事実の承認」		「承認」に当たらない被告人の公判期日外の供述
「自白」（「起訴された犯罪について有罪であることを自認する場合」も含む）	自白でない承認	
322条1項（「その供述が被告人に不利益な事実の承認を内容とするものであるとき」）	319条1項 319条2項	322条1項（「その供述が被告人に不利益な事実の承認を内容とするものであるとき」）	322条1項（「その供述が…特に信用すべき情況の下でなされたものであるときに限り」）

3 ｜ 自白法則の趣旨に関する複数の理解　共通3

　憲法38条2項と刑訴法319条1項は、(a)「強制、拷問若しくは脅迫による自白又は不当に長く抑留若しくは拘禁された後の自白」に加え、(b)「その他任意にされたものでない疑のある自白」（(a) (b)の自白を、以下では**「不任意自白」**とします）を排除すべきとします。この証拠能力が否定される範囲（特に (b) の範囲）を画定するため、学説や実務は、憲法と刑訴法が自白法則を定めた趣旨を明らかにする思考プロセスを採用しています[4]。そして、自白法則も証拠法である以上、自白法則の趣旨も証拠能力を検討する観

点（「関連性」と「証拠禁止」）から把握されることになるのです[5]。

第1に挙げられるのが、不任意自白は類型的に虚偽を含む危険性が高いから、正確な事実認定を確保するために排除すべきという根拠です（**虚偽排除**」の根拠）。なお、「自白内容自体が虚偽であること」を根拠としていないことに注意が必要です（かつては、このような理解に対して証拠能力判断と証明力判断を混同しているなどの批判を加える見解[6]も存在しました）。「虚偽排除」を根拠とする場合、自白法則は「正確な事実認定の確保」を趣旨とする証拠法と理解されることになります。この根拠を前提とすると、自白の排除の基準は、（ア）虚偽自白が誘発される危険性の高い状況の有無と、その状況の影響下での自白と評価できるか、とされます。

第2に挙げられるのが、不任意自白は憲法38条1項の黙秘権（供述の自由）を侵害する強制により獲得されたものであるから排除すべきという根拠です（「**人権擁護**」の根拠。この「人権」は黙秘権・供述の自由を意味します）。条文上の理由として、憲法38条1項が黙秘権を保障し、この黙秘権保障を担保するために憲法38条2項は黙秘権侵害により得られた自白の証拠としての利用を禁止しているという憲法38条の条文構造が挙げられます（黙秘権の内容である「供述の強要禁止」と「供述の利用禁止」のうち、憲法31条1項は前者を、憲法38条2項は後者を定めたものと理解するのです）。この供述の利用禁止は、憲法上の権利の存在から直接導かれるものですので、政策的な証拠禁止である判例法理の違法収集証拠排除法則（以下、「排除法則」とします）とは、排除の根拠が異なります（その意味は、後述の派生証拠の部分で述べます）。この根拠を前提とすると、自白排除の基準は、（イ）黙秘権の侵害（供

---

4) 自白法則の根拠と排除すべき基準を整理した従来の文献として、平野227頁、平野龍一『捜査と人権』（有斐閣、1981年）83頁以下。さらに、田宮裕『捜査の構造』（有斐閣、1971年）281頁、田宮347頁以下など。

5) 三井誠「自白の排除法則とその根拠（1）」法教246号（2001年）76頁以下、大澤裕「自白の任意性とその立証」争点（3版）170頁以下、宇藤ほか435頁以下、加藤克佳「自白法則について――現状と課題」刑雑52巻1号71頁以下（2013年）、緑334頁以下など。さらに、自白法則に関する近年の研究として、関口和徳「自白排除法則の研究（1）～（12・完）」北大法学論集59巻2号（2008年）～69巻6号（2019年）、川島享祐「刑事訴訟における自白の証拠能力――自白法則の理論的構造の再検討（1）～（7）」法学協会雑誌136巻1号（2019年）～137巻1号（2020年）が存在します。

6) たとえば、田宮・前掲書注4）282頁以下、田宮348頁など。

述に関する意思決定の自由に対する制約）の有無、その影響下での自白と評価できる、とされます。

第3に挙げられるのが、（黙秘権侵害に限定されない）違法な自白獲得手続を抑止するために、自白法則が設けられたという根拠です（「**違法排除**」の根拠）。条文上の理由としては、「適正手続」を要請する憲法31条が挙げられます（憲法38条2項は、適正手続の要請の一部としての自白排除に関する注意的規定と理解されます）。また、証拠能力が否定される「強制、拷問若しくは脅迫による自白又は不当に長く抑留若しくは拘禁された後の自白」は、違法な手続によって得られた自白を類型化したものと理解するのです。

違法排除の根拠は、自白法則を「証拠禁止」の観点から把握するものといえます。そして、違法排除を根拠とする自白法則の理解においては、憲法31条にいう適正手続の実効的保障を理由として、（ウ）適正手続を侵害する違法な自白獲得手続の有無が排除基準とされるのです。その違法の程度（排除の具体的基準）については、さまざまな見解が存在します。有力な見解[7]は、憲法31条の適正手続違反、具体的には憲法33条（令状主義）、34条（抑留又は拘禁の際の弁護人依頼権など）、36条（拷問の禁止）、37条（弁護人依頼権）、憲法38条（黙秘権）の侵害・違反などに加え、刑訴法上の違法として黙秘権の不告知（198条2項）や長期間、連日、夜間、そして病気中の取調べなどを挙げます。

4 ｜ 自白法則の趣旨と自白排除 　共通4

自白法則の趣旨、そして排除すべき自白に関する見解は、以上の3つの根拠を踏まえて主張されています。

第1に挙げられるのが、「虚偽排除」と「人権擁護」を自白法則の趣旨とする「**任意性説**」です。この見解の特徴は、（ア）虚偽の自白が誘発される危険の高い状況の有無（虚偽排除）と（イ）黙秘権の侵害の有無（人権擁護）という観点から「供述者の心理や認識などの主観面（任意性）への影響の有無」を検討し、自白の任意性の有無を判断する点にあります。そして、その具体的内容や順序は、一般人を基準として任意性に疑いを生む類型的な危険

---

7) 田宮・前掲書注4）293頁以下、田宮349頁以下など。

のある外部的事情（個別の事案の取調べ時間・場所・環境・雰囲気、取調べの内容・態様、取調官の人数や態度、被疑者・被告人の地位・職業・年齢・教育程度・健康状態などといった事情の総合考慮）の存否、そしてその影響下における自白といえるかという個別具体的なものです[8]。その結果、（ア）（イ）のいずれかが認められる場合には、当該自白は不任意自白として排除されるのです[9]。

　近年の有力な見解は、任意性説により理解される自白法則に加えて、排除法則も自白の証拠能力判断に適用されるとします（**二元説**[10]）。判例法理の排除法則の根拠である「司法の廉潔性の保持」や「将来の違法捜査抑止」は、違法な自白獲得手続についても妥当するからです。この見解は、「自白法則の違法排除の根拠」（憲法 38 条 2 項や刑訴法 319 条 1 項）ではなく、判例法理としての排除法則を自白にも適用できるとする点に注意が必要です。それゆえ、自白法則の 3 つの根拠すべてをその趣旨とする「**総合説（競合説）**[11]」とは異なります。二元説における自白を排除すべき違法の基準としては、憲法 31 条、33 条、34 条、37 条に反する「重大な違法」などが考えられるでしょ

---

8)　もっとも、黙秘権の理解によって、その内容が変わる可能性はあります。たとえば、黙秘権保障の見地から、判例実務の自白法則の理解を批判的に検討するものとして、渕野貴生「黙秘権保障と自白法則」探究 184 頁、石田倫識「自白の証拠能力——自白法則と違法収集証拠排除法則」法教 460 号（2019 年）34 頁以下など。

9)　実務における任意性判断については、大谷剛彦「自白の任意性」平野龍一＝松尾浩也編『新実例刑事訴訟法Ⅲ』（青林書院、1998 年）136 頁以下、齊藤啓昭「自白の任意性の立証」実例Ⅲ 150 頁以下、長井秀典「自白の証拠能力について——実務家の立場から」刑雑 52 巻 1 号（2013 年）117 頁、半田靖史「自白の任意性、信用性——裁判の立場から」新展開下 345 頁以下など。

10)　二元説に立つものとして、三井・前掲注 5）77 頁、大澤・前掲注 5）172 頁以下、宇藤ほか 439 頁以下、田口 407 頁以下など。さらに実務家の見解として、注 9）の文献など。これに加えて、憲法 38 条 2 項の趣旨を憲法 36 条にいう拷問や人身の違法・不当な圧迫・侵害を防止し、供述の自由を確保すること（重大な違法な違法を伴う不任意自白の排除）とし、319 条 1 項の趣旨を虚偽の自白を誘発するおそれのある自白の排除による正確な事実認定の確保にあるとしたうえで、排除法則の適用（身体拘束に関する令状主義の精神を没却する重大違法の場合）、さらに弁護人選任権など憲法上の基本権を直接侵害して得られた自白について基本権を侵害された被告人の救済と適正手続維持（憲法 31 条）の観点からの利用禁止を提示するものとして、酒巻 508 頁以下（さらに、松尾下 41 頁以下、川島・前掲注 5）も参照）。

11)　総合説（競合説）として、平野 228 頁以下、上口 498 頁など。

う。もっとも、証拠物の場合と同様の重大違法に限定すべきかについては議論があるところです（脚注15の文献などを読んでください）。二元説は、虚偽排除や人権擁護の意味での「任意性」が問題となる場合については自白法則、任意性が問題とならない違法手続の場合には排除法則を用いるべきという自白排除の思考プロセスを示す見解です。両者の観点の適用順序については、事案の性質に応じて当該自白排除に適切な観点から検討することになります。判例の立場は十分明らかではありませんが、判例・実務もこの立場であるとされています（詳細は後述します）。

第２に挙げられるのが、「違法排除の根拠」のみを自白法則の趣旨とする「**違法排除説（違法排除一元説）**」です。この見解における排除の基準は、違法排除の根拠について述べたとおり（（ウ）の基準）です[12]。この見解は、任意性説の問題点として、供述者の心理状態（主観）を問題とし、自白獲得手続の事情の総合考慮・個別的判断を伴うことが自白排除の判断を困難・不安定・不透明にしていることなどを挙げます。そのうえで、違法排除説は捜査機関の態度・方法に着目することが、証拠排除の判断基準や対象の客観化・明確化につながるとするのです[13]。もっとも、違法排除説に対しては、319条１項が「違法性」という文言を用いていないこと、排除基準たる違法が必ずしも明らかではないこと、違法排除説においても排除基準や対象の客観化・明確化が必ずしも図られるわけではないこと、そして、二元説のように排除法則を適用すれば足りることなどの批判があります[14]。

いずれの見解も有力ですが、近年は、二元説が支持を集める傾向にあります。もっとも、上述のように同見解においても排除基準である違法の程度など検討すべき課題は残っています[15]。

---

12) 田宮・前掲書注４）293頁以下、田宮349頁以下、鈴木茂嗣『続・刑事訴訟法の基本的構造・下』（成文堂、1997年）520頁以下、中川235頁など。なお、光藤Ⅱ175頁以下も参照。

13) 田宮・前掲書注４）311頁以下、田宮349頁など。

14) 大澤・前掲注５）171頁、松田岳士「刑事訴訟法319条１項について（中）」阪大法学68巻６号（2019年）21頁以下など。

5 | 不当・違法な自白獲得の抑止と自白法則 展開1

　任意性説は、虚偽排除を根拠とする自白法則の趣旨を「正確な事実認定の確保」とします。もっとも、このような趣旨の理解は、上記の違法排除説からの批判に加え、後述する派生証拠の排除について問題が指摘されています。

　このような問題意識などから、虚偽排除を根拠とする自白法則の趣旨を「類型的に虚偽自白を誘発する危険のある捜査手法の抑止」とする見解も、近年示されています。この見解は、「類型的に虚偽自白を誘発する危険のある不当な捜査手法」の存在が認められれば、これを受けた供述者の心理状態（主観）を考慮する（不安定・不透明な）個別具体的な総合判断を経ることなく、自白の証拠能力を否定することを可能とします[16]。従来の説明が自白法則を不任意自白の「利用」を規制する証拠法とするのに対し、この説明は不任意自白の「採取」を抑止する証拠法（予防法則）とするものといえます[17]。

　このような発想は人権擁護の根拠についても利用可能でしょう。人権擁護の根拠は、黙秘権侵害という自白獲得手続の違法を排除の根拠とする点で、違法排除の根拠や排除法則と共通すると理解できます[18]。このような人権擁護の根拠は、黙秘権の保障を担保するために「類型的に黙秘権を侵害する危険のある自白獲得手続の抑止」であると理解することも可能です。この場合、

---

15) この点を検討するものとして、大澤裕「自白の証拠能力といわゆる違法排除説」研修694号（2006年）3頁以下、池田公博「自白の証拠能力——違法排除のあり方・派生証拠の取扱い」刑雑52巻1号（2013年）95頁以下、古江278頁以下、石田倫識「自白の証拠能力」法教435号（2016年）22頁以下など。

16) このような指摘として、大澤裕＝朝山芳史「約束による自白の証拠能力」法教340号（2009年）96頁〔大澤発言〕。

17) このような考えに対しては、「…外形的類型的に、虚偽自白を誘発し易い状況においてなされた自白を排除しておくことが、自白全体について、その信用性評価を誤らないために望ましいという政策的判断」を自白法則の実質的根拠にまで持ち込むことは、その適用基準にもそのような政策的考慮を持ち込むことを意味し、ひいては、「当該事件に関する事実認定の正確性の確保という虚偽排除の本旨から逸脱することになりかねず、妥当ではない」という批判も示されています（松田岳士「刑事訴訟法319条1項について（上）」阪大法学56巻5号〔2007年〕37頁）。

18) 後藤昭ほか『新コンメンタール刑事訴訟法〔第3版〕』（日本評論社、2018年）910頁〔後藤昭〕、緑336頁、長井・前掲注9）136頁など。

自白法則の適用すべき基準は、黙秘権を侵害する類型的危険の有する自白獲得手続の有無となります。

　現在の通説・判例は、自白獲得手続の存在を前提に供述者の意思決定を経て自白がなされるという自白獲得の構造的特性（問題のある自白獲得手続が存在しても、供述者の意思決定に影響を与えない限り、虚偽の誘発や黙秘権侵害はないこと）を前提とします。しかし、上述の見解のように「正確な事実認定」や「黙秘権保障」を実効的に確保するために、供述者の意思決定に影響を与える危険を有する不当・違法な捜査手法の抑止が必要と理解するならば、そのような手続の存在こそが問題となり、意思決定への「現実の影響」の存在を問う必要はないともいえるでしょう[19]。

　もっとも、このような見解（特に予防法則として虚偽排除を理解する点）には、不任意自白の排除要件に抑止の必要性が加味されることになってしまう、そもそも類型的な判断は可能なのか、また類型的に抑止すべき捜査手法の裁判所の判断を通じたルール化は妥当なのかなどの問題が指摘されています[20]。私見は、憲法38条2項と刑訴法319条1項の自白法則の趣旨について通説・判例の意味の虚偽排除の根拠と予防法則としての人権擁護の根拠から理解し、さらに、政策論を根拠とする証拠禁止として判例法理としての排除法則と「正確な事実認定を確保するための予防法則」（1条を根拠として、類型的に虚偽自白を誘発する危険のある不当な捜査手法を抑止すべきとする政策的ルール）を加味する「二元説」が妥当と考えます。

---

19) 田宮・前掲書注4）307頁。井上正仁『刑事訴訟における証拠排除』（弘文堂、1985年）23頁以下の脚注1）は、憲法38条2項の制定過程を踏まえて、「憲法38条2項の規定は、自白の獲得を目的とした違法、不当な捜査活動を防止しようとする意図に出たものであることを、明らかに示しているといえよう」とし、「供述のおそれや供述者の意思の自由」を強調する余り、かえって「違法な手続の防止」という目的を阻害するような解釈におちいることは、上記の立法趣旨に背反するものといわなければならない」とします。

20) この点、古江294頁以下、松田・前掲注17）23頁以下、同・前掲注14）21頁以下など。なお、松田説は、自白法則を「自白採取手続の違法性ないし不当性を問題とするものではなく、『不任意自白』について、直接に裁判所の事実認定の証拠に供する資格を否定する証拠法則」とします。

6 | 判例法理としての自白法則 1 ──強制・拷問・脅迫など 共通 5

次に、判例を整理しながら、自白の証拠能力に関する具体的判断プロセスを確認しましょう。もっとも、判例は自白の証拠能力を判断する際に、どの見解を採用しているかを明示しているわけではありません。以下では、問題となるいくつかの類型について検討します[21]。

判例は、憲法 38 条 2 項や刑訴法 319 条 1 項が列挙する「強制、拷問若しくは脅迫による自白」について、黙秘権を侵害して獲得されたことが明らかであるとの理由から証拠能力を否定します。その該当性判断は、黙秘権を侵害するような取調べ方法の有無、そして、その影響下でなされた自白といえるかを内容とします。判例は、問題となる自白獲得手続が強制や拷問、脅迫に該当するかについて、自白獲得に関する事情（取調べの態様や方法、対象者の年齢、地位、健康状態など）を総合考慮して個別具体的に検討しています[22]。

次に、「不当に長く抑留若しくは拘禁された後の自白」の該当性判断について、判例は「唯だ拘束の期間の長短によって抽象的に判断さるべきことではなく、犯罪の個数、種類、性質、共犯者その他の関係者の数、事件の繁簡、取調の難易等諸般の事情を考慮して、具体的に、これを決すべき」とします（最判昭 35・3・4 刑集 14 巻 3 号 288 頁）。これを踏まえると、起訴前の逮捕・勾留については、法定の身体拘束期間内であれば、この類型に当たると判断されることは考えにくいでしょう。他方で、起訴後の勾留が長期にわたった場合は、この類型に該当する可能性もあります[23]。もっとも、近年は、迅速な審理がなされている影響もあり、勾留が不当に長いとして自白の任意

---

21) 自白の証拠能力に関する判例・裁判例を詳細に検討するものとして、三井誠「判例における自白排除の根拠」法教 248 号（2001 年）80 頁以下、川出・捜査 301 頁以下など。
22) 糧食差入れを禁止した状態での取調べ（最判昭 32・5・31 刑集 11 巻 5 号 1579 頁）、暴力による肉体的苦痛を伴う取調べ（最判昭 32・7・19 刑集 11 巻 7 号 1882 頁）、暴行などを伴う取調べ（最判昭 33・6・13 刑集 12 巻 9 号 2009 頁）、両手錠を施したままでの取調べ（最判昭 38・9・13 刑集 17 巻 8 号 1703 頁）など。
23) 最大判昭 23・11・17 刑集 2 巻 12 号 1558 頁、最判昭 35・3・4 刑集 14 巻 3 号 288 頁など。脚注 22 の判例も含め詳細に検討するものとして、三井・前掲注 21）81 頁以下、川出・捜査 307 頁以下など。

性を争うケース自体がそれほどないようです。

7 判例法理としての自白法則2
──約束による自白 共通6

「その他任意にされたものでない疑のある自白」については、複数の判例が存在します。その1つが**「約束による自白」**とよばれる問題に関する最三小判昭41・7・1刑集20巻6号537頁です[24]。この事件は、Xに対する贈賄事件の被疑者であるYの弁護人A（XYは同一の贈収賄事件の被告人です）が、担当検察官Pと面談してXのために申し開きをしたけれども、Pから、Xが見えすいた虚構の弁解をやめて素直に金品収受の範囲を自供して改悛の情を示せば、検挙前に金品をそのまま返還しているとのことだから起訴猶予処分も十分考えられる旨の内々の意向が示されたので、AはXと面会し「検事は君が見えすいた嘘を言つていると思つているが、改悛の情を示せば起訴猶予にしてやると言つているから、真実貰つたものなら正直に述べたがよい。馬鹿なことを言つて身体を損ねるより、早く言うて楽にした方がよかろう」と勧告したところ、Xはこれを信じ、起訴猶予になることを期待して自白したというものです。結局、Xは当該事件で起訴されたため、上記自白の証拠能力が争われました。最高裁は、次のように自白の証拠能力を否定しました（下線・丸数字は引用者）。

> 本件のように、被疑者が、①起訴不起訴の決定権をもつ検察官の、②自白をすれば起訴猶予になる旨のことばを信じ、③起訴猶予になることを期待してした自白は、任意性に疑いがあるものとして、証拠能力を欠くものと解するのが相当である。

---

24) 昭和41年判決については、坂本武志「判解」解説昭和41年度（刑）100頁以下、鈴木茂嗣「判批」憲法判例百選（新版）118頁以下、加藤克佳「判批」百選（第9版）156頁以下、大澤＝朝山・前掲注16) 86頁以下、石田倫識「判批」判例学習253頁以下、川出・捜査309頁以下、池田公博「判批」百選（第10版）162頁以下など。

この判示は具体的論理を示していないため、自白法則のどの根拠により自白の証拠能力を否定したのか不明確です。もっとも、被疑者が「起訴猶予になることを期待してした自白」(③部分)との判示からすれば、昭和41年判決はXには供述するかどうかを判断する余地（供述は強制されていない）があったと認定していることがうかがわれます。そうすると、昭和41年判決が黙秘権侵害を理由に自白を排除したとはいいにくいでしょう。また、昭和41年判決は本件の自白獲得がなんらかの明文規定違反の存在に言及しておらず、「信じ」(②部分)とか「期待してした自白」(③部分)という心理的影響を考慮していることからすると、違法排除を根拠としているともいいにくいでしょう。

　②③部分から、昭和41年判決は、起訴猶予となること（刑事手続や身体拘束からの解放）という「利益」が、Xに対して供述への強い誘因力を有していたと評価していると読み取れます。そして、①部分のように起訴猶予権限を有する検察官の意向に基づく勧告が存在するとなると、Xは虚偽の自白をしてでも起訴猶予を目指すであろう（類型的に虚偽自白の危険が存在した）と評価しているといえます。昭和41年判決は、虚偽排除を根拠として本件自白の証拠能力を否定したと考えられます。

　もっとも、昭和41年判決は、起訴猶予などの利益（その他の利益としては、軽い罪での処理、保釈、早期釈放、余罪の不送致などが挙げられます）の約束があれば、直ちに自白の証拠能力が否定されるとはしていません。この点については、利益を提示した者の権限と提示した利益（①部分）、利益提示の方法・態様に加え、利益を提示された側の受け止め方や状況などを考慮して（②部分）、その約束が供述者の心理に影響を与え供述を誘発した（③部分）ということが必要とされています。

　また、昭和41年判決をもって、「約束による自白について、判例や裁判実務は虚偽排除のみを根拠に検討している」と限定することには慎重であるべきです。昭和41判決は、本件については虚偽排除の観点から検討することが最も適当であると考えた可能性があるからです。現に、近年の下級審裁判例（東京高判平25・7・23判時2201号141頁）は、覚せい剤使用の被疑事実で逮捕された被疑者に対し、覚せい剤所持については逮捕も家宅捜索もしないなどといって覚せい剤の隠し場所を聞き出したという事件について、「取調べ自体、被告人の黙秘権を侵害する違法なものといわざるを得ず、……供

述が任意性を欠いていることは明らか」としています[25]。このように「約束による自白」について常に虚偽排除から検討すべきというルールが存在しているわけではなく、人権擁護や排除法則の観点からの検討は否定されていないのです。

8 │ 判例法理としての自白法則3
── 偽計による自白 　共通7

　次に挙げられるのが「**偽計による自白**」とよばれる類型です。これに関するリーディングケースが、最大判昭45・11・25刑集24巻12号1670頁です[26]。この事件は、妻との共謀による銃刀法違反の被疑事実で取調べを受けていた被告人Xに対し、警察官が、妻は共謀関係を自白した旨の虚偽の事実を告げてXから自白を得て、次に妻へXが共謀関係を自白した旨を告げて、妻から共犯関係の自白を得たというものです（このような取調べ方法を「切り違え尋問」といいます）。以上の経過で作成されたXの複数の自白調書の証拠能力について、最高裁は以下のように判示しました（下線・丸数字は引用者）。

①捜査手続といえども、憲法の保障下にある刑事手続の一環である以上、刑訴法1条所定の精神に則り、公共の福祉の維持と個人の基本的人権の保障とを全うしつつ適正に行なわれるべきものであることにかんがみれば、捜査官が被疑者を取り調べるにあたり偽計を用いて被疑者を錯誤に陥れ自白を獲得するような尋問方法を厳に避けるべきであることはいうまでもないところであるが、②もしも偽計によつて被疑者が心理的強制を受け、その結果虚偽の自白が誘発されるおそれのある場合には、右の自白はその任意性に疑いがあるものとして、証拠能力を否定すべきであり、このような自白を証拠に採用することは、刑訴法319条1項の規定に違反し、ひいて

---

25) 同裁判例については、石田・前掲注15) 25頁以下など。
26) 昭和45年判決については、田宮裕「生きかえった自白法則──違法排除への黎明」ジュリ470号 (1971年) 104頁以下、小田中聰樹「判批」重判昭和45年度155頁以下、加藤・前掲注5) 86頁以下、石田倫識「判批」判例学習255頁以下、川出・捜査309頁以下、緑大輔「判批」百選 (10版) 164頁以下など。

> は憲法 38 条 2 項にも違反するものといわなければならない。
> ……③要するに、本件においては前記のような偽計によつて被疑者が心理的強制を受け、虚偽の自白が誘発されるおそれのある疑いが濃厚であり、もしそうであるとするならば、前記尋問によつて得られた被告人の検察官に対する自白およびその影響下に作成された司法警察員に対する自白調書は、いずれも任意性に疑いがあるものといわなければならない。

　昭和 45 年判決の論理については、複数の理解があり得ます。①部分を見ると、捜査官による尋問方法のみに着目しているように読めます。また、あてはめ部分でも、被疑者の属性や状況はまったく検討されていません。これらのことからは、昭和 45 年判決は任意性の疑いではなく、本件取調べ方法の違法性を根拠に本件自白の証拠能力を否定したと理解できそうです（違法排除を根拠とする自白法則の適用）。もっとも、この理解では、昭和 45 年判決が①部分のように偽計による尋問方法を行ったことだけでなく、②③部分のように心理的強制や虚偽自白誘発のおそれの疑いに言及していることなどの説明が困難です。

　これに対し、②③部分を見ると「被疑者が心理的強制を受け」とされており、偽計による尋問方法が類型的に対象者の黙秘権を侵害するものであることを理由に自白を排除しているようにも読めます。そうすると、昭和 45 年判決は人権擁護を根拠とする自白法則を適用して自白の証拠能力を否定したとも理解できそうです。

　もっとも、②部分では、心理的強制を受けた「結果」虚偽自白が誘発されるおそれがある場合であることを重視され、③部分では、自白の証拠能力否定の直接の根拠として「虚偽の自白が誘発されるおそれのある疑いが濃厚」とされます。そうすると、昭和 45 年判決は、人権擁護の根拠も考慮しながら、虚偽排除を根拠として自白の証拠能力を否定したと理解できます。

　他方で、昭和 45 年判決は供述者に対する具体的な心理的影響について検討していません。昭和 45 年判決は、偽計による尋問方法（切り違え尋問）について、その具体的影響を検討するまでもなく、類型的に虚偽自白の誘発や黙秘権侵害をもたらす高い不当性・違法性を有する自白獲得手続に該当すると判断した可能性があります。判例は、類型的に虚偽自白の誘発や黙秘権侵

害をもたらす「高い」不当性・違法性を有する自白獲得手続に当たる場合は、その時点で基本的に虚偽自白の誘発や黙秘権侵害が発生する「疑い」が濃厚として自白の任意性を否定し、そこまでは評価できない不当・違法な自白獲得手続の場合は、具体的な心理的影響などをさらに検討するという手法を採用しているのかもしれません。その後の裁判例にも、同様の論理を採用するものがあります（東京地判昭 62・12・16 判時 1275 号 35 頁など）[27]。

9 ｜ 判例法理における手続の違法と自白排除　共通 8

　取調べそのものには不当・違法がないものの、違法な別件逮捕・勾留中の取調べ、そして、違法な接見指定があったなどの弁護人の援助を受ける権利が侵害された場合、当該違法手続において獲得された自白の証拠能力については、どのように考えるべきでしょうか。

　判例が違法排除や排除法則を直接の理由として自白を排除した事例は、存在しません。他方で、「拘禁が不法であってもその一事のみをもって直ちに拘禁中の供述が強制その他不任意のものであると速断することもできない」とする最判昭 26・3・15 刑集 5 巻 4 号 535 頁、被疑者取調べの際に黙秘権を告知しなかったといっても上告趣意が主張するような違法はなく、当該取調べに基づく自白は任意性を欠くものと速断できないとする最判昭 25・11・21 刑集 4 巻 11 号 2359 頁、違法な接見指定のもとで得られた自白について「任意性に疑いがない」とする最決平元・1・23 判時 1301 号 155 頁などを前提とすると、判例は、供述者の心理状態（さらには任意性）に影響を与えるものかどうかを検討する際の一要素として、手続の違法性の有無・程度を考慮していると理解できそうです。

　もっとも、これらの判例も、違法性のみを理由として証拠能力を否定するという選択肢を明確に否定していません[28]。上記の諸判例が、当該手続の違法性を自白の証拠能力否定の直接の根拠としていないのは、当該手続の違法性の程度が重大でなかったからだと理解することは十分可能です。最判昭

---

[27]　偽計による自白に関する裁判例として、大阪地判昭 51・4・17 判時 834 号 111 頁、東京高判昭 58・6・22 判時 1085 号 30 頁、浦和地決平 3・11・11 判タ 796 号 272 頁など。

[28]　川出・捜査 325 頁、石田・前掲注 15) 23 頁など。

58・7・12刑集37巻6号791頁は、「被疑者に対する勾留質問を違法とすべき理由はなく、他に特段の事情のない限り、右質問に対する被疑者の陳述を録取した調書の証拠能力を否定すべきものではない」として、手続の違法性が自白の証拠能力に影響しうるかのような判示をし、同判決の伊藤正己補足意見は、違法な別件逮捕「によって収集された自白は、これを違法収集証拠として裁判の資料から排除するのが、適正手続の要請に合致し、また将来において同種の違法捜査が行われることを抑止し、司法の廉潔さを保持するという目的からみて相当」としています。

以上のことを踏まえると、判例法理は二元説（任意性説と排除法則の適用）を採用していると理解できます。実際、近年の裁判例には「自白を内容とする供述証拠についても、証拠物の場合と同様、排除法則を採用できない理由はないから、手続の違法が重大であり、これを証拠とすることが違法捜査抑制の見地から相当でない場合には、証拠能力を否定すべき」として、二元説を明確に採用するものも存在します（東京高判平14・9・4判時1808号144頁[29]）。

さらに、近年の裁判例として注目されるのが、放火事件による立件を視野に入れて捜査対象としていた被告人に対し、黙秘権を告知することなく参考人として取調べを行い、不利益事実の承認を得て警察官調書（322条1項）を作成したという事例に関する東京高判平22・11・1判タ1367号251頁です。同判決は、「この警察官調書は、黙秘権を実質的に侵害して作成した違法がある」として、その証拠能力を否定しました。その根拠は明示されていませんが、心理的影響に関する検討がまったくないこと、判例は黙秘権不告知は直ちに任意性に影響しないのとしていること、控訴理由が任意性を問題としているのに任意性への言及がないことなどを考慮すると、二元説の論理が採用されていると評価できます[30]。

---

29) 同裁判例については、大澤裕＝川上拓一「任意同行後の宿泊を伴う取調べと自白の証拠能力」法教312号（2006年）75頁以下、廣瀬健二「判批」百選（10版）168頁以下など。

30) 同裁判例を検討するものとして、緑大輔「判批」重判平成24年度175頁以下、石田・前掲注15) 27頁など。また、この判決は、自白排除に求められる違法の程度を検討するうえでも重要なものといえます。

10 派生証拠の証拠能力 共通9

　証拠能力が否定される自白に基づいて得られた証拠（派生証拠）の証拠能力についても、議論があります（派生証拠の獲得手続それ自体は適法なものであることが前提です）[31]。二元説を前提として、この問題について考える場合、自白の証拠能力を否定する根拠、そして派生証拠が証拠物か自白かによって、派生証拠の証拠能力判断は大きく変わります。具体的には、①違法手続によって得られた不任意自白など（人権擁護の根拠または排除法則により証拠能力が否定された自白）に基づき得られた証拠物の証拠能力が問題となる場合、②（違法と評価されない）不当な手続によって得られた不任意自白（虚偽排除の根拠により証拠能力が否定された自白）に基づき得られた証拠物の証拠能力が問題となる場合、③違法手続によって得られた不任意自白など（人権擁護の根拠または排除法則により証拠能力が否定された自白）に基づき得られた自白の証拠能力が問題となる場合、そして、④（違法と評価されない）不当な手続によって得られた不任意自白（虚偽排除の根拠により証拠能力が否定された自白）に基づき得られた自白の証拠能力が問題となる場合、と区分して証拠能力を検討することが必要となります。

　まず、①②の場合について検討します。この場合、最終的に証拠物の証拠能力の有無が問題となるので、証拠物に対する判例法理としての排除法則を適否の検討、つまり、違法な先行手続と当該証拠の獲得との因果関係（あるいは違法性の承継）の検討が必要となります（第23章）。①の場合は、まさにこのような証拠能力判断を行うことになります。もっとも、①のうち黙秘権侵害については、不任意自白の証拠能力を規制する自白法則を根拠として、その規制対象に当たらない証拠物を排除できるのかという疑問も生じます。しかし、上述したように黙秘権侵害を根拠とする自白の利用禁止は、憲法38条の一内容として理解されるので、黙秘権侵害の手続と関連する派生証

---

31) この問題を検討するものとして、三井誠「反復自白の証拠能力」法教249号（2001年）100頁以下、同「不任意自白に基づいて得られた証拠の証拠能力」法教250号（2001年）104頁以下、池田・前掲注15）110頁以下、古江290頁以下、川出・捜査328頁以下、石田・前掲注15）24頁以下、川出敏裕「判批」百選（10版）172頁以下、緑342頁以下など。

拠はその違法性の程度に関わらず証拠能力を否定すべきでしょう（大阪高判昭52・6・28刑月9巻5＝6号334頁、上述の東京高判平25・7・23も参照）[32]。人権擁護の根拠の自白法則を排除法則と同様に予防法則と理解する場合は、憲法38条1項侵害という重大違法が認められる先行手続との因果関係（あるいは違法性の承継）が認められる証拠について、「司法の廉潔性の保持」や「将来の黙秘権を侵害する違法捜査抑止」のために証拠能力を否定するとの論理もあり得ます[33]。

これに対し、②の場合、先行手続は任意性の疑いを生じさせる「不当な」手続ですが、「違法性」を認めることはできません。そうすると、先行手続に違法性が認められない以上、当該手続との因果関係や当該違法の承継も考えられないのですから、排除法則によって派生証拠である証拠物の証拠能力を否定することは非常に困難です[34]。また、「正確な事実認定の確保」という自白法則の趣旨からしても、派生証拠である証拠物自体に虚偽のおそれはないので、その排除は困難といえます。

もっとも、②の場合についても上述のように虚偽排除の根拠を「虚偽自白を誘発する類型的な危険を有する不当な捜査手法の抑止」と理解する場合、これと因果関係を有する（不当性が承継される）証拠収集手続も一体として抑止の対象となることを理由に、当該後行手続により獲得された証拠物を排除することは可能でしょう。この論理では、自白法則の趣旨である「不当な捜査手法の抑止」の実効性の確保を根拠として、当該証拠物の証拠能力を否定することが可能になるのです。この見解に対しては、上述のとおり批判があるところです。私見の場合、不当性の程度などを根拠に当該手続の抑止の必要性が政策的に肯定される場合には、派生証拠も排除されることになります。

次に、③④の場合について検討します。この場合、後行手続により得られた自白（**反復自白**）の証拠能力について、自白法則や排除法則により否定されるかが検討されることになります。まず、③のうち黙秘権侵害の場合と④の場合、先行する自白の証拠能力を否定する根拠となった供述者への心理的

---

[32] 池田・前掲注15) 114頁以下。
[33] 長井・前掲注9) 136頁。
[34] 古江291頁以下、松田・前掲注14) 30頁以下など。

影響がその後も継続しているのであれば、その影響により獲得された自白にも任意性に疑いがあるのですから、その証拠能力を否定すべきでしょう。具体的には、各取調べにおける取調官や取調べ目的の異同、各取調べの時間的間隔や場所的同一性などを考慮して、任意性に疑いを生じさせた心理的影響を遮断する特段の事情が存在しない場合は、その後の自白についても任意性の疑いを理由に証拠能力を否定すべきです（遮断を認めた裁判例として、福岡高宮崎支判平元・3・24高刑集42巻2号103頁、認めなかったものとして京都地決平13・11・8判時1768号159頁、上述の東京高判平14・9・4）。

次に、③のうち先行手続により得られた自白が排除法則の適用により証拠能力を否定された場合について検討します。この場合、①と同様に（黙秘権侵害を含む）先行する違法の自白獲得手続と、後行手続によって得られた自白との因果関係（あるいは違法承継）が認められれば、証拠能力は否定されます。また、先行する違法手続と同手続によりすでに自白してしまったことが、後行手続における心理的影響をもたらすこともあり得ないわけではないでしょう。この場合、先行手続により得られた自白は排除法則により証拠能力が否定され、後行手続により得られた自白は自白法則（任意性の否定）により証拠能力が否定されることになります。

11 自白排除に関する規律とその課題 共通10

被疑者取調べの録音・録画制度（301条の2）により、一定の事件に関する逮捕・勾留事件に関する被疑者取調べの状況の客観化が義務化されています。これにより、従来の任意性説が抱えていた判断基準の不明確性はある程度解消されることも期待されています[35]。しかし、取調べ状況に関する映像・音声を見聞きするだけで自白の任意性判断が直ちに明確化・容易化するわけではありません。取調べのもたらす心理的影響や被疑者の精神的疲労や

---

35) この点、中島宏「自白法則における違法排除説再論」法時83巻2号（2011年）34頁以下、葛野尋之「被疑者取調べの録音・録画と自白の任意性の立証——記録媒体の非供述証拠的利用と供述証拠的利用」井田良ほか編『浅田和茂先生古稀祝賀論文集・下巻』（成文堂、2016年）125頁以下、小坂井久「自白の任意性、信用性」新展開下371頁以下、佐藤隆之「録音・録画制度の下における被疑者取調べ」『井上正仁先生古稀祝賀論文集』（有斐閣、2019年）339頁以下、川出・論点192頁以下なども参照。

消耗の蓄積などについては、供述の様子を見るだけで、その供述の任意性が直ちに明らかになるわけではないからです。自白の証拠能力判断の基準については、今後も検討の必要があるというべきです[36]。この問題との関係では、裁判員裁判における自白の証拠能力判断について、裁判員による関与の有無や関与のかたちも重要な問題です（現在の実務では、自白の任意性や排除法則に関する判断を裁判員の関与しない公判前整理手続で行うことはあまりないようです）[37]。

また、身体拘束も含めた被疑者取調べに関する法的規律が多くなること（301条の2に加えて、203条3項・204条2項などの弁護人選任の告知規定など）は、取調べの適法性判断の根拠となる明文規定が豊富・複雑になることを意味します。そうすると、違法性を根拠とする自白の証拠能力判断は、さらに多用されることも予想されます。上述のように、自白を対象とする排除法則については、その排除の基準となる違法性の内容や程度は十分明らかにはされていません。被疑者取調べに関する法的規律の拡大を踏まえて、自白の証拠能力判断のあり方は、今後も重要な課題となることが予想されます[38]。

---

36) 取調べの録音・録画媒体を用いた自白の任意性および信用性判断について心理学的知見を用いて検討するものとして、指宿信『被疑者取調べと録音制度』（商事法務、2010年）241頁以下、同「被疑者取調べ録音映像のインパクト」上石圭一ほか編『宮沢節生先生古稀記念──現代日本の法過程・下』（信山社、2017年）137頁以下、安部祥太「裁判員裁判と取調べ録音・録画」法セミ750号（2017年）42頁以下、後藤・伝聞123頁以下など。

37) 宮村啓太「公判前整理手続の進行をめぐる留意点」自由と正義61巻4号（2010年）80頁など。

38) 取調べの録音・録画義務違反との関係で、取調べが一定以上の重大な違法性を有する場合には排除法則を適用することを可能とする見解として、堀江慎司「取調べの録音・録画」論ジュリ12号（2015年）55頁以下、石田・前掲注15）28頁など。

◇事項索引

あ

新しい強制処分説……………………57
新しい本件基準説……………………179

い

違警罪即決例…………………………40
一罪一逮捕一勾留の原則……………167
一事不再理……………………………243
一部起訴…………………………223, 262
一般的指定制度………………………204
違法基準説……………………………373
違法収集証拠排除法則………189, 301, 370
違法承継論……………………………389
違法排除………………………………396
違法排除説・違法排除一元説………398
因果関係論……………………………385
引致……………………………………149

う

疑わしきは被告人の利益に………8, 301

え

X線検査………………………………27

お

押収……………………………………72
おとり捜査……………………………69
恩典……………………………………230

か

科学的証拠……………………………318
核心司法………………………………316
間接強制………………………………130
間接事実………………………………304
間接証拠………………………………304

間接証拠型立証………………………304
鑑定書…………………………………355
鑑定処分………………………………74
鑑定処分・身体検査併用説…………132
鑑定処分としての身体検査…………129
管理権…………………………………91
(明示主張との)関連性………………292
(証拠の)関連性………301, 310, 311, 317, 370
(証拠排除における)関連性…………384

き

偽計による自白………………………404
希釈法理………………………………385
起訴……………………………………213
起訴議決………………………………217
起訴独占主義…………………………215
起訴便宜主義…………………………215
起訴法定主義…………………………215
起訴猶予………………………………215
糾問的捜査観…………………………195
協議・合意制度………………………228
狭義の不起訴…………………………214
供述収集方法の多様化………………228
供述書…………………………………359
供述証拠………………………307, 333, 335
供述不能………………………………360
供述録取書……………………………359
行政警察活動………………………37, 123
強制採尿………………………………124
強制採尿令状…………………………136
強制処分……………………………18, 123
強制処分法定主義………10, 18, 70, 128, 141
行政執行法……………………………40
協力行為………………………………230
虚偽排除………………………………395
挙証責任………………………………8
切り違え尋問…………………………404
記録命令付き差押え…………………73
緊急処分説……………………………114
緊急性…………………………………53
緊急逮捕……………………………141, 153

事項索引 413

く

盟神探湯…………………………307
具体的防御説…………………………277

け

警察官面前調書…………………………355
警察比例の原則…………………………40
形式裁判…………………………218
刑事免責制度…………………………228
刑罰権の存否に直接関係する事実…………307
刑罰権の範囲に直接関係する事実…………307
厳格な証明…………………………307
現行犯逮捕………………………141,153
現行犯人…………………………153
現在の精神状態の供述…………………………345
検察官が保管する証拠の一覧表…………287
検察官面前調書…………………………355
検察審査会…………………………215
検証…………………………73
検証調書…………………………355
検証としての身体検査…………………………129
現場供述…………………………364
現場指示…………………………363
憲法31条の告知・聴聞の要請…………81
憲法13条に由来する「みだりに容ぼう・姿態を撮影されない自由」…………55

こ

合意書面…………………………356
行為の言語的部分…………………………345
公益の代表者…………………………215
公共財産論…………………………298
拘禁…………………………140
公訴権濫用論…………………………218
公訴権論…………………………225
公訴事実…………………………241
公訴提起(起訴)…………………………213
公的領域…………………………56
公判準備…………………………282
公判請求…………………………213
公判前整理手続…………………………282
公判中心主義………………………186,283,315,368
合理的疑いを超えた証明…………8,282,301
(接見指定における)合理的調整…………206
勾留…………………………140
——の裁判に対する準抗告…………147
——の執行停止…………………………147
——の相当性…………………………144
——の取消し…………………………147
——の必要性…………………………144
——の理由…………………………144
勾留質問…………………………145
勾留理由開示…………………………147
国選弁護…………………………200
国家訴追主義…………………………215
言葉の非供述的用法…………………………350

さ

再起訴…………………………224
罪証隠滅の現実的可能性…………………………145
再逮捕・再勾留の禁止…………………………168
再伝聞…………………………359
裁判員裁判………………………283,369
裁判官面前調書…………………………354
差し押さえるべき物…………………………93

し

事案の真相の解明…………………………2
GPS監視捜査……………………23,28
時間的限界…………………………108
識別機能…………………………249
事件処理…………………………213
事件単位の原則(被疑事実単位の原則)………166
自己負罪型取引…………………………227
事実記載説…………………………263
事前準備…………………………282
自然的関連性…………………………309
私選弁護…………………………200
実質証拠…………………………304
実質的逮捕…………………………60
私的領域………………………26,48

自白法則	189, 301, 391	人証	306
司法警察活動	36, 123	身体・行動の自由	60, 139
司法警察職員・司法警察員・司法巡査	141	審判対象	245
司法取引	227	——の画定のために必要不可欠な事項	266

せ

正確な事実認定の確保	353, 370
正確な事実認定を確保するための規律	337, 395
正当な理由	76, 85, 106
精密司法	175, 216, 316
接見禁止	203
接見指定	203
絶対的控訴理由	247, 267
絶対的特信情況	360
絶対的排除	372, 373

司法の廉潔性・司法の無瑕性	370, 372
写真撮影・ビデオ撮影	55
終局処分	213
自由心証主義	301
自由な証明	308
重複逮捕・勾留の禁止	168
重要な権利・利益の侵害	23
主張関連証拠開示	291
出頭拒否・退去の自由	60
出頭・滞留義務	175, 188
——肯定説	190
主要事実	302, 341
準起訴手続	215
準現行犯人	154
情況証拠	304

そ

訴因	242
——の拘束力	246, 262
——の特定	246
——の変更	263
訴因設定権限	245
訴因変更の可否	247, 281
訴因変更の要否の問題	247, 263
増強証拠	304
総合説(競合説)	397
捜索・差押え等が許容される対象	108
捜索・差押え等の処分の必要性・相当性	85
捜査・訴追協力型取引	227
捜査と拘禁の分離原則	150
捜査の構造論	195
捜査の端緒	35
捜査弁護	199
捜査法	15
相対的控訴理由	247, 276
相対的特信情況	361
相対的排除	372
争点	283, 341
相当説	108
訴訟条件	213

証拠開示	284, 286, 298
証拠禁止	310, 370
証拠構造	334
証拠裁判主義	301, 307
証拠調べの必要性	312
証拠能力	300
証拠の許容性	300
「証拠の女王」としての自白	391
証拠法	300
証拠保全請求権	198
承認	394
証人審問権	300, 337, 369
証明にとっての不可欠性	360
証明予定事実	286
証明力	310
将来における違法捜査の抑制	370
職務質問	37
職務質問に伴う所持品検査	41
書証	306
職権主義	9
処分の相当性	86
処分の必要性	86
署名若しくは押印	359, 367
人権擁護	395

事項索引 415

訴訟法上の事実……………………… 308
訴追裁量……………………… 220, 227
訴訟的捜査観………………………… 195
即決裁判手続………………………… 213

た

逮捕…………………………………… 139
「逮捕する場合」(時間的限界)……… 108
逮捕前置主義……………… 140, 161, 165
逮捕中求令状起訴…………………… 143
逮捕に対する妨害やその危険の排除措置…… 110
逮捕に伴う無令状捜索・差押え・検証……… 106
「逮捕の現場」(場所的限界)………… 108
「逮捕の現場」と同一の管理権・利用権が及ぶ範囲……………………………………… 109
逮捕の必要性………………………… 141
逮捕の理由…………………………… 141
代用監獄制度………………………… 149
代用刑事施設制度…………………… 149
弾劾証拠………………………… 304, 356
弾劾的捜査観………………………… 195

ち

治安警察法…………………………… 40
抽象的防御説………………………… 277
調書裁判……………………………… 368
直接強制……………………………… 130
直接・口頭主義……………………… 283
直接主義………………………… 315, 338
直接証拠……………………………… 303
直接証拠型立証……………………… 303

つ

通常逮捕………………………… 141, 153
通信傍受……………………………… 124
通信傍受法…………………………… 127

て

適正手続(デュー・プロセス)……… 370, 396

――の保障…………………………… 4
伝聞供述……………………………… 356
伝聞証拠………………………… 334, 343, 352
伝聞法則……………………… 301, 333, 352
伝聞例外……………………………… 352
伝聞例外規定………………………… 334

と

同種前科による立証………………… 319
同意…………………………………… 356
当事者主義……………… 9, 246, 262, 294, 342
同時処理義務………………………… 169
同時処理の可能性…………………… 169
当番弁護士制度……………………… 200
逃亡の現実的可能性………………… 145
特信情況……………………………… 353
特信性………………………………… 353
特定性の要請……………… 79, 87, 106
特に信用すべき情況………………… 353
独立入手源の法理…………………… 385
取調べ受忍義務………………… 175, 188
――肯定説………………………… 189
――否定説………………………… 191
取調べを受ける義務………………… 188

に

二元説………………………………… 397
二重の推認…………………………… 319
二段階の防御説……………………… 277
任意開示……………………………… 290
任意処分………………………… 19, 50, 124
任意性………………………………… 393
任意性説……………………………… 396
人間の尊厳…………………………… 127

は

犯行や犯人の明白性………………… 154
犯罪の予防や鎮圧を目的…………… 37
犯人性………………………… 283, 302, 324
反復自白……………………………… 409

判例による法創造	137	補強法則	391
派生証拠	381,407	保釈	140
		補助事実	304
		補助証拠	304
		本件基準説	177

ひ

被疑者国選弁護制度	200
被疑者取調べ	183
被疑者取調べの録音・録画制度	192
被疑者の防御権	198
非供述証拠	307,334
非供述の用法	345
非伝聞証拠	334,343
人単位説	167
人の身体に対する鑑定処分	129
人の身体に対する検証	129
人の身体に対する捜索	129
秘密かつ自由な接見交通権	203
非類型的訴訟条件	218
比例原則	40,50

み

未決拘禁〔逮捕・勾留〕の司法的コントロール	150
密接な関連性	384

も

黙秘権	186,198
黙秘権告知	187

や

約束による自白	401

ゆ

湯起請	307

ふ

不起訴処分	213
不告不理原則	247
付審判請求(準起訴手続)	215
物証	306
不任意自白	394
不服申し立てを行う権利	198
分割逮捕・勾留の禁止	168

よ

要証事実	302,304,323,334,341,366
抑留	140
余罪取調べ	176
予断排除原則	9,294
予定主張	290
予防検束	40

へ

別件基準説	176
偏見による誤った事実認定の危険性	320
弁護人から援助を受ける権利	202
弁護人依頼権	198

り

立証構造	334,341
立証事項	304
立証趣旨	302,324,342,365
略式命令	213
留置	140
利用権	91
領置	73

ほ

防御説	257
防御対象明示機能	249
法律的関連性	310
法律の留保原則	39

事項索引 417

る

類型証拠開示……………………………… 288
類似事実による立証……………………… 319

れ

令状主義………………… 11,19,71,106,152
令状の事前提示…………………………… 81
令状主義の中核的な目標………………… 76

ろ

録音・録画記録媒体の証拠能力 ……… 192,313
六何の原則………………………………… 244
論理的関連性……………………………… 309

◆判例索引

最高裁判所判例

最大判昭23・7・29刑集2-9-1012 ………… 393
最大判昭23・11・17刑集2-12-1558 ………… 401
最大判昭24・6・29刑集3-7-1150 ………… 393
最判昭25・11・21刑集4-11-2359 ……… 188,406
最判昭26・3・15刑集5-4-535 ………… 406
最判昭26・6・15刑集5-7-1277 ………… 271
最判昭27・4・9刑集6-4-584 ………… 360
最決昭27・6・26刑集6-6-824 ………… 361
最判昭28・4・14刑集7-4-841 ………… 188
最判昭28・5・29刑集7-5-1158 ………… 281
最決昭28・9・30刑集7-9-1868 ………… 271
最大判昭28・12・9刑集7-12-2415 ………… 224
最判昭29・1・21刑集8-1-71 ………… 276
最判昭29・1・28刑集8-1-95 ………… 276
最判昭29・5・14刑集8-5-676 ………… 281
最判昭29・8・24刑集8-8-1392 ………… 271
最判昭29・9・7刑集8-9-1447 ………… 281
最判昭29・12・17刑集8-13-2147 ………… 271
最判昭30・1・11刑集9-1-14 ………… 361
最決昭30・10・19刑集9-11-2268 ………… 271
最判昭30・12・9刑集9-13-2699 ………… 347
最大判昭30・12・14刑集9-13-2760 ………… 159
最決昭31・10・25刑集10-10-1439 ………… 158
最判昭32・5・31刑集11-5-1579 ………… 401
最判昭32・7・19刑集11-7-1882 ………… 401
最判昭33・2・21刑集12-2-288 ………… 307
最大決昭33・2・26刑集12-2-316 ………… 307
最決昭33・6・4刑集12-9-1971 ………… 158
最判昭33・6・13刑集12-9-2009 ………… 401
最大決昭33・7・29刑集12-12-2776 ………… 94
最判昭35・3・4刑集14-3-288 ………… 401
最判昭35・9・8刑集14-11-1437 ………… 362
最判昭36・5・26刑集15-5-893 ………… 363
最大判昭36・6・7刑集15-6-915 ……… 110,112
最判昭36・6・13刑集15-6-961 ………… 277
最大判昭37・11・28刑集16-11-1633 ………… 248
最判昭38・9・13刑集17-8-1703 ………… 401
最大判昭40・4・28刑集19-3-270 ……… 262,277
最判昭41・7・1刑集20-6-537 ……… 236,401,403

最判昭41・7・21刑集20-6-696 ………… 218
最決昭41・11・22刑集20-9-1035 ……… 330,331
最判昭42・5・25刑集21-4-584 ………… 273
最判昭42・6・8判時487-38 ………… 104
最決昭43・11・26刑集22-12-1352 ………… 262
最判昭44・3・18刑集23-3-153 ………… 86
最大決昭44・11・26刑集23-11-1490 ………… 87
最大判昭44・12・24刑集23-12-1625 ………… 27
最大判昭45・11・25刑集24-12-1670 ……… 392,404
最決昭46・6・22刑集25-4-588 ……… 272,273,274
最判昭49・3・13刑集28-2-1 ………… 217
最判昭50・4・3刑集29-4-132 ………… 157
最決昭51・3・16刑集30-2-187 ……… 22,23,51,52
最判昭51・11・18判時837-104 ……… 102,105
最決昭52・8・9刑集31-5-821 ……… 174,175
最決昭53・3・6刑集32-2-218 ………… 281
最判昭53・6・20刑集32-4-670
　　　　　　　　　………… 41,42,43,44,4548
最判昭53・7・10民集32-5-820 ……… 204,207
最判昭53・9・7刑集32-6-1672
　　　　　　　　　………… 5,44,374,375,379
最決昭53・9・22刑集32-6-1774 ………… 48
最判昭53・10・20民集32-7-1367 ………… 218
最決昭55・9・22刑集34-5-272 ……… 39,40
最決昭55・10・23刑集34-5-300
　　　　　　　　　………… 125,126,127,133,134,135
最決昭55・12・17刑集34-7-672
　　　　　　　　　………… 219,220,221,222
最決昭56・4・25刑集35-3-116 ……… 256,257,258
最判昭56・6・26刑集35-4-426 ………… 222
最決昭57・8・27刑集36-6-726 ………… 143
最判昭58・7・12刑集37-6-791 ………… 406
最決昭59・1・27刑集38-1-136 ……… 223,263
最決昭59・2・29刑集38-3-479 ……… 61,63,65,66,67
最決昭59・12・21刑集38-12-3071 ………… 368
最判昭61・4・25刑集40-3-215 ……… 380,388
最決昭63・9・16刑集42-7-1051 ……… 45,380
最決昭63・10・24刑集42-8-1079 ………… 273
最決昭63・10・25刑集42-8-1100 ………… 281
最決平元・1・23判時1301-155 ………… 406
最決平元・1・30刑集43-1-19 ………… 87
最決平2・6・27刑集44-4-385 ………… 75
最決平2・7・9刑集44-5-421 ………… 87

判例索引　419

最判平3・5・10民集45-5-919……………… 204,207
最決平3・5・31判時1390-33………………… 204
最決平6・9・8刑集48-6-263………………… 98
最決平6・9・16刑集48-6-420……… 48,133,380,389
最判平7・5・30刑集49-5-703………………… 45,380
最決平7・6・20刑集49-6-741……………… 337,360
最決平8・1・29刑集50-1-1………………… 120,155
最決平8・10・29刑集50-9-683……………… 388
最決平10・5・1刑集52-4-275………………… 104
最大判平11・3・24民集53-3-514
　………… 152,189,202,204,205,206,207,208
最決平11・12・16刑集53-9-1327…… 33,73,134
最判平12・6・13民集54-5-1635……………… 208
最決平12・7・17刑集54-6-550……………… 318
最決平13・4・11刑集55-3-127
　………………………… 250,264,266,276,278
最決平14・7・18刑集56-6-307…………… 252,258
最判平15・2・14刑集57-2-121… 380,382,388,389
最決平15・2・20判時1820-149……………… 273
最大判平15・4・23刑集57-4-467………… 224,263
最判平15・5・26刑集57-5-620……………… 49
最大判平15・10・7刑集57-9-1002………… 224,263
最決平16・7・12刑集58-5-333……………… 69
最決平17・9・27刑集59-7-753……… 364,365,367
最決平18・11・7刑集60-9-561……………… 356
最決平19・2・8刑集61-1-1…………………… 98
最決平19・10・16刑集61-7-677……………… 8
最決平19・12・25刑集61-9-895……………… 292
最決平20・4・15刑集62-5-1398…………… 27,56
最決平20・6・25刑集62-6-1886……………… 292
最決平20・9・30刑集62-8-2753………… 292,293
最判平21・4・14刑集63-4-331……………… 8
最決平21・7・14刑集63-6-623……………… 213
最決平21・9・28刑集63-7-868
　………………………… 27,45,73,380,388,389
最決平21・10・16刑集63-8-937……………… 294
最決平24・2・29刑集66-4-589…………… 275,276
最決平24・9・7刑集66-9-907……… 320,323,326
最決平25・2・20刑集67-2-1……………… 323,328
最決平25・3・18刑集67-3-325……………… 297
最決平26・3・17刑集68-3-368…………… 242,251
最決平26・11・17裁時1616-17……………… 145
最決平27・2・2判時2257-109………………… 366

最決平27・5・25刑集69-4-636……………… 295
最決平27・10・22裁時1638-2………………… 145
最決平28・7・12刑集70-6-411……………… 217
最決平28・12・19刑集70-8-865……………… 221
最大判平29・3・15刑集71-3-13
　……………………………… 23,28,48,70,81,138
最決平30・3・31裁判所 Website …………… 170
最判平30・10・31判時2406号70頁…………… 170
最決平30・12・9刑集9-13-2699……………… 347
最決平31・3・13裁時1720-5………………… 204
最決令元・6・25裁判所 Website …………… 10

高等裁判所裁判例

大阪高判昭25・12・23高刑判特15-106……… 361
東京高判昭29・7・24高刑集7-7-1105……… 360
名古屋高金沢支判昭31・4・27下民集7-4-1071
　………………………………………………… 160
福岡高決昭42・3・24高刑集20-2-114……… 168
東京高判昭44・6・20高刑集22-3-352……… 112
東京高判昭46・3・8高刑集24-1-183……… 110
大阪高判昭50・12・2判タ335-232………… 142
福岡高那覇支判昭51・4・5判タ345-321…… 297
東京高判昭52・6・14刑集30-3-341………… 219
大阪高判昭52・6・28刑月9-5=6-334………… 408
名古屋高判昭54・2・14判時939-128………… 127
東京高判昭54・8・14刑月11-7・8-787……… 164
福岡高判昭56・11・5判時1028-137………… 176
広島高判昭56・11・26判時1047……………… 105
大阪高判昭57・3・16判時1046-146………… 348
東京高判昭58・1・27判時1097-146…… 348,350
東京高判昭58・6・22判時1085-30………… 406
札幌高判昭58・12・26刑月15-11=12-1219…… 110
東京高判昭60・4・30判タ555-330………… 158
大阪高判昭60・12・18判時1201-93………… 154
東京高判昭62・4・16判時1244-140………… 155
大阪高判昭63・2・17高刑集41-1-62………… 64
東京高判昭63・4・1東高刑時報39-1〜4-8……… 38
福岡高宮崎支判平元・3・24高刑集42-2-103… 409
大阪高判平3・9・11判時1408-128…………… 64
広島高判平3・10・31高刑速報(平3年)128…… 222
東京高判平4・10・15高刑集45-3-101……… 92
東京高判平5・2・26東高刑時報44-1〜12-6…… 64

福岡高判平5・3・8判タ834-275……………… 114
東京高判平14・9・4判時1808-144
　　　……………………………… 54, 63, 407, 409
大阪高判平17・1・25訟月52-10-3069………… 211
大阪高判平17・6・28判タ1192-186…………… 331
東京高判平20・3・27東高刑時報59-1～2-22… 350
東京高判平20・5・15判タ2050-103…………… 154
名古屋高金沢支判平20・6・5判タ1275……… 294
東京高判平20・11・18判タ1301-307…………… 297
東京高判平21・7・1判タ1314-302……………… 60
東京高判平21・8・6判タ1342-64……………… 297
大阪高判平21・10・8刑集65-9-1635…………… 188
東京高判平22・5・27高刑集63-1-8…………… 360
東京高判平22・11・1判タ1367-251……… 188, 407
東京高判平22・11・8判タ1374-248……………… 60
福岡高判平23・7・1訟月57-11-43……………… 211
東京高判平24・11・12東高刑時報63-1～12-234
　　　………………………………………………… 217
東京高判平25・7・23判時2201-141…………… 403
札幌高判平26・12・18判タ1416-129…………… 60
大阪高判平27・3・27判タ2292-112…………… 217
東京高判平27・4・30高刑速報（平27）101…… 60
東京高判平27・7・9判時2280-16……………… 211
大阪高判平28・4・22判タ2315-61………… 87, 211
東京高判平28・7・14LEX/DB25506539……… 211
広島高判平28・7・21高刑集（平28）241…… 137
東京高判平28・8・10東高刑時報67-1～12-107
　　　………………………………………………… 196
東京高判平28・12・7高刑集69-2-5……………… 73
福岡高判平29・7・20訟月64-7-1041…………… 211
名古屋高金沢支判平29・9・26裁判所Website
　　　………………………………………………… 390
福岡高判平29・10・13訟月64-7-991…………… 211
大阪高判平29・12・6LEX/DB25549149……… 390
東京高判平30・1・12LEX/DB25549824……… 390
東京高判平30・3・2判タ1456-136……………… 45
東京高判平30・3・22判タ2406の78頁………… 390
東京高判平30・8・3東高刑時報69-1～12-56
　　　………………………………………………… 196
大阪高判平30・9・11裁判所Website ………… 73
広島高判平31・3・28裁判所Website ………… 211

地方裁判所裁判例

大阪地判昭38・9・17下刑集5-9=10-870 ……… 107
東京地決昭39・10・15下刑集6-9=10-1185 …… 161
佐賀地決昭41・11・19判時470-64……………… 92
盛岡地決昭41・12・21判時478-80……………… 92
釧路地決昭42・9・8下刑集9-9-1234………… 158
京都地判昭44・11・5判時629-103
　　　………………………………… 155, 156, 157, 163
東京地判昭45・2・26刑月2-2-137…………… 177
神戸地決昭46・9・25判時3-9-1288…………… 160
東京地判昭47・4・4刑月4-4-891………… 172, 173
京都地判昭47・4・11刑月4-4-910……………… 164
東京地判昭47・8・5刑月4-8-1509……………… 164
東京地判昭48・2・15刑月5-2-182……………… 164
青森地決昭48・8・25刑月5-8-1246…………… 158
仙台地決昭49・5・16判タ319-300………… 168, 172
東京地決昭49・12・9刑月6-12-1270…………… 176
東京地判昭50・11・7判時811-118……………… 92
大阪地判昭51・4・17判時834-111……………… 406
富山地決昭54・7・26判時946-137……………… 163
福岡地久留米支昭62・2・5判時1223-144…… 163
大阪地判昭62・7・22判タ671-271……………… 65
東京地判昭62・12・16判時1275-35…………… 405
東京地判平2・4・10判タ725-243……………… 93
浦和地判平2・10・12判時1376-24……………… 176
浦和地判平3・11・11判タ796-272…………… 406
東京地判平10・2・27判時1637-152……………… 87
大阪地判平10・4・16判タ992-283……………… 297
東京地決平12・4・28判タ1047-293…………… 163
東京地決平12・11・13判タ1067-283…………… 180
京都地判平13・11・8判時1768-159…………… 409
大阪地決平21・6・11判タ1321-283……… 171, 174
高知地判平21・10・15裁判所Website ……… 292
名古屋地判岡崎支決平25・2・22LLI/DB判例秘
　書L0685708 ……………………………………… 65
東京地判平26・3・18判タ1401-373…………… 360
大阪地判平27・1・27判時2288-134…………… 137
大阪地決平27・6・5判時2288-138…………… 137
名古屋地判平27・12・24判時2307-136………… 137
水戸地決平28・1・22LEX/DB25545987……… 137
鹿児島地加治木支判平29・3・24判時2343-107…54
旭川地判平31・3・28裁判所Website ………… 390

判例索引　421

簡易裁判所裁判例

山口簡判平2・10・22判時1366-158 ……………222

《著者紹介》

斎藤　司（さいとう　つかさ）　龍谷大学法学部教授

● ──略歴
1978年　徳島県生まれ
2001年　九州大学法学部卒業
2006年　九州大学大学院法学府民刑事法学専攻博士後期課程単位取得退学
2006年　愛媛大学法文学部総合政策学科専任講師
2009年　龍谷大学法学部准教授
2014年　ゲッティンゲン大学客員研究員（〜2015年）
2015年　博士号（法学）取得（九州大学）
2016年　龍谷大学法学部教授（現在に至る）

● ──主要業績
『公正な刑事手続と証拠開示請求権』（法律文化社、2015年）、「強制処分概念と任意捜査の限界に関する再検討」川崎英明＝白取祐司編著『刑事訴訟法理論の探究』（日本評論社、2015年）、「再審請求審における証拠開示」犯罪と刑罰25号（2016年）

刑事訴訟法の思考プロセス（けいじ そしょうほう しこう）

2019年10月5日　第1版第1刷発行
2021年10月30日　第1版第3刷発行

著　者──斎藤　司
発行所──株式会社　日本評論社
　　　　　〒170-8474 東京都豊島区南大塚3-12-4
　　　　　電話 03-3987-8621（販売：FAX - 8590）
　　　　　　　 03-3987-8592（編集）
　　　　　https://www.nippyo.co.jp/　振替　00100-3-16
印刷所──精文堂印刷株式会社
製本所──株式会社難波製本
装　丁──図工ファイブ

JCOPY ＜(社)出版者著作権管理機構　委託出版物＞
本書の無断複写は著作権法上での例外を除き禁じられています。複写される場合は、そのつど事前に、(社)出版者著作権管理機構（電話 03-5244-5088、FAX03-5244-5089、e-mail: info@jcopy.or.jp）の許諾を得てください。また、本書を代行業者等の第三者に依頼してスキャニング等の行為によりデジタル化することは、個人の家庭内の利用であっても、一切認められておりません。

検印省略　©2019　Tsukasa Saito
ISBN978-4-535-52437-8　　　　　　　　　　　　　　　　　　Printed in Japan